MÜNCHENER BEITRÄGE
ZUR PAPYRUSFORSCHUNG UND
ANTIKEN RECHTSGESCHICHTE

BEGRÜNDET VON LEOPOLD WENGER

In Verbindung mit H. Heinen, W. Huß,
H.-A. Rupprecht und G. Thür
herausgegeben von
Alfons Bürge, Dieter Nörr und Gerhard Ries
102. Heft

ENTSCHEIDUNGSKORREKTUREN MIT UNBESTIMMTER WERTUNG DURCH DIE KLASSISCHE RÖMISCHE JURISPRUDENZ

VON

TOBIAS KLEITER

VERLAG C.H. BECK MÜNCHEN 2010

Bibliografische Information Der Deutschen Bibliothek

Die Deutsche Bibliothek verzeichnet diese Publikation in der Deutschen Nationalbibliografie; detaillierte bibliografische Daten sind im Internet über *http://dnb.ddb.de* abrufbar.

Satz: Tobias Kleiter
Druck und Bindung: Druckhaus „Thomas Müntzer" GmbH, Bad Langensalza
Gedruckt auf alterungsbeständigem, säurefreiem Papier
(hergestellt aus chlorfrei gebleichtem Zellstoff)
Printed in Germany

ISSN 0 936 3718
ISBN 978 3 406 60023 4

www.beck.de

INHALTSVERZEICHNIS

Dritter Teil: Die Vermeidung einer Entscheidungskorrektur durch Auslegung mit unbestimmter Wertung

Vierter Teil:
Entscheidungskorrekturen mit unbestimmter Wertung

VORWORT

Die vorliegende Arbeit entstand während meiner Tätigkeit als wissenschaftlicher Mitarbeiter am Lehrstuhl von Prof. Dr. Ralph Backhaus am Institut für Rechtsgeschichte und Papyrusforschung des Fachbereichs Rechtswissenschaften der Philipps-Universität in Marburg und wurde im Wintersemester 2007/2008 als Dissertation angenommen. Für die Drucklegung wurde die aktuelle Literatur berücksichtigt.

Mein Dank gilt zu allererst meinem akademischen Lehrer Prof. Dr. Ralph Backhaus für seine hervorragende Betreuung. In seinen Vorlesungen und Übungen weckte er schon während des Studiums mein Interesse am Römischen Privatrecht. Von ihm kam die Anregung zur Beschäftigung mit den unbestimmten Wertungen als lohnenswertem Dissertationsthema. Während der intensiven Forschungsarbeit an seinem Lehrstuhl stand er immer als Ansprechpartner, Ideengeber und Motivator zur Verfügung. Ohne seine Hilfe bei der Vermittlung der Drucklegung hätte die Arbeit in der vorliegenden Form nicht erscheinen können. Herrn Prof. Dr. Hans-Albert Rupprecht danke ich für die zügige Erstellung des Zweitgutachtens.

Weiter möchte ich meinen Freunden und Kollegen am Institut und am Fachbereich Rechtswissenschaften für ihre Unterstützung und Diskussionsbereitschaft danken. Zu nennen sind insbesondere Dr. Frank Fricke, Dr. Sandra Mießner, Florian Mizdalski und Marita Prätorius.

Den Herausgebern der Münchner Schriften zur Papyrusforschung und Rechtsgeschichte, vor allem Herrn Prof. Dr. Alfons Bürge, danke ich für die Aufnahme der Arbeit in diese renommierte Reihe sowie für die hilfreiche Unterstützung im Rahmen der Drucklegung.

Die Arbeit wurde von der Klemens-Pleyer-Stiftung zur Erforschung des Privatrechts im Jahre 2008 mit dem Klemens-Pleyer-Preis ausgezeichnet. Für diese Ehre schulde ich dem Stiftungsrat großen Dank.

Zu guter Letzt möchte ich meinen Eltern für ihre Liebe und Unterstützung danken, die zur Entstehung dieser Arbeit wesentlich beigetragen haben.

Limburg an der Lahn, im Dezember 2009 — Tobias Kleiter

EINLEITUNG

§ 1 Der Konflikt zwischen Recht und Billigkeit als Ausgangspunkt der Untersuchung

I. Billigkeitswertungen als Bestandteil jeder Rechtsordnung

Für den Konflikt zwischen feststehenden Rechtsgrundsätzen und flexibler Einzelfallgerechtigkeit gibt es seit der Antike zahlreiche Beispiele.[1] Die hieraus gewonnene Erkenntnis, dass es kein in jeder Hinsicht gerechtes Gesetz geben kann, hat letztlich auch zur Folge, dass jeder Versuch, eine allumfassende Sammlung von Normen für jeden denkbaren Sachverhalt zu entwerfen,[2] zum Scheitern verurteilt ist.[3]

Aristoteles[4] brachte diese Antinomie auf den Punkt, indem er feststellte, dass eine allgemeine Regel niemals ausnahmslos allen Einzelfällen gerecht werden könne. Sie orientiere sich daher trotz der damit zwangsläufig einhergehenden Unvollständigkeit immer nur an einer überwiegenden Anzahl von Fällen, ohne zu übersehen, dass damit von Anfang an eine Fehlerquelle geschaffen werde. Diese Fehlerquelle sei aber weder im Gesetz noch beim Gesetzgeber zu suchen,

---

1 Ausführlich zu Beispielen aus der Antike Backhaus, in FG für Graßhof, S. 27 ff.; ders., in FS für Laufs, S. 18 ff.; zum geltenden Recht Häuser, Unbestimmte Maßstäbe, S. 91 ff. sowie sämtliche Autoren, in Krebs, Jahrbuch junger Zivilrechtswissenschaftler (1994).

2 Ganz im Sinne der „one right answer thesis" von Dworkin, Taking Rights Seriously, S. 14 ff.; ders., Pragmatism, Right Answers, and True Banality, S. 359 ff. Nach dieser These hält die Rechtsordnung für jeden denkbaren Fall eine einzig richtige Lösung bereit. Die Aufgabe der Rechtsprechung besteht lediglich darin, diese Antwort korrekt herauszuarbeiten. Allerdings erkennt auch Dworkin an, dass nicht jeder Fall gesetzlich geregelt sein kann. Er unterscheidet daher zwischen geschriebenen Rechtsregeln und allgemeinen Prinzipien der Rechtsordnung, die bei Fehlen einer einschlägigen Rechtsregel die richtige Antwort enthalten.

3 Dworkin`s Theorie von der einzig richtigen Antwort ist daher unhaltbar, weil es im Rahmen der Abwägung gleichrangiger Prinzipien niemals möglich sein wird, „intersubjektiv nachweisbar darzulegen, welche von zwei einander widersprechenden rechtlich vertretbaren Lösungen die einzig richtige Antwort sei". Hart, 11 GLR, 1977, S. 984 f., zitiert nach Langenbucher, RichterR, S. 35 (Fn. 173). Vgl. auch zur Darstellung der Theorie Dworkins und der Kritik daran Langenbucher, RichterR, S. 30 ff.; im Ergebnis gleich Looschelders/Roth, Jur. Methodik, S. 250; Schott, Rechtsgrundsätze, S. 69.

4 Nik. Eth. 1137 b.

sondern liege allein in der Natur der Sache. Die zu bewertenden Sachverhalte unterscheiden sich zwangsläufig, da sie von Menschen gestaltet, erlebt und subjektiv bewertet werden.[5]

II. Billigkeitswertungen im klassischen römischen Recht

1. Die Heterogenität der römischen Rechtsquellen

Auch im römischen Recht stellt sich dieselbe Problematik, allerdings unter besonderen Voraussetzungen. Verantwortlich dafür ist vor allem der für das klassische römische Zivilrecht typische Mangel an einer umfassenden Gesetzeskodifikation. Dieser veranlasste die Juristen der römischen Klassik zu einer fallspezifischen Erörterung der jeweiligen Rechtsprobleme. Das römische Recht war in wesentlichen Teilen ein Fallrecht.[6] Dies hat auf den ersten Blick zur Folge, dass sich der Konflikt zwischen Recht und Billigkeit nur eingeschränkt stellt.

Wie die zahlreichen – auch später im Einzelnen zu besprechenden – Fallbeispiele von Entscheidungen mit unbestimmten Wertungsbegriffen durch die klassische römische Jurisprudenz belegen, war dies jedoch keineswegs der Fall. Auch wenn es nämlich keine umfassende Gesetzeskodifikation im römischen Zivilrecht gab, so hatten die römischen Rechtspflegeorgane dennoch eine fest umrissene Vorstellung davon, was das ius civile an verbindlichen Rechtsgrundsätzen festschrieb.[7]

---

5 Dies hat schon Platon, politikos, 294 a–c beschrieben. Wegen der Verschiedenheit der Menschen und Handlungen und des fortwährenden Wandels der menschlichen Dinge könne keine Kunst etwas für alle und für alle Zeiten in eine einfache Form bringen. So könne auch ein Gesetz nicht genau umreißen, was für alle am zuträglichsten und gerechtesten sei. Er vergleicht das Gesetz daher mit einem selbstgefälligen, ungelehrigen Menschen, der für neue, bessere Vorschläge nicht offen sei und deshalb nur diejenige Ordnung gelten lassen wolle, die er selbst festgestellt habe; in diesem Sinne auch Lausberg, Handbuch Rhetorik, S. 109; Zippelius, Wesen des Rechts, S. 110 f.

6 Zum Charakter des römischen Rechts als Fallrecht Kaser, Methode der römischen Rechtsfindung, S. 50 f., 54; ders., in FS für Flume I, S. 101 ff.; Schulz, Prinzipien, S. 4 ff.; Schwarz, AcP 152 (1952/1953), S. 198 ff.; Kunkel/Selb, RöRe, § 15, S. 26 ff.; Vacca, metodo casistico, S. 93 ff.; Wesel, ReGe, Rdn. 128.

7 Dies belegt auch die Äußerung Papinians (2 def.) D. 1. 1. 7 pr., wonach das ius civile sowohl aus Gesetzen, Plebisziten, Senatsbeschlüssen und Kaisererlassen als auch aus der Autorität der Rechtsgelehrten (ex auctoritate prudentium) hervorgeht; Übersetzung nach Seiler, in Behrends/Knütel/Kupisch/Seiler, C.I.C. II, S. 93; vgl. dazu auch Nörr, Rechtskritik, S. 16; Kaser, Methode der römischen Rechtsfindung, S. 73 f.; Schwarz, AcP 152 (1952/1953), S. 207 ff.

2. Die Methodik der römischen Jurisprudenz

Mitursächlich für die Selbstständigkeit und Konsistenz des römischen Rechts war die methodische Herangehensweise der Juristen bei der Fallbearbeitung. Beim Verfassen von Kommentaren zu den Schriften älterer Juristen verwerteten die Juristen eine große Menge an Fallmaterial, damit das Werk umfassend und grundsätzlich anwendbar war. Die daraus hergestellten Beispiels-Sachverhalte sollten möglichst viele Fälle in jeder Entscheidung zusammenfassen. Somit lag es nahe, die Sachverhalte der Entscheidungen so offen wie möglich zu formulieren, damit alle Fälle, die in gleicher Weise zu beurteilen waren, davon erfasst wurden. Der die Sachverhalte bewertende Gerichtsmagistrat beschrieb dann zu Beginn seiner Amtsperiode in einem Edikt, welche Arten von Klagen er zulassen werde. Zudem standen allen Prätoren, Ädilen und vor allem auch den Kaisern eine Art Kanzlei[8] (consilium) von juristischen Beratern zur Verfügung, die Gutachten zu den vorgelegten Fällen erstellten. Diese Gutachten wurden dann gleichfalls gesammelt und beispielsweise in das Edikt des nächsten Gerichtsmagistrats mit aufgenommen, so dass sich im Laufe der Zeit ein fester Stamm an Regelungen herausbildete, der für die Amtszeit der Prätoren und Ädile verbindlich galt.[9] Die überlieferten Rechtsquellen müssen daher immer auch als Auszüge eines stark heterogenen Juristenrechts betrachtet werden.[10]

---

8 Ausführlich zur Arbeitsorganisation und den Ergebnissen und Wirkungen der Eingaben zuletzt Liebs, Reichskummerkasten, S. 137 ff.; Wieacker, RG II, S. 72 ff. sowie weitere Fundstellen im Anhang, S. 416.

9 Seit der lex Cornelia de iurisdictione (67 v. Chr.) galten die vorher nicht zwingend durchsetzbaren Edikte verbindlich. Dazu Kaser, RPR I, S. 206 (Fn. 6). Im Jahre 130 n.Chr. wurden schließlich die Edikte durch den Juristen Salvius Iulianus während der Regierungszeit Hadrians endgültig redigiert und zum für alle künftigen Magistrate geltenden edictum perpetuum zusammengefasst; vgl. allg. zur Entwicklung der Edikte Waldstein/Rainer, ReGe, S. 121 ff.; zum Juristenrecht Kaser, in FS für Flume I, S. 118 ff.

10 So auch Nörr, Rechtskritik, S. 16 f.; Wieacker, SZ 94 (1977), S. 1 und Bund, in Studi Volterra I, S. 573, der den Begründungen römischer Juristen daher eine andere Funktion zumessen will als sie den heutigen Gerichten zukommt: Während die Funktion der richterlichen Begründung in erster Linie darin zu sehen sei, „dass sie erlaube, gerichtliche Urteile vorherzusehen und ihre Übereinstimmung mit Normen und Grundsätzen zu überprüfen", habe sie im Rahmen des römischen Juristenrechts eher als Beitrag zur Diskussion mit anderen Fachleuten gedient. Diese Gewichtung greift meines Erachtens aber etwas zu kurz. Gerade weil es keinen mit den heutigen Verhältnissen vergleichbaren Normenapparat gab, übernahmen die Fallbeschreibungen auch eine gewisse Präzedenzfunktion. Der Vergleich mit Gerichtsentscheidungen wäre daher durchaus möglich. Dass Bund diesem Funktionsunterschied aber wohl nicht zu viel Gewicht beimessen kann, zeigt auch eine Bemerkung wenige Seiten später (Bund, in Studi Volterra I, S. 581). Hier beschreibt er die römische Eigenart, Sachverhalte sehr knapp zu umschreiben und stellt dann völlig zu Recht fest, „dass ein fließender Übergang zu dem besteht, was wir heute Leitsatz nennen".

Vielleicht war gerade diese fallrechtliche Herangehensweise ein Hauptgrund dafür, dass die römischen Rechtspflegeorgane besonders offen für Neuerungen des verbindlich geltenden ius civile waren.[11] Schließlich befand man sich aufgrund des verhältnismäßig spärlichen Gesetzesmaterials in einer relativ unabhängigen Position, die es im Laufe der Zeit sogar ermöglichte, mit dem ius honorarium eine weitere Rechtsschicht neben dem seit alters bestehenden ius civile zu etablieren.[12]

§ 2 Begriffsbestimmung und Funktionsbereiche unbestimmter Wertungsbegriffe

I. Begriffsbestimmung

Hauptuntersuchungsgegenstand dieser Arbeit sollen Entscheidungen der klassischen römischen Jurisprudenz sein, bei denen sich der Jurist über Wertungen des ius civile oder anderer Rechtsgrundsätze hinwegsetzt und diese mit Hilfe eines unbestimmten Wertungsbegriffs korrigiert. Einen unbestimmten Wertungsbegriff verwendet der jeweilige Jurist immer dann, wenn er bei seiner Entscheidung „auf eine Anknüpfung an klare, insbesondere gesetzlich oder rechtsgeschäftlich fixierte Tatbestände verzichtet“[13] und diese stattdessen ohne ausdrückliche Begründung auf eine allgemeine Billigkeitswertung, wie aequus, benignus, humanus, iustus, verus, etc. stützt.[14] Auch wenn der Rückschluss von einer so mehrdeutigen Formulierung auf die für den Juristen zum damaligen Zeitpunkt relevanten Wertungskriterien, wie Wieacker[15] zu Recht kritisch angemerkt hat, immer „mit großen Unsicherheitsfaktoren belastet ist“, lassen sich aus der Zusammenschau der einzelnen Textexegesen dennoch wertvolle Erkenntnisse über den Verwendungsspielraum und Bedeutungsgehalt der unbestimmten Wertungsbegriffe gewinnen.

---

11 Ähnlich auch Kaser, Methode der römischen Rechtsfindung, S. 75.

12 In diesem Sinne auch Wieacker, SZ 94 (1977), S. 16 f.; allgemein zu Herkunft und Funktion des ius honorarium Waldstein/Rainer, ReGe, S. 119; Wieacker, RG I, S. 470 ff. sowie Kaser, SZ 101 (1984), S. 1 ff.; ders., in Römische Rechtsquellen, S. 84 ff.; ders., RPR I, S. 205 ff., der die Einschätzung teilt, dass Gerichtsmagistrate und consilium die Hauptmotoren der Rechtsfortbildung waren.

13 So Häuser, Unbestimmte Maßstäbe, S. 17 zur Kennzeichnung vergleichbarer Fälle im geltenden Recht.

14 Die hier näher analysierten Fälle stehen damit im Gegensatz zu den von Wieacker, SZ 94 (1977), S. 7 ff. ausführlich thematisierten Fragmenten mit „offenen, d. h. von den Juristen ausgesprochenen Wertungen“.

15 In SZ 94 (1977), S. 8.

II. Funktionsbereiche unbestimmter Wertungsbegriffe

Die Korrektur von bestehenden Rechtsgrundsätzen des ius civile stellt dabei nicht den alleinigen Anwendungsbereich der unbestimmten Wertungsbegriffe dar. Stattdessen lassen sich die einzelnen Fragmente, die solche unbestimmte Wertungen enthalten, verschiedenen Funktionsbereichen zuordnen. Vorab sollte allerdings klargestellt werden, dass diese einzelnen Funktionsbereiche sich nicht immer trennscharf voneinander abgrenzen lassen. Die oben bereits beschriebene Heterogenität der römischen Rechtsquellen sowie die methodische Arbeitsweise der römischen Juristen bringen es mit sich, dass die einzelnen Fallgruppen fließend ineinander übergehen.[16]

Dennoch soll im Folgenden nach insgesamt vier verschiedenen Funktionsbereichen für unbestimmte Wertungsbegriffe differenziert werden.[17] Aus dieser Einteilung ergibt sich auch die Gliederung für die ersten vier Teile der Arbeit. Im abschließenden fünften Teil sollen dann die Ergebnisse dieser Funktionsbereiche zusammengefasst und, soweit möglich, allgemein ableitbare Aussagen über die Funktion und den Anwendungsbereich unbestimmter Wertungsbegriffe getroffen werden.

1. Entscheidungen kontrovers diskutierter Zweifelsfragen

Der erste Bereich besteht in der schlichten Anwendung geltender Rechtsgrundsätze. Der Jurist entscheidet eine zweifelhafte Fallkonstellation, indem er sich mittels unbestimmter Wertung einer bereits diskutierten Meinung lobend anschließt oder eine andere tadelnd verwirft. Beispiele für diesen Funktionsbereich werden im ersten Teil der Arbeit[18] dargestellt.

16 So auch Wieacker, SZ 94 (1977), S. 10 f.; ähnlich Nörr, Rechtskritik, S. 15 ff.; in Bezug auf Auslegung und Analogie Wesel, Rhetorische Statuslehre, S. 42.

17 Teilweise findet sich diese Einteilung sogar in einer Definition Papinians über die Aufgaben des römischen Prätors wieder (Pap. (2 def.) D. 1. 1. 7. 1 adiuvandi vel supplendi vel corrigendi iuris gratia); vgl. dazu die strikte Wertung bei Kaser, SZ 101 (1984), S. 72, Fn. 336; ders., in Römische Rechtsquellen, S. 97, der den Versuch einer dogmatischen Einteilung der einzelnen Rechtsschöpfungen als unrömisch verwirft; etwa ähnlich wie hier dagegen Wieacker, RG I. S. 471 ff. Interessanterweise nimmt auch Rüthers, Rechtstheorie, Rdn. 828 für die Rechtsanwendung nach geltendem Recht eine ähnliche Einteilung vor; vgl. dazu auch Kramer, Methodenlehre, S. 134.

18 Siehe dazu gleich im Anschluss unter §§ 3 und 4.

2. Rechtsfortbildung

Als zweiter Funktionsbereich wird im zweiten Teil der Arbeit[19] die Feststellung und Ausfüllung von Lücken durch unbestimmte Wertungsbegriffe vorgestellt. Gemeint sind hier solche Sachverhalte, die durch bestimmte Rechtsgrundsätze nicht oder nur unzureichend geregelt werden, so dass die Entscheidungsträger gezwungen sind, bestehende Grundsätze weiterzuentwickeln („Rechtsfortbildung praeter legem") oder neue Regelungen zu schaffen („Rechtsneubildung").[20]

3. Auslegung zur Vermeidung von Entscheidungskorrekturen

Im dritten Teil der Arbeit[21] geht es um Auslegungsentscheidungen, die mit unbestimmten Wertungsbegriffen begründet werden. Mit Hilfe der Auslegung sollen die durch den jeweiligen Grundsatz intendierten Grenzen nicht überschritten werden. Die rechtsgrundsatzkonformen Entscheidungsbegründungen mit unbestimmter Wertung dienen somit der Vermeidung von Entscheidungskorrekturen. Im geltenden Recht fungiert in vergleichbaren Fällen der Wille des jeweiligen Normgebers als zwingende Grenze für den Richter, der das Gesetz in denkendem Gehorsam auslegen soll.[22]

4. Entscheidungskorrekturen

Im vierten Teil der Arbeit[23] finden sich die im Besonderen zu untersuchenden Fälle der Entscheidungskorrektur. Diese unterscheiden sich von den übrigen drei Fallgruppen jeweils in etwas anderer Hinsicht.

Im Vergleich zu den im ersten Teil besprochenen Entscheidungen in einer Zweifelsfrage, steht die Anwendbarkeit eines bestimmten Rechtsgrundsatzes für die Fälle der Entscheidungskorrektur fest. Es stehen also gerade nicht mehrere Grundsätze zur Auswahl, deren Anwendung zu unterschiedlichen Bewertungen des Sachverhaltes führen würden.

Auch zum Bereich der Lückenausfüllung (zweiter Teil) besteht der Unterschied in erster Linie darin, dass ein bestimmter Rechtsgrundsatz für die zu behandelnde Sachverhaltskonstellation eine bestimmte Lösung vorsieht.[24]

---

19 Siehe dazu unter §§ 5–7.

20 Zur Ergänzung des ius civile als Teilaufgabe des römischen Prätors Pap. (2 def.) D. 1.1. 7. 1 (supplendi iuris gratia); vgl. dazu Wieacker, RG I, S. 472 f.

21 Siehe dazu §§ 8–10.

22 Vgl. Rüthers, Rechtstheorie, Rdn. 828.

23 Siehe dazu §§ 11–13.

24 Bei der Lückenausfüllung und Rechtsneubildung lässt sich gerade kein Rechtsgrundsatz finden, der für den in Frage stehenden Sachverhalt eine Lösung vorsieht.

Im Gegensatz zu den Auslegungsentscheidungen (dritter Teil) findet der jeweilige Jurist im Bereich der Entscheidungskorrektur gerade keine Möglichkeit mehr, den Sachverhalt mit dem der Sache nach einschlägigen Rechtsgrundsatz in Einklang zu bringen. Der Hauptunterschied der Entscheidungskorrekturen zu Funktionsbereichen im zweiten und dritten Teil besteht somit darin, dass der Jurist sich über die klar erkennbare Lösung, die sich bei der Anwendung eines Rechtsgrundsatzes ergeben würde, mit einer allgemeinen Billigkeitswertung hinweggesetzt und somit entgegen der Intention dieses Grundsatzes („contra legem") entscheidet.[25]

25 Ähnlich für die Korrekturentscheidungen des römischen Prätors Wieacker, RG I, S. 472 mit Bezug auf Pap. (2 def.) D. 1. 1. 7. 1 (corrigendi iuris gratia).

ERSTER TEIL: DIE ENTSCHEIDUNG KONTROVERS DISKUTIERTER ZWEIFELSFRAGEN DURCH UNBESTIMMTE WERTUNG

Die im ersten Teil bearbeiteten Fragmente enthalten noch keine Entscheidungskorrekturen. Es handelt sich also nicht um solche Entscheidungen, in denen der Jurist das Ergebnis, welches ein Rechtsgrundsatz für die betreffende Sachverhaltskonstellation eindeutig vorsieht, aus Billigkeitsgründen in Frage stellt. Vielmehr entscheidet er eine unter den Juristen kontrovers diskutierte Zweifelsfrage.[26] Zwar fehlt auch bei diesen Fragmenten zumeist eine explizite Entscheidungsbegründung, korrigiert werden aber keine feststehenden Rechtsgrundsätze, sondern allenfalls solche Rechtsmeinungen, die der vom Schreiber gewählten Auffassung zuwider laufen. Insofern könnte man von Entscheidungskorrekturen im weiteren Sinne (i. w. S.) sprechen.

Zu Beginn sollte noch einmal darauf hingewiesen werden, dass es nicht immer einfach sein wird, diese beiden Fallgruppen trennscharf voneinander abzugrenzen. Die Übergänge zwischen der Entscheidung in einer Zweifelsfrage und den im vierten Teil der Arbeit behandelten Entscheidungskorrekturen sind fließend. Bedingt durch die heterogene römisch-rechtliche Rechtsquellenlage (Gesetze, Edikte, wissenschaftliche Veröffentlichungen)[27] ist es oft schwierig, eindeutig festzustellen, unter welchen Voraussetzungen sich eine Rechtsauffassung als Grundsatz so verfestigt hat, dass jeder Widerspruch dagegen als Rechtskritik aufzufassen ist, und wann es sich lediglich um die Widerlegung einer konträren Meinung in einer streitigen Rechtsfrage handelt. Zudem bringt es der Regelungscharakter der juristischen Rechtsgutachten mit sich, dass eine die bisherigen Grundsätze korrigierende Rechtsauffassung allein dadurch, dass sie vertreten wird, selbst eigenen Regelungscharakter entfaltet und damit eine bislang eindeutige Rechtsfrage zur Zweifelsfrage macht. Eine kontrovers diskutierte Zweifelsfrage kann also immer dann als solche bezeichnet werden, wenn sich ein Jurist findet, der die einem Rechtsgrundsatz widersprechende Auffassung formuliert und vertritt.

Die vorgenommene Einteilung rechtfertigt sich zum einen dadurch, dass es sich immer dann um einen eindeutigen Fall der Entscheidungskorrektur handelt, wenn der Jurist einen unumstrittenen Rechtsgrundsatz dadurch grundsätzlich in

26 Grundlegend zu solchen Fällen Horak, Rationes decidendi, S. 171 ff.

27 Vgl. dazu schon oben im Rahmen der Einleitung unter § 1 II. 1.

Frage stellt, dass er ihn, obwohl sein Anwendungsbereich formal eindeutig eröffnet ist, im gerade behandelten Einzelfall nicht anwenden will. Bei einer Zweifelsfrage besteht zwischen den konkurrierenden Auffassungen stattdessen Streit darüber, ob ein bestimmter Rechtsgrundsatz überhaupt existiert oder, ob er auf die betreffende Fallgruppe anwendbar ist. Zum anderen steht bei der eigentlichen Entscheidungskorrektur die Kritik an einer allgemein anerkannten Regelung im Vordergrund. Entscheidet der Jurist eine Zweifelsfrage, so geht es ihm dagegen in erster Linie um Kritik oder Lob einer konkreten Meinung, die auch meist einer anderen Person oder Gruppe direkt zugeordnet werden kann,[28] nicht aber um eine allgemein unpersönliche Rechtskritik.

Zudem kann eine weitere Abgrenzung auf sprachlicher Ebene dadurch vollzogen werden, dass zur Entscheidung der im ersten Teil dargestellten Zweifelsfragen zumeist solche unbestimmten Wertungsbegriffe herangezogen werden, die für sich genommen als Wertungsgehalt nur die Aussage enthalten, dass die vertretene Rechtsmeinung dem geltenden Recht besser entspricht und daher der widersprechenden Auffassung vorzuziehen ist. Ihr eigenständiger sachlicher Argumentationsgehalt ist also gleich null. Unbestimmte Wertungen, wie „verus", melius" oder „magis dicendum est" ersetzen niemals die sachliche Argumentation und haben keinen immanent wertenden Regelungsgehalt. Dagegen kommen die im Rahmen der Entscheidungskorrektur auftauchenden unbestimmten Wertungsbegriffe ohne zusätzliche sachliche Argumente aus. Sie fungieren damit selbst als Synonyme eines bestimmten Wertungskriteriums. Darauf wird später[29] noch näher einzugehen sein.

§ 3 Die Entscheidung in einer Zweifelsfrage

Um eine umstrittene Zweifelsfrage zu entscheiden, bedienen sich die Juristen der römischen Klassik immer wieder Begründungen mit unbestimmten Wertungsbegriffen.[30] Im Folgenden sollen die am meisten verwendeten Wortfolgen kurz vorgestellt und ihr Anwendungsbereich beschrieben werden.

---

28 Die Bedeutung des Zitierens älterer Juristen für die eigene Entscheidungsfindung heben auch Kaser, Methode der römischen Rechtsfindung, S. 57 f.; ähnlich Horak, Rationes decidendi I, S. 71 ff. besonders hervor. Nach Kaser „ruft er (sc. der zitierende Jurist) damit die Motive seiner (sc. des zitierten Klassikers) Entscheidung nicht weniger an als seine Autorität. Schließlich geht die Fülle dieses Erfahrungswissens und seiner Erprobung an immer neuen Fällen so vollkommen in den Besitz des Juristen ein [...]".

29 Insbesondere im vierten und fünften Teil der Arbeit.

30 Zur früher immer wieder bestrittenen Klassizität dieser Begriffe Giaro, OIR 1 (1995), S. 98 ff.

I. verus

1. Die Darstellung eines Meinungsstreits: quae sententia verior/ vera est – Iav. (7 epist.) D. 50. 16. 116

Die Wortfolge „quae sententia vera/verior[31] (non) est“ dient der Klarstellung, dass sich der Autor einer zuvor dargestellten Rechtsauffassung (nicht) anschließt.[32] Stellt der Jurist mehrere Meinungen dar und entschließt sich sodann für eine dieser Auffassungen, begründet er dies in den allermeisten Fällen[33] (wenn auch nur inzident schon bei der Darstellung der jeweiligen Meinung). Ein typisches Beispiel für diese Vorgehensweise findet man bei Javolen:

> Iav. (7 epist.) D. 50. 16. 116
> "Quisquis mihi alius filii filiusve heres sit": Labeo non videri filiam contineri, Proculus contra. mihi Labeo videtur verborum figuram sequi, Proculus mentem testantis. respondit: non dubito, quin Labeonis sententia vera non sit.

Der Text ist den Digesten nur unvollständig wiedergegeben. Das zu Beginn wiedergegebene Zitat ist wahrscheinlich der zweite Teil einer Enterbungsklausel, die deren erster Teil folgendermaßen gelautet haben könnte: „Filius Seius exheres esto“. Ein Erblasser hatte also einen bestimmten Sohn enterbt und im Anschluss die doppeldeutige Klausel formuliert: „Quisquis mihi alius (filius)[34] filii filiusve heres sit.“ Ob auch Töchter („filiae“) unter diese Bestimmung fielen, war umstritten, da „filius“ auch geschlechtsneutral im Sinne von Abkömmling verstanden werden kann. Javolen führt zunächst die beiden Lösungsmöglichkeiten der Frühklassiker Labeo und Proculus auf und schließt sich dann im Ergebnis der Meinung des Proculus an.[35] Er erteilt damit ausdrücklich dem von Labeo bevor-

---

31 Die Varianten sententia vera est und sententia verior est unterscheiden sich nur nuancenhaft. Durch die Verwendung des Komparativs verior wird der Vergleich mit einer anderen Meinung indiziert. So findet man die Wortform verior immer im Zusammenhang mit sententia (einmal mit opinione). Ansonsten kommt sie in den Digesten nicht vor. Die Klassifizierung einer Rechtsauffassung als sententia vera kann hingegen auch unabhängig von einer gegenteilig lautenden Meinung erfolgen.

32 So auch schon Horak, Rationes decidendi, S. 171.

33 In Ausnahmefällen wird eine von mehreren Meinungen ohne Begründung verworfen, beziehungsweise gelobt, vgl. Ulp. (5 ad ed.) D. 5. 1. 16 (gegen Julian); Ulp. (4 ad Sab.) D. 40. 7. 2. 1 (Julian gegen Cassius); Pomp. (33 ad Sab.) D. 8. 3. 24 (Proculus gegen Labeo).

34 Das von Krüger als weggefallen vermutete zusätzliche „filius“ erscheint nicht zwingend, da der Sinn auch ohne den Wegfall erklärbar bleibt. So auch schon Eckardt, Iavoleni epistulae, S. 107, Fn. 109.

35 Stilistisch bedient sich Javolen einer doppelten Verneinung, um die Ablehnung des strengen Wortlautverständnisses noch zu verstärken (non dubito... quin Labeonis sententia vera non sit).

zugten Wortlautverständnis eine Absage zugunsten der den mutmaßlichen Willen des Erblassers berücksichtigten Auffassung des Proculus.[36]

2. Die Wiedergabe einer Rechtsauffassung – Ulp. (17 ad Sab.) D. 7. 1. 70. 1

Manchmal wird bei der Darlegung einer Rechtsansicht wiedergegeben, wer die Idee zu der jeweiligen Vorgehensweise hatte. Die Wortfolge dient dann lediglich der Feststellung, dass die Meinung, die der zitierte Jurist vertritt, als zutreffend angesehen wird. Der Autor nimmt also keine eigene Rechtskritik vor, sondern bezieht Stellung zu einer aus seiner Sicht diskussionswürdigen Frage.[37] So gibt Ulpian beispielsweise im folgenden Fragment eine Rechtsauffassung Julians wieder.

> Ulp. (17 ad Sab.) D. 7. 1. 70. 1
> Interim tamen, quamdiu summittantur et suppleantur capita quae demortua sunt, cuius sit fetus quaeritur. et Iulianus libro tricensimo quinto digestorum scribit pendere eorum dominium, ut, si summittantur, sint proprietarii, si non summittantur, fructuarii: quae sententia vera est.

Es wurde ein Nießbrauch an einer Herde Tiere bestellt. Grundsätzlich stehen die während der Nießbrauchszeit geborenen Jungtiere als Früchte dem Nießbraucher zu.[38] Es gibt aber eine Regel, wonach der Nießbraucher die Jungtiere gegen tote oder kranke Tiere austauschen muss, damit der Gesamtwert der Herde für den Eigentümer möglichst gleichmäßig erhalten bleibt.[39] Julian nimmt zu der Frage Stellung, wem das Eigentum an den Jungtieren für den Zeitraum zwischen Geburt und einem solchen Austausch zusteht. Er spricht sich für ein schwebendes Eigentum aus, welches entweder dem Eigentümer oder dem Nießbraucher zufällt, je nach dem, ob das Jungtier ausgetauscht wird oder nicht. Diese Konstruktion eines „dominium in pendenti" führt dazu, dass entweder der Eigentümer (für den Fall des Austauschs der Tiere in der Herde) oder der Nießbraucher (für den Fall einer anderweitigen Verwendung der Tiere durch den Nießbraucher)

---

36 Nach Eckardt, Iavoleni epistulae, S. 107 handelte es sich um eine Auslegung nach dem „typischen Sprachgebrauch". Der konkrete Wille des Erblassers sei nicht der tragende Grund für Javolen gewesen, obwohl dieser allerdings hierauf nicht näher eingehe. Für Eckardt können Ulp. (39 ad Sab.) D. 26. 2. 16 pr. und Pomp. (8 ad Quint. Muc.) D. 31. 45 pr. herangezogen werden, wo beide Juristen in der gleichen Weise auslegen. Die gleichen Auslegungsergebnisse können aber auch auf einem zufälligerweise gleich gerichteten Willen der jeweiligen Erblasser beruhen, obwohl zumindest die Formulierung Ulpians „filiorum enim appellatione et filiae continentur" schon Regelcharakter hat; für eine Auslegung nach dem Willen des Erblassers Wieling, Testamentsauslegung, S. 88, 97 und Manthe, libri ex Cassio, S. 149, Fn. 132.

37 Vgl. auch Giaro, Rechtswahrheiten, S. 276 ff.

38 Ulp. (17 ad Sab.) D. 7. 1. 68. 1; PS 3. 6. 17.

39 Ulp. (17 ad Sab.) D. 7. 1. 68. 2; Pomp. (5 ad Sab.) D. 7. 1. 69.

originär Eigentum erlangen.[40] Dieser Auffassung schließt sich Ulpian durch den Zusatz quae sententia vera est an.[41]

Interessant ist in diesem Zusammenhang noch, welche Juristen sich der betreffenden Wortfolge in ihren Fragmenten bedienen und wen sie zitieren. Die Autoren der insgesamt 46 Fragmente sind nahezu ausnahmslos Hoch- oder Spätklassiker.[42] Die zitierten Juristen stammen aus der Zeit der Republik, sowie der Früh- oder Hochklassik.[43] Dieses Ergebnis belegt deutlich die in den einzelnen Epochen der römischen Rechtswissenschaft praktizierte unterschiedliche Arbeitsweise der Juristen. Während die Früh- und Hochklassiker in zahlreichen Fällen durch eigene Ideen das Recht weiterentwickelten und ausdifferenzierten, beschränkten sich die Vertreter der spätklassischen Periode oftmals darauf, den vorhandenen Rechtsstoff zu ordnen und zu bewerten.

3. Die Komparativform verius

Der Komparativ verius wird in mehr als 200 Fragmenten der Digesten verwendet. Relativ häufig findet man die Wortfolgen „quod verius est“[44], „mihi videtur verius“[45] oder „puto verius“[46]. Die Formulierungen haben dieselbe Funktion wie

---

40 Das Eigentum an den Jungtieren steht somit nicht durch den Austausch aufschiebend bedingt dem Eigentümer oder auflösend bedingt dem Nießbraucher zu. Ausführlich zu dieser Stelle und den damit zusammenhängenden Problemen Daubermann, Sachgesamtheit, S. 114; Hammerstein, Die Herde im röm. Recht, S. 81 ff.; sich anschließend Huwiler, SZ 98 (1981), S. 516.

41 Für die Originalität des Fragments schon Wlassak, SZ 31 (1910), S. 317.

42 Besonders häufig bedienen sich Ulpian (30 mal) und Paulus (9 mal) der Wortfolge.

43 Unter den Hochklassikern sticht vor allem Julian hervor, dessen Meinung in 10 Fragmenten auf diese Weise gelobt wird.

44 Ulp. (12 ad ed.) D. 4. 6. 26. 7; Ulp. (73 ad ed.) D. 20. 2. 3; Ulp. (36 ad ed.) D. 27. 5. 1. 9; Ulp. (22 ad Sab.) D. 30. 47. 5; Ulp. (65 ad ed.) D. 42. 7. 2. 3; Paul. (21 ad ed.) D. 6. 1. 21; Paul. (5 ad lex Iul. et Pap.) D. 31. 49. 3; Paul. (45 ad ed.) D. 50. 1. 5; Alf. (2 a Paul. epit.) D. 33. 7. 16. 1; Gai. (1 de manu.) D. 40. 2. 25; Gai. (2 rer. cott.) D. 41. 1. 5. 1; Pomp. (33 ad Sab.) D. 41. 1. 28; Pomp. (6 ad Quint. Muc.) D. 46. 3. 81. 1; Tryph. (4 disp.) D. 49. 15. 12. 1.

45 Ulp. (29 ad ed.) D. 15. 1. 3. 8; Ulp. (28 ad Sab.) D. 18. 2. 2 pr.; Ulp. (1 ad ed. Aedil. curul.) D. 21. 1. 6. 2; Ulp. (79 ad ed.) D. 35. 3. 1. 3; Ulp. (71 ad ed.) D. 43. 26. 6. 4; Pap. (13 quaest.) D. 38. 2. 42. 1.

46 Ulp. (7 ad ed.) D. 2. 9. 1. 1; Ulp. (10 ad ed.) D. 3. 5. 5. 14; Ulp. (16 ad ed.) D. 6. 1. 5. 1; Ulp. (17 ad Sab.) D. 7. 1. 70. 4; Ulp. (32 ad ed.) D. 19. 5. 20 pr.; Ulp. (42 ad Sab.) D. 21. 2. 31; Ulp. (34 ad Sab.) D. 23. 3. 12. 1; Ulp. (5 de adul.) D. 23. 5. 2; Ulp. (28 ad Sab.) D. 38. 1. 7. 6; Ulp. (14 ad Sab.) D. 38. 4. 1. 7; Ulp. (4 disp.) D. 41. 1. 33 pr.; Ulp. (73 ad ed.) D. 42. 8. 10. 21; Ulp. (69 ad ed.) D. 43. 16. 1. 47; Pomp. (9 epist.) D. 4. 4. 50; Pomp. (17 ad Sab.) D. 26. 8. 4; Iul. (30 dig.) D. 28. 6. 27; Iul. (52 dig.) D. 45. 2. 6 pr.; Paul. (41 ad ed.) D. 37. 5. 15. 1; Paul. (12 ad Sab.) D. 46. 4. 11. 2; Scaev. (4 quaest.) D. 47. 6. 6. 1.

die gerade besprochenen Beispiele.[47] Dies gilt auch für die Formulierung „mihi videtur verum“, die allerdings in den Digesten nur dreimal vorkommt.[48] Es geht jeweils darum, eine Rechtsauffassung (Meinung) zu unterstützen oder abzulehnen. Oft werden die Meinungen älterer Juristen zitiert. Hin und wieder wird auch ein Begründungssatz mit „(sed) verius est“ eingeleitet.[49]

4. Die Superlativform verissimus

Der Superlativ verissimus[50] kommt in 21 Fragmenten der Digesten vor.[51] Die Fragmente dienen allesamt der Meinungsbekundung des Schreibers. Meist wird eine bestimmte Rechtsauffassung als verissimus bezeichnet, ansonsten finden sich auch Wortkombinationen mit „sententia“[52], „puto“[53] oder „mihi videtur“[54]. Meist wird die Rechtsauffassung eines Juristen zitiert.[55]

II. melius und melior

Ein ganz ähnlicher Anwendungsbereich kann den Komparativformen melius und melior zugeordnet werden. Auch diese Begriffe werden in erster Linie zur Beja-

---

47 Für Ulpian ebenso Honoré, Ulpian, S. 53 f.; ähnlich auch Giaro, OIR 1 (1995), S. 88 ff.

48 In Ulp. (10 ad ed.) D. 3. 5. 5. 8; Ulp. (36 ad Sab.) D. 24. 3. 14. 1; Ulp. (44 ad ed.) D. 38. 5. 1. 6 schließt sich Ulpian mit dieser Wendung jeweils der zuvor wiedergegebenen Auffassung von Labeo, Pomponius, bzw. Julian an.

49 Fur. (1 ad ed.) D. 2. 14. 62; Gai. (10 ad ed. prov.) D. 17. 2. 68. 1; Paul. (5 ad lex Iul. et Pap.) D. 34. 4. 6. 2; Paul. (l. sing. de conc. act.) D. 44. 7. 34. 2; Paul. (15 quaest.) D. 46. 3. 98. 6; Paul. (59 ad ed.) D. 50. 16. 53. 2; Ulp. (4 fideic.) D. 36. 1. 6. 5; Ulp. (27 ad Sab.) D. 40. 7. 6. 1.

50 Dazu auch Giaro, OIR 1 (1995), S. 92 ff.; zu „verissimum“: Giaro, Rechtswahrheiten, S. 285.

51 Ulp. (47 ad Sab.) D. 2. 5. 3; Ulp. (11 ad ed.) D. 4. 4. 3. 4; Ulp. (30 ad Sab.) D. 5. 1. 56; Ulp. (18 ad ed.) D. 9. 2. 5. 2; Ulp. (18 ad ed.) D. 9. 2. 27. 3; Ulp. (22 ad ed.) D. 11. 1. 11. 12; Ulp. (26 ad ed.) D. 12. 1. 11 pr.; Ulp. (42 ad Sab.) D. 13. 1. 7 pr.; Ulp. (32 ad ed.) D. 19. 1. 11. 16; Ulp. (2 fideic.) D. 32. 11. 20; Ulp. (4 fideic.) D. 36. 1. 15. 3; Ulp. (53 ad ed.) D. 39. 2. 15. 33; Paul. (11 ad ed.) D. 4. 2. 21. 3; Cels. (11 dig.) D. 16. 3. 32; Gai. (10 ad ed. prov.) D. 18. 1. 35. 7; Gai. (1 fideic.) D. 34. 5. 7. 1; Pomp. (1 ad Sab.) D. 28. 5. 21. 1; Pomp. (12 epist.) D. 35. 1. 112. 3; Pomp. (18 ad Quint. Muc.) D. 40. 7. 29. 1; Scaev. (8 quaest.) D. 29. 7. 14 pr.; Call. (6 de cog.) D. 48. 15. 6 pr.

52 Ulp. (11 ad ed.) D. 4. 4. 3. 4; Ulp. (32 ad ed.) D. 19. 1. 11. 16; Ulp. (2 fideic.) D. 32. 11. 20; Ulp. (4 fideic.) D. 36. 1. 15. 3; Scaev. (8 quaest.) D. 29. 7. 14 pr.

53 Pomp. (1 ad Sab.) D. 28. 5. 21. 1.

54 Ulp. (22 ad ed.) D. 11. 1. 11. 12; Ulp. (26 ad ed.) D. 12. 1. 11 pr.; Cels. (11 dig.) D. 16. 3. 32.

55 Besonders häufig sind hier Verweise auf Aristo, Proculus sowie Julian zu finden.

hung einer Rechtsauffassung benutzt, die im Gegensatz zu einer oder mehreren anderen steht, die der Jurist ablehnt.

1. Die Komparativform melius – Ulp. (37 ad ed.) D. 9. 4. 8

Melius ist in insgesamt mehr als 75 Fragmenten der Digesten zu finden. Als Beispiel sei die folgende Entscheidung Ulpians aufgeführt, der durch seine Verwendung hier einer bestimmten Rechtsmeinung den Vorzug vor einer anderen erteilt.

> Ulp. (37 ad ed.) D. 9. 4. 8
> Si servus communis furtum fecerit, quivis ex dominis in solidum noxali iudicio tenetur: eoque iure utimur. sed non alias poterit is qui conventus est evadere litis aestimationem, nisi in solidum noxae dederit servum, nec ferendus est, si partem dedere fuerit paratus. plane si propter hoc, quod socii dedere parati non fuerint, in solidum fuerit condemnatus, communi dividundo vel familiae erciscundae iudicio adversus eos experietur. ante noxale sane iudicium acceptum poterit sua parte cedendo securitatem consequi, ne necesse habeat suscipere iudicium: quamquam quis possit dicere evenire, ut, dum pars eive data amittat actionem: dominus enim pro parte factus non potest cum socio noxali experiri. fortassis nec communi dividundo agere possit eius maleficii nomine, quod ante communionem admissum est: quod si non potest, evidenti iniuria adficietur. sed melius est dicere, competere ei communi dividundo iudicium.

Ein Sklave, der im Miteigentum mehrerer steht, hat einen Diebstahl begangen. Einer der Miteigentümer hat die auf den Gesamtbetrag gerichtete Noxalklage dadurch abgewendet, dass er seinen Anteil an dem Sklaven auf den Geschädigten übertragen hat. Ulpian bezeichnet eine Ansicht als melius, nach der dem Geschädigten in diesem Fall die Teilungsklage gegen die anderen Miteigentümer zusteht, obwohl der Sklave das Delikt zu einer Zeit begangen hatte, da der Geschädigte noch nicht Miteigentümer des Sklaven war.[56] Interessanterweise findet sich in den Digesten kein ausdrücklicher Beleg für eine Gegenauffassung, die mit dem Argument, dass der neue Miteigentümer zum Zeitpunkt des Diebstahls und damit des Entstehens der Klagemöglichkeit noch gar nicht berechtigt war, die Anwendung der actio communi dividundo abgelehnt hätte.[57] Vielleicht wollte Ulpian mit seiner Formulierung daher nur einem nahe liegenden Einwand schon vorbeugend den Boden entziehen oder aber die Gegenauffassung ist nicht überliefert.

---

56 Zusammenfassend Benöhr, SZ 97 (1980), S. 285.

57 Jedenfalls besteht kein Widerspruch zu Ulp. (41 ad Sab.) D. 47. 2. 43. 12, mit dem Berger, Teilungsklagen, S. 170 die Klassizität von Ulp. (37 ad ed.) D. 9. 4. 8 anzweifeln will. Dort schließt Ulpian in vergleichbarer Sachverhaltskonstellation lediglich die actio furti aus. Auf die Anwendbarkeit der actio communi dividundo geht er gerade nicht ein.

2. Der Sonderfall melior causa

In vielen Fällen steht die Komparativform melior[58] im Zusammenhang mit conditio oder causa[59]. In diesen Fragmenten ist dann die Rede von einer Person oder Gruppe, deren Rechtslage oder prozessrechtliche Situation besser einzuschätzen sei als die der Vergleichsperson oder -gruppe. Diese Fälle enthalten also keine Entscheidung in einer Zweifelsfrage, sondern nur die Darstellung eines Sachverhalts mit der Entscheidung des jeweiligen Juristen, welche der beteiligten Parteien im Vorteil ist.

III. iustus

Wertungsbegriffe des Wortstammes iustus[60] werden ebenfalls relativ häufig[61] zur Entscheidung einer kontrovers diskutierten Zweifelsfrage herangezogen. Im Gegensatz zu verus und melius ist der unbestimmten Wertung iustus jedoch ein etwas größerer Bedeutungsgehalt beizumessen. Der Begriff unterstreicht die Gerechtigkeit[62] einer bestimmten Lösung. Auch wenn die sachliche Argumentation durch die Bezeichnung als iustus nicht ersetzt werden soll, kommt in dieser Wertung doch die Übereinstimmung mit dem zum Ausdruck, was nach Auffassung des jeweiligen Juristen der Gerechtigkeit entspricht. Im Ergebnis dient diese Feststellung damit in erster Linie der rhetorischen Verstärkung der gewählten Lösung. [63]

---

58 Der Komparativ melior kommt so oder in abgewandelter Form in ca. 120 Fragmenten der Digesten vor.

59 In zwei Fällen wird im gleichen Zusammenhang auch iustior gebraucht Ner. (6 memb.) D. 37. 10. 9; Ulp. (8 de omn. trib.) D. 50. 13. 1. 1.

60 Vgl. zum umfassenden Bedeutungsspektrum der Begriffe iustus, iuste, iustitia den Thes.l.L. 7, 2 Sp. 718–727; zu inustus 7, 1 Sp. 1687–1690. Für die klassische römische Jurisprudenz gibt es eine längere Untersuchung von Donatuti, Studi 1, S. 35 ff., die allerdings schon aus dem Jahr 1921 stammt und noch stark durch eine aus heutiger Sicht als überholt anzusehende Überbetonung der Interpolationenforschung geprägt ist. Iuste komme demnach bei den Klassikern lediglich die Bedeutung von „dem Recht entsprechend" zu (S. 37 f.); ähnlich z.B. auch Mitteis, RPR I, S. 37.

61 Eine Ausnahme bilden die im zweiten Teil noch näher zu untersuchenden Fälle der Konkretisierung einzelner Rechtsgrundsätze, sowie die im vierten Teil noch genauer besprochenen Fragmente Marcell. (29 dig.) D. 28. 4. 3 pr. und Marcell. (29 dig.) D. 50. 17. 192. 1, die eine allgemeine Regel mit mehreren unbestimmten Wertungsbegriffen enthalten.

62 Vgl. zum Begriff der Gerechtigkeit noch ausführlich im zweiten Teil unter § 5 II.

63 Ähnlich für die Bedeutung von iustum auch Kaser, RPR I, S. 195 „unterstreicht den Einklang mit dem konkreten, in seinen Einrichtungen lebenden Recht"; Wieacker, RG I, S. 508 f. „meint das Richtige schlechthin"; Waldstein, in giusnaturalismo, S. 306 ff.

1. Die Komparativform iustius – Pap. (3 quaest.) D. 28. 6. 12

Bei den in Betracht kommenden Fragmenten, in denen ein Jurist mit dem Komparativ iustius eine Zweifelsfrage entscheidet, bringt er mit Hilfe der unbestimmten Wertung seine Zustimmung zu einer bereits existierenden Rechtsauffassung zum Ausdruck und bezieht damit Stellung im Falle eines Meinungsstreites.[64] In den allermeisten Fällen dient die unbestimmte Wertung allerdings allein der Verstärkung einer eigenen sachlichen Argumentation, die als iustius bezeichnet wird.[65] Ein treffendes Beispiel dafür ist:

> Pap. (3 quaest.) D. 28. 6. 12
> Si filius, qui patri ac postea fratri ex secundis tabulis heres exstitit, hereditatem patris recuset, fraternam autem retinere malit, audiri debet: iustius enim praetorem facturum existimo, si fratri separationem bonorum patris concesserit. etenim ius dicenti propositum est liberos oneribus hereditariis non sponte susceptis liberare, non invitos ab hereditate removere, praesertim quod remotis tabulis secundis legitimam haberet fratris hereditatem. itaque legata dumtaxat ex secundis tabulis praestari debent habita ratione facultatium in falcidia non patris, ut alias solet, sed impuberis.

Papinian spricht sich zunächst mittels unbestimmter Wertung für die Möglichkeit der separaten Ausschlagung der Erbschaft des Vaters und das gleichzeitige Behalten der substituierten Erbschaft des vorverstorbenen Bruders aus (iustius enim...concesserit).[66] Im Folgenden begründet er die Entscheidung relativ ausführlich (etenim...impuberis).[67] Eine besondere Begründung der Auffassung war insofern notwendig, als es umstritten war, ob durch die Pupillarsubstitution, die zumeist in einer eigenen Urkunde oder zumindest auf einem separat verschlossenen Teil des eigenen Testaments verzeichnet war, ein oder zwei Testamente errichtet wurden.[68] Infolgedessen war es umstritten, ob eine separate Ausschlagung nur einer Erbschaft möglich sein sollte.[69] Gerade die Vorgehensweise Papinians verdeutlicht, dass der unbestimmte Wertungsbegriff iustus, soweit er zur Entscheidung einer umstrittenen Zweifelsfrage gebraucht wird, die sachliche Argumentation nicht ersetzt, sondern ihr lediglich zusätzliches Gewicht verleiht. Der Begriff soll die Übereinstimmung mit der Gerechtigkeit der angestrebten Lösung

---

64 Valens. (3 fideic.) D. 36. 1. 69 (67) pr.

65 Marcell. (6 dig.) D. 19. 2. 47; Pap. (3 quaest.) D. 28. 6. 12; Pap. (15 quaest.) D. 37. 3. 1. In dem zuletzt genannten Fragment bedient sich Papinian zusätzlich des Stilmittels der rhetorischen Frage, um die Richtigkeit seiner Lösung zu verdeutlichen.

66 Die von Donatuti, Studi 1, S. 48 vorgetragene Interpolationsbehauptung beruht auf pauschalen Zweifeln gegenüber der Verwendung von iustius durch die klassische Jurisprudenz. Auch Voci, DER II, S. 194 ff. geht bei seiner ausführlichen Interpretation des Fragments auf die pauschale Textkritik nicht mehr ein.

67 Auf die genauen Entscheidungsgründe muss hier nicht näher eingegangen werden, weil der formale Aufbau der Entscheidung im Vordergrund steht.

68 Dazu Kaser, RPR I, S. 689 f.

69 Dagegen Ulp. (4 ad Sab.) D. 28. 6. 10. 2; dafür neben Papinian auch Iul. (26 dig.) D. 29. 2. 40–42; ausführlich dazu Voci, DER II, S. 187 ff.

hervorheben und dient damit als rhetorisches Mittel zur Abgrenzung der bevorzugten Ansicht, die als „gerechter" bezeichnet wird, gegenüber der abzulehnenden Auffassung.

2. Die Superlativform iustissimus

Der Superlativ iustissimus taucht in 18 Fragmenten der Digesten auf.[70] Auch dieser unbestimmte Wertungsbegriff wird von verschiedenen Juristen zur Bezeichnung einer unterstützenswerten Rechtsauffassung benutzt.[71] In einigen Fällen bezeichnet Ulpian bestimmte Entscheidungsgründe als „iustissima causa"[72] oder dreimal sogar den Zweck einer bestimmten Regelung[73] als überaus gerecht.

IV. benignus, humanus, suptilis, utilis

In einigen Fällen bedienen sich römische Juristen auch der unbestimmten Wertungsbegriffe benignus, humanus, suptilis oder utilis um die Entscheidung in einer umstrittenen Zweifelsfrage herbeizuführen.

1. benignus

Gegen nahezu alle Fragmente, die eine Wortform des unbestimmten Wertungsbegriffs benignus enthalten, wurden früher Interpolationsverdächtigungen erhoben.[74] Diesen pauschalen Vermutungen ist Wubbe in zwei Aufsätzen entgegengetreten.[75] Er weist darin nach, dass das Argumentieren mit der benignitas sehr wohl klassischen Ursprungs gewesen ist. Eine Interpolation solcher Fragmente

---

70 Ulp. (10 ad ed.) D. 3. 4. 7 pr.; Ulp. (12 ad ed.) D. 4. 6. 1 pr.; Ulp. (12 ad ed.) D. 4. 6. 28 pr.; Ulp. (16 ad ed.) D. 6. 2. 3. 1; Ulp. (30 ad ed.) D. 16. 3. 5. 2; Ulp. (35 ad ed.) D. 26. 7. 7 pr.; Ulp. (40 ad ed.) D. 37. 4. 8. 11; Ulp. (31 ad Sab.) D. 41. 9. 1 pr.; Ulp. (64 ad ed.) D. 42. 6. 1. 17; Ulp. (71 ad ed.) D. 43. 30. 1. 3; Ulp. (56 ad ed.) D. 47. 9. 1. 1; Ulp. (25 ad ed. praet.) D. 47. 12. 3 pr.; Cels. (8 dig.) D. 19. 1. 38. 1; Paul. (2 ad ed. aedil. curul.) D. 21. 1. 44 pr.; Scaev. (20 dig.) D. 34. 4. 30. 4; Ner. (1 resp.) D. 39. 6. 43; Afr. (8 quaest.) D. 47. 2. 62. 5; Marcell. (30 dig.) D. 48. 10. 26.

71 Cels. (8 dig.) D. 19. 1. 38. 1; Paul. (2 ad ed. aedil. curul.) D. 21. 1. 44 pr.; Ulp. (40 ad ed.) D. 37. 4. 8. 11; Marcell. (30 dig.) D. 48. 10. 26.

72 Ulp. (12 ad ed.) D. 4. 6. 28 pr.; Ulp. (16 ad ed.) D. 6. 2. 3. 1; Ulp. (30 ad ed.) D. 16. 3. 5. 2; Ulp. (35 ad ed.) D. 26. 7. 7 pr.; Ulp. (64 ad ed.) D. 42. 6. 1. 17; Ulp. (71 ad ed.) D. 43. 30. 1. 3; Ulp. (25 ad ed. praet.) D. 47. 12. 3 pr.

73 Ulp. (12 ad ed.) D. 4. 6. 1 pr.; Ulp. (31 ad Sab.) D. 41. 9. 1 pr.; Ulp. (56 ad ed.) D. 47. 9. 1. 1.

74 Vgl. nur beispielhaft Albertario, Bull. 33 (1923), S. 65 ff.; Beseler, Beiträge 3, S. 41 ff.; Bohàcek, APal. 11 (1923), S. 340; Maschi, Bull. 5 (1939), S. 299 f., Fn. 90; Voci, DER II, S. 919, Fn. 13.

75 In Symbolae David 1, S. 237 ff. und in FG für Herdlitczka, S. 295 ff.

kann daher aus heutiger Sicht nur noch dann als gesichert gelten, wenn dezidiert sachliche Gründe dafür nachzuweisen sind.[76] Auch wenn der Schwerpunkt des Anwendungsbereiches der benignitas nicht im Rahmen der Entscheidung von Zweifelsfragen, sondern eher bei der Begründung von Auslegungsentscheidungen[77] oder Entscheidungskorrekturen[78] liegt, finden sich dennoch einige Fragmente, in denen Juristen die benignitas als rhetorisches Instrument zum Lob einer bestimmten Rechtsmeinung heranziehen.

So bedient sich Paulus in einem Fall des unbestimmten Wertungsbegriffes benignior, um die derzeit allgemein anerkannte Auffassung einer veralteten Meinung gegenüberzustellen.[79] In ähnlicher Weise bezeichnet Ulpian die Anwendung eines Grundsatzes, den er zuvor selbst aufgestellt hat, in einem etwas zweifelhaften Anwendungsfall als benigne.[80] Auch in einem für Gaius überlieferten Fragment[81] geht es in erster Linie darum, eine strenge Auffassung der sabinianischen Rechtsschule zurückzuweisen und stattdessen die gegensätzliche Meinung der Prokulianer zu unterstützen. Es handelt sich dabei um die bekannte Streitfrage, ob der Beauftragte im Falle einer Überschreitung seiner Kompetenz (z. B. durch den Kauf einer Sache zu einem Preis, der das vom Auftraggeber gesetzte Limit übersteigt) wenigstens das mit der actio mandati vom Auftraggeber verlangen kann, was ursprünglich vereinbart war. Die Sabinianer wollen dem Beauftragten in diesem Fall generell jegliche Ansprüche aus dem Auftrag versagen, während sich Proculus dafür ausspricht, dem Beauftragten jedenfalls das gesetzte Preislimit zu ersetzen. Diese Meinung ist auch aus Sicht des Gaius „sane benignior“.[82] In all diesen Fällen sollen mit Hilfe des unbestimmten Wertungsbegriffes mögliche Zweifel bei der Entscheidung ausgeräumt werden. Ihr Wertungsgehalt besteht somit in der Zurückweisung einer übermäßig strengen Aus-

76 In diesem Sinne auch schon Backhaus, Casus perplexus, S. 113 f.; Berger, in Atti Verona II, 204 f.; zuletzt auch Baldus, Auslegung nach Parteirollen, S. 591; Harke, Argumenta Iuventiana, S. 114 f.; ganz allgemein auch Liebs, SZ 120 (2003), S. 245.

77 Dazu näher im dritten Teil.

78 Dazu näher im vierten Teil.

79 Paul. (9 ad Plaut.) D. 35. 1. 44. 5; zum Inhalt Palma, Benignior Interpretatio, S. 112 f. Auch hier geht Paulus nicht auf die Vertreter der zum damaligen Zeitpunkt als überholt angesehenen Auffassung ein, sondern schreibt nur, dass die Auffassung früher angezweifelt wurde (dubitabatur).

80 Ulp. (17 ad Sab.) D. 7. 4. 1. 2; dazu Palma, Benignior Interpretatio, S. 128 f.

81 Gai. (2 rer. cott.) D. 17. 1. 4; dazu Nörr, in Mélanges Wubbe, S. 355 ff.

82 Vgl. dazu auch die Parallelstellen Gai. 3, 161 und Inst. 3. 26. 8, die auf den ersten Blick für eine Interpolation sprechen, da in Gai. 3, 161 die proculianische Auffassung nicht wörtlich überliefert ist. Dass dies nur auf einem absichtlichen oder versehentlichen Schreibfehler beruhen kann und, dass Gaius in dieser Frage tatsächlich Proculianer war, hat Wubbe, in Symbolae David I, S. 246 ff., 257 ff. ausführlich nachgewiesen; zustimmend Palma, Benignior Interpretatio, S. 91 ff. (m. w. N.); im Kern auch Nörr, in Mélanges Wubbe, S. 356, der aber im Gegensatz zu Wubbe auch Paul. (32 ad ed.) D. 17.1.3, 5 im Zusammenhang sieht und als klassisch einstuft.

legung von Rechtsgrundsätzen. Eine Entscheidungskorrektur enthalten sie dagegen nicht.[83]

2. *humanus*

Der unbestimmte Wertungsbegriff humanus und alle davon abgeleiteten Wortformen wurden früher, ähnlich wie die benignus, fast ausnahmslos den Kompilatoren zugeschrieben.[84] Allerdings darf man heute davon ausgehen, dass auch die humanitas schon ein Begründungselement der klassischen römischen Jurisprudenz gewesen ist.[85] Für die Klassizität der humanitas sprechen dabei nicht nur die zahlreichen überlieferten juristischen Quellen, sondern auch die häufige Verwendung des Begriffs in den Werken der klassischen Literatur.[86]

Auch die mit dem unbestimmten Wertungsbegriff humanitas versehenen Fragmente enthalten in der Mehrzahl keine Entscheidungen von Meinungsstreitigkeiten, so dass an dieser Stelle noch kein verbindliches Urteil über ihren Bedeutungsgehalt und Anwendungsbereich gefällt werden kann.[87] In lediglich vier

---

83 Daran könnte man allenfalls mit Wubbe, in Symbolae David I, S. 256 f. für Gai. (2 rer. cott.) D. 17. 1. 4 zweifeln, wenn man die sabinianische Auffassung als streng formalistische Durchführung eines feststehenden Rechtsgrundsatzes versteht. Die Meinung der Prokulianer wäre dann auch benignior, weil „die allgemeine Regel, die dem Mandatar bei Vertragsverletzung die Klage versagt, nicht so strapaziert werden soll, dass sie zu einer Lösung führt, die dem Zweck des Vertrags zuwiderläuft." Auch bei einem solchen Verständnis des zugrunde liegenden Rechtssatzes würde es sich bei der Entscheidung jedoch nicht um eine Entscheidungskorrektur handeln, weil der Grundsatz unangetastet bleibt. Die prokulianische Auffassung würde nur eine zu formale Durchführung des Grundsatzes durch eine wohlwollendere Auslegung vermeiden; vgl. zu ähnlichen Fallkonstellationen noch später im dritten Teil unter § 10.

84 Vgl. etwa Ferrini, Bull. 14 (1901), S. 214; Honoré, in FS für Schiller, S. 111 f.; Krüger, SZ 19 (1898), S. 19 ff.; Lanfranchi, diritto nei retori, S. 106 f.; Pringsheim, SZ 42 (1921), S. 661.

85 So auch Baldus, Auslegung nach Parteirollen, S. 624; Crifò, in FS für Waldstein, S. 79, 87; Harke, Argumenta Iuventiana, S. 114 f.; Hausmaninger, in Boston University Law Review 61 (1981), S. 1151, insb. Fn. 67; Marotta, Multa de iure sanxit, S. 240, Fn. 93; sehr ausführlich auch Meinhart, TR 33 (1965), S. 230 (262 ff.); für eine Entscheidung Hadrians (BGU I. 140 = FIRA I, Nr. 78, S. 429) Wubbe, in Symbolae David I, S. 245, Fn. 3; etwas zurückhaltender Zülch, liber singularis, S. 56 f.

86 Vgl. dazu die umfassenden Untersuchungen von Honig, Humanitas und Rhetorik, S. 3 ff.; Riccobono, in Atti Verona II, S. 207 ff.; ders., in Studi Biondi II, S. 585 ff. sowie Crifò, in FS für Waldstein, S. 79 ff. und Schulz, Prinzipien, S. 128 ff., die sprachgeschichtlichen Arbeiten von Schadewaldt, in ANRW I. 4 (1973), S. 43 ff. und Bauman, Human Rights, S. 20 ff. sowie zu Cicero als einer Leitfigur des römischen Humanismus Christes, Cicero und der römische Humanismus, S. 1 ff.

87 Die mit humanitas begründeten Fälle enthalten – ähnlich wie die benignitas-Entscheidungen – entweder eine bestimmte Auslegungsentscheidung oder Entschei-

Fällen benutzt Ulpian den unbestimmten Wertungsbegriff humanus, um die Aussage eines bestimmten Juristen als besonders lobenswert hervorzuheben.[88] In drei dieser vier Fälle ist Julian Adressat des Lobes,[89] in einem Fall Papinian, dessen Meinung sich gegenüber der Julians bewährt habe.[90] In einem weiteren Fall[91] bezeichnet Julian die Entscheidung des Prätors in einer Zweifelsfrage als humanius entgegen der Meinung gewisser anderer Juristen (quidam existimaverunt), ohne aber einen Vorgänger zu zitieren.[92]

3. suptilis

Mit der suptilitas hat sich Hausmaninger eingehend beschäftigt.[93] Auch ihm ist es gelungen, die früher pauschal gegen diesen Begriff vorgebrachten Interpolationsvermutungen[94] auszuräumen.[95] Das bei Juristen der klassischen Periode auffällig parallele Auftreten der suptilitas zusammen mit unbestimmten Wertungsbegriffen wie benignus[96] oder humanus[97] weist nach seiner Auffassung als

---

dungskorrektur. Diese sollen noch eingehend im dritten und vierten Teil der Arbeit erläutert werden.

88 Ulp. (18 ad Sab.) D. 7. 1. 25. 1; Ulp. (1 ad ed. aedil. curul.) D. 21. 1. 23. 8; Ulp. (21 ad ed.) D. 29. 2. 20. 3; Ulp. (76 ad ed.) D. 44. 4. 7. 1.

89 Ulp. (18 ad Sab.) D. 7. 1. 25. 1; Ulp. (1 ad ed. aedil. curul.) D. 21. 1. 23. 8; Ulp. (76 ad ed.) D. 44. 4. 7. 1; ähnlich Palma, Humanior Interpretatio, S. 27, 101.

90 Ulp. (21 ad ed.) D. 29. 2. 20. 3. Diese Gegenüberstellung ist besonders interessant, weil Ulpian es offensichtlich zusätzlich für klarstellungsbedürftig hält, dass die Meinung Papinians vorzuziehen sei, obwohl sogar Julian in dieser Sache anders argumentiert habe. Das Fragment belegt damit eindrucksvoll den hohen Stellenwert, der den Aussagen Julians gerade von Ulpian beigemessen wurde. Man gewinnt den Eindruck, dass es Ulpian durchaus nicht leicht gefallen ist, dem großen Juristen der Hochklassik zu widersprechen (licet Iulianus contra scripserit).

91 Iul. (48 dig.) D. 12. 1. 21; ausführlich Baldus, Auslegung nach Parteirollen, S. 664 ff.

92 Man kann Julian hier ein verstecktes Eigenlob unterstellen, wenn er seinen eigenen für die Entscheidung des Prätors entwickelten Lösungsansatz als humanius gegenüber der Meinung seiner Standesvertreter einstuft. Andererseits sollte man einen solchen Einzelfall auch nicht überbewerten, zumal für Julian sachliche Argumente im Vordergrund gestanden haben dürften.

93 Zu den klassischen Quellen, in Iuris Professio, S. 59, insb. S. 63 ff.; zu den Kaiserkonstitutionen Justinians schon früher, in FS für Schwind, S. 71 ff.

94 Diese stammten insbesondere von Albertario, Studi V, S. 109 f.; Eisele, SZ 30 (1909), S. 136; Riccobono, Scritti II, 378 f., insb. Fn. 152; ähnlich auch Biondi, servitù prediali, S. 164; Grosso, servitu` prediali, S. 153; Honoré, in FS für Schiller, S. 111; Maschi, Bull. 5 (1939), S. 299 f., Fn. 89; Pringsheim, SZ 42 (1921) S. 661 ff.

95 Ebenso schon Nörr, Rechtskritik, S. 115 und zuletzt Harke, Argumenta Iuventiana, S. 116, Fn. 476.

96 So in Cels. (27 dig.) D. 8. 3. 11; Iul. (18 dig.) D. 12. 1. 20; Iav. (6 epist.) D. 39. 5. 25.

97 So in Marcian. (ad form. hypoth.) D. 20. 1. 16. 6; Iul. (29 dig.) D. 28. 2. 13 pr.; Ulp. (6 disp.) D. 34. 5. 10. 1; Pomp. (2 ad Sab.) D. 40. 4. 4. 2; Tryph. (4 disp.) D. 49. 15. 12. 5.

rechtskritisches Argument in einigen Fällen auf eine Korrekturbedürftigkeit des ius civile hin. Dem ist im Grundsatz zuzustimmen.[98] Wie die von Hausmaninger zur Untermauerung seiner These herangezogenen Fragmente im einzelnen einzuordnen sind, muss aber an dieser Stelle noch offen bleiben. Darauf wird später[99] im Rahmen der Einzelanalyse der jeweiligen Fragmente einzugehen sein.

Der Begriff suptilitas taucht aber auch in den Digesten mehrfach auf, um die Rechtsauffassung eines bestimmten Juristen als besonders scharfsinnig zu loben.[100] In drei von sechs Fällen wird das Lob durch Verwendung einer doppelten Verneinung (non insuptiliter,[101] non insuptili ratione) sogar noch verstärkt.[102] Umgekehrt kritisierte schon Gaius in zwei Fällen eine zuvor dargestellte Meinung als zu spitzfindig.[103] Auch für solche Kritik finden sich drei Beispiele in den Digesten.[104] Auffällig ist, dass sich die unbestimmten Wertungen im Falle des Lobes regelmäßig persönlich auf den jeweils zitierten Juristen[105] oder den Autor selbst[106] beziehen, während die unbestimmte Meinungskritik nur in einem Fall ihrem Urheber direkt zugeordnet werden kann.[107] Aufgrund der wenigen

---

98 Ebenso Nörr, Rechtskritik, S. 115, insb. Fn. 76–78.

99 Insbesondere im dritten und vierten Teil.

100 Ulp. (4 ad ed.) D. 2. 14. 7. 6; Ulp. (26 ad ed.) D. 12. 4. 3. 8; Ulp. (1 ad Sab.) D. 28. 5. 1. 5; Ulp. (72 ad ed.) D. 41. 2. 13. 4; Ulp. (12 ad Sab.) D. 49. 15. 15; Pap. (9 quaest.) D. 30. 11.

101 Ulpian bezeichnet in (4 ad ed.) D. 2. 14. 7. 6 eine Auffassung des Pomponius aus non insuptiliter. In Ulp. (1 ad Sab.) D. 28. 5. 1. 5 nennt er einen Einwand des Marcellus genau so, erteilt im Ergebnis aber der Kaiserentscheidung den Vorrang.

102 Hausmaninger, in Iuris Professio, S. 62 weist zutreffend darauf hin, dass auch nach heutigem Sprachgefühl in einer solchen Äußerung („nicht schlecht") oftmals ein höheres Maß an Anerkennung zum Ausdruck kommt als in der direkten positiven Formulierung.

103 Gai. 3, 94; 4, 30. So deutet auch Hausmaninger, in Iuris Professio, S. 62, Fn. 32, S. 63, Fn. 40 diese Fragmente.

104 Iul. (86 dig.) D. 9. 2. 51. 2; Ulp. (24 ad Sab.) D. 34. 4. 3. 1; Pomp. (32 ad Sab.) D. 41. 3. 32. 2; vgl. ebenso Hausmaninger, in Iuris Professio, S. 63, Fn. 40.

105 So lobt Ulpian indirekt Pomponius (D. 2. 14. 7. 6), und sogar explizit Celsus (D. 12. 4. 3. 8) und Marcellus (D. 28. 5. 1. 5). In Pap. (9 quaest.) D. 30. 11. hebt Papinian auf die gleiche Weise die Scharfsinnigkeit Julians hervor.

106 Diese Besonderheit enthalten Ulp. (72 ad ed.) D. 41. 2. 13. 4 und Ulp. (12 ad Sab.) D. 49. 15. 15, wo Ulpian zunächst eine eigene Rechtsauffassung entwickelt und diese sodann als suptilius bezeichnet. Das Eigenlob stellt aber ebenso wie das versteckte Lob in der oben bei Fn. 91 angesprochenen Entscheidung von Julian eine Ausnahme dar. Wie Julian wollte auch Ulpian mit Hilfe der unbestimmten Wertung wohl eher seine Aussage stützen, als sich selbst für diese Idee zu loben. Immerhin kann man aber feststellen, dass sowohl Julian, als auch Ulpian sich nicht scheuten, der eigenen Auffassung in einer Zweifelsfrage durch einen unbestimmten Wertungsbegriff zusätzliches Gewicht zu verleihen.

107 Nur in Ulp. (72 ad ed.) D. 41. 3. 32. 2 bezeichnet Pomponius eine strenge Wortlautauslegung des Labeo als reine Spitzfindigkeit (mera suptilitate...Labeo scribit). In den anderen Fällen kritisieren sowohl Gaius (3, 94 quod nimium suptiliter dictum

Einzelfälle sollten aus diesem Umstand aber keine vorschnellen Schlüsse gezogen werden.[108]

4. *utilis*

Der Wertungsbegriff utilis findet sich in zahlreichen Fragmenten wieder,[109] in denen Juristen Entscheidungen aus bestimmten Zweckmäßigkeitserwägungen treffen. Viele dieser Fälle unterscheiden sich insofern von den in dieser Arbeit näher analysierten Fragmenten mit unbestimmten Wertungsbegriffen, als die mit der utilitas begründeten Entscheidungen oft eine bestimmte ausdrückliche Entscheidungsbegründung enthalten. Die Vielschichtigkeit dieser Zweckmäßigkeitserwägungen wurde bereits ausführlich von verschiedenen Autoren dargelegt.[110] Sie sollen daher auch im Folgenden nicht mehr einzeln analysiert werden. Alle Autoren sind zu dem einhelligen Schluss gekommen, dass bei Entscheidungen mit einer utilitas-Wertung meist ganz konkrete praktische Erwägungen ausschlaggebend seien und es daher unmöglich sei, ein einzelnes übergeordnetes Wertungskriterium zu formulieren, das in all diesen Entscheidungen gleichermaßen zum Ausdruck komme.[111] In wenigen Ausnahmefällen werden jedenfalls auch einzelne Rechtsauffassungen oder sogar Rechtsgrundsätze[112] als besonders zweckmäßig hervorgehoben. So bezeichnet Ulpian (5 ad ed.) D. 5. 4. 1. 3 eine Meinung des Pegasus als utilior und ähnlich Papinian (27 quaest.) D. 46. 1. 49. 1

---

est; 4, 30 ex nimia suptilitate veterum) als auch Julian (86 dig.) D. 9. 2. 51. 2 (quamvis suptili ratione dici potest) und Ulpian (24 ad Sab.) D. 34. 4. 3. 1 (secundum meram suptilitatem...videri) jeweils eine bestimmte Rechtsauffassung ohne dabei zu sagen, auf wen diese zurückgeht. Zumindest in D. 9. 2. 51. 2 dürfte dies allerdings daran liegen, dass Julian hier eine rein fiktive Auslegungsmöglichkeit als absurd darstellen will, um die eigene Rechtsauffassung zu untermauern.

108 Die Fälle der mit suptilitas begründeten Meinungskritik stammen zwar von unterschiedlichen Autoren (Gaius, Julian, Ulpian, Pomponius), so dass man sie nicht als stilistische Eigenheit eines bestimmten Juristen abtun kann. Dennoch wäre es gewagt, aus dieser Quellenlage ein einheitliches Begründungsschema herleiten zu wollen.

109 Die Recherche mit der ROMTEXT Datenbank ergibt allein für die Digesten und den Codex ca. 250 Treffer.

110 An erster Stelle ist hier Leptien mit seiner umfangreichen Monographie Utilitatis causa (1967) zu nennen. Es sind zudem mehrere Aufsätze speziell zur utilitas erschienen, vgl. Ankum, in Symbolae David I, S. 1 ff.; Leptien, SDHI 35 (1969), S. 51 ff.; Steinwenter, in FS für Koschaker I, S. 84 ff.

111 So insbesondere Ankum, in Symbolae David I, S. 28 ff.; Leptien, Utilitatis causa, S. 235 ff.; Wieacker, SZ 94 (1977), S. 6; zuletzt auch Harke, Argumenta Iuventiana, S. 118 ff. und Zülch, liber singularis, S. 57.

112 Vgl. dazu ausführlich die von Leptien, Utilitatis causa, S. 12 ff. aufgeführten Beispielsfälle.

eine Rechtsauffassung, die auf Kaiser Antoninus Pius zurückgeht, als severior et utilior.

V. Zwischenergebnisse

Das Repertoire an unbestimmten Wertungsbegriffen, die zur Entscheidung in einer Zweifelsfrage von den Juristen der römischen Klassik herangezogen werden, ist relativ groß. Es überwiegen die Komparativformen verior / verius, iustius und melius. Dabei kommt verior / verius und melius lediglich die eingeschränkte Funktion zu, den Vorrang einer bestimmten Meinung im Vergleich zu einer oder mehreren anderen Lösungen für die betreffende Zweifelsfrage herauszustellen. Iustus unterstreicht dagegen die Gerechtigkeit einer bestimmten Lösung und dient damit der rhetorischen Verstärkung. Seltener werden benignus, humanus, suptilis oder utilis benutzt. Diese Wertungsbegriffe werden meist als persönliche Attribute einer bestimmten Person oder Gruppe zugesprochen und wirken dadurch wie eine rhetorische Verstärkung der bevorzugten Auffassung. Ein besonderes Augenmerk gilt hier dem in seiner Bedeutung schillernden Begriff der suptilitas, der einerseits positiv im Sinne von Scharfsinnigkeit, andererseits aber auch negativ im Sinne einer allzu formalistischen Spitzfindigkeit der Rechtsanwendung gebraucht wird. Die negative Bedeutung soll später noch näher untersucht werden, wenn die suptilitas als Gegenbegriff zu den das Recht korrigierenden Wertungsbegriffen benignus und humanus verwendet wird.[113]

§ 4 Die Einleitung einer Entscheidungskorrektur mit unbestimmter Wertung

Wie oben bereits angesprochen, gibt es neben der Unterscheidung zwischen Rechts-, beziehungsweise Meinungskritik noch ein anderes Kriterium, um die Entscheidungen eines Juristen in Zweifelsfragen von der eigentlichen Entscheidungskorrektur abzugrenzen. Zwar haben beide Fallgruppen gemein, dass der Jurist sich eines unbestimmten Wertungsbegriffes bedient, um seine Entscheidung einzuleiten. Jedoch unterscheidet sich die jeweilige Funktion dieser unbestimmten Wertungsbegriffe. Bei den hier im ersten Teil behandelten Zweifelsfragen ist der Funktionsgehalt der unbestimmten Wertungen relativ gering. Betrachtet man sich die oben aufgeführten Beispiele, so erkennt man, dass die Aussagekraft der jeweiligen unbestimmten Wertung, ganz unabhängig davon, welchen Begriff der Jurist verwendet, die gleiche ist. Ob eine Meinung verior, melior, iustior, benignior, suptilior oder humanior ist, spielt in diesen Fällen keine Rolle. Die Begriffe sagen alle nicht mehr aus, als dass die so bezeichnete Meinung vorzugswürdig ist. Dass man aber die einzelnen unbestimmten Wer-

---

113 Vgl. dazu unten im vierten und fünften Teil, insb. § 15 II.

tungsbegriffe sehr wohl auch inhaltlich voneinander abgrenzen kann, soll im Folgenden zunächst kurz angedeutet werden.[114]

I. melius est benignius interpretari – Iul. (2 ad Urs. Fer.) D. 40. 4. 18. 1

Als Beweis für die „sachliche Bedeutungslosigkeit“ der unbestimmten Wertungsbegriffe bei der Entscheidung von Zweifelsfragen und als ein erstes Indiz dafür, dass man den einzelnen unbestimmten Wertungsbegriffen trotzdem durchaus einen unterschiedlichen Funktionsgehalt zuordnen kann, können zwei Fragmente aufgeführt werden, bei denen der Jurist jeweils zwei unterschiedliche unbestimmte Wertungsbegriffe verwendet. Die Belegstellen sollen zeigen, dass einer der beiden unbestimmten Wertungsbegriffe (hier: melius) für sich genommen nicht mehr aussagt, als dass die nun folgende Rechtsauffassung der vorher dargestellten vorzuziehen ist. Melius fungiert als „Hilfswort“, das die eigentliche Entscheidungskorrektur mit unbestimmter Wertung einleitet.

Iul. (2 ad Urs. Fer.) D. 40. 4. 18. 1
Haec condicio "cum moriar, liber esto" vitae tempus complectitur et idcirco inutilis esse videtur. sed melius est verba benignius interpretari, ut post mortem suam videatur testator ei libertatem reliquisse.

Hier geht es um eine Wortlautkorrektur. Die zu Lebzeiten ausgesprochene Bedingung „Wenn ich sterben werde, soll er frei sein“ bezieht sich dem Wortlaut nach nur auf die Lebenszeit des Testators. Dies hätte zur Folge, dass die Bedingung im Zeitpunkt des Todes erlischt und die Freiheitserteilung wirkungslos bleiben würde. Julian erscheint dieses Ergebnis unbillig: „Es ist melius, die Worte benignius auszulegen,“ als ob der Testator seinem Sklaven die Freiheit von Todes wegen hinterlassen habe. Als Entscheidungsmotiv für die Korrektur kommen der favor libertatis und der favor testamenti, bzw. voluntatis testatoris in Betracht.[115] Julian bezeichnet diese Auslegung jedenfalls als wohlwollender. Die Korrektur wird also nicht durch das melius vorgenommen. Melius dient nur der Begründungseinleitung. Julian macht dadurch kenntlich, dass er die folgende Begründung (worin diese besteht, kann zunächst dahingestellt bleiben) für die richtige hält. Am Zusammentreffen der beiden Worte wird die unterschiedliche Funktion klar. Während benignior einen eigenen Wertungsgehalt hat (favor libertatis oder favor testamenti, bzw. voluntatis testatoris), ist melius absolut wertfrei.

II. melius est humaniorem sententiam – Iust. C. 7. 4. 14. 1

Das zweite Fragment, welches die unterschiedliche Funktion der unbestimmten Wertungsbegriffe besonders gut verdeutlicht, ist im Codex zu finden.

114 Ausführlich wird dies vor allem im vierten und fünften Teil der Arbeit untersucht.
115 Ausführlich zu dieser Entscheidung im vierten Teil unter § 11 I. 3.

Iust. C. 7. 4. 14. 1
Sin autem plures creati vel creatae sint, sive unius fecit mentionem sive pluraliter nuncupavit, nihilo minus omnes ad libertatem ad prima veniant cunabula, cum in ambiguis sensibus melius est, et maxime in libertate, favore eius humaniorem amplecti sententiam.

Hier spricht sich Justinian – diesmal eindeutig aufgrund des favor libertatis – für die durch Fideikommiss erlangte Freiheit von Neugeborenen aus, auch wenn der Erblasser etwa eine Mehrlingsgeburt nicht bedacht hatte. Es sei angemessener, wenn man die menschlichere Ansicht vertrete. Die entscheidende unbestimmte Wertung ist hier im Begriff der humaniorem sententiam enthalten.[116] Melius sagt nichts weiter aus, als dass diese humanior sententia Justinian angemessener erscheint als die gegenteilige Auffassung.

---

116 Vgl. zur Bedeutung der humanitas ausführlich im dritten, vierten und fünften Teil der Arbeit, zusammenfassend unter § 15 II.

ZWEITER TEIL: KORREKTUR DER UNVOLLSTÄNDIGKEIT – RECHTSFORTBILDUNG DURCH UNBESTIMMTE WERTUNG

Die im zweiten Teil der Arbeit vorzustellenden Fragmente enthalten ebenfalls keine Entscheidungskorrekturen. Es handelt sich also auch hier nicht um solche Fälle, in denen der Jurist mit seiner Entscheidung von einem bestehenden Rechtsgrundsatz abweicht. Stattdessen geht es dem Juristen darum, durch Modifizierung, Klarstellung oder nähere Ausdifferenzierung ein genaueres Bild des Rechtsgrundsatzes zu gewinnen, ohne dabei dessen Wertungsgehalt anzutasten. Aufgrund dieses vielschichtigen Anwendungsbereichs und auch wegen der anfangs bereits angesprochenen Vielzahl unterschiedlicher Rechtsquellen im römischen Recht ist der Begriff der „Rechtsfortbildung" vorliegend untechnisch zu verstehen. Das einheitliche Ziel aller in diesem Teil besprochenen Fragmente ist jedoch das Erfassen bestimmter Sachverhaltskonstellationen durch bereits vorhandene Rechtsgrundsätze. Wenn die im Rahmen der dazu erforderlichen „Rechtsfortbildung" erzielten Ergebnisse dennoch teilweise anders lauten, als der modifizierte Grundsatz es vorschreibt, so liegt dies daran, dass der jeweilige Anwendungsbereich weiter klargestellt wurde, nicht aber daran, dass eine dem Grundsatz widersprechende Entscheidungskorrektur vorgenommen wurde. Neben der einfachen Ausgestaltung von Rechtsgrundsätzen[117] stellt das Heranziehen vergleichbarer Sachverhaltskonstellationen im Fall von Regelungslücken einen weiteren Teilaspekt dieses Abschnitts dar, der im Ergebnis zur Analogiebildung führt.[118] An den Stellen, an denen selbst eine solche Analogie nicht mehr möglich erscheint, oder die Ausdehnung des Rechtsgrundsatzes sich verfestigt, entstehen neue Rechtsgrundsätze, die ebenfalls mit unbestimmten Wertungsbegriffen begründet werden.[119]

§ 5 Die nähere Ausgestaltung bereits vorhandener Rechtsinstitute

Bei den folgenden Fragmenten wird der Anwendungsbereich bestimmter Rechtsgrundsätze näher erläutert. Der Jurist versucht, mit Hilfe der unbestimmten Wer-

---

117 Vgl. dazu gleich im Anschluss unter § 5.

118 Vgl. dazu unter § 6.

119 Vgl. dazu unter § 7.

tung einen Ausgleich zwischen den widerstreitenden Interessen der Sachverhaltsparteien herbeizuführen. Dabei entwickelt er aber selbst keinen neuen Rechtsgrundsatz, sondern zeigt nur auf, wie sich der bereits vorhandene Rechtsgrundsatz weitergehend differenzieren lässt.

I. magis dicendum est – Die Darstellung eines selbst entwickelten Begründungsansatzes

In einigen Fragmenten schließt der Jurist sich nicht lediglich einer bereits bekannten Meinung an, sondern entwickelt für seine Fallentscheidung einen eigenen Begründungsansatz. Beispielhaft sollen in diesem Zusammenhang Fragmente mit der Wortfolge magis dicendum est untersucht werden. Auch wenn es in Anbetracht einer Gesamtzahl von nur vierzehn Fragmenten[120] mit diesem Wertungsbegriff problematisch erscheint, die Verteilung der Stellen auf die verschiedenen Juristen zum Anlass für tiefere Rückschlüsse zu nehmen, spricht doch die Tatsache, dass zehn dieser Fragmente aus der Feder des Spätklassikers Ulpian stammen, wenigstens für eine gewisse Präferenz des Wertungsbegriffs durch diesen Juristen.[121] In einigen Fällen wird die neue Begründung des Rechtssatzes durch einen sogenannten „Erst-Recht-Schluss" hergeleitet.[122] Obwohl der Jurist durch die Benutzung des Wortes magis (eher, lieber, mehr) zum Ausdruck bringt, dass ihm sein Lösungsansatz als „geeigneter" erscheint, wird die Lösung niemals im direkten Vergleich zu einer bereits vertretenen Meinung dargestellt. Es handelt sich also gerade nicht um Entscheidungen, die der Gegenüberstellung mehrerer kontrovers diskutierter Meinungen dienen.[123] Gegenmeinungen werden, soweit sie existieren, nicht erwähnt oder sind nachträglich durch die Kompilatoren gekürzt worden. Der Jurist formuliert lediglich vorsichtig und bringt zum Ausdruck, welche Bedenken und möglichen Einwände gegen seine Argumentation nach seiner Ansicht nicht greifen. Es handelt sich bei diesen Fragmenten also weder um Darstellungen von Meinungsstreitigkeiten, noch um Entschei-

---

120 Pomp. (6 ad Quint. Muc.) D. 7. 4. 22; Ulp. (17 ad Sab.) D. 7. 8. 12 pr.; Ulp. (27 ad Sab.) D. 13. 5. 16. 3; Ulp. (31 ad ed.) D. 17. 2. 63. 4; Ulp. (74 ad ed.) D. 21. 1. 59. 1; Ulp. (23 ad Sab.) D. 32. 50 pr.; Ulp. (4 fideic.) D. 36. 1. 17. 12; Ulp. (2 fideic.) D. 36. 1. 18. 7; Ulp. (12 ad Sab.) D. 38. 17. 1. 5; Ulp. (2 ad ed. l. Iul. de adul.) D. 48. 5. 26. 4; Marcell. (4 dig.) D. 8. 6. 11. 1; Paul. (3 ad Ner.) D. 33. 7. 24; Paul. (ad sen. con. Lib.) D. 48. 10. 22. 9; Iul. (de amb.) D. 34. 5. 13. 1.

121 Natürlich muss auch hier berücksichtigt werden, dass Ulpian ohnehin derjenige Jurist mit den meisten Fundstellen in den Digesten ist, so dass die relative Häufigkeit der Wortfolge in seinem Werk auch zufällig zustande gekommen sein kann; tatsächlich hat Honoré aber eine Vielzahl ähnlicher Formulierungen in vielen Fragmenten Ulpians gefunden und geordnet, vgl. Honoré, Ulpian, S. 46 ff.

122 Vgl. dazu weiter unten bei § 5 IV.

123 Vgl. dazu die im ersten Teil vorgestellten Fragmente mit den in Zweifelsfragen häufig auftretenden Wortfolgen unbestimmter Wertungsbegriffe.

dungskorrekturen, sondern um eine abgeschwächte Form der Rechtsfortbildung. Im Folgenden sollen diese Besonderheiten an Hand von zwei kurzen Fragmenten beispielhaft aufgezeigt werden.

1. Ulp. (17 ad Sab.) D. 7. 8. 12 pr

In einem Fall definiert Ulpian, was unter einem Gebrauchsrecht (usus) an einem Landgut zu verstehen ist.

Ulp. (17 ad Sab.) D. 7. 8. 12 pr.
Plenum autem usum debet habere, si et villae et praetorii ei relictus est. venire plane proprietarium ad fructus percipiendos magis dicendum est, et per tempora fructuum colligendorum etiam habitare illic posse admittendum est.

Ein volles Gebrauchsrecht stehe demjenigen zu, dem es sowohl am Herrenhaus als auch am Wirtschaftsgebäude vermacht worden sei.[124] Dennoch sei aber der Eigentümer des Landgutes richtigerweise zur Fruchtziehung berechtigt und dürfe auch während der Erntezeit auf dem Landgut wohnen. Diese genaue Beschreibung schränkt das volle Gebrauchsrecht des Legatars nicht ein, sondern erläutert viel mehr seine Reichweite. Es handelt sich daher nicht um eine Korrektur, sondern um eine nähere Ausgestaltung des betroffenen Nutzungsrechtes mit eigener Begründung.

2. Marcell. (4 dig.) D. 8. 6. 11. 1

In einem anderen Fall hat ein Erbe an einem Grundstück, das bereits unter einer Bedingung vermacht war, eine Dienstbarkeit bestellt.

Marcell. (4 dig.) D. 8. 6. 11. 1
Heres, cum legatus esset fundus sub condicione, imposuit ei servitutes: extinguentur, si legati condicio existat. videamus, an adquisitae sequantur legatarium: et magis dicendum est, ut sequantur.

Obwohl eigentlich mit dem Bedingungseintritt alle Belastungen an dem betreffenden Grundstück erloschen sein sollten,[125] will Marcellus solche Dienstbarkeiten, die zugunsten des Grundstücks bestellt wurden, auf den Vermächtnisnehmer übergehen lassen.[126] Ein solches Vorgehen widerspricht nicht dem Zweck des

---

124 Zum sozio-kulturellen Hintergrund der römischen Landgüter Frier, SZ 96 (1979), S. 213 ff.

125 Die Verfügungen des Erben einer bedingt vermachten Sache sind ebenfalls nur bedingt und damit schwebend wirksam. Sie werden mit Bedingungseintritt automatisch unwirksam; vgl. dazu Marcian. (ad form. hyp.) D. 20. 1. 13. 1; Gai. (2 de leg. ad ed. praet.) D. 30. 69. 1; ausdrücklich für den Fall einer vom Erben bestellten Dienstbarkeit Pomp. (5 epist.) D. 35. 1. 105.

126 Betti, in Scritti Ferrini, S. 492; Guarneri Citati, in Studi Bonfante III, S. 441 und Legier, RH 38 (1960), S. 358 f. hielten die Stelle für unklassisch; für Klassizität da-

hier in Rede stehenden Grundsatzes, dass Verfügungen des (noch) Eigentümers (hier: des Erben) einer durch Vindikationslegat bedingt vermachten Sache sich nicht zulasten des schon vorher feststehenden Vermächtnisnehmers auswirken dürfen. Marcellus gestaltet durch diese Differenzierung den Anwendungsbereich des Grundsatzes weiter aus und wendet sich gegen mögliche Bedenken, die zwar so noch nicht vorgebracht wurden, ihn aber dennoch bei seiner Entscheidung beschäftigt haben.[127] Dies bringt er mit Hilfe des unbestimmten Wertungsbegriffs „magis dicendum est" zum Ausdruck.

Die weiteren Fallkonstellationen stammen zwar aus den unterschiedlichsten Rechtsgebieten,[128] der unbestimmte Wertungsbegriff „magis dicendum est" fungiert aber in allen Fällen als Bestätigung für den jeweils eingeschlagenen Begründungsweg, der den betroffenen Rechtsgrundsatz im Ergebnis weiter modifiziert, ohne dabei einen Widerspruch zu erzeugen.

II. aequus – Differenzierung durch Interessenausgleich

Um einen Rechtsgrundsatz näher auszugestalten, benutzen römische Juristen in zahlreichen Fragmenten den unbestimmten Wertungsbegriff aequus. Der Begriff der aequitas wurde früher ebenso wie fast alle anderen unbestimmten Wertungsbegriffe der römischen Klassik abgesprochen.[129] Diese Auffassung kann jedoch heute, ähnlich wie für andere unbestimmte Wertungsbegriffe (benignus, humanus, suptilis), in dieser Pauschalität als überholt angesehen werden.[130] Zwar liegt

---

gegen schon Mitteis, RPR I, S. 173, Fn. 26; Vassalli, Bull. 27 (1914), S. 199 f.; Wlassak, SZ 31 (1910), S. 277, Fn. 2; Masi, Studi sulla condizione, S. 121; sich anschließend Hausmaninger, TR 36 (1968), S. 574; und wohl auch Kaser, RPR I, S. 255, Fn. 30.

127 Etwas anders Mitteis, RPR I, S. 173, Fn. 26, der einen Konflikt mit der prokulianischen Lehre zum bedingten Vindikationslegat sieht. Dagegen aber mit einleuchtender Argumentation Wlassak, SZ 31 (1910), S. 277, Fn. 2, der sich insbesondere gegen eine Rückwirkung beim bedingten Legat ausspricht.

128 Vgl. Ulp. (31 ad ed.) D. 17. 2. 63. 4 (stipulationsweise Sicherheitsleistung durch Gesellschafter); Ulp. (74 ad ed.) D. 21. 1. 59. 1 (Wandlung wegen einer noch nicht bezahlten Kaufsache); Ulp. (2 fideic.) D. 36. 1. 18. 7 (Eintritt einer Legatsbedingung über Kinderlosigkeit); Ulp. (2 ad leg. Iul. de adul.) D. 48. 5. 26. 4 (Beweisaufnahme beim Ehebruch).

129 Vgl. z. B. Beseler, SZ 45 (1925), S. 453 ff.; Pringsheim, Aequitas und bona fides, S. 162 ff.

130 Schon früher etwas abgeschwächt Albertario, Studi V, S. 109; später Dobbertin, Auslegung der Stipulation, S. 36 ff. (m. w. N.); Iglesias, Der. Rom., S. 91 ff.; Kaser, RPR I, S. 195, Fn. 11; Pinna Parpaglia, Aequitas, S. 51 ff.; Vacca, in Studi d`Amelio I, S. 397 ff.; Waldstein, in FS für von Lübtow, S. 23, 32 f.; ders., ANRW II. 15 (1976), S. 92 f.; ders., SZ 102 (1985), S. 647, Fn. 15 mit zutreffendem Hinweis auf die Nachweise zu aequus und aequitas bei Heumann/Seckel, Handlexikon; zuletzt: Babusiaux,

es nahe, dass der Begriff im Laufe der Zeit an Bedeutung gewonnen hat,[131] die Redakteure Justinians haben die aequitas aber mit Sicherheit nicht als neuen Begriff in die Digesten eingeführt. Stattdessen kann man auch hier davon ausgehen, dass in den allermeisten Fällen schon die klassischen Autoren mit der aequitas argumentiert haben. In zahlreichen Fällen spricht der entscheidende Jurist durch die Verwendung der aequitas einer der beiden Parteien eines Rechtsstreits die in Frage stehende Rechtsposition zu. Er bringt damit zum Ausdruck, dass diese Rechtsposition der obsiegenden Partei aufgrund eines gerechten Anspruchs zusteht. Die Rechtsposition stellt also regelmäßig die „Gegenleistung" für einen Nachteil dar, den die Partei ansonsten hinnehmen müsste.[132] Indem der Jurist zur Entscheidung seines Falles den Begriff der aequitas heranzieht, beruft er sich somit zugleich auf die ausgleichende Gerechtigkeit (iustitia commutativa).[133] Die aequitas steht damit unverkennbar als Synonym für einen Teilaspekt des Gerechtigkeitsbegriffs, der für die klassische römische Jurisprudenz bestimmend war[134] und auch in der bekannten Definition der iustitia als constans et perpetua voluntas ius suum cuique tribuendi[135] zum Ausdruck kommt. Dieses vor allem in der griechischen Philosophie[136] betonte Verständnis von Gerechtigkeit, welches nicht

---

in giusnaturalismo, S. 644; Stagl, in giusnaturalismo, S. 678 ff.; eine Begründung aus der numismatischen Forschung liefert Lange, SZ 52 (1932), S. 296 ff.; allgemein zur Geschichte der Interpolationenkritik Wieacker, RG I, S. 50 ff., 154 ff.

131 Zum Gebrauch in nachklassischer Zeit ausführlich Daza, in Estudios Iglesias III, S. 1211 ff., insb. S. 1226 ff.

132 Ähnlich schon Wieacker, RG I, S. 506 ff., insb. 509 unter Berufung auf Kaser, RPR I, S. 194; zuletzt: Baldus, Auslegung nach Parteirollen, S. 498; Stagl, in giusnaturalismo, S. 675 ff.

133 Einen solchen gemeinsamen Aspekt der aequitas-Fragmente kann Maifeld, Aequitas bei Neraz, S. 123 f.; 138 ff. zumindest für die Fragmente des Neraz nicht erkennen. Stattdessen diene die aequitas dem Juristen „regelmäßig dazu, den besonderen Umständen des Einzelfalles Rechnung zu tragen". Diese „Besonderheit" dürfte freilich auf alle Fragmente mit einem unbestimmten Wertungsbegriff zutreffen. Maifeld lehnt damit allerdings wohl zutreffend eine Auffassung Scarano Ussanis, Valori e storia, S. 51 ff. über die bei Neraz zum Ausdruck kommende aequitas als eigenem Wert innerhalb der römischen Rechtsordnung ab; ähnlich Carcaterra, in Studi Biscardi V, S. 429; dagegen auch Horak, Labeo 29 (1983), S. 183 f.; Krampe, SZ 102 (1985), S. 591; Sitzia, Labeo 29 (1983), S. 39, Fn. 26.

134 Dazu Schwarz, AcP 152 (1952/1953), S. 213 ff.; Kaser, in FS für Flume I, S. 121 ff.; von Lübtow, Volk, S. 570 ff.; Waldstein, in ANRW II. 15 (1976), S. 91 ff.

135 Vgl. Inst. I. 1 pr.; Ulp. (2 regul.) D. 1. 1. 10 pr.; Tryph. (9 disp.) D. 16. 3. 31. 1; dazu auch Backhaus, in FG für Graßhof, S. 33; Behrends, SZ 97 (1980), S. 460 ff.; Bretone, Geschichte, S. 225, Fn. 70 (m. w. N.); Kaser, RPR I, S. 194 f.; Manthe, SZ 114 (1997), S. 1 ff.; Waldstein, in FS für Flume I, S. 213 ff.; Winkel, SZ 105 (1988), S. 672.

136 Platon, politikos 295 a; Aristoteles, Nik. Eth. 5. 5–7 (1129 b–1132 b); Virt. 5 (1250 b); ausführlich zum Verhältnis zur griechischen επιεικεια Backhaus, in FG für Graßhof, S. 30 ff.; Manthe, SZ 113 (1996), S. 1 ff.; Pinna Parpaglia, Aequitas, S. 216

zuletzt durch die schriftstellerische Tätigkeit Ciceros in der römischen Rechtswissenschaft etabliert wurde,[137] definiert sich gerade nicht nur durch den Willen, jedem das auf ihn zutreffende Recht zukommen zu lassen (iustitia distributiva), sondern ganz allgemein auch durch den Gleichheitsaspekt des Rechtes, das grundsätzlich jedem in gleicher Weise zuteil werden soll.[138]

Die mit der aequitas begründete Argumentation führt damit im Ergebnis zu einer Klarstellung und weitergehenden Differenzierung des Anwendungsbereichs des jeweils einschlägigen Rechtsgrundsatzes und betont zugleich die Gerechtigkeit der gewählten Lösung.[139]

---

ff.; Waldstein, in FS für Mayer-Maly, S. 64 f.; ders., in FS für Flume I, S. 216 ff.; einen ähnlichen Bezug stellt auch Vacca, in Studi d`Amelio I, S. 424, Fn. 46 her. Zahlreiche weitere Nachweise finden sich bei Wieacker, RG I, S. 502 ff.

137 So in top. 9; de off. 1. 5. 15, 2. 12. 42, 2. 21. 73; 2. 22. 78; de inv. 2. 160; de re publ. 3. 18; de fin. 5. 65 und 67; de nat. deor. 3. 38; pro Caec. 70; ausführlich dazu Backhaus, in FG für Graßhof, S. 47 f.; Daza, in Estudios Iglesias III, S. 1211 ff.; Pinna Parpaglia, Aequitas, S. 109 ff.; Stroux, Griechische Einflüsse, S. 86 ff.; Voggensperger, Ius naturale, S. 91 f.; Waldstein, ANRW II. 15 (1976), S. 88 ff.; ders., in FS für Mayer-Maly, S. 44 ff. ; Wieacker, RG I, S. 477, 639 ff.; ders., SZ 94 (1977), S. 18 f.; Zamboni, AG 170 (1966), S. 167 ff. ; auf die spätrömischen Kaiserkanzleien beschränkt Honig, Humanität und Rhetorik, S. 3; insgesamt etwas verhaltender Horak, Rationes decidendi I, S. 224 sowie z. B. d`Agostino, Epieikeia, S. 176 ff., der den veralteten durch starke Interpolationenkritik beeinflussten Standpunkt wiedergibt.

138 Den Gleichheitsaspekt stellen auch Behrends, in Begründung des Rechts, S. 32 ff.; Bretone, Geschichte, S. 223 f., Gallo, SDHI 53 (1987), S. 30 ff., Iglesias, Der. Rom., S. 93, Manthe, SZ 113 (1996), S. 3 und Waldstein, ANRW II. 15 (1976), S. 89 ff.; ders., in FS für Flume I, S. 225 ff. besonders heraus; zudem ähnlich schon Donatuti, Studi 1, S. 39; ausdrücklich stellt Cicero den Bezug zwischen iustitia und aequitas an zwei Stellen her:
de off. 2, 22, 78 [...] deinde aequitatem, quae tollitur omnis, si habere suum cuique non licet.
de leg. 1, 19 Itaque arbitrantur prudentiam esse legem, cuius ea vis sit, ut recte facere iubeat, vetet delinquere, eamque rem illi Graeco putant nomine nòmon a suum cuique tribuendo appellatam, ego nostro a legendo. Nam ut illi aequitatis, sic nos delectus vim in lege ponimus, et proprium tamen utrumque legis est.
In diesem Sinne auch Schwarz, AcP 152 (1952/1953), S. 214, Fn. 101; Kaser, RPR I, S. 194 f.; zu den griechischem Quellen des römischen Gerechtigkeitsbegriffs zudem Schulz, Geschichte, S. 160; ders. Prinzipien, S. 58, Fn. 9.

139 Die Funktion der Bildung von Ausnahmen will Silli, aequitas christiana, S. 78 ff. der aequitas für die klassische Periode aufgrund der rein kasuistischen Rechtsfindung absprechen. Erst in der Nachklassik insbesondere unter Konstantin sei ein immer größerer Normenapparat geschaffen worden, der eine solche Ausnahmebildung erst ermöglicht hätte; dagegen aber schon Waldstein, SZ 102 (1985), S. 647, Fn. 15 unter Berufung auf Mayer-Maly, in FG für von Lübtow, S. 249 f., der sich ebenfalls für die aequitas als Begründungselement der römischen Klassik ausspricht, wenngleich sich seine Ausführungen lediglich auf die sehr sporadisch auftretende aequitas evidens beziehen, für die er daher auch keine „umfassende Ordnung“, sondern nur die an der

Anschauliche Beispiele für die Ausgleichsfunktion der aequitas finden sich vor allem in einer Reihe von Entscheidungen, in welchen sich Ulpian zumeist auf Juristen der Hochklassik beruft und die alle mit der Superlativform aequissimus begründet werden.[140]

1. Ulp. (71 ad ed.) D. 43. 24. 7. 3

Im ersten Fragment gibt Ulpian eine Entscheidung Julians wieder, die den gerade aufgezeigten Grundsatz der ausgleichenden Gerechtigkeit noch einmal weiter verschärft.

> Ulp. (71 ad ed.) D. 43. 24. 7. 3
> Bellissime apud Iulianum quaeritur, an haec exceptio noceat in hoc interdicto "quod non tu vi aut clam feceris?" ut puta utor adversus te interdicto quod vi aut clam, an possis obicere mihi eandem exceptionem: "quod non tu vi aut clam fecisti?" et ait Iulianus aequissimum esse hanc exceptionem dare: nam si tu, inquit, aedificaveris vi aut clam, ego idem demolitus fuero vi aut clam et utaris adversus me interdicto, hanc exceptionem profuturam. quod non aliter procedere debet, nisi ex magna et satis necessaria causa: alioquin haec omnia officio iudicis celebrari oportet.

Nach Julian kann der Klage aus dem Interdikt „Quod vi aut clam"[141] in bestimmten Fallkonstellationen die gleichlautende exceptio entgegengehalten werden. Als Beispiel führt Julian den Fall auf, dass Ego ein Gebäude des Tu heimlich oder gewaltsam einreißt, welches Tu selbst heimlich oder gewaltsam errichtet hatte.[142] Die erfolgreiche Geltendmachung des Interdikts setzt somit voraus, dass der Kläger nicht selbst dem Interdikt zuwider gehandelt hat. Die aequitas besteht hier also nicht einfach darin, beide Beteiligte gleich zu behandeln. Schließlich muss Ego im Ergebnis keinen Schadensersatz leisten, obwohl er ein Gebäude eingerissen hat, das ihm nicht gehört. Tu dagegen muss das Ver-

---

Billigkeit orientierte Lösung von Einzelproblemen erkennen kann; krit. dazu Waldstein, SZ 89 (1972), S. 477 f.

140 Ulp. (7 disp.) D. 17. 1. 29. 6; Ulp. (32 ad ed.) D. 19. 1. 13. 20; Ulp. (32 ad ed.) D. 19. 2. 9 pr. / 1; Ulp. (64 ad ed.) D. 42. 6. 1. 1; Ulp. (71 ad ed.) D. 43. 24. 7. 3; eine Sammlung aller Fragmente Ulpians mit diesen Wortformen findet sich bei Honoré, Ulpian, S. 70 f.

141 Allgemein dazu Fargnoli, interdetto quod vi aut clam, S. 1 ff. (mit zahlreichen Nachweisen); sehr auschaulich Peters, SDHI 35 (1969), S. 190 ff.

142 Zu Recht hat Schulz, Einführung, S. 26; ihm folgend Röhle, SDHI 31 (1965), S. 307 darauf hingewiesen, dass der Fall eigentlich doppelt geschildert werde und eine Sachverhaltschilderung daher überflüssig sei. Wenigstens die erste Darstellung (ut puta...fecisti?) könne auch nicht von Julian stammen, weil die Personen Ego und Tu im Vergleich zu der folgenden Konstellation (Et ait Iulianus...exceptionem profuturam) vertauscht seien. Diese Kritik ändert jedoch nichts an der Klassizität der Grundaussage des Fragments. Ob Ulpian oder erst die Kompilatoren die auf Julian zurückgehende Falllösung in dieser Weise etwas unglücklich zusammengestellt haben, spielt keine Rolle.

mögensopfer für die getätigten Aufwendungen beim Grundstücksbau hinnehmen. Die Wirkung des Interdikts soll also nur demjenigen zugute kommen, der selbst nicht dem Interdikt zuwider gehandelt hat.[143] Andernfalls wäre die Gerechtigkeit zwischen beiden Parteien nicht gewährleistet.

2. Ulp. (32 ad ed.) D. 19. 1. 13. 20

Eine andere Auswirkung, die aber letztlich auf denselben Gedanken zurückgeht, zeigt sich in Ulp. (32 ad ed.) D. 19. 1. 13. 20.[144] Die Gerechtigkeit der Zinszahlungspflicht des Käufers ergibt sich daraus, dass er die Kaufsache bereits nutzt, obwohl er den Kaufpreis noch nicht vollständig bezahlt hat.[145] Wenn ihm die Vorteile der Sache vollständig zugute kommen, muss er als „Nachteil" auch für deren Kosten (Zinsen) aufkommen. Er erhält damit im Ergebnis nicht mehr, als ihm gerechterweise aufgrund des abgeschlossenen Vertrages zusteht.

3. Ulp. (32 ad ed.) D. 19. 2. 9 pr./1

Ganz auf dieser Linie ist die Entscheidung des Marcellus, die Ulpian in (32 ad ed.) D. 19. 2. 9. 1 aufführt.[146] Hier trifft den Pächter die Zahlungsverpflichtung

---

143 Im Ergebnis gestattet Julian dadurch eine der seltenen Formen von Selbsthilfe; allg. dazu Kaser, RPR I, S. 222, 409; Wesener, in FS für Steinwenter, S. 116 f., der die Entscheidung aber mit Riccobono, Scritti II, S. 375, Fn. 137 und Beseler, in Studi Bonfante II, S. 60 als nachklassisch ansieht. Klassizität vermutet wohl Fargnoli, interdetto quod vi aut clam, S. 117. Dafür sprechen auch vergleichbare Fälle, die sich bei Ulp. (52 ad ed.) D. 39. 1. 5. 10 und Ven. (2 interdict.) D. 43. 24. 22. 2 finden. Die Interpolationsvermutung erscheint daher nicht als zwingend.

144 *Veniunt autem in hoc iudicium infra scripta. in primis pretium, quanti res venit. item usurae pretii post diem traditionis: nam cum re emptor fruatur, aequissimum est eum usuras pretii pendere.*

145 Dieser Grundsatz war allgemein anerkannt, vgl. Pap. vat. 2; PS 2. 17. 9 und darf inzwischen auch uneingeschränkt als klassisch bezeichnet werden. Gegen die allein von Siber, SZ 45 (1925), S. 146 ff. vorgebrachten Bedenken wandten sich Appleton, RH 6 (1927), S. 249 ff.; Bussmann, L`obligation de délivrance, S. 147 ff., 159 ff.; Cervenca, Studio delle usurae, S. 13 ff., insb. 21; Haymann, AcP 130 (1929), S. 146 ff.; Kaser, SZ 69 (1952), S. 75 f.; Knütel, SZ 105 (1988), S. 514 ff.; Weyand, TR 51 (1983), S. 236 f.; Wieacker, Lex commissoria, S. 43, Fn. 6.

146 *Hic subiungi potest, quod Marcellus libro sexto digestorum scripsit: si fructuarius locaverit fundum in quinquennium et decesserit, heredem eius non teneri, ut frui praestet, non magis quam insula exusta teneretur locator conductori. sed an ex locato teneatur conductor, ut pro rata temporis quo fruitus est pensionem praestet, Marcellus quaerit, quemadmodum praestaret, si fructuarii servi operas conduxisset vel habitationem? et magis admittit teneri eum: et est aequissimum. idem quaerit, si sumptus fecit in fundum quasi quinquennio fruiturus, an recipiat? et ait non recepturum, quia hoc evenire posse prospicere debuit. quid tamen si non quasi fructuarius ei locavit, sed si quasi fundi dominus? videlicet tenebitur: decepit enim conductorem: et*

aus dem Pachtvertrag jedenfalls für den Zeitraum der Nutzung des Pachtgrundstücks, auch wenn der Verpächter zwischenzeitlich verstorben ist.[147]

4. Ulp. (7 disp.) D. 17. 1. 29. 6

Interessant für den Bedeutungsgehalt der aequitas ist auch die von Ulpian unmittelbar davor aufgeführte viel besprochene Entscheidung des Pomponius in Ulp. (32 ad ed.) D. 19. 2. 9 pr.[148] Der gutgläubige Vermieter einer nicht in seinem Eigentum stehenden Wohnung soll demnach die Rechtsmängelhaftung gegenüber dem Mieter[149] dadurch abwenden können, dass er diesem eine andere, gleichwertige Wohnung zur Verfügung stellt.[150] Damit erhält der Mieter zwar einen adäquaten Ausgleich für den Verlust seiner Wohnung (aequitas-Gedanke), muss sich aber andererseits damit zufrieden geben, eine Wohnung zu beziehen, die er sich nicht ausgesucht hat.[151] Es handelt sich somit um eine Möglichkeit der Natural-

---

ita imperator Antoninus cum divo Severo rescripsit. in exustis quoque aedibus eius temporis, quo aedificium stetit, mercedem praestandam rescripserunt.

147 Aus dieser und anderen Entscheidungen (einerseits, wie hier Paul. (34 ad ed.) D. 19. 2. 24. 2–4; Lab. (5 post. a Iav. epit.) D. 19. 2. 60 pr.; andererseits Ulp./Mela (32 ad ed.) D. 19. 2. 19. 6 ; Alf. (3 a Paul. epit.) D. 19. 2. 30 pr.; Afr. (8 quaest.) D. 19. 2. 33) ergibt sich indirekt, dass die Zahlungsverpflichtung bezüglich des Miet-/ Pachtzinses abhängig vom Vertrag sowohl erst nach, als auch schon vor Ablauf der Miet-/ Pachtzeit fällig werden konnte; so auch de Neeve, SZ 100 (1983), S. 305 f.

148 *Si quis domum bona fide emptam vel fundum locaverit mihi isque sit evictus sine dolo malo culpaque eius, Pomponius ait nihilo minus eum teneri ex conducto ei qui conduxit, ut ei praestetur frui quod conduxit licere. plane si dominus non patitur et locator paratus sit aliam habitationem non minus commodam praestare, aequissimum esse ait absolvi locatorem.*
Die Stelle ist entgegen der noch bei Levy/Rabel, Ind. itpl., 355 f.; zusätzl. Kreller, SZ 66 (1948), S. 79 f.; Longo, in Studi Arangio-Ruiz II, S. 386; Perozzi, Istituzioni II, S. 157, Fn. 1, 289, Fn. 2; aufgeführten Nachweise als klassisch anzusehen. Dafür schon Kaser, SZ 74 (1957), S. 168; ders., RPR I, S. 567, Fn. 44; Mayer-Maly, Locatio conductio, S. 59, 156; Medicus, Id quod interest, S. 100; ausführlich Frier, Landlords and tenants, S. 169 ff.; zuletzt: Ankum, RIDA 39 (1992), S. 82 f.

149 Zur Haftung vgl. Paul. (32 ad ed.) D. 19. 2. 7; Tryph. (9 disp.) D. 19. 2. 8; Ulp. (32 ad ed.) D. 19. 2. 15. 8; einschränkend Palazzolo, Bull. 68 (1965), S. 275 ff., insb. 286 ff.; der sich für eine Haftung nur bei Kenntnis des locators ausspricht; dagegen Frier, Landlords and tenants, S. 170, Fn. 257 ; Honsell, Quod interest, S. 131; MacCormack, SZ 89 (1972), S. 191 f.; Molnár, Index 12 (1983–84), S. 164.

150 Ebenso Lab. (5 post. a Iav. epit.) D. 19. 2. 60 pr.; ähnlich auch Alf. (2 dig.) D. 19. 2. 27 pr.; Lab. (4 post. a Iav. epit.) D. 19. 2. 28. 2. Mayer-Maly, Locatio conductio, S. 156 will wegen dieser Parallelentscheidungen Labeo als Urheber dieser Regelung ausmachen. Diese These ist aber nicht zwingend; vgl. Kaser, SZ 74 (1957), S. 168, Fn. 43.

151 Diesen Zusammenhang hat auch Frier, Bull. 92–93 (1989–1990), S. 240 als eine charakteristische Besonderheit des römischen Mietrechts qualifiziert; zustimmend Molnár, Index 12 (1983–84), S. 165.

restitution, die von Pomponius in der konkreten Fallkonstellation als gerecht empfunden wird.

5. Ulp. (79 ad ed.) D. 36. 3. 1. 19

Im Fall von Ulp. (7 disp.) D. 17. 1. 29. 6[152] will Ulpian, der sich hier wieder auf Julian beruft, einem durch Fristablauf frei gewordenen Bürgen,[153] der trotzdem freiwillig an den Gläubiger zahlt, die Auftragsklage gegen den ohne Befristung verpflichteten Schuldner zusprechen. Hier findet sich der Grundsatz sogar fast wörtlich: Es sei höchst gerecht, dass der Bürge unter der Voraussetzung, dass er den Schuldner gegenüber dem Gläubiger verteidigt, obwohl er zuvor schon von der Zahlungspflicht frei geworden ist, das zurückerhalte, was er gezahlt habe (aequissimum est mandati iudicio eum quod solvit reciperare). Der Bürge hat also (wie bei der GoA nach geltendem Recht) den Hauptschuldner befreit und soll dafür den gerechten Ausgleich erhalten.[154]

6. Ulp. (64 ad ed.) D. 42. 6. 1. 1

Eine bemerkenswerte Ausformung des gleichen Gedankens ist schließlich in Ulp. (64 ad ed.) D. 42. 6. 1. 1[155] enthalten. Ulpian spricht sich hier für die Vermögensaussonderung zugunsten der Gläubiger des verstorbenen Schuldners aus, wenn sowohl der Erblasser als auch der Erbe überschuldet sind.[156] Die Gläubiger des Erben können also nicht die auf sie entfallenden Haftungsquoten erhöhen und damit aus der zufälligen Erbschaft ihres Schuldners profitieren. Andererseits sol-

---

152 *Fideiussor, si solus tempore liberatus tamen solverit creditori, recte mandati habebit actionem adversus reum: quamquam enim iam liberatus solvit, tamen fidem implevit et debitorem liberavit: si igitur paratus sit defendere reum adversus creditorem, aequissimum est mandati iudicio eum quod solvit reciperare. et ita Iuliano videtur.*

153 Diese Möglichkeit ergab sich nach Gai. 3, 121 aus der lex Furia nach Ablauf von zwei Jahren.

154 Im Ergebnis ähnlich Frezza, Le garanzie delle obbligazioni 1, S. 163 f. und Wesener, Labeo 11 (1965), S. 343.

155 *Solet autem separatio permitti creditoribus ex his causis: ut puta debitorem quis Seium habuit: hic decessit: heres ei extitit Titius: hic non est solvendo: patitur bonorum venditionem: creditores Seii dicunt bona Seii sufficere sibi, creditores Titii contentos esse debere bonis Titii et sic quasi duorum fieri bonorum venditionem. fieri enim potest, ut Seius quidem solvendo fuerit potueritque satis creditoribus suis vel ita semel, etsi non in assem, in aliquid tamen satisfacere, admissis autem commixtisque creditoribus Titii minus sint consecuturi, quia ille non est solvendo aut minus consequantur, quia plures sunt hic. est igitur aequissimum creditores Seii desiderantes separationem audiri impetrareque a praetore, ut separatim quantum cuiusque creditoribus praestetur.*

156 Weitere Nachweise zur separatio bonorum in D. 42. 6.; C. 7. 72; Literatur bei Kaser, RPR I, S. 734, insb. Fn. 18 ff.

len die Gläubiger des Erblassers nicht durch den Tod ihres Schuldners und die zufällige Zahlungsunfähigkeit seines Erben belastet werden. Die aequitas besteht hier darin, dass jeder Gläubiger nur das Insolvenzrisiko tragen soll, welches er sich selbst durch den Vertragsschluss aufgebürdet hat.[157]

III. iustus – Konkretisierungen auf Tatbestands- und Rechtsfolgenseite

In den folgenden Fällen werden zwei unterschiedliche Argumentationsmuster vorgeführt, die der näheren Konkretisierung eines Rechtsgrundsatzes dienen. Es handelt sich jeweils um einen Vergleich,[158] der entweder auf der Tatbestands- oder der Rechtsfolgenseite des Rechtsgrundsatzes ansetzt.[159] Solche Fälle zeichnen sich durch die partielle Gleichheit der verglichenen Denkobjekte aus.[160] Die dazu verwendeten unbestimmten Wertungsbegriffe des Wortstammes iustus[161] werden – wie schon im ersten Teil beschrieben[162] – für die Entscheidung von umstrittenen Zweifelsfragen herangezogen. Die Begriffe sind auch hier eher als rhetorische Verstärkung zur Betonung der Gerechtigkeit einer bestimmten Lösung zu verstehen. Sie beinhalten also wiederum eine etwas andere sachliche Wertung als das eben dargestellte „aequus".[163] Während die aequitas die ausgleichende Gerechtigkeit einer Lösung hervorstellt, bezeichnet „iustus" eher abtrakt die Gerechtigkeit (im Sinne von Richtigkeit) einer bestimmten Argumentation.[164]

157 Wiederum erhält also jeder nur das, was ihm aufgrund des Vertrages zusteht.

158 Bund, in Studi Volterra I, S. 586 bezeichnet das Bilden von Vergleichsfällen sogar als die verbreitetste und gewichtigste Argumentationsform der klassischen Jurisprudenz. Dem kann aufgrund der Vielzahl der Fälle, die untechnisch als Vergleich bezeichnet werden können, zugestimmt werden.

159 Ganz ähnliche Argumentationsformen konnte Bund, Methode Julians, S. 28 ff. auch schon bei Julian feststellen, allerdings ohne dass diese durch Heranziehen eines unbestimmten Wertungsbegriffs begründet worden wären.

160 Sie sind auch der Logik seit Aristoteles, Met. 5. 9. 5 (1018 a 16); 10. 3. 4 (1054 b 4) nicht unbekannt; dazu (m. w. N.) Bund, Methode Julians, S. 28 ff.

161 Der Umfang des Bedeutungsspektrums dieses Wortstammes wird deutlich durch Thes.l.L. 7, 2 Sp. 718–727; zu inustus 7, 1 Sp. 1687–1690; vgl. auch Donatuti, Studi 1, S. 35 ff.

162 Vgl. dazu oben unter § 3 II.

163 Anders Schulz, Geschichte, S. 90 f., der die Begriffe aequum und iustum als Synonyme entweder für eine allgemeine das ius korrigierende Billigkeit oder später auch für die bloße Zustimmung in einer Zweifelsfrage („das ist das ius, eine andere Entscheidung wäre non ius") versteht. Auch Donatuti, Studi 1, S. 38 ff. versteht die beiden Begriffe synonym. Allerdings differenziert er besser bei den verschiedenen Bedeutungsmöglichkeiten der aequitas.

164 Ähnlich auch Wieacker, RG I, S. 508 f.

1. Vergleich auf der Tatbestandsseite

Das erste Argumentationsmuster[165] zeichnet sich dadurch aus, dass ein Sachverhalt dargestellt wird, der sich bewusst geringfügig von der durch den Rechtsgrundsatz normalerweise erfassten Konstellation unterscheidet. Durch den Vergleich mit dieser abweichenden Konstellation erreicht der Jurist ein höheres Maß an Differenzierung. Die Grenzen des Anwendungsbereichs werden deutlich.

a. Ulp. (6 fideic.) D. 5. 1. 50. 1

Eine solche Form der Konkretisierung enthält beispielsweise das folgende Fragment Ulpians:

> Ulp. (6 fideic.) D. 5. 1. 50. 1
> Tractatum est de aere alieno: si in ea provincia, ubi fideicommissum petitur, plus esset aeris alieni, an quasi maior pars alibi esset, praescriptio locum haberet. sed et hic placuit nihil facere aeris alieni nomen, cum non loci sit aes alienum, sed universarum facultatium: aes enim alienum patrimonium totum imminuere constitit, non certi loci facultates. quid tamen si forte certis oneribus destinatum sit id patrimonium, ut puta alimentis praestandis quae Romae praestari pater familias iusserat, vel tributis vel quibusdam aliis inexcusabilibus oneribus, an possit praescriptio locum habere? hic putem iustius dici locum habere.

Es geht um die prozessuale Frage der Zuständigkeit, wenn ein Schuldner sein Vermögen an verschiedenen Orten hält. Ulpian erläutert zunächst unter pr. und zu Beginn dieses Fragments den Grundsatz, dass sich die Schulden einer Person auf deren gesamtes Vermögen beziehen (aes enim alienum patrimonium totum imminuere constitit, non certi loci facultates). Auch wenn ein Schuldposten also den unmittelbar betroffenen Teilwert des Vermögens an einem bestimmten Ort übersteigt, kann der Schuldner sich nicht mit der Prozesseinrede der Unzuständigkeit gegen die Haftung schützen.[166] Sodann variiert Ulpian den Sachverhalt (quid tamen...inexcusabilibus oneribus): Soweit der betroffene Vermögensteil für gewisse Belastungen an einem bestimmten Ort[167] vorgesehen wäre, sei es ge-

---

165 Ulp. (6 fideic.) D. 5. 1. 50. 1; Paul. (5 quaest.) D. 19. 1. 45 pr.; Marcell. (8 dig.) D. 26. 7. 28. 1.

166 Im konkreten Fall ging es um das Einklagen eines Fideikommisses in einer Provinz, in welcher der Erbe wohl überschuldet war. Der Großteil der Erbschaft befand sich aber in Rom. Der Grundsatz versagte es nunmehr dem Schuldner, sich auf die Einrede der Unzuständigkeit des Provinzmagistrats zu berufen und damit die Klage des Fideikommissors abzuwehren. Diesem wurde so der volle Zugriff auf das gesamte Vermögen des Schuldners ermöglicht.

167 Als solche nennt Ulpian beispielhaft die Erfüllung von Unterhaltszahlungen, die auf Anordnung des Hausvaters in Rom zu erbringen waren (alimentis praestandis quae romae praestari pater familias iusserat), Steuerlasten (tributis), die ebenfalls an einen bestimmten Ort gebunden sein konnten (Grundstück) oder sonstige unabwendbare Belastungen (quibusdam aliis inexcusabilibus oneribus).

rechter (iustius), wenn sich der Schuldner auf die Einrede der Unzuständigkeit berufen dürfe. Eine an diesem Ort vorliegende Überschuldung würde sich dann nicht auf sein sonstiges Vermögen auswirken. Der Vergleich der beiden Sachverhaltsvarianten führt zu einer stärkeren Ausdifferenzierung des zuvor aufgestellten Grundsatzes. Ulpian erreicht diese Konkretisierung durch die Gegenüberstellung der unterschiedlichen Sachverhaltskonstellationen. Der unbestimmte Wertungsbegriff iustius sorgt somit durch eine stärkere Differenzierung für mehr Einzelfallgerechtigkeit.

b. Paul. (5 quaest.) D. 19. 1. 45 pr.

Einen solchen Vergleich auf Sachverhaltsebene nimmt auch Paulus in der folgenden Entscheidung vor. Sie ist zudem deshalb interessant, weil er sich mit der Entscheidung gleichzeitig einer zuvor dargestellten Rechtsauffassung anschließt.

> Paul. (5 quaest.) D. 19. 1. 45 pr.
> Idque et Iulianum agitasse Africanus refert: quod iustum est: sicut minuitur praestatio, si servus deterior apud emptorem effectus sit, cum evincitur.

Was mit idque gemeint ist, wird nur aus dem Zusammenhang mit den beiden vorherigen Fragmenten Paul./Afr. (5/8 quaest.) D. 19. 1. 43 / 44 klar.[168] Paulus gibt zuvor einen längeren Sachverhalt sowie die Rechtsmeinungen mehrerer Juristen wieder. Entscheidend ist die folgende Fallvariante:

> [...] plane si in tantum pretium excedisse proponas, ut non sit cogitatum a venditore de tanta summa (veluti si ponas agitatorem postea factum vel pantomimum evictum esse eum, qui minimo veniit pretio), iniquum videtur in magnam quantitatem obligari venditorem [...].

Es geht um den Wertausgleich für einen Käufer, der nachträglich erfährt, dass sein gekaufter Sklave aufgrund eines zuvor abgefassten Testaments freigelassen werden muss (evictio in libertatem). Es besteht insoweit kein Zweifel, dass der Verkäufer grundsätzlich den Schaden zu ersetzen hat, der dem Käufer aus der

---

168 Die Fragmente D. 19. 1. 43–45 waren früher zahlreichen Interpolationsverdächtigungen ausgesetzt; vgl. dazu die zahlreichen Nachweise bei Levy/Rabel, Ind. itpl., 352 f.; insb. Beseler, SZ 56 (1936), S. 74 ff.; SZ 66 (1948), S. 364, 370; Donatuti, Studi 1, S. 55 f.; Haymann, in Studi Bonfante II, S. 445 f.; Krüger, Herstellung der Digesten, S. 135 ff.; Ratti, Bull. 40 (1932), S. 191, Fn. 1; Pringsheim, in Studi Riccobono IV, S. 321 ff. Diese zum Teil zu weit gehenden Vermutungen wurden allerdings schon frühzeitig insb. durch die eingehenden Untersuchungen von Arangio-Ruiz, La compravendita, S. 235 ff.; Medicus, Id quod interest, S. 63 ff., 81 ff.; Honsell, Quod interest, S. 51 ff.; Knütel, stipulatio poenae, S. 338 ff. und Schindler, Justinians Haltung zur Klassik, S. 260 ff. dahingehend relativiert, dass man heute wenigstens den Kern der überlieferten Ausführungen des Paulus als klassisch einstuft; zuletzt ausführlich: Nörr, Der Fall Arescusa, S. 10 f.; ders., in giusnaturalismo, S. 524 ff.

Eviktion des Sklaven entstanden ist.[169] Nach der bei Africanus wiedergegebenen Rechtsmeinung Julians, die Paulus nach der vorliegenden Quellenlage zitiert, haftet der Verkäufer nur begrenzt[170] für einen übermäßigen Wertzuwachs des Sklaven, der diesem etwa durch eine Ausbildung zum Wagenlenker oder Schauspieler während der Dienstzeit beim Käufer zugute gekommen war. Dieses Ergebnis erschien Paulus wahrscheinlich noch weiter begründungsbedürftig. Jedenfalls ergänzt er die Argumentation im Anschluss an die Wiedergabe der Meinung Julians durch den für ihn wohl entscheidenden Vergleich: Das Ergebnis Julians sei gerecht (iustum), weil sich im umgekehrten Falle eine Wertminderung des Sklaven beim Käufer auch als Haftungsminderung für den Verkäufer auswirke.[171] So wie der Verkäufer bei einer Wertminderung maximal den einfachen Kaufpreis des Sklaven „gewinnt", soll er auch für den umgekehrten Fall der Wertsteigerung kein größeres Risko tragen. Der Verkäufer muss also jede durch ihn nicht zu beeinflussende Wertsteigerung (bis zu einem bestimmten Maße) genau so hinnehmen, wie er eine ebenfalls zufällige Wertminderung regelmäßig dankend annehmen würde. Auch hier lässt der Vergleich mit einer Sachverhaltsvariation das Ergebnis des betroffenen Rechtsgrundsatzes erst stimmig erscheinen und führt den Grundsatz damit zu einem höheren Differenzierungsgrad. Der unbestimmte Wertungsbegriff iustum est soll hier wiederum die Gerechtigkeit der durch den Vergleich aufgezeigten Differenzierung hervorheben. Er liegt damit in seiner Bedeutung dem zuvor dargestellten Wertungsbegriff aequum sehr

---

169 Nach Meinung von Paulus genügte sogar ein Vorgehen mit der actio empti, die nicht nur den Kaufpreis, sondern ebenso das gesamte Interesse des Käufers daran, dass der Sklave ihm nicht evinziert werde, umfasste (nam empti iudicium ad eam quoque speciem sufficere existimo: non enim pretium continet tantum, sed omne quod interest emptoris servum non evinci); für die Klassizität des Prinzips auch Iul. (15 dig.) D. 21. 2. 8; Paul. (5 quaest.) D. 21. 2. 70; dazu Below, lucrum cessans, S. 86 ff.

170 Nach Africanus darf das Haftungsrisiko nicht über den Wert des doppelten Kaufpreises hinausgehen (vgl. Afr. (8 quaest.) D. 19. 1. 44). Unklar ist, ob er auch hier eine Meinung seines Lehrers Julian wiedergibt oder ob die Idee von ihm selbst stammt. Später wurde der Grundsatz jedenfalls durch Justinian verallgemeinert, vgl. C. 7. 47. 1; nach a. A. hat freilich erst Justinian die Begrenzung auf das duplum eingeführt und nachträglich in das Paulus-Fragment einarbeiten lassen; dagegen aber überzeugend Medicus, Id quod interest, S. 88 ff.; Knütel, stipulatio poenae, S. 340 ff.; Schindler, Justinians Haltung zur Klassik, S. 263 ff.; für die Klassizität der Haftungsbegrenzung auch Backhaus, SZ 98 (1981), S. 508.

171 Nach Honsell, Quod interest, S. 53 mache dieser Vergleich nur vor dem Hintergrund Sinn, dass Paulus sich zuvor für die volle Haftung des Verkäufers ausgesprochen habe. Meiner Meinung nach kann sich Paulus aber ebenso gut nur für eine beschränkte Haftung des Verkäufers für die Wertsteigerung ausgesprochen haben. Der Vergleich mit der Haftungsminderung, die dem Verkäufer im umgekehrten Falle zugute kommt, spricht lediglich dafür, den Verkäufer überhaupt für zufällige Wertschwankungen einstehen zu lassen. Über eine evtl. nach oben bestehende Billigkeitsgrenze ist damit noch nichts gesagt; ähnlich auch Nörr, Der Fall Arescusa, S. 55.

nahe und dient nicht lediglich der Zustimmung zu der Rechtsmeinung Julians, die nur eine Nebenfolge der eigenen Argumentation ist.

2. *Vergleich auf der Rechtsfolgenseite – Paul. (19 ad ed.) D. 11. 3. 10*

Die Besonderheit des anderen Argumentationsmusters[172] besteht darin, mögliche Entscheidungsalternativen einer einzigen Sachverhaltskonstellation durch einen direkten Vergleich ihrer Rechtsfolgen einander gegenüber zu stellen. Die Gegenüberstellung macht dann deutlich, warum die eine Lösungsalternative gerechter (iustius) und deshalb der anderen vorzuziehen ist. Als Beispiel dient:

> Paul. (19 ad ed.) D. 11. 3. 10
> In hoc iudicium etiam rerum aestimatio venit, quas secum servus abstulit, quia omne damnum duplatur, neque intererit, ad eum perlatae fuerint res an ad alium sive etiam consumptae sint: etenim iustius est eum teneri, qui princeps fuerit delicti, quam eum quaeri, ad quem res perlatae sunt.

Der Jurist bezeichnet die aus seiner Sicht vorzugswürdige Rechtsfolge (hier: die Haftung des Delikturhebers) als iustius und erteilt der gegenteiligen ebenfalls denkbaren Lösung (hier: der Haftung des jetzigen Sachinhabers, der erst ausfindig gemacht werden muss) damit automatisch eine Absage.[173] Das Fragment enthält keine zusätzliche ausdrückliche Begründung. Stattdessen ersetzt schon die Gegenüberstellung der beiden Rechtsfolgen die Argumentation. Der Jurist verdeutlicht durch diese Verkürzung der Argumentation auf die relevanten Alternativen, wie eindeutig er eine der beiden Rechtsfolgen bevorzugt. Im Ergebnis versucht er damit eine Festlegung der Rechtsfolge auf die herangezogene Sachverhaltskonstellation und damit eine nähere Ausgestaltung des Anwendungsbereichs des Rechtsinstituts der Delikthaftung zu erreichen.

IV. Der „Erst-Recht-Schluss"

Ein ganz ähnliches Argumentationsmuster stellt der „Erst-Recht-Schluss" dar.[174] Hier zeigt der Jurist ebenfalls durch einen Vergleich, dass eine so bislang noch nicht aufgetretene Sachverhaltskonstellation zum Anwendungsbereich eines bestimmten Rechtsgrundsatzes gehört. Soweit ein „Erst-Recht-Schluss" durch einen unbestimten Wertungsbegriff ausgedrückt wird, erfolgt dies nahezu aus-

---

172 Paul. (19 ad ed.) D. 11. 3. 10; Paul. (32 ad ed.) D. 44. 4. 9.

173 Die von Longo, delictum e crimen, S. 86 im Anschluss an Albertario, delictum e crimen, S. 32, sowie Donatuti, Studi 1, S. 44 vermutete Interpolation des Fragments ist aus meiner Sicht nicht zwingend. Für die hier allein interessante beispielhafte Verwendung des Komparativs iustius ist die Klassizität des Fragments aber nur von nachrangiger Bedeutung.

174 Vgl. zum argumentum a fortiori als rhetorischem Stilmittel Bund, in Studi Volterra I, S. 586.

schließlich[175] mit der schon oben[176] vorgestellten Wortfolge „magis dicendum est“.[177]

1. Pomp. (6 ad Quint. Muc.) D. 7. 4. 22

Als erstes Beispiel für dieses Argumentationsmuster dient:

> Pomp. (6 ad Quint. Muc.) D. 7. 4. 22
> Si mulieri usus domus legatus sit et illa trans mare profecta sit et constituto tempore ad amittendum usum afuerit, maritus vero domo usus fuerit, retinetur nihilo minus usus, quemadmodum si familiam suam in domu reliquisset eaque peregrinaretur. et hoc magis dicendum est, si uxorem in domu reliquerit maritus, cum ipsi marito usus domus legatus sit.

In diesem Fragment erläutert Pomponius zunächst, dass ein Gebrauchsrecht (usus) an einem Haus, das einer Frau vermacht wurde, auch dann nicht erlischt, wenn statt der Frau, die verreist war, nur ihr Ehemann das Haus benutzt und dadurch das Gebrauchsrecht erhalten hat. Dies gelte aber erst recht, wenn das Gebrauchsrecht dem Mann vermacht worden sei und dieser seine Frau während seiner eigenen Abwesenheit zurückgelassen habe. In dieser Entscheidung kommt die klassische Rollenverteilung der römischen Ehe zum Ausdruck. Die Ehefrau kann für ihren Mann, der im Normalfall Eigentümer des Familienvermögens ist, den Besitz an einem bestimmten Gegenstand mit dessen Billigung erwerben und

---

175 Nur in zwei von Ulpian überlieferten Fragmenten liegt ein „Erst-Recht-Schluss“ nahe, der mit anderen unbestimmten Wertungsbegriffen begründet wird.
In (1 ad ed.) D. 27. 8. 6 stellt Ulpian fest, dass eine Klageverweigerung zugunsten eines Magistratsmitglieds erst recht für seinen Erben gelten müsse und bezeichnet diese Argumentation als aequum und multo iustius. Was Ulpian dazu veranlasste, dies klarzustellen, kann nur vermutet werden. Vielleicht existierte an anderer Stelle die Auffassung, dass solche „Vergünstigungen“ nur den jeweiligen Magistraten zukommen sollten.
In Ulp. (8 de omn. trib.) D. 50. 13. 1. 1 will er einen außerordentlichen Rechtsweg, der für Professoren anerkanntermaßen existiert, erst recht auch für Ärzte zulassen, da sie für die Gesundheit, jene (nur) für den Unterricht der Menschen sorgen. Auch hier bedient er sich des Komparativs (iustior), um den aus seiner Sicht zwingenden Vergleich zu rechtfertigen.
Diese beiden Fälle belegen besonders deutlich die Nähe des „Erst-Recht-Schlusses“ zu den gerade unter § 5 III. vorgestellten Fragmenten mit einem „Vergleich auf Tatbestandsseite“. Eine Abgrenzung zwischen diesen beiden Argumentationsmustern fällt schwer, weil der Jurist jedes Mal eine Differenzierung des Rechtsgrundsatzes durch Vergleich zweier Sachverhalte verdeutlichen will. Man könnte daher den „Erst-Recht-Schluss“ auch als speziellen Anwendungsfall der oben dargestellten allgemeineren Argumentationsfigur bezeichnen.

176 Vgl. unter § 5 I.

177 So in Pomp. (6 ad Quint. Muc.) D. 7. 4. 22; Ulp. (4 fideic.) D. 36. 1. 17. 12; Ulp. (12 ad Sab.) D. 38. 17. 1. 5; Paul. (ad sen. con. Lib.) D. 48. 10. 22. 9.

erhalten.[178] Wenn also schon der Mann das Gebrauchsrecht für die Frau in deren Abwesenheit durch Ausübung erhalten kann, so muss dies erst recht für den umgekehrten Fall gelten, dass der Ehemann das Gebrauchsrecht aufgrund eigener Abwesenheit nicht selbst ausübt. Diese mit dem „Erst-Recht-Schluss" begründete Folge ist eindeutig ebenso wie der Ausgangsfall zu bewerten. Ulpian verwendet die gleiche Argumentationsfigur in zwei weiteren Fällen, die hier aber nicht näher erörtert werden müssen.[179]

2. Paul. (lib. sing. ad SC. Libon.) D. 48. 10. 22. 9

Ein weiteres Beispiel findet sich bei Paulus:

> Paul. (lib. sing. ad SC. Libon.) D. 48. 10. 22. 9
> Item non continetur verbis servus, qui alieno testamento fideicommissam libertatem sibi adscripsit. sed de hoc potest haesitari, quoniam, ut supra diximus, senatus ita demum ei, qui sibi libertatem fideicommissam in testamento domini adscripsit, poenam remisit, si dominus subscripsit. immo magis dicendum est hunc contra senatus consultum facere, quam eum qui legatum sibi adscribit, cum libertas omnimodo ipsi competitura sit, legatum autem domino adquiri possit.

Es geht um die Strafbarkeit nach dem SC. Libonianum. Das 16 n. Chr. beschlossene SC. Libonianum konstituierte einen Strafbarkeitstatbestand gegen einen zum Testament hinzugezogenen Schreiber, der gegen den Willen des Testators zu seinen eigenen Gunsten eine Verfügung (Legat) in das Testament mitaufnahm.[180] Zwar waren die Strafvorschriften gegenüber Sklaven, die der Gewalt des Testators unterstanden, aufgehoben, wenn der Sklave seine eigene Freilassung im Testament durch Fideikommiss veranlasste und der Testator das Testament anschließend eigenhändig unterschrieben hatte,[181] im hier von Paulus be-

---

178 Auf diesem familienrechtlichen Verständnis beruht auch der Grundsatz, dass die der patria potestas unterworfenen Personen selbst als Werkzeuge zum Besitz des pater familias gehören. Vgl. dazu Gai. 2, 90, 94; Pomp. (Proc.) (11 ad Sab.) D. 41. 1. 21 pr.; Iul. (44 dig.) D. 41. 1. 37 pr. ; Paul. (54 ad ed.) D. 41. 2. 1. 15 ; Cels. (23 dig.) D. 41. 2. 18 pr.; noch weitergehender Paul. (54 ad ed.) D. 41. 2. 1. 8; Pap. (2 def.) D. 41. 2. 49 pr.; allg. Kaser, RPR I, S. 392 f.

179 In Ulp. (4 fideic.) D. 36. 1. 17. 12 kann ein Haussohn von seinem Vater ein ihm zu Gute kommendes Fideikommiss erst recht herausverlangen, wenn das Vermögen zum Sondergut werden solle, weil der Sohn im Militärdienst steht.
In Ulp. (12 ad Sab.) D. 38. 17. 1. 5 schließt Ulpian aus dem Grundsatz, dass ein Neugeborener Erbe durch Testament werden kann, darauf, dass er dann erst Recht auch als gesetzlicher Erbe anerkannt werden müsse. Dies ergebe sich auch daraus, dass sogar die ungeborene Leibesfrucht zum Erbschaftsbesitz eingesetzt werden könne.

180 Die Verfügung war zudem unwirksam; allg. dazu Kaser, RPR I, S. 691, Fn. 6; Robinson, TR 60 (1992), S. 29 ff.

181 Diese Einschränkung diente dem Umstand, dass die oft im Testament vorgesehene Freilassung für den Sklaven, der als Schreiber diente, nicht automatisch unwirksam

sprochenen Fall hatte der Testator aber einen fremden Sklaven als Schreiber hinzugezogen.[182] Eine Ausnahme von der Strafbarkeit kam daher nach Sinn und Zweck der Regelung nicht in Betracht.[183] Die Freilassung eines fremden Sklaven konnte der Testator durch seine nachträgliche Unterschrift gerade nicht genehmigen. Eine Unterschrift des insoweit berechtigten dominus des schreibenden Sklaven kam nicht Betracht, da es sich um ein alienum testamentum handelte. Die Strafbarkeit nach dem SC. Libonianum für das Fideikommiss der Freiheit stand damit im Raum. Der von Paulus herangezogene „Erst-Recht-Schluss" dient als weiteres Argument der Strafbarkeitsbegründung. Er bezieht sich auf einen Sklaven, der sich in einem fremden Testament ein Legat zugeschrieben hat und dem daher die Ausnahmefreistellung von der Strafbarkeit wegen einer Freilassungsverfügung ebenfalls nicht zukam. Wenn schon dieser verurteilt werde, so Paulus, obwohl das Legat (nur) für seinen Herrn erworben werde, müsse die Strafbarkeit erst recht für den Sklaven gelten, der seine Freilassung in dem fremden Testament verfüge, da diese nur ihm selbst zugute komme. Schließlich kommen dem Sklaven die Folgen seiner strafbaren Handlung nur im zweiten Fall unmittelbar zu Gute.

V. Fälle stärkerer Differenzierungen – Die Bildung von Ausnahmetatbeständen

Neben den bisher gezeigten Argumentationsmustern gibt es noch Fälle, in denen der Anwendungsbereich bestimmter Rechtsgrundsätze dadurch weiter differenziert wird, dass Sachverhaltskonstellationen beschrieben werden, die gerade nicht mehr unter seinen Anwendungsbereich fallen. Man könnte diese Sachverhaltskonstellationen daher auf den ersten Blick auch als Ausnahmetatbestände zu den in Frage stehenden Rechtsgrundsätzen auffassen. Von einer echten Ausnahme könnte man aber nur dann sprechen, wenn die Konstellation sachlich unter den Anwendungsbereich des Rechtsgrundsatzes fallen, aus anderen (rechtspolitischen) Gründen aber davon ausgenommen würde. Die Folge wäre ein Widerspruch zwischen Falllösung und Rechtsgrundsatz und damit eine Entscheidungskorrektur. Vorliegend widersprechen die getroffenen Entscheidungen dem Rechtsgrundsatz aber gerade nicht, sondern verdeutlichen lediglich die Grenzen seines Anwendungsbereichs. Die Juristen bedienen sich dazu in den hier aufgeführten Beispielen anderer Wortformeln:

---

sein sollte; vgl. dazu ausführlich Marcian. (14 inst.) D. 48. 10. 1. 8; Call. (1 quaest.) D. 48. 10. 15. 1–3; allg. zur Strafbarkeit von Sklaven Robinson, SZ 98 (1981), S. 213 ff.; mit Bezug auf Paul. (ad sen. con. Lib.) D. 48. 10. 22. 9: S. 218, Fn. 36.

182 Dieser Fall war, wie Paulus schreibt, gerade nicht vom Wortlaut der Ausnahmevorschrift des SC. Libonianum erfasst (Item non continetur verbis...).

183 Ebenso Morabito, Index 13 (1985), S. 482; sowie Robinson, TR 60 (1992), S. 34, Fn. 51, die allerdings eine nicht näher erläuterte Interpolation des Fragments vermutet.

1. Paul. (1 sent.) D. 4. 4. 24. 1

Non semper autem ea, quae cum minoribus geruntur, rescindenda sunt, sed ad bonum et aequum redigenda sunt, ne magno incommodo huius aetatis homines adficiantur nemine cum his contrahente et quodammodo commercio eis interdicetur. itaque nisi aut manifesta circumscriptio sit aut tam neglegenter in ea causa versati sunt, praetor interponere se non debet.

Im ersten Beispiel erläutert Paulus die Grenzen des Schutzes für minores. Grundsätzlich sollen Geschäfte, die sich für einen minor nachteilig auswirken können, rückgängig gemacht werden.[184] Damit die minores aber nicht faktisch vom Rechtsverkehr ausgeschlossen werden (quodammodo commercio eis interdicetur),[185] soll nach einem guten und gerechten Maßstab beurteilt werden (ad bonum et aequum redigenda), ob die Benachteiligung offensichtlich ist (manifesta circumscriptio sit) oder der minor sich in der Angelegenheit sehr nachlässig verhalten hat (tam neglegenter in ea causa). Wenn dies nicht der Fall sei, solle der Prätor auch nicht einschreiten. Paulus formuliert damit eine Ausnahme, die den Grundsatz der zwingenden Rückgängigmachung aller Rechtsgeschäfte mit negativer Folge für den minor auf diejenigen Fälle beschränkt, die tatsächlich einen gravierenden Nachteil mit sich bringen.[186] Was im Einzelfall dem Maßstab bonum et aequum entspricht, überlässt Paulus der Entscheidungsmacht des jeweils zuständigen Prätors.

2. Ulp. (36 ad ed.) D. 27. 3. 1. 2

Eine ähnliche Argumentationsform enthält das folgende von Ulpian zitierten Julian-Fragment. Hier wird ein „bonae fidei iudicium" zur Begründung der Ausnahme herangezogen:

Ulp. (36 ad ed.) D. 27. 3. 1. 2
Sed et si non mortis causa donaverit tutore auctore, idem Iulianus scripsit plerosque quidem putare non valere donationem, et plerumque ita est: sed nonnullos casus posse existere, quibus sine reprehensione tutor auctor fit pupillo ad deminuendum, decreto scilicet interveniente: veluti si matri aut sorori, quae aliter se tueri non possunt, tutor alimenta praestiterit: nam cum bonae fidei iudicium sit, nemo feret, inquit, aut pupillum aut substitutum eius querentes, quod tam coniunctae personae alitae sint: quin immo per contrarium putat posse cum tutore agi tutelae, si tale officium praetermiserit.

184 Zu diesem Grundsatz ausführlich Wacke, TR 48 (1980), S. 203 ff.

185 Zu den rechtspolitischen Zielen dieser Entscheidung Wacke, TR 48 (1980), S. 211, Fn. 58 unter Berufung auf Seidl, ReGe, S. 102, Rdn. 225.

186 Parallelentscheidungen finden sich bei Ulp. (5 opin.) D. 4. 4. 44; Ulp. (22 ad ed.) D. 12. 2. 9. 4; vgl. dazu Raggi, restitutio in integrum, S. 362, Fn. 158.

Auch hier ist der Grundsatz eindeutig: Ein Vormund kann seinen Mündel nicht zur Vermögensminderung durch Schenkung ermächtigen.[187] Andernfalls haftet er mit der actio tutelae. Julian hält die Vermögensminderung dennoch in wenigen Ausnahmefällen für zulässig. Als Beispiel nennt er die Gewährung von lebensnotwendigem Unterhalt für nahe Familienangehörige (im konkreten Fall für die Schwester und die Mutter) des Mündels.[188] Weil es sich bei der für den Regress gegen den Vormund einschlägigen actio tutelae um ein bonae fidei iudicium handele, könne eine solche Ausnahme begründet werden.

In beiden Fällen[189] stellen die geforderten Ausnahmetatbestände eher eine Erläuterung dar. Sie stehen also gerade nicht im Widerspruch zu dem relevanten Grundsatz. Die hier verwendeten unbestimmten Wertungsbegriffe finden sich auch, wie im Folgenden zu zeigen sein wird,[190] bei der Neubegründung von Rechtsinstituten wieder. Die Parallelität dieser Begründungsmuster könnte damit in Zusammenhang stehen, dass der Jurist die getätigte Differenzierung als besonders weitreichend empfand.

VI. Zwischenergebnisse

Um den Anwendungsbereich eines Rechtsgrundsatzes durch unbestimmte Wertungsbegriffe näher zu erläutern, bedienen sich die Juristen der römischen Klassik verschiedener Argumentationsmuster. Zur Darstellung eines eigenen Begründungsweges wird immer wieder die Wortfolge magis dicendum est verwendet.[191] In mehreren Fällen enthalten Fragmente mit dieser Wertung einen Erst-Recht-Schluss.[192] Bei der vergleichenden Darstellung zweier Lösungsansätze überwiegen die Komparativformen von aequus und iustus. Durch das Heranziehen dieser beiden Begriffe soll die Gerechtigkeit der angestrebten Lösung besonders her-

---

187 Die genauen Beschränkungen für die Verwaltung des Mündelvermögens wurden kasuistisch aus der bona fides hergeleitet. Schenkungen waren nur dann erlaubt, wenn sie einer gesellschaftlichen oder sittlichen Pflicht entsprachen; vgl. dazu Paul. (38 ad ed.) D. 26. 7. 12. 3; Paul. (3 ad ed.) D. 26. 7. 12. 22; Paul. (9 resp.) D. 26. 7. 46. 7; allg. Kaser, RPR I, S. 360 f.

188 Eine Unterhaltsverpflichtung unter Geschwistern, sowie von Kindern gegenüber den Eltern gab es auch schon in klassischer Zeit; vgl. Paul. (2 sent.) D. 23. 3. 73. 1; Paul. (27 ad Sab.) D. 24. 3. 20; Gai. (12 ad ed. prov.) D. 26. 7. 13. 2; Iul. (21 dig.) D. 27. 2. 4; Seneca, contr. 1. 1. 1; 1. 1. 7; 7. 4. 9–10; Quintilian, inst. or. 5. 10. 97; 7. 6. 5; dazu ausführlich Düll, in Studi Volterra I, S. 117 ff.; Zoz, Bull. 73 (1970), S. 341 ff.; allg. Schiller, in Studi Grosso IV, S. 399 ff.

189 Als weiteres Beispiel kann noch Ulp. (74 ad ed.) D. 2. 11. 2. 8 hier aufgeführt werden. Ulpian erläutert in diesem Fragment mit Hilfe verschiedener Sachverhaltskonstellationen, unter welchen Voraussetzungen die Einrede wegen höherer Gewalt eine Prozesspartei bei Nichterscheinen vor Gericht entschuldigt.

190 Vgl. dazu weiter unten bei § 7.

191 Vgl. dazu näher unter § 5 I.

192 Vgl. dazu näher unter § 5 IV.

vorgehoben werden, wobei die Betonung der aequitas auf der Gleichbehandlung bestimmter Fallkonstellationen liegt,[193] während iustus eher abstrakt die Gerechtigkeit (im Sinne von Richtigkeit) einer bestimmten Lösung meint.[194] In einigen Fällen werden Ausnahmen zu bereits existierenden Rechtsgrundsätzen gebildet, welche dann durch das Berufen auf „bonum et aequum" oder die Begründung eines bonae fidei iudicium gefestigt werden sollen.[195]

§ 6 Die Behandlung nicht geregelter Fallkonstellationen durch Vergleich mit bereits geregelten Fallkonstellationen – Analogieschluss

Ein besonders schwieriges Problem stellt die Untersuchung von Fallkonstellationen im römischen Recht dar, die nach der heute gängigen Dogmatik als Analogien[196] bezeichnet werden. Dies hängt auf den ersten Blick mit der eingangs beschriebenen heterogenen Struktur von Rechtssätzen im römischen Recht zusammen, die es unmöglich macht, von einem geschlossenen Normensystem zu sprechen.[197] Dennoch bestand gerade im römischen Recht einerseits aufgrund der geringen Anzahl an Rechtsnormen,[198] sowie andererseits aufgrund des aktionenrechtlichen Typenzwangs[199] ein gesteigerter Bedarf, auch die Sachverhaltskonstellationen in den Griff zu bekommen, die mit keiner der im Edikt proponierten actiones zu erfassen waren.[200] Auch wenn also bei der Untersuchung solcher Fäl-

193 Vgl. dazu näher unter § 5 II.

194 Vgl. dazu näher unter § 5 III.

195 Vgl. dazu näher unter § 5 V.

196 Einige Beispiele dazu bei Kerber, Quasi-Institute, S. 84 ff. und Wesel, Rhetorische Statuslehre, S. 69 ff., 91 ff.

197 In diesem Sinne auch Steinwenter, in Studi Albertario II, S. 105 f., der allerdings aufgrund eines sehr engen Verständnisses von Analogie als Lückenschließung in einem umfassend geregelten Normensystem zu dem Ergebnis kommt, dass die Analogie den römischen Juristen unbekannt war; dazu mehr weiter unten in Fn. 202.

198 Diesen Zusammenhang sieht auch Schwarz, AcP 152 (1952/1953), S. 207.

199 Dazu Kaser, RPR I, S. 484; Kunkel/Honsell, RöRe, S. 250; Artner, Agere praescriptis verbis, S. 11 ff.

200 Die zahlreichen Versuche, das starre aktionenrechtliche System des römischen Rechts zu überwinden, gehen nicht erst auf Justinian zurück (vgl. allg. Iul. (15 dig.) D. 1. 3. 12; Quintilian, decl. min. 252, 331, 350). Urheber der in den Digesten immer wieder auftauchenden actiones utiles, in factum oder ad exemplum sind Juristen der gesamten klassischen Periode. An dieser Stelle kann jedoch keine umfassende Untersuchung von „Analogiefällen" im römischen Recht vorgenommen werden. Die Beispiele beschränken sich vielmehr auf die Fälle der Begründung einer Analogie durch eine unbestimmte Wertung. Ansonsten vgl. vor allem die umfassende Untersuchung zur Geschichte der Analogie von Steinwenter, in Studi Albertario II, S. 103 ff.; ders., in Studi Arangio-Ruiz II, S. 169 ff.; ders., in FS für Schulz II, S. 345 ff.; kritisch dazu Bund, Methode Julians, S. 97 ff.; sowie speziell zu den actiones utiles und in factum Gröschler, Actiones in factum (2002); Selb, in Studi Biscardi III, S. 315 ff. (speziell

le immer wieder auf die Unvollständigkeit eines einheitlichen römischen Normenapparates hingewiesen werden muss, erscheint es nicht abwegig, dass sich die römische Jurisprudenz bei dem Versuch, für alle denkbaren Sachverhalte einen Lösungsvorschlag zu präsentieren, auch einer Form der erst mit dem Naturrecht begründeten[201] dogmatischen Rechtsfigur des Analogieschlusses bediente. [202] Diese Analogie kann sogar formal von den oben [203] vorgestellten Argumentationsmustern des Vergleichs auf Tatbestandsebene, sowie des Erst-Recht-Schlusses abgegrenzt werden. Zwar nimmt der Jurist auch bei einem Analogieschluss einen Vergleich vor.[204] Im Gegensatz zu den genannten Konstellationen ist die Situation dennoch eine andere. Während die Analogie eine ungewollte Regelungslücke für die untersuchte Fallkonstellation voraussetzt, die aufgrund einer vergleichbaren Interessenlage geschlossen werden kann, verneint der Jurist bei den „Vergleichen auf Tatbestands- oder Rechtsfolgenseite" sowie dem „Erst-Recht-Schluss" gerade eine solche Regelungslücke, indem er den Fall unter einen bereits vorhandenen Rechtsgrundsatz subsumiert (weil dies bisher noch nicht geschehen ist). Systematisch kann zwischen den beiden Mustern daher differenziert werden. Bei einem Vergleich auf Tatbestandsseite / „Erst-Recht-

---

am Beispiel Julians); ders., in Studi Sanfilippo V, S. 729 ff. (vor Julian); zu den actiones ad exemplum Wesener, SZ 75 (1958), S. 220 ff.; einen weiteren Sonderfall dieser actiones stellt das Agere praescriptis verbis dar, dazu Misera, in Scritti Guarino VI, S. 2591 ff.; sowie jetzt umfassend Artner, Agere praescriptis verbis (2002).

201 Nachweise hierzu bei Steinwenter, in FS für Schulz II, S. 345 ff.

202 Zu Recht kritisieren Bund, Methode Julians, S. 103 ff.; Esser, Grundsatz und Norm, S. 231; Kaser, Methode der römischen Rechtsfindung, S. 59, Fn. 45; Larenz, Methodenlehre (1. Aufl.), S. 289, Fn. 1; Schmidlin, Rechtsregeln, S. 201 f.; Schwarz, AcP 152 (1952/1953), S. 207 ff. und Selb, in Studi Biscardi III, S. 315 f., Fn. 2 daher das zu enge Begriffsverständnis von Steinwenter, in Studi Albertario II, S. 105 f.; nach Bund, Methode Julians, S. 103 ff. waren auch im römischen Recht „Kristallisationskerne systematischer Oberbegriffe vorhanden, die den Bedingungen der Analogie genügten". Die von Horak, Rationes decidendi I, S. 242 ff., im Anschluss an Wieacker, TR 36 (1968), S. 140 f. gegen die von Bund vorgenommene weitergehende Differenzierung der Analogiefälle bei Julian vorgebrachte Kritik beruht auf der etwas künstlich wirkenden formalen Trennung zwischen „abgekürzten Analogien", die mit similis begründet werden und den eigentlichen expliziten Analogieschlüssen. Auch wenn eine solche Einteilung spitzfindig erscheinen mag, so ist sie zumindest sprachlich sinnvoll nachzuvollziehen und erzielt damit eine weitergehende Differenzierungsmöglichkeit. Es erscheint daher auch nicht begriffsnotwendig, ein noch weiteres Verständnis der Analogie im römischen Recht zu propagieren, wie Kaser es früher (RPR I, 1. Aufl. (1955), S. 189 f.) vorgeschlagen hatte. Jede Begriffsbildung nach einem heutigen weiterentwickelten Maßstab ist weder zwingend noch falsch. Es kann immer nur darum gehen, die damalige Vorgehensweise mit den heutigen Begriffen zu umschreiben, nicht aber darum, die für das geltende Rechtssystem entworfenen Begriffe sinngleich in die Vergangenheit zu übertragen.

203 Vgl. unter § 5 III. und IV.

204 So auch Larenz, Methodenlehre (1. Aufl.), S. 289.

Schluss“ argumentiert der Jurist nach dem folgenden Schema: Wenn schon A unter den Rechtsgrundsatz X fällt, dann fällt B (erst recht) darunter. Bei einer Analogie ergibt sich dagegen folgendes Schema: A ist durch den Rechtsgrundsatz X geregelt. Für B besteht keine Regelung, B ist aber mit A vergleichbar und darf im Ergebnis daher nicht anders behandelt werden als A. Im Ergebnis unterscheiden sich die beiden Argumentationsmuster dadurch, dass beim Vergleich auf Tatbestandsseite / „Erst-Recht-Schluss“ der fragliche Rechtsgrundsatz direkt angewendet wird, bei einer Analogie dagegen ein neuer Tatbestand mit der gleichen Rechtsfolge hergestellt wird.[205]

I. aequissimum

Die beiden Argumentationsmuster lassen sich auch sprachlich voneinander abgrenzen. Während die bereits oben behandelten Fälle des Vergleichs auf Tatbestandsseite und des „Erst-Recht-Schlusses“ regelmäßig mit den Wertungsbegriffen iustus oder magis dicendum est begründet wurden, werden einige der noch zahlreicheren Analogiefälle durch den Superlativ aequissimum eingeleitet.[206]

1. Analogieschlüsse bei Ulpian

Unter den Autoren dieser Fragmente ist wiederum[207] Ulpian hervorzuheben, der in zwölf Fällen eine Analogie als aequissimum beschreibt.[208]

a. Die Begründung analoger Klagemöglichkeiten

In acht dieser zwölf Fälle will Ulpian eine analoge Klage begründen: So soll in einem Fall ein Geschädigter die analoge Klagemöglichkeit[209] gegen den Reeder eines Schiffes haben, wenn der Schaden durch den Sklaven eines Besatzungsmitglieds verursacht wurde.[210] In einem anderen Fall spricht Ulpian sich für eine

---

205 Ähnlich auch Kerber, Quasi-Institute, S. 76 ff. sowie Wesel, Rhetorische Statuslehre, S. 11 ff. zur Abgrenzung zwischen Analogie und extensiver Auslegung.

206 Den Zusammenhang zwischen Analogiebildung und aequitas beschreibt auch schon Schwarz, AcP 152 (1952/1953), S. 209.

207 Wie oben unter § 5 II. 2. bereits gezeigt wurde, bediente sich Ulpian auch bei der Differenzierung von Rechtsgrundsätzen mehrmals der Superlativform aequissimum, um einen Interessenausgleich zwischen den betroffenen Parteien herzustellen.

208 So in Ulp. (12 ad ed.) D. 4. 6. 26. 9; Ulp. (18 ad ed.) D. 4. 9. 7. 3; Ulp. (15 ad ed.) D. 5. 3. 13. 9; Ulp. (20 ad ed.) D. 10. 3. 7. 6; Ulp. (30 ad ed.) D. 16. 3. 1. 27; Ulp. (36 ad ed.) D. 27. 3. 1. 11; Ulp. (45 ad ed.) D. 37. 12. 1 pr.; Ulp. (63 ad ed.) D. 42. 5. 19. 1; Ulp. (68 ad ed.) D. 43. 14. 1. 7; Ulp. (70 ad ed.) D. 43. 18. 1. 5; Ulp. (38 ad ed.) D. 47. 6. 1. 2.

209 In Betracht zu ziehen sind insoweit die actio furti, die actio damni iniuria oder eine auf den speziellen Sachverhalt abstellende actio in factum.

210 Ulp. (18 ad ed.) D. 4. 9. 7. 3.

analoge Erbschaftsklage (hereditatis petitio[211]) gegen den Käufer einer vermeintlich erbenlosen Erbschaft aus.[212] Des Weiteren wird die Analogie zur Teilungsklage (communi dividundo iudicium),[213] zur Bürgenhaftung,[214] zur Verwahrungsklage[215] oder zur actio ex stipulatu, bzw. actio empti für einen Grundstücksbesitzer, dessen Erbpachtrecht evinziert wurde,[216] begründet. In zwei Fällen wird durch die analoge Anwendung eines Interdikts eine Regelungslücke geschlossen.[217]

b. Andere Fälle

Bezieht sich die Analogie nicht auf die Anwendung einer bestimmten Klage, so können ganz unterschiedliche Rechtsfiguren, wie die Wiedereinsetzung in den vorherigen Stand,[218] der Besitz wider den Testamentsinhalt,[219] das Vorzugsrecht

---

211 Vgl. allg. zu hereditatis petitio als actio in rem D. 5. 3; C. 3. 31; Kaser, RPR I, S. 735 ff. (m. w. N.).

212 Ulp. (15 ad ed.) D. 5. 3. 13. 9; ausführlich dazu Klingenberg, RIDA 34 (1987), S. 190 ff., der unter Berufung auf Schwarz, TR 24 (1956), S. 339 die Klassizität des Fragments nachweist.

213 Ulp. (20 ad ed.) D. 10. 3. 7. 6, der Julian als Urheber der Entscheidung ausweist. Es geht hier um den nicht geregelten Fall, dass zwei Personen die gleiche Sache als Pfand erhalten. Für eine Analogie auch Scarano Ussani, L`utilità e la certezza, S. 122; Carcaterra, SDHI 54 (1988), S. 444. Den Zusammenhang des Fragments mit den §§ 1–12 erläutert Vanzetti, Bull. 73 (1970), S. 304 ff.

214 Nach Ulp. (36 ad ed.) D. 27. 3. 1. 11 haften mehrere gleichzeitig bestellte Vormunde wie mehrere Bürgen.

215 In Ulp. (30 ad ed.) D. 16. 3. 1. 27 soll die actio depositi auch dem gutgläubigen Sacheigentümer zukommen, wenn eine Person die Sache hinterlegt hat, die zwar kein Sklave ist, aber als solcher im Hausstand des Eigentümers arbeitet.

216 Ulp. (70 ad ed.) D. 43. 18. 1. 5.

217 Ulp. (68 ad ed.) D. 43. 14. 1. 7, sowie Ulp. (70 ad ed.) D. 43. 20. 1. 39. Gerade der zweite der beiden Fälle ist interessant, weil er die Entwicklung einer Analogie zu einem eigenen Rechtsinstitut zeigt. Der Prätor soll demnach dazu in der Lage sein, durch ein eigenes Interdikt Fälle zu beurteilen, die von keinem anderen Interdikt erfasst werden, aber wertungsgleich zu behandeln sind. Das Ergebnis der Analogie ist damit ein selbstständiges „neues" Interdikt; für Echtheit Solazzi, La tutela, S. 69 ff.; Capogrossi Colognesi, struttura della proprietà II, S. 414, Fn. 95

218 In Ulp. (12 ad ed.) D. 4. 6. 26. 9 erläutert Ulpian zunächst eine auf der aequitas beruhende Generalklausel, nach der die restitutio in integrum immer dann erteilt werden soll, wenn der Prätor eine iusta causa als gegeben erachtet. Es deutet sich damit die gleiche Entwicklung von der Analogie hin zu einem sich verfestigenden Rechtsinstitut an, die schon eben bei der Interdiktsklage nach Ulp. (70 ad ed.) D. 43. 20. 1. 39 beobachtet wurde (einen etwas anderen Zusammenhang sieht auch Mayer-Maly, SZ 86 (1969), S. 423, Fn. 29). Im Folgenden werden dann Beispiele vorgestellt, die für sich genommen Analogien darstellen könnten, durch die zusammenhängende Darstellung aber als Anwendungsfälle der zuvor aufgeführten Generalklausel angesehen werden müssen. Demnach soll die restitutio auch dann erteilt werden, wenn die betreffende Person aufgrund der Wahrnehmung einer Gesandtschaft für die Stadtge-

eines Minderjährigen an seinem Vermögen[220] oder die Handlungsmöglichkeiten eines Hausherrn bei einem Diebstahl, an dem mehrere seiner Sklaven beteiligt waren,[221] betroffen sein.

2. Analogieschlüsse bei Paulus

Auch Paulus bedient sich in zwei Fällen der unbestimmten Wertung aequissimum zur Begründung einer Analogie:

a. Paul. (lib. sing. ad SC. Tert.) D. 38. 17. 5 pr.
So urteilt er in dem ersten der beiden Fragmente,[222] dass die adoptierten Kinder den natürlichen Kindern im Rahmen der Erbfolge nach dem SC. Tertullianum[223] gleich gestellt werden sollen.

b. Paul. (lib. sing. de port., quae lib. damn. conced.) D. 48. 20. 7 pr.
In einem anderen Fall[224] spricht er sich für ein Noterbrecht der Kinder auch für den Fall aus, dass das elterliche Vermögen etwa aufgrund einer Strafbarkeit der Eltern eingezogen wurde.[225]

---

meinde abwesend war, obwohl dies eigentlich nicht dem Wortlaut der Voraussetzung „in Staatsgeschäften abwesend" entspricht; ähnlich Cervenca, restitutio in integrum, S. 73 f.; Raggi, restitutio in integrum, S. 326 f., Fn. 109; Wacke, SZ 88 (1971), S. 124, insb. Fn. 80.

219 Nach Ulp. (45 ad ed.) D. 37. 12. 1 pr. werden ein aus der väterlichen Gewalt entlassener Sohn und ein Freigelassener insofern gleich behandelt. Diese Gleichsetzung taucht auch noch einmal bei Julian in Iul. (28 dig.) D. 38. 13. 1 auf, der die Begründung der Analogie etwas abgeschwächter als aequum bezeichnet. Im Ergebnis gleich Scarano Ussani, L`utilità e la certezza, S. 120 f.; Carcaterra, SDHI 54 (1988), S. 444; ausführlich zudem Vonglis, L`esprit de la loi, S. 110 f.; für Interpolation noch Rechnitz, Julianus, S. 72.

220 Dasselbe Vorzugsrecht soll auch Geisteskranken oder Taubstummen zukommen; vgl. Ulp. (63 ad ed.) D. 42. 5. 19. 1; im Ergebnis gleich Wieling, TR 56 (1988), S. 291.

221 Die Handlungsmöglichkeiten sollen nach Ulp. (38 ad ed.) D. 47. 6. 1. 2 auch auf den Fall der Schadensverursachung durch mehrere Sklaven angewendet werden können.

222 Paul. (ad sen. con. Tert.) D. 38. 17. 5 pr.

223 Zum SC. Tertullianum und dem thematisch verwandten SC. Orfitianum vgl. Kaser, RPR I, S. 701 f. (m. w. N.).

224 Paul. (de port., quae lib. damn. conced.) D. 48. 20. 7 pr.

225 Zur publicatio bonorum Benke, TR 57 (1989), S. 300 ff., speziell zu dem Ausnahmefall in D. 48. 20. 7 pr. auf S. 302.

II. Andere unbestimmte Wertungsbegriffe

Im Gegensatz zu den bisher aufgeführten Analogiefällen stehen die beiden folgenden Fragmente, in denen die Analogie mit jeweils einem anderen unbestimmten Wertungsbegriff als aequissimum begründet wird.

1. plerique probant contra suptilitatem – Ulp. (72 ad ed.) D. 41. 2. 13. 4

Den ersten Sonderfall stellt das folgende Fragment dar, das wiederum auf Ulpian zurückgeht.

> Ulp. (72 ad ed.) D. 41. 2. 13. 4
> Quaesitum est, si heres prius non possederat, an testatoris possessio ei accedat. et quidem in emptoribus possessio interrumpitur, sed non idem in heredibus plerique probant, quoniam plenius est ius successionis quam emptionis: sed suptilius est quod in emptorem, et in heredem id quoque probari.

Es geht um einen Fall auf der Schnittstelle zwischen Sachen- und Erbrecht. Das interdictum utrubi schützte im Besitzstreit über bewegliche Sachen nicht automatisch den letzten fehlerfreien Besitzer, sondern denjenigen, der innerhalb des letzten Jahres, vom Erlass des Interdikts zurückgerechnet, den längeren fehlerfreien Besitz gehabt hatte.[226] Grundsätzlich wurde dabei dem Rechtsnachfolger des Besitzers die fehlerfreie Besitzzeit seines Vorgängers angerechnet. Im vorliegenden Fragment geht es um die Frage, ob dem Erben die fehlerfreie Besitzzeit des Erblassers angerechnet werden kann, obwohl er selbst die Erbschaftsgegenstände nicht unmittelbar nach dem Erbfall unter seine Sachherrschaft gebracht hat. Während sich die meisten Juristen (plerique probant) aufgrund der vollständigen Rechtsnachfolge bei der Erbschaft für eine Anrechnung ausgesprochen haben, will Ulpian eine Analogie zum Kaufrecht bilden: Nach Abschluss des Kaufvertrages wurde dem Käufer die Besitzzeit des Verkäufers nach einhelliger Auffassung nur insoweit angerechnet, als die Sache bei Abschluss des Kaufvertrages sofort übergeben wurde. Verblieb die Sache nach Abschluss des Kaufvertrages noch beim Verkäufer oder war ein Dritter im Besitz der Sache, kam es zu einer Unterbrechung des Besitzes.[227] Nach Ulpian müsse das, was zulasten des Käufers gelte, auch gegen den Erben anzunehmen sein. Er beschreibt diese Analogie als suptilius, was man im Gegensatz zu dem ansonsten verwendeten eher sachlichen aequissimus als verstecktes Eigenlob auffassen kann.[228]

---

226 Gai. 4, 150, 160; Ulp. (72 ad ed.) D. 43. 31. 1 pr.; Kaser, RPR I, S. 398.

227 Vgl. Ven. (5 interd.) D. 44. 3. 15. 5, wonach dem Käufer jedenfalls der Zeitraum zwischen Abschluss des Kaufvertrages und Inbesitznahme der Sache nicht angerechnet wird.

228 So auch Hausmaninger, in Iuris Professio, S. 62.

2. iustius – Valens. (3 fideic.) D. 36. 1. 69 pr.

Der zweite Fall stammt von einem eher unbekannten Juristen. Der Hochklassiker Aburnius Valens[229] begründet hier die Klage gegen einen Fideikommissar, der von einem anderen den Antritt einer verdächtigen Erbschaft verlangt, anschließend aber weder die Herausgabe der Erbschaft verlangen noch sich selbst in den Erbschaftsbesitz setzen will.

> Valens. (3 fideic.) D. 36. 1. 69 pr.
> Si postulante me suspectam hereditatem ex decreto praetoris adieris nec ego postea eam mihi restitui velim nec bonis me immiscere, hoc fieri debet, ut (quod Octaveno non ineleganter videbatur) a praetore perinde actiones in me dentur, ac si hereditatem recepissem, quod est iustius.

Die durch non ineleganter vorbereitete und mit dem unbestimmten Wertungsbegriff iustius begründete Analogie führt dazu, dass die Annahme der Erbschaft fingiert wird. Die Aufforderung zur Annahme durch den Dritten wird dadurch mit der Annahme und einer nachfolgenden Herausgabe der Erbschaft gleichgesetzt.

III. Zwischenergebnisse

Analogiefälle werden in allen Rechtsgebieten sehr oft durch den unbestimmten Wertungsbegriff aequissimum eingeleitet. Ziel des in der Analogie enthaltenen Vergleichs ist normalerweise die Begründung einer speziell auf den Sachverhalt oder Lebensumstand passenden Klage (actio in factum / utilis). Andere Fälle belegen jedoch, dass die Berufung auf die aequitas nicht zwingend erforderlich war, um eine solche Analogie zu begründen.[230] Auch hier[231] dürfte es sich bei der unbestimmten Wertung also eher um ein rhetorisches Stilmittel zur Bekräftigung der Richtigkeit des angestrebten Vergleichs als um den notwendigerweise heranzuziehenden Entscheidungsgrund handeln.

---

229 Zu Leben und Werk des Juristen, der nach Javolen Oberhaupt der sabinianischen Rechtsschule gewesen sein muss Fitting, Alter und Folge, S. 33; Kunkel, Herkunft und soziale Stellung, S. 151 ff.

230 Neben den oben besprochenen Analogiefällen Ulp. (72 ad ed.) D. 41. 2. 13. 4 und Valens. (3 fideic.) D. 36. 1. 69 pr., in denen sich die Juristen anderer unbestimmter Wertungsbegriffe als aequissimus bedienen, finden sich auch zahlreiche Fälle, in denen ein Analogieschluss ohne Bezug auf einen unbestimmten Wertungsbegriff begründet wird.

231 Schon im ersten Teil konnte die Funktion der unbestimmten Wertungsbegriffe eher als die eines technischen Hilfsmittels zur Entscheidung in einer kontrovers diskutierten Zweifelsfrage denn als eigenständiger Wertungsansatz beschrieben werden.

§ 7 Die Neubegründung von Rechtsinstituten durch bonae fidei iudicia und ex bono et aequo

Rechtsfortbildung im klassischen römischen Recht bestand nicht nur darin, den Anwendungsbereich bereits bestehender Rechtsgrundsätze oder Klagen zu erweitern, sondern vor allem auch in der Ergänzung des festgelegten Katalogs an Klagen durch Neubegründung. Um diese Klagearten flexibler handhaben zu können, wurden deren Klageformeln teilweise mit unbestimmten Wertungsbegriffen versehen. So finden sich zahlreiche Rechtsinstitute oder Klagen, die direkt aus Recht und Billigkeit (ex bono et aequo) hergeleitet werden oder als bonae fidei iudicia bezeichnet werden. Durch die Benutzung der unbestimmten Wertungsbegriffe sollte zum Ausdruck gebracht werden, dass die Tatbestandsmerkmale der betreffenden actio oder exceptio nach Treu und Glauben auszulegen sind. Somit erhielten die römischen Juristen eine Möglichkeit, bestimmte in einer allgemeinen Formulierung nicht zu erfassende Sachverhaltskonstellationen dennoch unter den flexiblen Tatbestand zu subsumieren.[232]

I. bonae fidei iudicia

Einige Klagen werden ausdrücklich als bonae fidei iudicia bezeichnet.[233] Die Klagen sind prätorischen Ursprungs.[234] Die Ausdehnung des Wirtschaftsraums und das damit verbundene Bedürfnis der Überwindung formaler Schranken des ius civile zur Aufnahme von Geschäften mit Peregrinen war ein sozialökonomischer Motor für diese Entwicklung.[235] Allerdings ist zu beachten, dass mit der fides schon lange vor der Ausbildung der bonae fidei iudicia in der alt-

---

232 Ähnlich Schermaier, in Atti Burdese III, S. 405 ff., unter Berufung auf Beck, in FG für Simonius, S. 17 ff.

233 Die teilweise unterschiedlichen Aufzählungen in Inst. 4. 6. 28 ff.; Gai. 4, 62 und Cic. de off. 3, 17, 70; de nat. deor. 3, 30, 74 haben für Verwirrung gesorgt. Zum sicheren Bestand zählen emptio venditio (so auch Ulp. (32 ad ed.) D. 19. 1. 11. 1), locatio conductio, mandatum, societas, fiducia, tutela und negotium gestum; später noch depositum und actio rei uxoriae. Auch die Teilungsklagen sowie die actiones commodati und pigneraticia können wohl als bonae fidei iudicia angesehen werden; vgl. Inst. 4. 6. 28; Iul. (8 dig.) D. 10. 3. 24 pr.; Gai. (7 ad ed. prov.) D. 41. 1. 45; Ulp. (19 ad ed.) D. 10. 3. 4. 2; Paul. (3 ad Plaut.) D. 10. 3. 14. 1 (iudicium communi dividundo); Gord. C. 3. 36. 9; allg. dazu Kaser, RPR I, S. 486, Fn. 21, S. 592, Fn. 10 und jetzt auch Schermaier, in Atti Burdese III, S. 395 ff.

234 Vgl. Arangio-Ruiz, La compravendita, S. 45 ff., 57 ff.; von Lübtow, in Symbolae Taubenschlag III, S. 417 ff.; Magdelain, Actions civiles, S. 42 ff.; dazu Kaser, SZ 71 (1954), S. 436 ff.

235 Dies betonen zu Recht Horvat, in Studi Arangio-Ruiz I, S. 442 f. und Tomulescu, Bull. 78 (1975), S. 180 f.

römischen Rechtsordnung argumentiert wurde.[236] Die Leistung des Prätors bestand also eher in der „Modernisierung eines schon bestehenden Rechtsschutzes durch die neuen Klagetypen".[237] Der Anwendungsbereich[238] und die Funktion[239] dieses vielfach erforschten Instruments der römischen Rechtswissenschaft bedürfen hier jedoch keiner detaillierten Erörterung.[240]

II. ex bono et aequo

Eine ganz ähnliche Funktion[241] kommt der unbestimmten Wertung ex bono et aequo zu, die von den Juristen der klassischen Periode ebenfalls mit unterschiedlicher Gewichtung benutzt wird. Die Parallelität zeigt sich besonders bei den Konsensualverträgen, die, wie bereits gesehen,[242] zumeist als bonae fidei iudicia bezeichnet werden. Ebenso sind sie ihrer Natur nach insgesamt auf Treu und

---

236 Darauf hat vor allem zutreffend Wieacker, SZ 79 (1962), S. 414 f.; ders., SZ 80 (1963), S. 28 f. hingewiesen.

237 So Wieacker SZ 79 (1962), S. 414 f.; ders., SZ 80 (1963), S. 28 f.; noch extremer (allerdings vom Standpunkt radikaler Interpolationskritik ausgehend) Pringsheim, Aequitas und bona fides, S. 159, 164 ff.; vermittelnd Kunkel, in FS für Koschaker, S. 8 f.; allg. dazu auch Kaser, Das altrömische Ius, S. 90 ff., 289 ff.; Schermaier, in Atti Burdese III, S. 403 f.; Wieacker, RG I, S. 349 f.; die verschiedenen Ansichten gibt am Besten Waldstein, ANRW II. 15 (1976), S. 68 ff. wieder.

238 Zu Recht stellt d`Ors, SZ 74 (1957), S. 96 f. einen Zusammenhang zwischen Gegenseitigkeit und bona fides her. Ziel der bonae fidei iudicia ist es, „die Ansprüche der Kontrahenten nach den Kriterien des guten Glaubens und der Billigkeit gegeneinander auszugleichen".

239 Nach Pap. (28 quaest.) D. 22. 1. 5 richtet sich eine „Klage guten Glaubens" beispielsweise niemals auf eine gegen die guten Sitten verstoßende Leistung. Die Auswirkungen auf das Legisaktionsverfahren umschreibt Broggini, Iudex arbiterve, S. 123 ff.; sich anschließend Wieacker, SZ 76 (1959), S. 591; Schermaier, in Atti Burdese III, S. 403 f.

240 Ausführlich zu den bonae fidei iudicia Beck, in FG für Simonius, S. 9 ff.; Carcaterra, Bona fidei iudicia, S. 17 ff.; Horvat, in Studi Arangio-Ruiz I, S. 423 ff.; Kaser, RPR I, S. 485 ff.; ders., SZ 83 (1966), S. 25 ff.; Kunkel/Honsell, RöRe, S. 220 f.; Lombardi, bona fides, S. 165 ff.; von Lübtow, in Symbolae Taubenschlag III, S. 417 ff.; Magdelain, Le consensualisme, S. 88 ff.; Voci, Le obbligazioni I, 1, S. 60 ff; zuletzt Talamanca, in Il ruolo della buona fede, Vol. IV, S. 1 ff. sowie die schon in Fn. 234 Genannten.

241 Den Zusammenhang von bonum et aequum und den bonae fidei iudicia verneinte Carcaterra, bonae fidei iudicia, S. 17 ff.; dagegen zu Recht Wieacker, Labeo 12 (1966), S. 251; ähnlich Broggini, Iudex arbiterve, S. 124, Fn. 30; Schermaier, in Atti Burdese III, S. 410; Wunner, Contractus, S. 191; allgemein auch kritisch zu Carcaterra, bonae fidei iudicia, S. 193, dessen Verständnis der bona fides auf zahlreichen Interpolationsvermutungen beruht Kaser, SZ 82 (1965), S. 416 ff.; Medicus, TR 34 (1966), S. 116 ff.; Waldstein, ANRW II. 15 (1976), S. 71 f.

242 Vgl. dazu oben Fn. 233.

Glauben gerichtet.[243] In diesem und anderen Fällen kommt der Formulierung ein sehr weiter Anwendungsbereich zu, weil die betroffenen actiones insgesamt aus Recht und Billigkeit neu hergeleitet werden. Die überlieferten Fundstellen beschreiben Klagen aus ganz unterschiedlichen Rechtsgebieten.[244] Daneben gibt es aber auch Fälle, in denen sich die unbestimmte Wertung nur auf einzelne Tatbestandsmerkmale bezieht, die im Besonderen der flexiblen Gestaltung bedürfen.[245] Sowohl die bonae fidei iudicia, als auch die ex bono et aequo hergeleiteten Rechtsinstitute stellen einen vorläufigen Endpunkt in der Rechtsfortbildung dar. Der unbestimmte Wertungsbegriff nimmt damit keine rechtskritische, sondern eher eine rechtsschöpfende Funktion wahr.[246]

243 So ausdrücklich Gai. (3 inst.) D. 44. 7. 2. 3; anders noch Pringsheim, SZ 52 (1932), S. 78 ff., der die Formulierung den Klassikern ganz allgemein abspricht.

244 Zum Erbrecht Ulp. (25 ad ed.) D. 11. 7. 14. 6 (actio funeraria); Pap. (8 quaest.) D. 47. 12. 10 (actio sepulchri violati); zum Schuldrecht Paul. (17 ad Plaut.) D. 12. 6. 65. 4 (condictio ob rem); Pap. (8 quaest.) D. 12. 6. 66 (condictio indebiti); Ulp. (57 ad ed.) D. 47. 10. 11. 1. (actio iniuriarum); um Personenrecht Gai. (9 ad ed. prov.) D. 14. 5. 1 (iudicium gegen Gewaltunterworfenen).

245 Ulp. (23 ad ed.) D. 9. 3. 5. 5; Pomp. (14 ad Sab.) D. 23. 3. 6. 2 (Schadensbegriff); Gai. (1 ad ed aedil. curul.) D. 21. 1. 18 pr. (zugesicherte Eigenschaften eines Sklaven); Ulp. (36 ad ed.) D. 27. 7. 4. 2 (Höhe und Zahlungszeitraum für Mündelgeld); Gai. (ad ed praet. urb. de dam. inf.) D. 9. 4. 30; Gai. (ad ed praet. urb. de dam. inf.) D. 39. 2. 19 pr. (Rechtserhalt für gutgläubig Abwesende).

246 Ähnlich beschreibt Harke, Argumenta Iuventiana, S. 134 ff. die Bedeutung des Begriffes für eine Entscheidung des Celsus bei Paul. (17 ad Plaut.) D. 45. 1. 91. 3. Die „Grundwerte des bonum et aequum“ stehen demnach auch für ihn „nicht im Gegensatz zum ius civile“, sondern sind „als Endzweck des gesamten ius auch dieser Rechtsmasse inhärent“ (S. 136).

DRITTER TEIL: DIE VERMEIDUNG EINER ENTSCHEIDUNGSKORREKTUR DURCH AUSLEGUNG MIT UNBESTIMMTER WERTUNG

In den folgenden Fragmenten wählen die römischen Juristen zur Entscheidung ihrer Sachfragen nicht die naheliegendste Lösung, weil diese nach ihrer Meinung zu einem unbilligen Ergebnis führen würde. Insofern ähnelt die Situation derjenigen, die vorliegen muss, wenn eine Entscheidung korrigiert wird.[247] Die hier aufgeführten Fragmente enthalten aber gerade keine Entscheidungskorrekturen. Vielmehr vermeidet der jeweilige Jurist die aufgrund der Unbilligkeit der Lösung drohende Korrektur durch Auslegung des in Frage stehenden Rechtsgrundsatzes. Durch ein solches Vorgehen wendet er den Grundsatz erst gar nicht in der Weise an, dass er ihn anschließend korrigieren müsste.

Die Forschungsarbeit zur Auslegungstechnik[248] der römischen Juristen wurde lange Zeit durch den bekannten Streit um den Vorrang der Auslegung nach verba oder voluntas bestimmt,[249] der aber ebenso wie die künstliche Trennung zwischen individueller und typischer Auslegung[250] heute als überwunden angesehen

---

247 Auch bei einer Entscheidungskorrektur steht der Jurist vor dem Dilemma, dass die Lösung des einschlägigen Rechtsgrundsatzes kein befriedigendes Ergebnis erzielt. Im Unterschied zu den hier aufgeführten Fällen entscheidet der Jurist dann aber offen entgegen der eindeutigen Wertung des Grundsatzes (ausführlich dazu im vierten Teil).

248 Grundlegend: Lausberg, Handbuch Rhetorik, S. 109 ff. zum Status generis legalis, insb. dem Binom scriptum/voluntas.

249 Die Auslegung nach dem Willen wurde den Klassikern früher gänzlich abgesprochen, vgl. Albertario, Studi V, S. 112 ff.; polemisch Beseler, Bull. 53/54 (1948), S. 349 ff.; ders., in FS für Schulz I, S. 49 ff.; Dulckeit, SZ 70 (1953), S. 179 ff.; ders., in FS für Schulz I, S. 148 ff.; Gradenwitz, Interpolationen, S. 170 ff.; dagegen damals schon Riccobono, Bull. 53/54 (1948), S. 353 ff.; später vor allem Gandolfi, atti negoziali, S. 4 ff., 17 ff.; Horak, Rationes decidendi I, S. 194 f.; Mayer-Maly, TR 37 (1969), S. 593; speziell zur Testamentsauslegung Kaser, RPR I, S. 239 ff.; Maschi, interpretazione dei legati, S. 117 ff.; Wieling, Testamentsauslegung, S. 148 ff.; Wieacker, SZ 83 (1966), S. 437 f.; allg. zum Streit um verba und voluntas Flume, in FS für Schulz I, S. 221 ff., Fn. 3.

250 Dafür sprachen sich früher insbesondere Betti, Istituzioni I, S. 139 ff. (m. w. N.) und Koschaker, Atti Conferenze Pavia, S. 105 f. aus. Heute gilt es aber als allgemein anerkannt, dass die Juristen der römischen Klassik bei ihren Auslegungsentscheidungen neben den typischen Verhältnissen ihrer Zeit auch schon individuelle Bedürfnisse des Einzelfalls berücksichtigt haben; vgl. dazu schon im Ansatz Pringsheim, SZ 78

werden darf.[251] Stattdessen gilt es als gesichert, dass sich gerade die methodisch versierten Juristen der Früh- und Hochklassik je nach Bedarf einzelner Wertungskriterien und auch Auslegungsmethoden bedienten, um trotz der angestrebten Allgemeingültigkeit der getroffenen Entscheidung zu gerechten Lösungen für den Einzelfall zu gelangen.

Diese Vorgehensweise belegen im Grundsatz auch die Erkenntnisse der juristischen Topik.[252] Der unregelmäßige Einsatz bestimmter methodischer Grundsätze oder Begründungs-Topoi durch die römische Jurisprudenz verleitete Viehweg[253] jedoch noch dazu, einen Gegensatz zwischen Topik und Dogmatik konstatieren zu müssen und den römischen Juristen daher deduktiv-systematisches Vorgehen generell abzusprechen. Seine Thesen, die in diametralem Widerspruch zu der vormals vorherrschenden Auffassung der logischen Stringenz des römischen Rechts[254] standen, wurden daher zunächst stark kritisiert.[255] Vor allem Behrends[256] hat daher versucht, den systematischen Charakter des römischen Rechts durch den Nachweis der Klassizität der einschlägigen Quellenbelege herauszuar-

---

(1961) S. 1; ausführlich dann Gandolfi, atti negoziali, S. 83 ff.; Horak, Rationes decidendi, S. 194 f.; Kaser, RPR I, S. 234 ff.; Mayer-Maly, TR 37 (1969), S. 594 ff.; Wieacker, SZ 83 (1966), S. 440.

251 So auch Backhaus, Casus perplexus, S. 20 f.

252 Grundlegend dafür Viehweg, Topik und Jurisprudenz (1. Aufl. 1954); weitere zahlreiche Nachweise bei Wieacker, in FS für Zepos I, S. 392, Fn. 5, der dort seine zunächst große Zustimmung relativiert; zusammenfassend Larenz, Methodenlehre (4. Aufl.), S. 138 ff.

253 Topik, S. 51 ff.

254 „Geblendet vom Glanz des Logischen, der das römische Recht bedeckt...", zeigte sich schon von Jhering, Geist des römischen Rechts 3. 1, S. 319. Der Mathematiker Leibniz (vgl. dazu Sturm, RöRe in der Sicht von Leibniz, S. 22, 24) und ebenso Savigny, Vom Beruf unserer Zeit, S. 29, nannten die römische Begriffsmethodik in einem Atemzug mit der Mathematik („Darum eben hat ihr (sc. der römischen Juristen) Verfahren eine Sicherheit, wie sie sich sonst außer in der Mathematik nicht findet, und man kann ohne Übertreibung sagen, dass sie mit ihren Begriffen rechnen."). Auch bis ins 20. Jahrhundert wurde immer wieder die „logische Geschlossenheit" des römischen Rechts betont; vgl. Schulz, Prinzipien, S. 23, Fn. 70 (m. w. N.); ders., Geschichte, S. 81 f.; la Pira, SDHI 1 (1935), S. 319 ff.; zutreffend weist auch Backhaus, Casus perplexus, S. 160, Fn. 3 darauf hin, dass die überzogene Textkritik der Interpolationenforschung nicht zuletzt auf dem Bestreben beruhte, logische Unzulänglichkeiten des römischen Rechts fast zwanghaft zu beseitigen; zur Entwicklung auch Waldstein, SZ 92 (1975), S. 27 ff.

255 Blühdorn, TR (1970), S. 269 ff.; Bund, IURA 21 (1970), S. 201 ff.; Horak, Rationes decidendi I, S. 63 f., 295; Larenz, Methodenlehre (4. Aufl.), S. 141 ff.; Mayer-Maly, in Études Macqueron, S. 477 f.; Nörr, SZ 89 (1972), S. 20, 85; Waldstein, in FG Herdlitczka, S. 237 ff.; ders., SZ 92 (1975), S. 59, Fn. 129; weitere Nachweise bei Wieacker, in FS für Zepos I, S. 401, Fn. 25.

256 Insb., in SZ 95 (1978), S. 192 ff.; Index 24 (1996), S. 5 ff.

beiten,[257] um damit die Einseitigkeit der von freirechtlichen Überzeugungen geprägten Lehre der theorielos kasuistischen Methodik des römischen Rechts nachzuweisen.[258] Die wissenschaftsgeschichtliche Entwicklung der Auffassungen zur römischen Methodenlehre legt es jedoch nahe, zwischen den beiden Extremauffassungen der logischen Stringenz einerseits und der freirechtlichen Kasuistik andererseits zu vermitteln.[259] So schließen sich die topische Verwendung von Regeln und logische Dogmatik nicht aus, wenn man juristische Dogmatik, im Sinne Wieackers[260] als „ein Verfahren zur rationalen Verifizierung der gewählten Entscheidung“ versteht. Logisch deduktives Argumentieren und die systematische Anwendung von Rechtsgrundsätzen gehören also ebenso wie die topische Verwendung einzelner Regeln[261] zum Repertoire eines römischen „Methodenpluralismus, dessen Vielfalt man durch das Begründen einseitiger Theoriegebilde nicht gerecht werden kann.[262]

Die Methodenvielfalt und hohe Qualität der einzelnen Differenzierungsmöglichkeiten belegen gerade auch die folgenden Entscheidungen, in denen die als ultima ratio empfundene Korrektur eines allgemein anerkannten Rechtsgrundsatzes verhindert wird. Die gemeinsame Voraussetzung der Vermeidung einer Entscheidungskorrektur besteht dabei zunächst immer darin, dass für den entscheidungsrelevanten Rechtsgrundsatz mehrere Auslegungsmöglichkeiten denkbar erscheinen. Die als richtig erachtete Auslegungsvariante wird dann als humanior oder benignior bezeichnet. Durch diese unbestimmten Wertungsbegriffe wird der Gebrauch anderer Argumente meist vollständig ersetzt, so dass es nahe liegt, den unbestimmten Wertungsbegriffen einen eigenen Bedeutungsgehalt zuzumessen.[263]

---

257 Die Interpolationenkritik wurde nicht lediglich zur Tilgung logischer Unzulänglichkeiten, sondern ebenso von anderer Seite zum vermeintlichen Nachweis fehlender Systematik im klassischen römischen Recht missbraucht.

258 Kritisch dazu jedoch Wieacker, RG I, S. 633 ff; Bürge, RPR, S. 104 ff.

259 So hat schon Kaser, Methode der römischen Rechtsfindung, S. 50 ff., insb. 66 ff. darauf hingewiesen, dass die topische Verwendung der Rechtssätze durchaus schon systematisch erfolgte, auch wenn er in erster Linie die Fähigkeit der römischen Juristen zur intuitiven Rechtsfindung als charakteristisches Element der römischen Methodik hervorhebt; sich anschließend Miquel, SZ 87 (1970), S. 86 f.; Waldstein, in FG für Herdlitczka, S. 237 ff.; vermittelnd auch Bund, in Studi Volterra I, S. 579 ff.; Schmidlin, Rechtsregeln, S. 202 f.; Wieling, Testamentsauslegung, S. 247.

260 In FS für Gadamer II, S. 316; zustimmend Esser, AcP 172 (1972), S. 101.

261 Dazu auch Backhaus SZ 100 (1983), S. 182 ff.

262 Ähnlich schon Backhaus, Casus perplexus, S. 160 f. und Waldstein, SZ 92 (1975), S. 65 ff.

263 Dafür spricht auch, wie noch später im vierten und fünften Teil zu zeigen sein wird, die auch bei den Entscheidungskorrekturen übliche Wortwahl der unbestimmten Wertungsbegriffe (insb. humanus, benignus).

§ 8 Die Vermeidung von Entscheidungskorrekturen durch willensorientierte Auslegung

Bei einigen Fragmenten verfolgt der Entscheidungsträger mit der Auslegung das Ziel, den Willen einer Person möglichst umfassend zur Geltung zu bringen. Dabei handelt es sich einerseits um die klassischen Fälle der Auslegung zur Berücksichtigung des in einer testamentarischen Verfügung zum Ausdruck kommenden Erblasserwillens, andererseits aber auch um Fälle, in denen die Willensentscheidung einer anderen Person (z. B. eines Erben) eine besondere Berücksichtigung findet. Schließlich ist auch die Auslegung von Rechtsgrundsätzen und Gesetzen willensorientiert, wenn dadurch dem in der Regelung zum Ausdruck kommenden Willen des Gesetzgebers Geltung verschafft wird.

I. Auslegung unter Berücksichtigung des Erblasserwillens

Im ersten Fall vermeidet Paulus eine Korrektur der Berechnungsgrundsätze für die quarta Falcidia durch eine am Willen des Erblassers orientierte Auslegungsentscheidung.[264]

Paul. (2 ad ed. aedil. curul.) D. 35. 2. 48
Cum emptor venditori vel contra heres exstitit, evicto homine utrum duplum in aes alienum deducere vel computare debeat an simplum? duplum enim esset, si alius heres exstitisset. et benignius est eodem herede existente simplum ei imputari.

Im Fall der Nicht-Identität von Käufer und Erbe muss der Erbe des Verkäufers nach der Eviktion der Sache durch den Eigentümer, wenn eine res mancipi verkauft oder eine stipulatio duplae vereinbart worden war, das Kaufpreisduplum an den gutgläubigen Käufer zahlen, so dass sich der Nachlasswert und damit auch die Legate entsprechend vermindern. Die Besonderheit des zu Beginn des Fragments angesprochenen Falles besteht darin, dass der gutgläubige Käufer zugleich Erbe des Verkäufers wird. In diesem Sonderfall der Identität von Käufer und Erbe würde die Anwendung des Eviktionsprinzips dazu führen, dass der Nachlassumfang um das Kaufpreisduplum gemindert würde.[265] Dieses Ergebnis will Pau-

---

264 Die Frage nach dem Willen des Erblassers formuliert auch Stagl, Auslegung von Testamenten, S. 38 als das „eigentliche Hauptproblem" der Auslegung letztwilliger Verfügungen; ausführlich auch Wieling, Testamentsauslegung, S. 252 ff.; näher dazu noch einmal im vierten Teil unter § 11 I.

265 Auch der umgekehrte Fall (der Verkäufer wird Erbe des Käufers) soll, wie die Formulierung vel contra zeigt, analog behandelt werden. Es ginge dann ebenfalls um die Frage, ob für die Berechnung der falzidischen Quart der einfache oder der doppelte Kaufpreis zum Nachlasswert dazugerechnet werden müsse (computare); so auch schon Wubbe, in FG für Herdlitczka, S. 313, Fn. 71 und Baldus, Auslegung nach Parteirollen, S. 606 f.

lus verhindern ohne eine Korrektur des geltenden Rechts vornehmen zu müssen. Ein Abzug des duplum hätte nicht unerhebliche Auswirkungen auf die Berechnung der quarta Falcidia und damit den Umfang der vom Erblasser im Testament vorgesehenen Legate. Paulus will den Käufererben aus diesem Zufall nicht profitieren lassen und entscheidet sich daher dafür, dass dieser nur den einfachen Kaufpreiswert abziehen darf.[266] Dies entspricht dem tatsächlichen Schaden, den er als Erbe auch dann hätte hinnehmen müssen, wenn der Sklave vom Erblasser nicht verkauft worden wäre. Zwar sind beide Auslegungsmöglichkeiten gleichermaßen mit den zugrunde liegenden Regelungen vereinbar.[267] Schließlich kann man auch so argumentieren, dass die Legatare sich eine Minderung um das Doppelte hätten gefallen lassen müssen, wenn eine andere Person als der Käufer Erbe geworden wäre. Dies würde aber die eindeutige Entscheidung des Erblassers, den Käufer zum Erben zu machen, völlig außer Betracht lassen. Die Interessenabwägung gibt daher den Ausschlag für eine Entscheidung, die den Willen des Erblassers möglichst umfassend zur Geltung bringt. Das Zusammenfallen von Käufer, bzw. Verkäufer und Erbe war vom Erblasser ja bewusst veranlasst und sollte daher zu der von ihm gewollten Verteilung der Erbmasse führen. Daran würde auch der vom Wortlaut des Fragments ebenfalls abgedeckte Fall, dass der Kauf der Testamentserrichtung nachfolgt, nichts ändern: Auch hier wäre das maßgebliche Wertungskriterium die bewusste Entscheidung des Erblassers, seinen Erben zum Käufer zu machen, beziehungsweise von seinem Erben zu kaufen. Die Legatare erhalten damit in jedem Fall nicht mehr und nicht weniger, sondern genau das, was ihnen der Erblasser zugestehen wollte.

Eine im Ergebnis etwas andere Interessenabwägung wollen Wubbe[268] und Bergsma-van Krimpen[269] vornehmen. Während Wubbe die Entscheidung als benignius zugunsten der Legatare ansieht, meint Bergsma-van Krimpen, dass Paulus die Interessen des Käufer-Erben und des Verkäufer-Erben in Ausgleich zu bringen versuche: „to the buyer-heir it is profitable, if the duplum is deducted from the inheritance of the seller and for the seller-heir it is profitable, if the duplum is not added to the inheritance of the buyer." Allerdings spricht dieser Ausgleich weder für die eine noch die andere Lösung. Sowohl Käufererbe, als auch Verkäufererbe würden von einer Berücksichtigung des duplum mehr profi-

---

266 Die nicht näher begründete Interpolationsverdächtigung gegen den letzten Satz des Fragments durch Albertario, Bull. 33 (1923), S. 74 f. wurde von Bergsma-van Krimpen, RIDA 20 (1973), S. 281 zu Recht kritisiert. Zuvor hatte sich bereits Wubbe, in FG für Herdlitczka, S. 313 für die Klassizität der Entscheidung ausgesprochen.

267 Bergsma-van Krimpen, RIDA 20 (1973), S. 276 ff., die sich ausführlich mit diesem Fragment auseinandergesetzt hat, erwägt sogar drei Lösungsmöglichkeiten, lehnt aber die von Paulus nicht bedachte Variante des vollständigen Weglassens einer Anrechnung aufgrund der Konfusion von Erben- und Käuferstellung zu Recht ab.

268 In FG für Herdlitczka, S. 313; sich anschließend Palma, Benignior Interpretatio, S. 118.

269 RIDA 20 (1973), S. 284.

tieren als von der des simplum. Dies ist gerade das Ergebnis der confusio, weil der Verkäufer und der Käufer durch die Erbschaft zu einer Person werden. Dies erkennt Bergsma-van Krimpen auch, wenn sie konstatiert: „In fact in both cases seller and buyer have legally become one and the same person after the succession. And it is difficult if not impossible according to Paul to seperate his roles or to give priority to one of them." Gerade weil es unmöglich ist, zwischen den dann in einer Person vereinten Interessen zu differenzieren, kommt eine Interessenabwägung zu keinem sinnvollen Ergebnis.

Gegen die von Wubbe proklamierte Bevorzugung der Legatare spricht aus meiner Sicht der Umstand, dass diese nicht mehr erhalten, als vom Erblasser vorgesehen. Eine Bevorzugung durch die Entscheidung des Paulus war also weder möglich noch erforderlich. Eine möglichst geringe Kürzung der Legate war schon im Testament und damit durch den Willen des Erblassers angelegt. Zudem musste der Erblasser als Verkäufer eines Sklaven, der nicht in seinem Eigentum stand, auch damit rechnen, dass der eigentliche Eigentümer diesen evinzieren könnte. Die damit verbundene Kürzung, bzw. Insuffizienz der Erbmasse war somit ebenfalls bereits in der Verkaufsentscheidung des Erblassers angelegt.[270] Nur die Berücksichtigung des Erblasserwillens stellt somit ein alle denkbaren Konstellationen erklärendes Entscheidungskriterium dar, weil der Erblasser durch die Einsetzung des Käufers/Verkäufers, bzw. den Kaufvertrag mit dem bereits eingesetzten Erben einerseits sowie die Benennung der Legatare andererseits zum Ausdruck gebracht hat, in welcher Weise er die Erbmasse verteilt haben wollte.

II. Auslegung unter Berücksichtigung der Willensänderung eines Erben

Eine ähnliche Wertung enthält auch die folgende Auslegungsentscheidung Papinians. Diesmal wird allerdings nicht der Wille des Erblassers, sondern eine nachträgliche Willensänderung eines emancipatus verwirklicht. Durch diese Auslegung wird die Korrektur einer unwiderruflichen Erbausschlagung vermieden.

Pap. (3 quaest.) D. 37. 6. 8
Nonnumquam praetor variantem non repellit et consilium mutantis non aspernatur. unde quidam filium emancipatum, qui de bonis conferendis cavere fratribus noluit, audiendum postea putaverunt, si vellet oblata cautione beneficium bonorum possessionis exercere. tametsi responderi potest videri eum possessionem repudiasse, qui formam possessionis conservare noluit: sed benignior est diversa sententia, maxime cum de bonis parentis inter fratres disputetur. quem tamen facilius admittendum existimo, si intra

270 Etwas anderes muss für den umgekehrten Fall der Einsetzung des Verkäufers durch den Käufer gelten. Hier konnte der Erblasser (Käufer) natürlich nicht mit der Eviktion des Sklaven rechnen, weil er diesen ja gutgläubig erworden hatte. Dennoch entsprach die möglichst geringe Kürzung der Erbmasse (simplum statt duplum) zumindest seinem hypothetischen Willen, weil so seine Verfügung im nach dem Gesetz zulässigen Maße und damit so weit wie möglich verwirklicht wurde.

tempus delatae possessionis cautionem offerat: nam post annum, quam delata esset bonorum possessio, voluntariam moram cautionis admittere difficilius est.

Ein gewaltfreier Sohn (emancipatus) hat sich zunächst gegen die für den Antritt seines Erbteils erforderliche Sicherheitsleistung durch Bürgenstellung für die von ihm zu erbringende Ausgleichszahlung gegenüber den noch gewaltunterworfenen Miterben entschieden und damit eigentlich zum Ausdruck gebracht, dass er auf die Erbschaft verzichtet.[271] Ändert er nachträglich seine Meinung und bietet nunmehr doch die cautio an, sei es nach Papinian benignior, ihn dennoch zur bonorum possessio zuzulassen.[272] Die im Nachsatz enthaltenen Fallabwandlungen[273] verdeutlichen den Begründungsgehalt der benignitas. Eine Entscheidung zur Berücksichtigung des Erblasserwillens kommt vorliegend nicht in Betracht, da die collatio bonorum nur bei der bonorum possessio intestati und contra tabulas stattfand.[274] In allen Fällen kann es Papinian also nur darum gehen, die nachträgliche Willensänderung des emancipatus noch zuzulassen. Seine Weigerung, Sicherheit zu leisten, wird damit nicht als unwiderrufliche Ausschlagung der Erbschaft ausgelegt. Würde man so auslegen, könnte das von Papinian angestrebte Ergebnis nur noch mittels einer Korrektur des ius civile erreicht werden.[275] Dies will er aber durch die mit der benignitas begründete Auslegung vermeiden. Die damit einhergehende schonendere Behandlung des emancipatus stellt keine echte Begünstigung dar. Er erhält nur das, was ohnehin für ihn nach der gesetzlichen Erbfolge vorgesehen war. Die Benachteiligung für die übrigen Miterben ist zudem begrenzt. Für sie gilt: Wie gewonnen, so zerronnen. Sie hätten auch nicht mehr geerbt, wenn ihr Bruder sich direkt zu einem Ausgleich ge-

---

271 Dies konnte unter Umständen sinnvoll sein, weil der emancipatus wegen der collatio bonorum das Risiko übernahm, eventuell mehr für den Ausgleich aufbringen zu müssen, als aus der Erbschaft auf ihn hätte entfallen können; vgl. dazu Paul. (41 ad ed.) D. 37. 6. 2. 5 (unter Berufung auf Cassius und Julian); allg. zur Problematik D. 37. 6; Kaser, RPR I, S. 731 f.; Palma, Benignior Interpretatio, S. 107 f. (m. w. N.); Voci, DER I, S. 756 ff.

272 Die insbesondere von Beseler, SZ 66 (1948), S. 375 aus sprachlichen Gründen erhobenen Vorwürfe gegen die Originalität des Fragments können den inhaltlich fehlerfreien Gedankengang der Entscheidung nicht erschüttern. Nach Wubbe, in Symbolae David I, S. 260 f., Fn. 4 entspricht die Darstellung zudem dem Stil eines responsum mit verschiedenen Abwandlungen, bei dem Papinian schließlich abwägend zu einem Ergebnis gelangt; zustimmend auch Tondo, convalida del pegno, S. 17 ff.; zustimmend Bürge, Retentio, S. 126.

273 Demnach falle die Entscheidung leichter (facilius), soweit der emancipatus seine Meinung noch während der anberaumten Bedenkzeit ändere, nach Ablauf der Frist sei die Entscheidung jedoch schwieriger (difficilius) zu treffen; ausführlich dazu Tondo, convalida del pegno, S. 20 ff.

274 Vgl. Kaser, RPR I, S. 731 (m.w.N.).

275 Vgl. Ulp. (7 ad Sab.) D. 29. 2. 13 pr., wonach der Verlust der Erbschaft mit der Ausschlagung verbindlich war.

genüber allen gewaltunterworfenen sui bereiterklärt hätte.[276] Hier zeigt sich somit die Funktion des unbestimmten Wertungsbegriffes benignitas, eine eigentlich verspätete Willensänderung noch zur Geltung zu bringen.

III. Auslegung durch Regelungs- oder Begriffsdeutung

In den im Folgenden vorzustellenden Fragmenten bedienen sich die römischen Juristen einer etwas abweichenden Methode. Zwar besteht auch hier dieselbe Zielsetzung wie in den eben besprochenen Stellen darin, eine drohende Entscheidungskorrektur durch willensorientierte Auslegung zu beheben, die Auslegung setzt hier jedoch direkt am Wortlaut einer bestimmten gesetzlichen Regelung oder eines Rechtsbegriffes an. Ansonsten zeigt sich aber auch hier eine Übereinstimmung bei der Wahl der unbestimmten Wertungsbegriffe, die zur Ausschöpfung des Bedeutungsspielraums des betroffenen Begriffes (oder der Regelung) herangezogen werden.[277] So benutzt Ulpian beispielsweise in den folgenden beiden Fragmenten den unbestimmten Wertungsbegriff benignus.[278]

1. Auslegung einer gesetzlichen Regelung – Ulp. (7 ad lex Iul. et Pap.) D. 24. 3. 64. 10

Ulp. (7 ad lex Iul. et Pap.) D. 24. 3. 64. 10
Quod ait lex: "quanta pecunia erit tantam pecuniam dato", ostendit aestimationem hereditatis vel bonorum liberti, non ipsam hereditatem voluisse legem praestare, nisi maritus ipsas res tradere maluerit: et hoc enim benignius admitti debet.

Im ersten Fragment geht es um die Herausgabe der Erbschaft eines Sklaven.[279] Nach der lex Iulia de maritandis ordinibus durfte der Ehemann einen Dotalsklaven grundsätzlich ohne Zustimmung seiner Frau nicht freilassen. Ansonsten haf-

---

276 So auch Palma, Benignior Interpretatio, S. 108 f.; Tondo, convalida del pegno, S. 18 f.; Wubbe, in Symbolae David I, S. 260 f., Fn. 4.

277 In Cels. (29 dig.) D. 1. 3. 18; Ulp. (7 ad lex Iul. et Pap.) D. 24. 3. 64. 10; Ulp. (45 ad ed.) D. 38. 2. 14. 8; Scaev. (3 resp.) D. 34. 1. 20. 1: benignius/benigne; in Ulp. (27 ad ed.) D. 13. 5. 16. 3; Paul. (3 ad Ner.) D. 33. 7. 24; Iul. (de ambi.) D. 34. 5. 13. 1: magis dicendum est.

278 Die gleiche Wortwahl trifft auch Scaevola in (3 resp.) D. 34. 1. 20. 1 bei der benigne erfolgenden Auslegung einer unklaren Legatsregelung; vgl. dazu Palma, Benignior Interpretatio, S. 99 f., der allerdings nicht darauf eingeht, dass der Erblasserwille in diesem Fall nicht eindeutig feststellbar ist. Eine Entscheidung in favore testamenti (legati) kommt daher nicht in Betracht, vgl. dazu ausführlich die Behandlung dieser Problematik im vierten Teil, § 11.

279 Das Fragment befindet sich in Buch 24, Titel 3, der die Überschrift "Soluto matrimonio dos quemadmodum petatur" trägt. Der Erbschaftssklave war also Teil der Mitgift (dos), die nach Beendigung der Ehe an die Frau zurückgegeben werden musste.

tete er mit einer besonderen Klage.[280] Soweit er aber – wie im vorliegenden Fall – die Freilassung als Geschäft seiner Frau mit deren Zustimmung für sie führte, musste er alles herausgeben, was er durch die Freilassung erlangte.[281] Hier hatte der Ehemann einen Sklaven in dieser Weise freigelassen und anschließend beerbt. Die Herausgabeverpflichtung erfasste dann also auch die Erbschaft. Ulpian deutet den Wortlaut des Gesetzes („quanta pecunia erit tantam pecuniam dato") zunächst dahingehend, dass der Anspruch der Frau sich nicht auf die Erbschaft selbst, sondern nur auf deren aestimatio richte. Die benignitas der Entscheidung besteht somit darin, dass der Mann die Erbschaft selbst statt der aestimatio leisten darf, wenn dies für ihn vorzugswürdig erscheint. Ähnlich wie im Haftungsfall bei der dos aestimata hat der Ehemann die Möglichkeit, zwischen der Herausgabe der Sache und dem Wertersatz zu wählen. Letzlich führt die von Ulpian vorgenommene Auslegung des Wortlauts der gesetzlichen Regelung damit zu einer Orientierung am Willen des Ehemannes, die durch das Heranziehen der benignitas gerechtfertigt wird.[282] Benignius ist die Regelung aber nicht nur wegen der Analogie zur dos aestimata, sondern weil die Auslegung dem Ehemannes eine zweite Entscheidungsmöglichkeit eingeräumt wird.

2. Auslegung eines Rechtsbegriffes – Ulp. (45 ad ed.) D. 38. 2. 14. 8

Eine weitere Entscheidung Ulpians bestätigt den Verdacht, dass der Wertungsbegriff benignus zur Auslegung des mehrdeutigen Wortlauts einer bestimmten Regelung oder eines Rechtsbegriffes herangezogen wurde.

> Ulp. (45 ad ed.) D. 38. 2. 14. 8
> Accusasse autem eum dicimus, qui crimina obiecit et causam perorari usque ad sententiam effecit: ceterum si ante quievit, non accusavit: et hoc iure utimur. sed si appellatione interposita desiit, benigne dicetur non pertulisse accusationem. si igitur pendente appellatione decessit libertus, patroni filius admittetur ad bonorum possessionem, quia sententiae libertus morte subtractus est.

In diesem Fall legt Ulpian den Begriff „accusare" näher aus.[283] Nach allgemeiner Definition (iure utimur) ist nur derjenige Ankläger, der einer anderen Per-

---

280 Pap. (11 quaest.) D. 24. 3. 61; Kaser, RPR I, S. 334.

281 Vgl. dazu Ulp. (33 ad ed.) D. 24. 3. 24. 4; Ulp. (7 ad lex Iul. et Pap.) D. 24. 3. 64 pr.–7.; Wolf, TR 45 (1977), S. 20 f.; Vonglis, L`esprit de la loi, S. 39 ff., der den Text als Beispiel für die Vorgehensweise der römischen Juristen aufführt, vom Wortlaut des Gesetzes auf den dahinter stehenden Willen zu schließen; so auch Hausmaninger, SZ 85 (1968), S. 479.

282 Auch Palma, Benignior Interpretatio, S. 127 spricht daher von „una corretta interpretazione della legge e da un`equa valutazione della posizione del marito".

283 Der Bezugspunkt für die Auslegung ist damit nicht, wie im vorherigen Fall Ulp. (7 ad lex Iul. et Pap.) D. 24. 3. 64. 10 der Zweck einer gesetzlichen Regelung, sondern der Inhalt eines einzelnen Rechtsbegriffes.

son ein Verbrechen[284] vorwirft und bewirkt, dass der Fall bis zur gerichtlichen Wahrheitserkenntnis verhandelt wird (qui crimina obiecit et causam perorari usque ad sententiam effecit). Im Umkehrschluss bedeutet das, dass eine Person nicht als Ankläger gilt, wenn sie die Anklage vor dem Ende der Verhandlung fallen gelassen hat.[285] Dies wirkt sich in bestimmten Fällen positiv für den vermeintlichen Ankläger oder dessen Nachkommen aus.[286] Ulpian will diese Definition auf das Verfahren in allen Instanzen erweitern. Demnach soll ein Fallenlassen der Anklage mit allen positiven Folgen auch noch nach Einlegung der Berufung (appellatione interposita) möglich sein. Die benignitas besteht somit in einer Orientierung am Willen des vermeintlichen Anklägers, der auch noch nach Abschluss der ersten gerichtlichen Instanz und Einlegung der Berufung, also wenn er bereits eine Entscheidung herbeigeführt hat (sententiam effecit), seine Anklage zurückziehen kann und damit von den positiven Folgen der Nichtanklage (z.B. des möglichen Erbschaftsbesitzes) profitiert. Methodisch wird die willensorientierte benignitas-Entscheidung anhand der Auslegung eines Rechtsbegriffes festgemacht.

3. Auslegung zur Gesetzesinterpretation – Cels. (29 dig.) D. 1. 3. 18

Die Funktion der benignior interpretatio als willensorientiertes Auslegungsinstrument zur Gesetzesinterpretation zeigt sich schließlich auch in der folgenden von Celsus überlieferten Regel.

> Cels. (29 dig.) D. 1. 3. 18
> Benignius leges interpretandae sunt, quo voluntas earum conservetur.

Hier verwendet Celsus die benignitas zur Formulierung einer allgemeinen Auslegungsregel, nach der dem Willen des Gesetzgebers Vorrang vor dem missverständlichen[287] oder nicht mehr zeitgemäßen[288] Wortlaut einer Regelung zu-

---

284 In dem vorher abgedruckten Fragment (45 ad ed.) D. 38. 2. 14. 3 ist klargestellt, dass von dieser Vorschrift nur solche Kapitalverbrechen erfasst werden, die als Verurteilung den Tod oder zumindest den Verlust des Bürgerrechts vorsehen.

285 Im Ergebnis gleich Palma, Benignior Interpretatio, S. 138 f.

286 Als Beispiel führt Ulpian den Fall auf, dass der Sohn eines verstorbenen Dienstherrn die Anklage seines Vaters gegen den Freigelassenen übernommen hat. Wenn der Freigelassene während der anhängigen Berufung stirbt, soll der Sohn des Dienstherrn trotz der Anklage zur bonorum possessio zugelassen werden, weil die Verhandlung nicht bis zum Ende geführt worden ist. Nähere Erläuterungen zur Ursache des möglicherweise drohenden Ausschlusses des Anklägers von der bonorum possessio wegen der mit der Anklage wegen eines Kapitalverbrechens verbundenen Störung des Patronatsverhältnisses bei Palma, Benignior Interpretatio, S. 139 f., insb. Fn. 56; ausführlich zur gesamten Passage auch Campolunghi, Bull. 75 (1972), S. 187 ff.

287 Dazu neigt Hausmaninger, in Studi Grosso V, S. 260, 276.

kommt.[289] Celsus postuliert an dieser Stelle, wie Harke[290] zutreffend feststellt, mit Hilfe der benignitas kein „moralisches Gebot an die Gesetzesauslegung“,[291] sondern reduziert die benignior interpretatio auf ihren Kern der Durchsetzung einer rechtserheblichen Willensentscheidung (hier: des Gesetzgebers).

IV. Zwischenergebnisse

Auslegungsentscheidungen, mit denen der Jurist das Ziel verfolgt, den in einer rechtserheblichen Äußerung zum Ausdruck kommenden Willen einer Person zur Geltung zu bringen, werden mit dem unbestimmten Wertungsbegriff benignus begründet. Die Fälle der Berücksichtigung des in einem Testament zum Ausdruck kommenden Erblasserwillens belegen diese Vermutung ebenso gut wie der Fall einer Auslegung zur Berücksichtigung einer nachträglichen Willensänderung eines Erben.[292] In einigen Fällen setzt die Auslegung direkt am Wortlaut eines bestimmten Rechtsbegriffes oder einer gesetzlichen Regelung an.[293] Ziel der Auslegung ist es dann, den darin enthaltenen „Regelungswillen“ des Gesetzgebers zu manifestieren.

§ 9 Die Vermeidung von Entscheidungskorrekturen durch Auslegung zugunsten berechtigter Einzelpersonen

Die Auslegung ist nicht in allen Fällen willensorientiert. Stattdessen finden sich auch Entscheidungen, in denen der Jurist durch die Entscheidung für eine Auslegungsmöglichkeit unmittelbar eine bestimmte Person bevorzugt.[294] Auch hier ist die Auslegung der eigentlich drohenden Korrekturentscheidung vorgelagert und

288 Diese Variante bevorzugen, mit überzeugendem Bezug auf das Verb conservari, Casavola, ANRW II. 15 (1976), S. 156; Harke, Argumenta Iuventiana, S. 117 und Scarano Ussani, Valori e storia, S. 194.

289 Ausführlich in diesem Sinne schon Hausmaninger, in Studi Grosso V, S. 258 ff., insb. 260 und zuletzt auch Harke, Argumenta Iuventiana, S. 117 f.

290 Argumenta Iuventiana, S. 117 f.; er spricht sich hier zwar in Bezug auf D. 1. 3. 18 zu Recht gegen einen „ideologischen Gehalt“ der benignitas aus, kommt aber im Ergebnis dennoch zu einer abweichenden Auffassung bezüglich aller benignitas-Fragmente des Celsus; dazu noch ausführlich im vierten Teil unter § 12 I. 4. und 5. bei der Analyse der Fragmente Cels. (27 dig.) D. 8. 3. 11 und Iav. (6 epist.) D. 39. 5. 25 sowie im fünften Teil unter § 15.

291 So aber noch Casavola, ANRW II. 15 (1976), S. 156 und Scarano Ussani, Valori e storia, S. 193 f.

292 Vgl. dazu insbesondere die unter § 8 I. und II. besprochenen Fälle Paul. (2 ad ed. aedil. curul.) D. 35. 2. 48 und Pap. (3 quaest.) D. 37. 6. 8.

293 So in Ulp. (7 ad lex Iul. et Pap.) D. 24. 3. 64. 10 und Ulp. (45 ad ed.) D. 38. 2. 14. 8.

294 Solche verschiedenen Auslegungstopoi hat auch schon Wieling, Testamentsauslegung, S. 250 ff. beschrieben.

dient damit der Vermeidung eines offenen Konflikts mit geltenden Rechtsgrundsätzen.

I. Auslegung zugunsten des Schuldners einer Geldforderung – Pap. (10 resp.) D. 2. 14. 8

Dies soll zunächst beispielhaft an einer Entscheidung Papinians zugunsten des Schuldners einer Geldforderung aufgezeigt werden.

> Pap. (10 resp.) D. 2. 14. 8
> Maiorem esse partem pro modo debiti, non pro numero personarum placuit. quod si aequales sint in cumulo debiti, tunc plurium numerus creditorum praeferendus est. in numero autem pari creditorum auctoritatem eius sequetur praetor, qui dignitate inter eos praecellit. sin autem omnia undique in unam aequalitatem concurrant, humanior sententia a praetore eligenda est. hoc enim ex divi Marci rescripto colligi potest.

Es geht um die Kriterien zur Ermittlung einer Gläubigermehrheit, die nach Ulp. (4 ad ed.) D. 2. 14. 7. 19 für die Wirksamkeit eines Gesamtvergleichs von Bedeutung ist, dem nicht alle Gläubiger zugestimmt haben.[295] Papinian stellt zunächst kurz fest, dass sich die Mehrheit der Gläubiger nicht nach der Zahl der Personen, sondern nach der Höhe der Forderungen richtet (maiorem esse partem pro modo debiti, non pro numero personarum placuit). Nur für den Fall, dass die Forderungen auf einen gleich hohen Betrag lauten, entscheidet die Mehrheit der Personen (quod si aequales sint in cumulo debiti, tunc plurium numerus creditorum praeferendus est). Soweit auch dann keine Mehrheit erzielt werden kann, soll der Prätor demjenigen folgen, der unter den Gläubigern das höchste Ansehen hat (in numero autem pari creditorum auctoritatem eius sequetur praetor).[296] Führt auch dieses Kriterium nicht zu einem eindeutigen Ergebnis, so soll der Prätor die humanere Lösung wählen (humanior sententia a praetore eligenda est).[297] Humanior kann sich in diesem Fall auf keinen der Gläubiger beziehen, weil alle Kriterien zur Ermittlung des Vorrangs eines der Gläubiger (Gesamtsumme der Einzelforderungen, Mehrheit oder Ansehen der Gläubiger) zu keinem Ergebnis geführt haben. Gemeint sein kann dann nur, dass der Prätor die schuldnerfreund-

---

295 Der Vergleich (transactio) war zunächst eine formlose Abrede, die der Beilegung eines Streits oder der Ungewissheit über ein Recht diente. Insbesondere im Erbrecht konnte ein Gesamtvergleich zwischen dem Erben einer überschuldeten Erbschaft und allen Gläubigern des Nachlasses geschlossen werden; vgl. allg. dazu D. 2. 15; C. 2. 4; Beck, in Studi de Francisci IV, S. 3 ff.; Kaser, RPR I, S. 642; ders., RPR II, S. 445 f.; sowie zuletzt ausführlich Krüger, Drittwirkung des Vergleichs, S. 9, Fn. 1 mit zahlreichen Nachweisen.

296 Zu dieser Voraussetzung ausführlich Palma, Humanior Interpretatio, S. 64 f. unter Berufung auf Solazzi, Il concorso dei creditori 4, S. 113 f.

297 Ähnlich fasst auch Palma, Humanior Interpretatio, S. 61 ff. den Sachverhalt zusammen.

lichste Lösung[298] wählen soll. Diese besteht darin, dass der Prätor den Gesamtvergleich für wirksam erklärt, obwohl eine eindeutige Mehrheitsentscheidung gerade nicht vorliegt.[299] Die Wahl des Prätors widerspricht dann keinem der zuvor genannten Kriterien. Er soll lediglich nach Erschöpfung aller sinnvollen Mehrheitskriterien die Entscheidung treffen, die den Interessen des Schuldners am besten dient.[300] Dadurch vermeidet Papinian das drohende Scheitern des Gesamtvergleichs und entscheidet humanior, ohne in einen offenen Widerspruch zu den festgelegten Mehrheitskriterien zu treten. Es wird also eine als unbillig empfundene Lösung umgangen, ohne das ius civile zu korrigieren.

Nach Meinung von Kaser[301] soll das Fragment insgesamt interpoliert sein, da die Ermittlung der Gläubigermehrheiten durch Justinian neu geregelt worden sei. Auf einen Texteingriff könnte auch das „hodie" in Ulp. D. 2. 14. 7. 19 hinweisen. Das Hauptargument zur Begründung dieser Meinung wird jedoch aus einer Konstitution Justinians[302] hergeleitet, die in der Tat als Weiterentwicklung des klassischen Rechts aufgefasst werden kann. So will Justinian dort als Wertungskriterien nur die Gesamtsumme der Einzelforderungen, die Mehrheit der Gläubiger und sodann die schuldnerfreundlichere Lösung gelten lassen. Das Kriterium des Ansehens der einzelnen Gläubiger (creditorum auctoritatem), das von Papinian in D. 2. 14. 8 noch erwähnt wird, taucht dagegen nicht mehr auf.

Meines Erachtens spricht diese Abweichung aber gerade für die Klassizität von D. 2. 14. 8. So könnte Justinian das ohnehin schwerlich nachzuweisende Kriterium des persönlichen Ansehens der einzelnen Gläubiger als veraltet empfunden und daher weggelassen haben. Das „hodie" in dem Ulpianfragment be-

---

298 Auch Krampe, in Behrends/Knütel/Kupisch/Seiler II, S. 232 übersetzt humanior sententia an dieser Stelle zu Recht mit „schuldnerfreundlicherer Vorschlag". Ein ähnliches Verständnis der humanitas ist zudem für eine weitere Entscheidung Papinians in Betracht zu ziehen. In Pap. (3 quaest.) D. 16. 2. 16. 1 (ausführlich und mit weiteren Nachweisen dazu Palma, Humanior Interpretatio, S. 48 ff.) bezeichnet Papinian die dem Schuldner zugute kommende Einräumung eines Zeitraums zur Erfüllung einer Schuld aus einem rechtskräftigen Urteil als humanitatis gratia. Wahrscheinlich hätte Krampe an dieser Stelle ebenfalls „aus Schuldnerfreundlichkeit" formuliert, wenn er für diesen Abschnitt der Übersetzung zuständig gewesen wäre. So verwendet aber Kupisch, in Behrends/Knütel/Kupisch/Seiler III, S. 328 die etwas allgemeinere Wortwahl „aus Menschlichkeit", die aber inhaltlich dasselbe meint.

299 Indirekt belegt auch Ulp. (4 ad ed.) D. 2. 14. 7. 19 (creditoribus obest), dass die Wirksamkeit des Vergleichs jedenfalls nicht die humanior sententia für die Gläubiger sein kann.

300 Ähnlich Baldus, Auslegung nach Parteirollen, S. 625, Fn. 12.

301 RPR II, S. 446, Fn. 50.

302 *Iust. C. 7. 71. 8. [...] pari autem quantitate debiti invenienda, dispari vero creditorum numero, tunc amplior pars creditorum obtineat, ut, quod pluribus placeat, hoc statueretur. sin vero undique aequalitas emergat tam debiti quam numeri creditorum, tunc eos anteponi, qui ad humaniorem declinant sententiam non cessionem exigentes, sed indutias.[...].*

zieht sich zudem unzweifelhaft auf eine eigenständige Neuerung,[303] so dass daraus keine eindeutigen Schlüsse für D. 2. 14. 8 gezogen werden können. Schließlich sprechen auch der Hinweis auf das kaiserliche Reskript des divus Marcus sowie die Anordnung einer Entscheidung durch den Prätor für die Klassizität der Entscheidung, da sich Justinian mit Sicherheit einen solchen Beleg nicht selbst ausgedacht hat und er zudem keine Veranlassung hatte, den Prätor in den Text einzuschalten.[304] Das Berufen auf ein kaiserliches Reskript ist für Papinian zudem nicht untypisch.[305]

II. Auslegung zugunsten eines Dienstbarkeitsberechtigten – Pomp. (33 ad Sab.) D. 8. 2. 23 pr.

Der Schuldner einer Geldforderung ist nicht der einzige, der durch eine menschenfreundliche Auslegung profitieren kann. So wird in der folgenden Entscheidung bei der Auslegung einer Parteiabrede (Servitut) der Berechtigte aus einer Dienstbarkeit bevorzugt.

> Pomp. (33 ad Sab.) D. 8. 2. 23 pr.
> Si servitus imposita fuerit „lumina quae nunc sunt, ut ita sint", de futuris luminibus nihil caveri videtur: quod si ita sit cautum „ne luminibus officiatur", ambigua est scriptura, utrum ne his luminibus officiatur quae nunc sint, an etiam his quae postea quoque fuerint: et humanius est verbo generali omne lumen significari, sive quod in praesenti sive quod post tempus conventionis contigerit.

Ein Hauseigentümer hat mit seinem Nachbarn eine Grunddienstbarkeit darüber vereinbart, dass dieser durch Baumaßnahmen auf seinem Grundstück nicht die Fenster und damit den Lichteinfall des Hauseigentümers beeinträchtige. Es entstand dann Streit darüber, ob von der Dienstbarkeit auch solche Fenster umfasst seien, die erst nachträglich in das Haus eingebaut wurden.[306] Pomponius unterscheidet zwischen zwei Dienstbarkeitsformulierungen. Soweit in der Servitut nur diejenigen Fenster bezeichnet werden, „die jetzt vorhanden sind" (lumina quae nunc sunt), sei über künftige Fenster nichts vereinbart. Problematisch ist jedoch die zweite Formulierung des Inhalts, dass allgemein der Lichteinfall nicht

---

303 In Ulp. (4 ad ed.) D. 2. 14. 7. 19 geht es um eine Einschränkung der für die Gläubiger negativen Verpflichtungswirkung, die der Abschluss des Gesamtvergleichs aller Gläubiger mit dem Erben vor Antritt der Erbschaft bedeutet. Papinian regelt in D. 2. 14. 8 dagegen lediglich die Modalitäten der Mehrheitsfindung zwischen den Gläubigern.

304 Auch Gallo, SDHI 48 (1982), S. 437 hat an der Klassizität des Fragments nichts zu beanstanden; ebenso Palma, Humanior Interpretatio, S. 65 f., der im Heranziehen der dignitas als weiterem nicht wirtschaftlichem Entscheidungskriterium ein weiteres Indiz für den klassischen Ursprung sieht.

305 So d`Ors, Labeo 24 (1978), S. 46, Fn. 19 mit zahlreichen Fundstellen.

306 In diesem Sinne versteht auch Baldus, Auslegung nach Parteirollen, S. 652 f. den Sachverhalt.

beeinträchtigt werden dürfe (ne luminibus officiatur)[307]. Auf den ersten Blick liegt auch hier die Lösung nahe, dass die Servitut nur für solche Fenster gelten kann, die bei ihrer Bestellung schon vorhanden waren. Schließlich konnte sich der Eigentümer des dienenden Grundstücks bei Bestellung der Servitut nur auf diese Fenster einstellen. Pomponius nutzt die sich aus der offenen Formulierung der Servitut ergebende unklare Rechtslage aus humanen Erwägungen aus und lässt die Vereinbarung die Rechtswirkung entfalten, die dem Dienstbarkeitsberechtigten (Hauseigentümer des herrschenden Grundstücks) am nützlichsten ist.[308]

Nach Palma[309] steht als Wertungskriterium dieser Entscheidung für Pomponius ganz abstrakt die Aufrechterhaltung der einmal begründeten Servitut zwischen dem dienstbarkeitsberechtigten Hauseigentümer und seinem Nachbarn im Vordergrund. Der Bestand der Servitut stand jedoch für Pomponius außer Frage. Die Vereinbarung war lediglich mehrdeutig. Ein abstraktes Entscheidungskriterium, das nur die Aufrechterhaltung der Servitut zum Ziel hat, kann kein verbindliches Ergebnis über den Inhalt der Vereinbarung liefern. Das eindeutige Ergebnis, das Pomponius erzielt, konnte nur durch eine humane Auslegung der Servitut erreicht werden, wobei sich die Humanität ausschließlich zugunsten des dienstbarkeitsberechtigten Hauseigentümers auswirkt, der auf die positive Wirkung der Servitut – also das ausreichende Vorhandensein von Licht in seinem Haus – angewiesen ist. Wenn es Pomponius allein auf den Erhalt der cautio angekommen wäre, hätte er auch zugunsten des Nachbarn entscheiden können, der ein Interesse am uneingeschränkten Bau auf seinem Grundstück haben könnte. Auch hier verhindert die noch mögliche Auslegung der offenen Formulierung der Servitut eine drohende Korrektur, die Pomponius ansonsten hätte vornehmen müssen, um das aus seiner Sicht billigenswerte Ergebnis zu erreichen.

III. Auslegung zugunsten einer Testamentserbin (favor heredis testamenti) – Paul. (2 decr.) D. 32. 27. 1

Auch im Erbrecht gibt es Fälle, in denen mehrdeutige Sachverhalte zugunsten einer bestimmten Einzelperson ausgelegt werden. So lässt die Mehrheit des kaiserlichen Beraterstabes (consilium principis) in einem von Paulus berichteten Fall der Unklarheit über eine nachträgliche Testamentsänderung durch Kodizill unmittelbar zulasten des Fiskus die durch das Testament eingesetzte Erbin profitieren.[310]

---

307 Eine ähnliche Servitut beschreibt auch Cicero de orat. 1, 39, 179.

308 So auch Baldus, Auslegung nach Parteirollen, S. 654 f.

309 Humanior Interpretatio, S. 30 f.

310 Ausführlich zu dieser Entscheidung Wubbe, in FG für Herdlitczka, S. 308 ff und zuletzt Palma, Humanior Interpretatio, S. 93 ff.

Paul. (2 decr.) D. 32. 27. 1
Pompeius Hermippus filium Hermippum ex dodrante, filiam Titianam ex quadrante heredes instituerat et praedia certa singulis praelegaverat: praeterea, si sine liberis Hermippus moreretur, aliam possessionem filiae dari iusserat: post testamentum factis codicillis filiae certa praedia dederat eamque his contentam esse voluit pro omni hereditate et his, quae in testamento reliquerat: Hermippi bona ad fiscum pervenerant: Titiana soror fideicommissum petebat. quaerebatur, utrum pro hereditate tantum an et pro his, quae post mortem frater rogatus erat restituere, pater eam voluisset accipere ea quae codicillis reliquerat. mihi ab omni voluntate recessum videbatur. placuit humanius interpretari ea sola, quae vivente fratre acceptura erat, adempta videri, non etiam quae post mortem eius reliquerat, si sine liberis decederet, et ita pronuntiavit.

Pompeius Hermippus hatte testamentarisch seinen Sohn Hermippus zu drei Vierteln und seine Tochter Titiana zu einem Viertel als Erben eingesetzt. Zusätzlich hatte er beiden bestimmte Grundstücke als Praelegat vermacht und durch bedingtes Fideikommiss festgelegt, dass Titiana ein anderes Grundstück erhalten solle, wenn Hermippus kinderlos versterben würde. Später hat der Erblasser in einem Kodizill der Tochter bestimmte Grundstücke zugewiesen, die sie statt der gesamten Erbschaft und dem, was er ihr im Testament hinterlassen habe („pro omni hereditate et his, quae in testamento reliquerat“), erhalten sollte. Nachdem ihr Bruder ohne Nachkommen verstorben war, verlangt Titiana das Fideikommiss heraus.[311]

Paulus berichtet zunächst, dass er in der kaiserlichen Beratung die Meinung vertreten habe, dass der Erblasser seinen früheren Willen insgesamt geändert hätte. Das Kodizill ziele nach seinem Wortlaut (pro omni hereditate et his, quae in testamento reliquerat) nicht nur auf eine neue Verteilung des Erbes zwischen den beiden Geschwistern, sondern auch auf die Aufhebung des Fideikommisses ab. Die Mehrheit im Konsilium oder der Kaiser selbst[312] war jedoch anderer

311 Wie Wubbe, in FG für Herdlitczka, S. 308 f. zutreffend bemerkt, hatte Titiana beim Eintritt des Erbfalls ihres Vaters statt des zunächst testierten Viertels und des Prälegats nur die im Kodizill aufgeführten Grundstücke erhalten. Als der Nachlass ihres Bruders nach dessen kinderlosem Tod dem Fiskus zu verfallen drohte, beanspruchte sie das Grundstück, das ihr nach dem Testament für genau diesen Fall zufallen sollte.

312 Nach Meinhart, TR 33 (1965), S. 256 f.; Sanfilippo, Pauli decretorum, S. 76 f.; Krüger, SZ 19 (1898), S. 33 und Wubbe, in FG für Herdlitczka, S. 309 geht die humanius-Entscheidung in diesem Fall, ähnlich wie in Marcell. (29 dig.) D. 28. 4. 3 pr. (dazu näher unten im vierten Teil, § 11, V.) unmittelbar auf den Kaiser zurück. Dies steht jedoch hier im Gegensatz zu D. 28. 4. 3 pr. keineswegs fest. Paulus schreibt lediglich „placuit humanius interpretari“. Damit ist nicht gesagt, wer diese Meinung vertreten hat. Dagegen weist „et ita pronuntiavit“ am Ende des Fragments eher darauf hin, dass sich der Kaiser der Mehrheit seiner Berater angeschlossen hat und diese Auffassung dann verkündet hat. Vorsichtiger daher auch Palma, Humanior Interpretatio, S. 94 „placuit – forse all`imperatore“; offen insoweit auch de Churruca, SZ 198 (1991), S. 314; Litewski, RIDA 15 (1968), S. 234, Fn. 370; für Interpolation der gesamten Passage noch Riccobono, SZ 47 (1927), S. 79.

Meinung und entschied humanius zugunsten der Erbin (favor heredis testamenti).[313]

Palma[314] deutet die Entscheidung etwas anders. Nach seiner Auffassung bezieht sich die vom Erblasser vorgesehene Bedingung der Kinderlosigkeit seines Sohnes auf ein zukünftiges ungewisses Ereignis und kann daher unabhängig von der nachträglichen im Kodizill zum Ausdruck gekommenen Willensänderung eintreten.

Dagegen spricht jedoch der Wortlaut des Kodizills: Wenn das Fideikommiss schon nicht unter den Begriff „omni hereditate" fällt, dann würde „et his, quae..." keine Bedeutung zukommen, wenn es sich nicht auf die durch Praelegat, bzw. bedingtes Fideikommiss vermachten Grundstücke bezieht. Für eine vom Erblasser gewollte Unwirksamkeit des Fideikommisses spricht auch, dass er seiner Tochter mit dem Kodizill gerade andere Grundstücke (certa praedia) zuteilte. Die von Palma vermutete am Erblasserwillen orientierte Entscheidung liegt daher aus meiner Sicht eher fern. Wahrscheinlicher ist, dass die Entscheidung humanius zugunsten der Tochter erfolgte. Das Konsilium nutzte die etwas unklare Formulierung des Erblassers aus, um eine für die Erbin wohlwollende Auslegung anzuwenden, ohne eine offene Korrektur des Kodizills vornehmen zu müssen. Dieses Ergebnis deckt sich auch sprachlich mit den schon oben analysierten Fragmenten, in denen willensorientierte Auslegungsentscheidungen eher mit Hilfe des unbestimmten Wertungsbegriffes benignus,[315] andere Entscheidungen aber, die offensichtlich zugunsten einer bestimmten Person getroffen wurden, meist mit Hilfe des Begriffes humanus (menschenfreundlich) begründet wurden.[316]

313 Eine weitere Auslegungsentscheidung zugunsten eines Testamentserben (favor heredis testamenti) betrifft den Fall, dass die verhandelnden Richter nicht zu einer einheitlichen Entscheidung kommen und eine Pattsituation eingetreten ist. Nach Marcell. (3 dig.) D. 5. 2. 10 pr. sei es humanius, sich denjenigen Richtern anzuschließen, die sich für den Erhalt des in Frage stehenden Testaments aussprächen, soweit diese nicht parteiisch zugunsten des eingesetzten Erben entschieden. Der Wille des Erblassers kann auch hier nicht die entscheidende Rolle spielen, weil es gerade in Zweifel steht, ob das Testament zu erhalten ist oder nicht. Eine benignius-Entscheidung zur Berücksichtigung des Erblasserwillens scheidet damit aus. Dennoch soll das Testament aufrecht erhalten und der Erbe dadurch bevorzugt werden, ohne den Richtern Parteilichkeit vorwerfen zu müssen. In einem Fall kommt der favor heredis instituti sogar als Kriterium einer allerdings mehrdeutigen Entscheidungskorrektur in Betracht; vgl. dazu mehr im vierten Teil unter § 11 III. 2.

314 Humanior Interpretatio, S. 94 f.

315 Vgl. dazu unter § 8 I. und II. Paul. (2 ad ed. aedil. curul.) D. 35. 2. 48; Pap. (3 quaest.) D. 37. 6. 8.

316 Vgl. dazu das soeben unter § 9 II. besprochene Fragmente Pomp. (33 ad Sab.) D. 8. 2. 23 pr. sowie sogleich unter § 9 V. Ulp. (6 disp.) D. 34. 5. 10. 1.

IV. Auslegung zugunsten männlicher gesetzlicher Erben (favor heredis legitimi)

Die folgenden beiden Fragmente zeigen einen weiteren Wertungsgrundsatz des römischen Testamentsrechts. Die Tendenz, insbesondere männliche Nachkommen als gesetzliche Erben zu bevorzugen (favor heredis legitimi), spiegeln schon die Nichtigkeitsgründe des Testamentsrechts für den Fall der Übergehung eines Haussohnes sowie die Auslegung von Testamenten[317] wider. Der für die patriarchalisch strukturierte römische Gesellschaft typische Grundsatz zeigt, dass es im römischen Erbrecht weitere Wertungskriterien gab, die der Verwirklichung des im Testament zum Ausdruck kommenden Erblasserwillens sogar zuwider laufen konnten.

1. Vermeidung einer Korrektur in favorem voluntatis testatoris – Paul. (1 ad Vitell.) D. 28. 2. 19

Der favor heredis legitimi soll zunächst an einer Entscheidung Scaevolas verdeutlicht werden. Auch hier findet noch keine Korrektur statt. Stattdessen nutzt Scaevola wiederum eine missverständliche Formulierung des Erblassers aus, um einen männlichen gesetzlichen Erben gegen den eindeutig anders lautenden Willen des Testators zu bevorzugen.

Paul. (1 ad Vitell.) D. 28. 2. 19
Cum quidam filiam ex asse heredem scripsisset filioque, quem in potestate habebat, decem legasset, adiecit "et in cetera parte exheres mihi erit", et quaereretur, an recte exheredatus videretur, Scaevola respondit non videri, et in disputando adiciebat ideo non valere, quoniam nec fundi exheres esse iussus recte exheredaretur, aliamque causam esse institutionis, quae benigne acciperetur: exheredationes autem non essent adiuvandae.

Der bis auf einen Geldbetrag enterbte Sohn soll trotz der Enterbung in den Genuss des ihm zustehenden Erbteils kommen. Die Lösung war offensichtlich umstritten (in disputando). Scaevola, dessen Meinung hier von seinem Schüler Paulus wiedergegeben wird,[318] erklärt die Enterbung für unwirksam, ohne eine eigentliche Korrektur vorzunehmen. In seiner Argumentation stützt er sich auf das etwas ungeschickte Vorgehen des Testators, der das Legat[319] und die Enterbung zusammen abhandelt, obwohl es doch zwei völlig unabhängige Vorgänge sind. Weil aber auch eine Enterbung, die sich nur auf ein bestimmtes Grundstück

---

317 Zum favor heredis legitimi als Auslegungsgrundsatz des römischen Testamentsrechts vgl. nur Wieling, Testamentsauslegung, S. 99, 233 ff.

318 Zur näheren Einordnung in das Werk Scaevolas Masielllo, donna tutrice, S. 83 f.; dazu Guarino, Labeo 25 (1979), S. 345 f.

319 Es handelt sich nicht um eine Beschränkung der Erbeinsetzung, was denkbar wäre, aber schon wegen der Formulierung „legasset" nicht ernsthaft in Betracht gezogen werden kann. So auch Voci, DER II, S. 159; Woeß, röm. Erbrecht, S. 148, Fn. 31.

beziehe (fundi exheres esse iussus) unwirksam sei, müsse dies auch für die hier vorgenommene Enterbung bezüglich des übrigen Teils (in cetera parte) gelten. Die Bedenken gegen diese Entscheidung ergaben sich wohl aus der bei Erbeinsetzungen ex re certa bekannten Vorgehensweise des Streichens der Einschränkung (mit dem Ziel den Erben auf die ganze Erbschaft einzusetzen).[320] Analog dazu hätte man hier auch nur das Geldlegat streichen können, um so die unbeschränkbare Enterbung für insgesamt wirksam zu erklären.[321] Stattdessen nutzt Scaevola die ungenaue Ausdrucksweise des Testators,[322] um die Enterbung im Ganzen außer Kraft zu setzen.[323] Er gibt damit dem favor heredis legitimi[324] den Vorzug vor einer am Willen des Erblassers (voluntas testatoris) orientierten Lö-

---

320 Inst. 2. 17. 3; Ulp. (1 ad Sab.) D. 28. 5. 1. 4; Pap. (6 resp.) D. 28. 6. 41. 8; allgemein dazu auch Kaser, RPR I, S. 687 f.

321 Masiello, donna tutrice, S. 83 spricht von "disfavore con cui si considerano le *exheredationes*".

322 Weitere Fälle des Ausnutzens grammatischer Ungenauigkeiten durch einzelne Juristen sind Iav. (2 ex post. Lab.) D. 35. 1. 40. 3 (dazu Wieling, Testamentsauslegung, S. 27 ff.) und Pomp. (5 ad Sab.) D. 28. 5. 29 (dazu sogleich in Fn. 323).

323 Ähnlich will auch Labeo in der bei Pomponius (5 ad Sab.) wiedergegebenen Stelle (D. 28. 5. 29) die, seiner Auffassung nach, captatorische Erbeinsetzung durch ein sehr rigides Wortlautverständnis aushebeln.
„Hoc articulo "quisque" omnes significantur: et ideo Labeo scribit, si ita scriptum sit: „Titius et Seius quanta quisque eorum ex parte heredem me habuerit scriptum, heres mihi esto", nisi omnes habeant scriptum heredem testatorem, neutru heredem esse posse, quoniam ad omnium factum sermo refertur: in quo puto testatoris mentem respiciendam. sed humanius est eum quidem, qui testatorem suum heredem scripserit, in tantam partem ei heredem fore, qui autem eum non scripserit, nec ad hereditatem eius admitti."
Pomponius entscheidet dagegen humanius zugunsten desjenigen Erben, der seinerseits den Erblasser eingesetzt hat. Es handelt sich dabei ebenfalls nicht um eine Korrektur. Pomponius bringt nur zum Ausdruck, dass die Erbeinsetzung nicht captatorisch – also auf eine zukünftige Einsetzung des Erblassers als Gegenleistung, die wegen des Verdachts der Erbschleicherei zu missbilligen war – sein sollte, sondern nur auf ein gerechtes Aufteilen der Erbmasse für diejenigen Erben abzielte, die den Erblasser bereits eingesetzt hatten. „Quisque" muss dabei nicht zwangsläufig wie „omnia" zu verstehen sein. So auch Bund, in IURA 21 (1970), S. 205. Zur Entscheidung des Labeo Horak, Rationes decidendi I, S. 100; Wieling, Testamentsauslegung, S. 36 f., der allerdings meint, dass „habuerit scriptum" wegen „quisque" nur Futur II sein könne und es sich daher um eine captatorische Einsetzung handeln müsse. Mit dem Konjunktiv Perfekt könnte der Erblasser aber auch versucht haben, seine Ungewissheit über die Höhe der bereits vorgenommenen Einsetzungen seiner Erben zum Ausdruck zu bringen. Die humane Entscheidung des Pomponius würde damit den nicht zu missbilligenden Willen des Erblassers ebenso wie das berechtigte Interesse des eingesetzten Erben berücksichtigen.

324 Zu diesem Auslegungs-Topos Wieling, Testamentsauslegung, S. 98 f.; Backhaus, Casus perplexus, S. 56, Fn. 137; Voci, DER II, S. 615.

sung des Falles.[325] Die Entscheidung enthält wiederum keine Korrektur. Benigne bezieht sich ausdrücklich nicht auf die Entscheidung im konkreten Fall, sondern nur auf die allgemeine Aussage am Schluss des Fragments, dass Erbeinsetzungen im Gegensatz zu Enterbungen wohlwollend auszulegen seien.[326] Im Umkehrschluss kann man aber vermuten, dass es für den Fall einer Erbeinsetzung auf eine certa res der benignitas als Korrekturhilfe bedurfte, um die Erbeinsetzung vollständig wirksam behandeln zu können.[327] Dies zugrunde gelegt, nimmt Scaevola im vorliegenden Fall eine eigentlich analog denkbare Korrektur in favorem voluntatis testatoris bewusst nicht vor. Die Entscheidung steht damit beispielhaft für eine dem Willen des Erblassers gegenläufige Tendenz der Bevorzugung von männlichen Hauserben.[328] Zwar mag hier die Wortwahl „benigne" insofern verwundern, als durch die Entscheidung, Enterbungen nicht zu unterstützen, doch immer bestimmte Personen (die Erben) profitieren. Das benigne bezieht sich hier jedoch nicht auf die konkrete Entscheidung im Einzelfall, sondern nur auf den allgemein überlieferten Grundsatz „exheredationes autem non essent adiuvandae", der als „benigne acciperetur" bezeichnet wird.

2. Vermeidung einer Enterbung – Ulp. (6 reg.) D. 28. 2. 2

Durch das folgende Fragment Ulpians werden die soeben dargestellten Topoi der Bevorzugung männlicher Hauserben einerseits und der mangelnden Unterstützung für Enterbungen andererseits bestätigt. Wiederum wird eine unklare Enterbungsklausel zum Anlass genommen, um eine den Erben wohlwollende Entscheidung herbeizuführen, ohne eine offene Korrektur des Testaments vornehmen zu müssen.

> Ulp. (6 reg.) D. 28. 2. 2
> Nominatim exheredatus filius et ita videtur "filius meus exheres esto", si nec nomen eius expressum sit, si modo unicus sit: nam si plures sunt filii, benigna interpretatione potius a plerisque respondetur nullum exheredatum esse.

---

325 Ebenso interpretieren auch Baldus, Auslegung nach Parteirollen, S. 588 f.; Voci, DER II, S. 159 und Wieling, Testamentsauslegung, S. 118 f. das Fragment.

326 Die Tendenz, Erbeinsetzungen von Haussöhnen bevorzugt zu behandeln, zeigt sich auch in Iul. (24 dig.) D. 28. 6. 25; dagegen zeigt Mod. (8 resp.) D. 28. 5. 62, dass bei der Enterbung einer Tochter durchaus großzügiger zugunsten des Erblasserwillens ausgelegt wurde. Zu diesem Problemkreis auch Wieacker, in FS für Siber I, S. 4 f., 43 f. (Fn. 179); Woeß, röm. Erbrecht, S. 94 ff., 172 ff.

327 Ähnlich interpretiert Backhaus, Casus perplexus, S. 58 einen von Ulpian wiedergegebenen Fall (1 ad Sab.) D. 28. 2. 3. 2 Auch hier vermeidet der Jurist eine mögliche benigna interpretatio, um nicht die Enterbung, sondern die Einsetzung des Hauserben aufrecht erhalten zu können.

328 Wieling, SZ 87 (1970), S. 210 f; ders. Testamentsauslegung, S. 119.

Ein Erblasser hat in seinem Testament einen seiner Söhne enterben wollen, sich aber auf die Formulierung „filius meus exheres esto“ beschränkt.[329] Die fehlende Namensnennung des Sohnes, der enterbt werden soll, kann auf verschiedene Weise ausgelegt werden: So könnten entweder keiner der Söhne enterbt oder aber alle enterbt werden. Unhaltbar wäre dagegen eine Entscheidung, durch die einer der Söhne enterbt würde, der (oder die) andere(n) aber nicht. Für eine solche Auswahlentscheidung könnte kein gerechtes Kriterium[330] herangezogen werden, das mit Sicherheit zu einem Ergebnis führen würde, das den Willen des Erblassers berücksichtigt.[331] Aber auch eine Enterbung aller Söhne wäre problematisch: Wenn der Erblasser mehrere Söhne hatte und ausdrücklich „filius meus exheres esto“ geschrieben hat, wollte er jedenfalls nicht, dass keiner von ihnen seine Rechtsnachfolge antritt. Die Entscheidung, alle Söhne zu enterben würde daher ganz massiv dem Willen des an einer gesicherten Nachfolge interessierten Erblassers widersprechen. Dies wollte Ulpian wahrscheinlich vermeiden. Er entscheidet sich daher dafür, dass keiner der Söhne enterbt sein soll. Er bezeichnet diese Auslegung als „benigna interpretatione potius a plerisque respondetur“.[332] Die Entscheidung bezieht sich daher erneut auf den gerade in (1 ad Vitell.) D. 28. 2. 19 von Paulus erwähnten Grundsatz „exheredationes non essent adiuvandae“.[333] Auch hier ist die „benigna interpretatione“ nicht die Entscheidung des konkreten Einzelfalls zugunsten des Erben, sondern mehr der von Ulpian gegebene Hinweis auf die inzwischen allgemein anerkannte Auslegungsregel.

---

329 Anders Wubbe, in FG für Herdlitczka, S. 312, der aber aus meiner Sicht den Sachverhalt missversteht. Nach seiner Ansicht behandelt Ulpian den Fall, dass der Erblasser *jeden oder einen bestimmten* Sohn enterben wollte. Diese Fallkonstellation ist dem Text jedoch nicht zu entnehmen.

330 Als Auswahlkriterien wären z.B. die Geburtenreihenfolge oder ein Losentscheid denkbar.

331 Der Wille des Erblassers ging dahin, einen bestimmten Sohn als Erben einzusetzen. Würde der über den Fall entscheidende Jurist willkürlich einen oder mehrere der Söhne zu Erben bestimmen, könnte dies niemals mit Sicherheit dazu führen, dass der vom Erblasser tatsächlich vorgesehene Erbe eingesetzt wird. Die Richtigkeit der Entscheidung wäre immer vom Zufall abhängig.

332 Gegen die Originalität dieser Formulierung Albertario, Bull. 33 (1923), S. 68; vor allem aber auch Honoré, Ulpian, S. 215 (zusammenfassend Crifò, SZ 102 (1985), S. 608 f.), der eine Kombination der benigna interpretatio mit der Formulierung potius a plerisque respondetur für undenkbar hält. Warum aber sollte sich Ulpian nicht zur Unterstützung der von ihm bevorzugten Auslegungsvariante auf die Entscheidung einer unbestimmten Anzahl anderer Juristen berufen?

333 So auch Wubbe, in FG für Herdlitczka, S. 312, der in der Entscheidung zutreffend eine „allgemeine Tendenz“ zur Vermeidung von Enterbungen verortet.

V. Auslegung zugunsten einer Sklavenfamilie (favor libertatis)

Dagegen handelt es sich im folgenden Fall wieder um die Entscheidung eines konkreten Einzelfalls. Der unbestimmte Wertungsbegriff humanitas wird dabei, ähnlich wie anderen Fällen,[334] herangezogen, um durch eine wohlwollende Auslegung die Freilassung einer oder mehrerer Personen zu ermöglichen (favor libertatis).[335] So kommt es hier in der von Ulpian wiedergegebenen Entscheidung aus humanen Erwägungen zur Freilassung einer Sklavin und ihrer Tochter.

Ulp. (6 disp.) D. 34. 5. 10. 1
Plane si ita libertatem acceperit ancilla: „si primum marem pepererit, libera esto" et haec uno utero marem et feminam peperisset: si quidem certum est, quid prius edidisset, non decet (debet) de ipsius statu ambigi, utrum libera esset nec ne, sed nec filiae: nam si postea edita est, erit ingenua. sin autem hoc incertum est nec potest nec per suptilitatem iudicialem manifestari, in ambiguis rebus humaniorem sententiam sequi oportet, ut tam ipsa libertatem consequatur quam filia eius ingenuitatem, quasi per praesumptionem priore masculo edito.

Eine Sklavin war unter der Bedingung freigelassen worden, dass sie zuerst ein Kind männlichen Geschlechts zur Welt bringt. Tatsächlich bekam die Sklavin zweieiige Zwillinge (einen Sohn und eine Tochter). Pomponius referiert zunächst die unstreitige Fallvariante, bei der feststeht, in welcher Reihenfolge die beiden Kinder geboren wurden.[336] Problematisch wird der Fall erst dann, wenn die Geburtsreihenfolge der beiden Kinder nicht mit Sicherheit festgestellt werden kann (nec per suptilitatem iudicialem manifestari[337]). Pomponius spricht sich in diesem Fall für die Freiheit beider Personen aus.[338] Die mit der humanitas begründete Entscheidung für die Freiheit (favor libertatis) kommt damit eindeutig unmittelbar der Sklavin und ihrer Tochter zugute.[339] Wie Palma[340] sehr gut erörtert,

---

334 Ein weiteres Beispiel für eine mit der humanitas begründete Auslegung in favore libertatis findet sich in Scaev. (4 resp.) D. 40. 5. 41. 10; dazu ausführlich Palma, Humanior Interpretatio, S. 43 ff. allerdings mit einer im Ergebnis etwas anderen Bewertung des maßgeblichen Entscheidungskriteriums.

335 Zum favor libertatis als Auslegungs- und Korrekturkriterium vgl. unten im vierten Teil, § 13 II. 2.

336 Für den Fall, dass der Sohn zuerst geboren wurde, waren die Mutter und die Tochter (als Tochter der dann schon freien Mutter) frei. Im umgekehrten Fall blieben beide in der Sklaverei.

337 Die suptilitas ist, wie Hausmaninger, in Iuris Professio, S. 62 zutreffend festgestellt hat, in diesem Zusammenhang wertungsfrei im Sinne selbstverständlicher richterlicher Gründlichkeit zu verstehen.

338 Wie Lambertini, La problematica della commorienza, S. 80, insb. Fn. 5 richtig herausarbeitet, stand eine Freilassung des Sohnes in keinem Fall zur Debatte, weil er jedenfalls auch als Erstgeborener noch Sohn einer Sklavin war und seine Mutter erst durch seine Geburt zur Freiheit gelangte.

339 Für eine Interpolation der Stelle noch Krüger, SZ 19 (1898), S. 30; ausführlich Lambertini, La problematica della commorienza, S. 77 ff. (m. w. N.), der dem favor libertatis in klassischer Zeit noch jeglichen Regelcharakter absprechen und die Entschei-

muss der scheinbare Widerspruch zwischen dieser Lösung und der im unmittelbar davor aufgeführten Paragraphen[341] nicht zwangsläufig auf eine Interpolation zurückgeführt werden. Die Fallschilderung in D. 34. 5. 10 pr. kann vielmehr auch die Darstellung einer strikten Auslegungsmöglichkeit enthalten, in welcher der favor libertatis gerade keine Anwendung fand. Durch die Gegenüberstellung der beiden Fragmente (strikte Auslegung in pr., humanior sententia in 1.) wird die Funktion des favor libertatis im Sinne einer die Freiheit bevorzugenden Menschenfreundlichkeit noch kontrastreicher dargestellt, was ein deutlicher Hinweis für die Klassizität der Gedankenführung ist. Die Gegenüberstellung der strikten Auslegung in D. 34. 5. 10 pr. belegt zudem, dass es sich vorliegend um eine Auslegungsentscheidung handelt. Eine Korrektur war also wiederum nicht erforderlich, da die Freilassungsbedingung die humane Auslegungsmöglichkeit zuließ.

VI. Zwischenergebnisse

Auslegungsentscheidungen mit unbestimmter Wertung zugunsten von Einzelpersonen kommen in allen Rechtsgebieten vor. Das Spektrum der bevorzugten Personen reicht von einem Geldschuldner über einen Dienstbarkeitsberechtigten hin zu männlichen und weiblichen Testamentserben oder Sklaven.[342] Auffällig ist, dass sich die Juristen zur Entscheidung des konkreten Einzelfalls regelmäßig des unbestimmten Wertungsbegriffs humanus bedienen, um dieser Auslegungsmöglichkeit Vorrang einzuräumen.[343] Die Auslegung ist in all diesen Fällen vom

---

dung in der justinianischen Digestenredaktion auf eine allgemeine Auslegungsregel zur Berücksichtigung der humanitas zurückführen will; zustimmend Masi Doria, Index 16 (1988), S. 416; dagegen allgemein Härtel, Index 5 (1974/75), S. 281 ff.

340 Humanior Interpretatio, S. 209 ff.; ähnlich auch Lovato, disputationes di Ulpiano, S. 299 f.; Starace, Lo statuliber, S. 38 ff.

341 Ulp. (6 disp.) D. 34. 5. 10 pr.
[...] item si ex pluribus servis eiusdem nominis uni vel quibusdam libertas relicta est. et verius est in his omnibus [...] libertates impediri, [...].

342 Neben den im Text näher erläuterten Fragmenten kann in diesem Zusammenhang noch Iav. (5 ex Cass.) D. 34. 5. 22 angeführt werden. Hier entscheidet Javolen wahrscheinlich human zugunsten des Ehemannes, dessen Frau zusammen mit dem gemeinsamen Sohn bei einem Schiffsunglück ums Leben gekommen ist. Die Unklarheit über die Todesreihenfolge von Ehefrau und Sohn wird dahingehend aufgelöst, dass der Todeszeitpunkt der Mutter fiktiv vorverlegt wird. Dadurch kann der Ehemann die Mitgift behalten, obwohl deren Verbleib bei ihm davon abhängig war, ob beim Vorversterben der Ehefrau Kinder vorhanden waren; vgl. dazu ausführlich Manthe, libri ex Cassio, S. 281 ff.; zustimmend Backhaus, SZ 100 (1983), S. 622.

343 So in Pap. (10 resp.) D. 2. 14. 8; Pap. (3 quaest.) D. 16. 2. 16. 1; Pap. (9 quaest.) D. 46. 1. 47. 1; Pomp. (33 ad Sab.) D. 8. 2. 23 pr.; Marcell. (lib. sing. resp.) D. 13. 5. 24; Paul. (6 ad Plaut.) D. 24. 3. 56; Paul. (2 decr.) D. 32. 27. 1; Ulp. (7 ad Sab.) D. 29. 4. 2. 1; zu einer ähnlichen Einschätzung einiger dieser Fragmente kommt auch Palma, Humanior Interpretatio, S. 38 f., 48 ff., 52 ff., 61 ff., 86 f.

Wortlaut der jeweils zugrunde liegenden Rechtsgrundsätze oder Parteivereinbarungen gedeckt. Es findet also keine Korrektur eines Rechtsgrundsatzes statt. Diese wird gerade durch das Heranziehen der verbleibenden Auslegungsmöglichkeit vermieden. Der unbestimmte Wertungsbegriff humanus steht dabei synonym für die in der Auslegung enthaltene Menschenfreundlichkeit zugunsten der profitierenden Einzelpersonen.

§ 10 Die Vermeidung von zu korrigierender formalistischer Rechtsanwendung durch eine am Zweck des Rechtsgrundsatzes orientierte Auslegung

In den Fragmenten in diesem Abschnitt verfolgen die Juristen mit der Auslegung eine etwas andere Zielsetzung als bisher. Die Auslegung wendet sich hier gegen die allzu formalistische Anwendung eines bestimmten Rechtsgrundsatzes.[344] Wichtig ist dabei, dass sich die getroffene Entscheidung dennoch stets am Zweck des in Frage stehenden Rechtsgrundsatzes orientiert. Auch wenn die hier aufgeführten Auslegungsentscheidungen den im vierten Teil dieser Arbeit behandelten Entscheidungskorrekturen mit unbestimmter Wertung schon sehr nahe kommen, besteht noch ein Unterschied darin, dass der Jurist hier eine Auslegungsvariante gefunden hat, die sich mit dem Rechtsgrundsatz vereinbaren lässt und zugleich zu dem von ihm gewünschten Ergebnis führt, während im Rahmen der Entscheidungskorrektur ein Bruch mit dem Grundsatz offen zu Tage tritt.[345]

I. Die condictio einer zu hohen Freikaufsumme

Eine solche für den Juristen als unbefriedigend empfundene Härte bei der Rechtsanwendung ergibt sich in der folgenden Entscheidung aus bereicherungsrechtlichen Erwägungen.

---

344 Das Ziel der Vermeidung einer allzu formalistischen Anwendung bestimmter Rechtsgrundsätze wird sehr gut durch eine bei Marcellus (3 dig.) D. 50. 17. 183 überlieferte Rechtsregel auf den Punkt gebracht:
Etsi nihil facile mutandum est ex sollemnibus, tamen ubi aequitas evidens poscit, subveniendum est.

345 Die Schwierigkeiten bei der Abgrenzung dieser Auslegungsentscheidungen von den im vierten Teil behandelten Entscheidungskorrekturen ergeben sich dabei nicht nur aus der schon eingangs angesprochenen heterogenen Struktur der in Frage stehenden Rechtsgrundsätze des römischen Rechts, sondern auch aus der relativen Häufigkeit des in beiden Fallgruppen verwendeten unbestimmten Wertungsbegriffes benignus.

Proc. (7 epist.) D. 12. 6. 53
Dominus testamento servo suo libertatem dedit, si decem det: servo ignorante id testamentum non valere data sunt mihi decem: quaeritur, quis repetere potest. Proculus respondit: si ipse servus peculiares nummos dedit, cum ei a domino id permissum non esset, manent nummi domini eosque non per condictionem, sed in rem actione petere debet. si autem alius rogatu servi suos nummos dedit, facti sunt mei eosque dominus servi, cuius nomine dati sunt, per condictionem petere potest: sed tam benignius quam utilius est recta via ipsum qui nummos dedit suum recipere.

Eine Sklave soll nach dem Testament seines Herrn gegen Zahlung einer bestimmten Geldsumme freigelassen werden.[346] Das Geld wird gezahlt, obwohl das Testament unwirksam ist. Proculus erwägt im Folgenden zwei Fallvarianten: Stammt das Geld aus dem peculium des Sklaven (erste Fallvariante), so könne es der jetzige Herr des Sklaven (der wirkliche Erbe des Testators) mit der rei vindicatio herausverlangen,[347] weil der Gläubiger nicht Eigentümer des Geldes geworden ist.[348] Komplizierter ist die zweite Fallvariante, in der ein Dritter das Geld für den Sklaven an den Gläubiger zahlt.[349] In diesem Fall wird der Gläubi-

---

346 Seidl, in Studi Donatuti III, S. 1232 f. hat bestritten, dass es sich bei der testamentarischen Freilassung um eine manumissio directa handelte. Stattdessen geht er von einer manumissio fideicommissaria aus. Dagegen wandte sich überzeugend schon Apathy, SZ 96 (1979), S. 86 f.; auch die meisten der übrigen Autoren gingen stillschweigend von einer direkten testamentarischen Freilassung durch den Erblasser unter einer Zahlungsbedingung aus; vgl. Donatuti, statulibero, S. 165; Fargnoli, indebitum condicere, S. 35; Krampe, Proculi Epistulae, S. 67.

347 Nach den Quellen bestand für die Vindikation von Münzgeld in Rom (im Gegensatz zu heute) eine gängige Praxis, vgl. Gai. 2, 82; Inst. 2. 8. 2; Proc. (7 epist.) D. 23. 3. 67; Iav. (4 ex Plaut.) D. 12. 6. 46; Iul. (12 dig.) D. 15. 1. 37. 1; Iul. (5 ex Minic.) D. 24. 1. 39; Iul. (52 dig.) D. 45. 3. 1. 1; Iul. (4 ex Minic.) D. 46. 1. 19; Afr. (8 quaest.) D. 15. 1. 38 pr.; Ulp. (18 ad Sab.) D. 7. 1. 25. 1; Ulp. (24 ad ed.) D. 10. 4. 9. 4; Ulp. (26 ad ed.) D. 12. 1. 11. 2 / 14; Ulp. (26 ad ed.) D. 12 . 6. 26. 9 / 29; Ulp. (29 ad ed.) D. 14. 6. 3. 2 / 9. 1; Ulp. (36 ad Sab.) D. 24. 1. 33. 1; Ulp. (27 ad Sab.) D. 40. 7. 3. 5 / 9; Ulp. (63 ad ed.) D. 42. 5. 24. 2; Ulp. (30 ad Sab.) D. 46. 3. 14. 8; Paul. (17 ad Plaut.) D. 12. 1. 31. 1; Paul. (4 quaest.) D. 15. 1. 52 pr.; Alex. C. 3. 41. 1; Diocl. C. 4. 34. 8; vgl. dazu Kaser, TR 29 (1961), S. 173 ff.; von Lübtow, Condictio, S. 59; ders., IURA 5 (1954), S. 265 f.; Mandry, AcP 48 (1865), S. 224 f.

348 Das Eigentum verblieb bei dem Rechtsnachfolger des Erblassers, der aufgrund der Unwirksamkeit des Testaments auch Eigentümer des Sklaven und dessen Vermögen blieb. Nach dem Grundsatz nemo plus iuris transferre potest quam ipse habet (vgl. Ulp. (46 ad ed.) D. 50. 17. 54) konnte der Sklave das Eigentum an dem Geld nicht wirksam übertragen; so auch Fargnoli, indebitum condicere, S. 36; Palma, Benignior Interpretatio, S. 69 f.; Schanbacher, TR 60 (1992), S. 19; Schwarz, Grundlage der condictio, S. 252; differenzierend Buti, Studi sulla capacità, S. 39 f.; Krampe, Proculi Epistulae, S. 67 f., Fn. 41.

349 Was der Grund für die Zahlung durch den Dritten war, ist aus dem Sachverhalt nicht erkennbar. Es spielt auch für die Lösung keine wesentliche Rolle. Unvertretbar erscheint nur die Auffassung, der Dritte habe das Geld dem Sklaven geschenkt und

ger Eigentümer des Geldes.[350] Der Eigentümer des Sklaven kann das Geld nicht mehr mit der rei vindicatio, sondern nur mit der condictio herausverlangen, weil der Dritte das Geld im Hinblick auf die in Aussicht gestellte Freilassung des Sklaven gezahlt hat.[351] Ebenso steht dem Dritten eine condictio gegen den Eigentümer des Sklaven zu.[352] Proculus will diese Konstruktion mittels zweier condictiones aber vermeiden. Stattdessen sei es benignior et utilior, den Dritten das Geld direkt beim Gläubiger kondizieren zu lassen.

Gegen Proculus als Schreiber des letzten Satzes und damit der benignitas-Wertung hat sich nahezu die gesamte romanistische Literatur ausgesprochen.[353] Nach Auffassung dieser Autoren passe die plötzliche Wendung in der Entscheidung sprachlich nicht zu Proculus. Zwar kann an dieser Stelle keine Gesamtwürdigung des Wortschatzes und der sprachlichen Charakteristika des Proculus vorgenommen werden, dennoch sind die Vermutungen gegen die Klassizität des Fragments, meines Erachtens, noch ein Relikt der schon eingangs erwähnten[354] und heute zu Recht als überholt geltenden pauschalen Verdächtigung gegen nahezu alle Fragmente mit unbestimmten Wertungsbegriffen.[355] Der Vorwurf, dass die Wortwahl benignior an dieser Stelle unerwartet erscheine,[356] ist nicht zwingend. Ebenso kann man die Formulierung als folgerichtige Abschwächung der zuvor dargestellten formalistischen Doppelkondiktion auffassen.[357] Proculus ver-

---

dieser habe die Schuld daraufhin beglichen; so aber Donatuti, statulibero, S. 166; dagegen jedoch schon Apathy, SZ 96 (1979), S. 87, Fn. 79 und zuletzt Fargnoli, indebitum condicere, S. 38.

350 So auch schon Fuchs, Iusta causa traditionis, S. 88.

351 Die Zahlung durch den Dritten erfolgte also im Namen des Sklaven (servi, cuius nomine dati sunt). Deshalb kommt dieser als Leistender gegenüber dem Gläubiger in Frage. Daraus ergibt sich wiederum die Kondiktionsmöglichkeit für den Eigentümer des Sklaven; so auch Apathy, SZ 96 (1979), S. 87.

352 Dies hat nur Schwarz, Grundlage der condictio, S. 252 f. bestritten. Nach seiner Auffassung hätte der Dritte die Rückzahlung für den Fall des Nichteintritts des Erfolgs stipulieren müssen. Der Anspruch aus der condictio ergibt sich aber auch ohne stipulatio aus dem Wegfall des mit der Zahlung bezweckten Erfolgs (Freilassung des Sklaven).

353 Buti, Studi sulla capacità, S. 39; Donatuti, statulibero, S. 166; Fargnoli, indebitum condicere, S. 39 ff.; Hausmaninger, in Boston University Law Review 61 (1981), S. 1146, Fn. 39; Haymann, Jher. Jahrb. 77 (1927), S. 233, Fn. 2; Krampe, Proculi Epistulae, S. 68 f.; von Lübtow, Condictio, S. 31; Mantello, Beneficium servile, S. 299 ff.

354 Vgl. dazu oben im ersten Teil, § 3 IV.

355 Dies kommt besonders deutlich in der letzten ausführlichen Besprechung von D. 12. 6. 53 durch Fargnoli, indebitum condicere, S. 39 ff. zum Ausdruck, wenn er die Begriffe benignitas und utilitas mehrfach als tipici della mano giustinianea bezeichnet.

356 So insb. Hausmaninger, in Boston University Law Review 61 (1981), S. 1146, Fn. 39 „abrupt reference to benignitas“.

357 Für Originalität auch Palma, Benignior Interpretatio, S. 69 ff.

sucht damit das aus seiner Sicht richtige Ergebnis (Geldtransfer vom Gläubiger zurück zum Dritten) auf einfachere Weise zu erreichen.

Aus moderner Sicht besticht die Lösung über die Direktkondiktion außerdem noch durch einen weiteren Vorteil: Dadurch, dass der Dritte direkt von dem Gläubiger kondizieren darf, den er sich selbst als solchen durch die Übernahme der Zahlungsverpflichtung ausgesucht hat, trägt er auch nur dessen Insolvenzrisiko und nicht auch noch zusätzlich das des Eigentümers des Sklaven, mit dem er keine rechtliche Bindung eingegangen war.[358]

Ungeachtet dessen wollen einige Autoren in der Gewährung einer direkten condictio für den Dritten gegen den Gläubiger eine Vereinfachung sehen, „die sich über die Feinheiten klassischer Konstruktionen souverän hinwegsetzt".[359] Insbesondere nach der Auffassung von Krampe[360] handelt es sich vorliegend um einen Anweisungsfall. Klassisch sei allein die zur Begründung der Doppelkondiktion erforderliche Durchgangstheorie. Das Ersuchen des Sklaven auf die datio durch den Dritten muss jedoch nicht zwingend als Anweisung des dominus aufzufassen sein, weil der Sklave ja gerade nicht abhängig von ihm sein wollte.[361] Die condictio für den dominus gegen den Dritten ergibt sich auch ohne Anweisung bereits daraus, dass der Sklave zugunsten seines Eigentümers erwirbt.[362] Zudem liegen aber auch die Voraussetzungen einer condictio zwischen dem Dritten und dem Gläubiger vor: Wenn man den Dritten selbst als denjenigen auffasst, der die datio veranlasst hat, kann man ihm im Umkehrschluss auch eine direkte condictio gegen den Empfänger des Geldes zusprechen, weil zumindest das mit der datio verfolgte negotium contractum der Freilassung des Sklaven aufgrund der Unwirksamkeit des Testaments nicht eingetreten ist. Die unterschiedlichen Konstruktionsalternativen hängen also allein von der Definition der datio ab, so dass es nicht der Korrektur eines feststehenden Grundsatzes bedurfte, um die gewollte Erleichterung der direkten Kondiktion zu ermöglichen.

Die unbestimmten Wertungsbegriffe benignior und utilior zielen damit vor allem darauf ab, die dogmatisch zwar richtige, aber formal umständliche Vorgehensweise[363] über die Doppelkondiktion durch einen ebenso tragbaren „einfache-

---

358 Allerdings ginge es wohl zu weit, wenn man solche Überlegungen als den einzigen Grund für die Entscheidung des Proculus auffassen würde.

359 So Krampe, Proculi Epistulae, S. 68 f.; ähnlich schon von Lübtow, Condictio, S. 31.

360 Proculi Epistulae, S. 68 f.; sich anschließend Schanbacher, TR 60 (1992), S. 19 und Fargnoli, indebitum condicere, S. 38 ff.

361 In diesem Sinne schon Seidl, in Studi Donatuti III, S. 1232; sowie Apathy, SZ 96 (1979), S. 87.

362 Vgl. zu diesem Grundsatz: Gai. 2, 86 f.; viel zurückhaltender bzgl. der Klassizität der Durchgangstheorie (beschränkt auf Celsus und Julian) auch: Bund, Methode Julians, S. 143; Wieacker, in FS für Wolf, S. 423; Wolff, in Mélanges Meylan I, S. 409 ff.

363 Eine ähnliche Gleichgültigkeit gegenüber dogmatischen Spitzfindigkeiten kommt bei Paulus (1 sent.) D. 3. 5. 46. 1 zum Ausdruck, wenn er bei der Anwendung der actio negotiorum gestorum im außerordentlichen Gerichtsverfahren eine Differenzierung

ren Weg“ zu überwinden (benignitas).[364] Zudem sollen die praktischen Vorteile der direkten condictio, die vor allem auch in der gerechten Verteilung des Insolvenzrisikos zu sehen sind, besonders herausgestellt werden (utilitas).[365]

II. Die Auslegung einer vereinbarten Freilassungsbedingung

Auch im folgenden Fall soll ein Formalismus vermieden werden, der durch das zu starre Beharren auf der Durchsetzung einer Regel beruht. Ulpian spricht sich hier für die Wirksamkeit eines bedingten Rechtsgeschäfts aus, obwohl die Bedingung formal noch nicht eingetreten ist.

Ulp. (27 ad Sab.) D. 40. 7. 3. 14
Quid si servus, qui annua bima trima die iussus est dena dare, tota simul offerat heredi non exspectata die? vel decem primo anno datis secundo anno viginti optulit? benignius est eum in libertatem pervenire, cum utriusque providentia infertur et servi, quatenus maturius in libertatem perveniat, et heredis, quatenus dilatione interempta ilico accipiat, quod post tempus consequi poterat.

Ein Sklave ist testamentarisch unter der Bedingung freigelassen worden, dass er über einen Zeitraum von drei Jahren jährlich jeweils 10 an den Erben zahlt. Der Sklave kommt – wahrscheinlich überraschend – zu Geld und will nunmehr sofort die gesamte Summe in Höhe von 30 abzahlen.[366] Ulpian bezeichnet es als benignius, wenn der Sklave dann auch schon früher, also zu dem Zeitpunkt, da er alle Schulden bezahlt hat, freigelassen wird. Zwar ist die Bedingung wörtlich noch nicht eingetreten, die Stundung des Geldes auf drei Jahre sollte aber in erster Linie dem Sklaven zugute kommen, weil man wahrscheinlich nicht erwarten konnte, dass er früher dazu imstande sein würde, eine höhere Geldleistung zu erbringen. Andererseits war der Sklave offenbar sehr wertvoll, so dass eine niedrigere Ausgleichssumme für den Erben unzumutbar gewesen wäre. Ist die Ausgleichszahlung aber in voller Höhe erbracht, so hat sich der Zweck der Stundung erledigt. Einer Freilassung des Sklaven steht dann nichts mehr im Wege. Das

---

zwischen der actio directa und der actio utile als unerheblich erachtet. Auch hier wird eine rein dogmatische Unterscheidungsmöglichkeit abgelehnt, weil sie in der Praxis keine Auswirkung auf die Entscheidung hat.

364 Im Ergebnis etwas anders Palma, Benignior Interpretatio, S. 70 f., nach dessen Auffassung Proculus hier aufgrund einer Interessenabwägung zugunsten des Dritten die Kondiktion bejaht. Palma widerspricht sich damit allerdings selbst, wenn er zuvor richtigerweise konstatiert, dass die Voraussetzungen der condictio auch für den Dritten vorliegen.

365 Wie bereits oben im ersten Teil unter § 3 IV. 4. näher erläutert, deutet der Wertungsbegriff utilitas meist auf bestimmte Nützlichkeits- oder Zweckmäßigkeitserwägungen hin, die den jeweiligen Juristen bei seiner Entscheidung beeinflusst haben.

366 In einer weiteren Fallvariante, die im Ergebnis gleich zu behandeln ist, zahlt der Sklave im ersten Jahr nach dem Erbfall 10 und will im zweiten Jahr die Restschuld in Höhe von 20 erbringen.

Entscheidungskriterium für diese wohlwollende Auslegung ist daher nicht in der Begünstigung der Freiheit (favor libertatis) zu sehen.[367] Auf die Freilassung hatte der Sklave nach erbrachter Geldleistung sogar einen Anspruch. Es bedurfte daher keiner benignitas oder gar humanitas, um eine vorzeitige Freilassung zu ermöglichen. Stattdessen wäre es ein reiner Formalismus, wenn der Erbe die vollständige Zahlung des Ausgleichsgeldes verweigern und den Sklaven damit in seinem Dienst halten könnte. Daneben ist die Entscheidung auch mit dem Willen des Erblassers insofern vereinbar, als die von ihm gesetzte Zahlungsbedingung zwar nicht wörtlich formal, wohl aber ihrem Zweck nach erfüllt worden ist. Solche[368] und ähnliche mit der benignitas begründete Auslegungsentscheidungen zur Vermeidung von Formalismen, die sich unmittelbar aus der Anwendung einer bestimmten Regel oder eines Grundsatzes ergeben, finden sich noch in mehreren anderen Fragmenten, die hier aber keiner ausführlicheren Erörterung bedürfen.[369]

---

367 Etwas widersprüchlich sieht Palma, Benignior Interpretatio, S. 132 f. dennoch einerseits im favor libertatis die Ursache der benignitas-Wertung, schränkt diese Vermutung dann aber sofort wieder ein. Der favor libertatis sei nicht „la ratio esclusiva, perché il giurista tiene conto dell`equilibrio dei rispettivi interessi delle parti". Wenn aber alle beteiligten Interessen gleichermaßen Berücksichtigung finden, kann der favor libertatis nicht das entscheidende Wertungskriterium für Ulpian gewesen sein.

368 Auslegungsentscheidungen zur Vermeidung des formalistischen Beharrens auf einer ausdrücklichen Bedingung oder einem formalen Einwand, die ihrem Sinn nach erfüllt sind, enthalten auch Gai. (2 fideic.) D. 36. 1. 10, Pap. (17 quaest.) D. 36. 1. 53 und Tryph. (4 disp.) D. 49. 15. 12. 11. So sollte die Bedingung in Gai. D. 36. 1. 10 alleine den Erben schützen. Bestätigt dieser nachträglich die Herausgabe der Erbschaft an den Fideikommissar, ist es benignior, die Bedingung als eingetreten zu betrachten, obwohl dem Erblasserwillen dadurch formal widersprochen wird; vgl. ausführlich dazu Müller, Bestätigung nichtiger Rechtsgeschäfte, S. 180 ff. In Pap. D. 36. 1. 53 ist mit dem vorzeitigen Tod des Legatars der ursprüngliche Einwand gegen die zwangsweise Durchsetzung des Erbschaftsantritts durch den Erben weggefallen. Weil der Erbe nunmehr selbst in der Lage ist, den Sklaven vorzeitig freizulassen und die Erbschaft herauszugeben, ist diese Auslegung benigne; ähnlich dazu Palma, Benignior Interpretatio, S. 109 f. In Tryph. D. 49. 15. 12. 11 soll der Sklave seinen bedingten Freiheitsstatus trotz einer zwischenzeitlichen Gefangenschaft nicht einbüßen. Zudem soll er die Möglichkeit haben, die Zahlungsbedingung durch „anders erworbenes Sondergut" zu erfüllen, da alles vorherige und durch Dienstleistungen während der Gefangenschaft erworbene Sondergut auf seinen Freikäufer übergeht oder beim Feind verbleibt. Auch hier bedarf es eigentlich keines weiteren Wohlwollens (favor libertatis), um dem Sklaven zu dem Recht zu verhelfen, welches ihm vor der Gefangennahme zugestanden worden war; vgl. dazu Palma, Benignior Interpretatio, S. 102 f.

369 Weitere Beispiele für ähnliche Auslegungsfälle finden sich in Ulp. (6 disp.) D. 40. 1. 4. 7; dazu ausführlich Baldus, Auslegung nach Parteirollen, S. 608 f.; Lovato, disputationes di Ulpiano, S. 117 f.; Wubbe, in FG für Herdlitczka, S. 311 f., in Paul. (9 ad ed.) D. 26. 7. 24. 1, wonach einer von zwei zusammen bestellten Mitvormunden die Vormundschaftsklage alleine erheben kann; vgl. dazu gegen den von Peters, SZ 32

III. Zwischenergebnisse

Die beiden dargestellten Entscheidungen belegen, dass unbestimmte Wertungen auch zur Vermeidung einer zu formalistischen Anwendung von Rechtsgrundsätzen herangezogen werden, wenn im konkreten Fall ein unbilliges Ergebnis zustande zu kommen droht. Auch in diesen Fällen verwenden Juristen regelmäßig den unbestimmten Wertungsbegriff benignus. Die Entscheidung führt auch hier nicht zu einem Widerspruch mit dem zugrunde liegenden Rechtsgrundsatz, sondern nur zu einer wohlwollenden Auslegung, die die formalen Einwände ausräumt, ohne die grundsätzlichen Regelungsziele des Grundsatzes außer Kraft zu setzen.

(1911), S. 235 erhobenen Interpolationsvorwurf überzeugend Behrends, SZ 88 (1971), S. 237, Fn. 86.

Gai. (2 rer. cott. siv. aureo.) D. 17. 1. 4 kann ebenfalls in diesem Zusammenhang genannt werden, wenn man in der dort zugunsten der Prokulianer abgelehnten sabinianischen Lehre die formalistische Durchsetzung eines Grundsatzes betrachtet, die Gaius durch das Berufen auf eine wohlwollendere Auslegung vermeiden möchte; dazu ausführlich schon oben im ersten Teil, § 3 IV. 3.

Auch Ulp. (8 disp.) D. 21. 1. 49 enthält eine Auslegungsentscheidung mit unbestimmter Wertung (benigne), indem die Steuereinforderung gegen den Käufer für den Fall der Rückabwicklung des Vertrages abgelehnt wird. Allerdings muss man hier die Originalität des gesamten Fragments in Frage stellen, weil die hier vorgesehene actio redhibitoria nach klassischem Recht nicht auf den Grundstückskauf anwendbar war; vgl. aucu Baldus, Auslegung nach Parteirollen, S. 610 ff.; weitere Nachweise bei Palma, Benignior Interpretatio, S. 123 f., Fn. 34; zur Überarbeitung von Ulp. (1 ad ed. aedil. curul.) D. 21. 1. 1 pr.; Ulp. (8 disp.) D. 21. 1. 49; Ulp. (1 ad ed. aedil. curul.) D. 21. 1. 63 außer den Nachweisen bei Levy/Rabel, Ind. itpl. noch Lovato, disputationes di Ulpiano, S. 102, Fn. 2; Mader, SZ 101 (1984), S. 220, Fn. 81; Watson, IURA 38 (1987), S. 171, Fn. 9; Wieacker, RG I, S. 159, Fn. 23, S. 479, Fn. 10.

VIERTER TEIL: ENTSCHEIDUNGSKORREKTUREN MIT UNBESTIMMTER WERTUNG

Die Entscheidungskorrekturen mit unbestimmter Wertung sollen – wie eingangs erwähnt – den Hauptteil der Darstellung einnehmen. In Fällen dieser Art korrigiert der Jurist das Ergebnis, welches sich für eine bestimmte Fallkonstellation aus einem Rechtssatz ergibt, durch eine unbestimmte Wertung.[370] Der Verfasser des jeweiligen Fragments gibt also keine zusätzliche Begründung ab, sondern entscheidet nach dem Wortlaut der überlieferten Entscheidung aufgrund von allgemeinen Billigkeitserwägungen. Die Einzelanalyse und Zusammenschau der in Betracht kommenden Fragmente ergibt jedoch, dass hinter den unbestimmten Formulierungen regelmäßig ein konkreter Wertungsgesichtspunkt steht. Dabei kann es sich um Grundsätze handeln, die beispielsweise auch im Bereich der Auslegung immer wieder herangezogen werden, um eine Entscheidung zwischen mehreren denkbaren Auslegungsmöglichkeiten herbeizuführen.[371] Bei einer Entscheidungskorrektur ist die Situation aber insofern eine andere, als der relevante Sachverhalt durch einen Rechtsgrundsatz eindeutig geklärt scheint. Der Jurist entscheidet ungeachtet dieser Tatsache in der Fallfrage offen entgegen der eindeutigen Lösung des Rechtsgrundsatzes.

§ 11 Entscheidungskorrekturen im Erbrecht

Entscheidungskorrekturen werden nach dem Wortlaut der überlieferten Entscheidungen auf allgemeine Billigkeitserwägungen gestützt. Diese Billigkeitserwägungen beruhen aber auf sehr konkreten Wertungsgesichtspunkten. Eine Schwierigkeit im Erbrecht besteht darin, dass mehrere unterschiedliche Wertungsgesichtspunkte nebeneinander auftreten können.[372] Sie stehen regelmäßig wenigstens indirekt mit einem Hauptdilemma in Zusammenhang. Das vordringliche Entscheidungskriterium des Erbrechts ist der Wille des Erblassers (vo-

---

370 Den Willen der klassichen römischen Jurisprudenz zu Kritik und Korrektur am ius civile betonen zu Recht Archi, in FS für Flume 1, S. 10 ff.; sich anschließend Behrends, SZ 97 (1980), S. 463.

371 Vgl. dazu die soeben im dritten Teil dargestellten Fälle.

372 Zur topischen Anwendung der verschiedenen Auslegungsgrundsätze im römischen Testamentsrecht Wieling, Testamentsauslegung, S. 15 ff; zuletzt auch Staffhorst, Teilnichtigkeit, S. 156 f.

luntas testatoris).[373] Er findet Ausdruck im Wortlaut (verba)[374] aller letztwilligen Verfügungen des Erblassers. Die Normalform für solche letztwilligen Verfügungen war in Rom das Testament. So kommt es, dass alle untersuchten Fragmente dieses Kapitels eine testamentarische Erbfolge zum Inhalt haben. Trotz dieser sich aus dem jeweiligen Testament ergebenden vermeintlich eindeutigen Sachlage können bei der Feststellung der tatsächlichen Erbfolge aus verschiedenen Gründen Widersprüche auftreten.[375] Das angesprochene Dilemma besteht somit darin, dass der Wille des Erblassers und damit das wichtigste Wertungskriterium im Erbrecht nach dessen Tod nicht mehr eindeutig feststellbar ist. Daraus können sich massive Interessenkonflikte zwischen den beteiligten Hinterbliebenen oder vermeintlich durch letztwillige Verfügung bedachten Personen ergeben.[376] Die Aufgabe des den Fall entscheidenden Juristen bestand dann darin, einen gerechten Ausgleich dieser sich oftmals widersprechenden Interessen herbeizuführen und zudem noch der Hauptintention des Erbrechts, dem Willen des Erblassers möglichst umfassend Geltung zu verschaffen, gerecht zu werden. Logische Folge davon ist, dass den Entscheidungen in den in diesem Kapitel besprochenen Fragmenten oft mehrere Wertungsgesichtspunkte zugrunde gelegt werden können.

I. Korrekturen unter Berücksichtigung des Erblasserwillens (favor testamenti und favor voluntatis testatoris)

Im ersten Teil dieses Kapitels sollen Entscheidungen im Vordergrund stehen, bei denen sich der Jurist zur Korrektur am Willen des Erblassers orientiert. Auch wenn mehrere Wertungsgesichtspunkte für die Entscheidung in Betracht kommen, bevorzugen die unterschiedlichen Juristen mit ihren Entscheidungen regelmäßig den im jeweiligen Testament zum Ausdruck kommenden Erblasserwillen. Die Entscheidungen führen damit mittelbar zu einer Aufrechterhaltung des in Frage stehenden Testaments, so dass man das vorrangige (entscheidungserhebliche) Wertungskriterium auch als favor testamenti bezeichnen kann.

---

373 Eine besondere Präferenz der römischen Juristen für die Orientierung am Willen des Erblassers zeigte sich auch schon im Rahmen der Untersuchung von Auslegungsentscheidungen zur Vermeidung von Entscheidungskorrekturen; vgl. dazu oben im dritten Teil unter § 8 I.

374 Zur Abgrenzung verba und voluntas, vgl. die bekannte causa Curiana; eingehend dazu Wieling, Testamentsauslegung, S. 59 ff.

375 Mögliche Ursachen solcher Widersprüche können beispielsweise mehrdeutige Formulierungen des Erblassers, Formfehler bei der Testamentserrichtung oder der Eintritt bestimmter Ereignisse sein, die der Erblasser beim Verfassen seines Testaments nicht bedacht hat.

376 Zu diesem Problemkreis auch Stagl, Auslegung von Testamenten, S. 40 ff.

Der Begriff favor testamenti kommt wie fast alle[377] Bezeichnungen für solche Wertungskriterien, die ein bestimmtes Institut oder eine Person bevorzugen in den klassischen Quellen nicht vor. In der Literatur existieren unterschiedliche Auffassungen über sein Bedeutungsspektrum.[378] Bei der Verwendung des favor testamenti als Wertungskriterium zur Deutung bestimmter Fragmente wurde meines Erachtens bislang nicht deutlich genug darauf hingewiesen, dass der Begriff immer nur die Folge einer an einem anderen Wertungskriterium orientierten Entscheidung belegt. Unabhängig davon, ob man als favor testamenti die Aufrechterhaltung der heredis institutio oder sämtlicher im Testament vorgesehener Begünstigungen versteht, beschreibt der Hinweis auf den favor testamenti als Entscheidungskriterium immer nur die Folge der (teilweisen) Aufrechterhaltung der im Testament festgelegten Verfügungen. Die eigentlich viel interessantere Frage nach den Grunden, die den jeweiligen Entscheidungsträger dazu veranlassten, ein Testament oder Teile davon aufrecht zu erhalten, bleibt dagegen unbeantwortet. Bei der Exegese der folgenden Fragmente soll es daher vor allem auch darum gehen, diese Gründe näher zu ermitteln. Dabei wird auf den ersten Blick klar, dass die Aufrechterhaltung der testamentarischen Verfügungen in nahezu allen Fällen dem tatsächlichen oder mutmaßlichen Willen des Erblassers entspricht. Insoweit könnte man also von Entscheidungen in favorem voluntatis testatoris sprechen, welche in den meisten Fällen die Ursache dafür treffend beschreiben, dass ein Testament aufrecht erhalten wird (und damit in favorem testamenti entschieden wird).

Favor testamenti und favor voluntatis testatoris können aber nicht synonym verwendet werden, da die Aufrechterhaltung der testamentarischen Verfügungen nicht in allen Fällen mit dem Willen des Erblassers übereinstimmen muss. So sorgt beispielsweise die Streichung einer unmöglichen Bedingung nach der regula Sabiniana (condicio impossibilis pro non scripto habetur)[379] zwar für die Aufrechterhaltung des nicht unmöglichen Teils des Testaments, so dass die Entscheidung in diesem Sinne in favorem testamenti erfolgt, der Wegfall der Bedingung

377 Eine Ausnahme stellt der favor libertatis da, der in zahlreichen Quellen wörtlich erwähnt ist.

378 Vgl. dazu Biondi, Successione, S. 5 ff.; Suman, favor testamenti S. 2 ff.; Wieling, Testamentsauslegung, S. 23 f. (jeweils im Sinne der Aufrechterhaltung der heredis institutio); etwas anders Backhaus, Casus perplexus, S. 58 f.; Kaser, RPR I, S. 240, Fn. 37; Staffhorst, Teilnichtigkeit, S. 156 f. (m.w.N.), die allgemein die Begünstigung jeglichen Erwerbs aus dem Testament berücksichtigt sehen.

379 Zur regula Sabiniana, vgl. Gai. 2, 98; Alf. (2 dig. A Paolo epit.) D. 28. 5. 46; Ulp. (6 ad Sab.) D. 35. 1. 3; Pomp. (3 ad Sab.) D. 35. 1. 6. 1; Pap. (18 quaest.) D. 35. 1. 72. 7; Inst. 2. 14. 10; grundlegend Cosentini, Condicio; krit. dazu Wolff, IURA 4 (1953), S. 399 ff.; Bund, in FG für von Lübtow, S. 353 ff.; Horak, Rationes decidendi I, S. 123 ff.; Kaser, RPR I, S. 253, Fn. 9 (m. w. N.); Wieling, SZ 87 (1970), S. 212 ff.; zuletzt ausführlich Staffhorst, Teilnichtigkeit, S. 190 ff.

muss dann aber nicht dem Willen des Erblassers entsprechen.[380] Im Folgenden soll daher vordringlich von Korrekturen in favorem voluntatis testatoris die Rede sein, auch wenn in allen hier behandelten Fragmenten die Aufrechterhaltung des Testaments dem Willen des Erblassers entspricht.

1. Wirksamkeit einer Legatsbedingung (I) – Pomp. (12 epist.) D. 35. 1. 112. 1

Einen guten Beleg für eine solche Entscheidungskorrektur, die in favorem voluntatis testatoris erfolgt und zu einer Aufrechterhaltung des Testaments (favor testamenti) führt, stellt das folgende Fragment dar, in dem Pomponius eine eigentlich nicht zu erfüllende Legatsbedingung aufrecht erhält und dadurch dem Willen des Erblassers zur Geltung verhilft.

> Pomp. (12 epist.) D. 35. 1. 112. 1
> Item: „Si Symphoro et Ianuario centum Titius praestiterit, fundum ei lego.“ Symphoro mortuo an legatum perisset? sed hoc quoque sic puto interpretandum ut si, dum quisque eorum vivet, praestitisset. sed benigna interpretatione dicendum, si non post moram Titii Symphorus decessit, debere partem dimidiam Ianuario dantem partem fundi dimidiam legatarium esse consecuturum.

Nach dem Inhalt der Legatsbedingung soll der Legatar Titius einen bestimmten Geldbetrag an zwei Personen (Symphorus und Ianuarius) zahlen. Nach Zahlung des Gesamtbetrages soll Titius dann ein Landgut zufallen.[381] Problematisch wird der Fall dadurch, dass Symphorus verstirbt, bevor Titius an ihn gezahlt hat. Pomponius erklärt zunächst, dass die Bedingung eigentlich auch hier so auszulegen sei, dass Titius noch zu Lebzeiten beider Personen hätte zahlen müssen (sed hoc quoque sic puto...praestitisset[382]). Wohlwollender sei es aber, ihm wenigstens die Hälfte des Landgutes für den Fall zuzusprechen, dass Symphorus vor einem Zahlungsverzug des Titius gestorben sei und dieser zugleich an den noch lebenden Ianuarius dessen Anteil (also die Hälfte des Gesamtbetrages) gezahlt habe.

Pomponius korrigiert damit die Rechtsfolge der Unwirksamkeit des Legats aufgrund Bedingungsausfalls zugunsten einer Kompromisslösung. Zumindest ein

380 So sehr verständlich Staffhorst, Teilnichtigkeit, S. 201 f.

381 Konstruktiv handelt es sich damit um eine echte aufschiebende Bedingung (condicio), da die Geldzahlung ein zukünftiges ungewisses Ereignis ist, von dessen Eintritt die Rechtswirkung (Übertragung des Landgutes) abhängig ist.

382 Die Einleitung dieses Satzes mit „sed hoc quoque...“ irritiert, weil dadurch das logische Verhältnis der Sachverhaltsschilderung zum ersten Begründungssatz gestört ist. Besser passen würde „et hoc quoque...“. Es könnte sich um einen versehentlichen Abschreibefehler handeln. Durch „et hoc quoque...“ wäre auch eine nahtlose Anknüpfung an den in D. 35. 1. 112 pr. aufgestellten Grundsatz möglich, wonach Bedingungen, die mehrere Personen betreffen, nur in Ansehung aller Personen gleichzeitig eintreten können.

Teil[383] des Legats soll aufrecht erhalten werden. Nicht erwogen wird dagegen die Anwendung der so genannten regula Sabiniana, welche bei einer Unmöglichkeit des Bedingungseintritts die Bedingung als nicht geschrieben betrachtet. Wahrscheinlich kam diese Lösung für Pomponius nicht in Betracht, da es sich nicht um einen Fall der anfänglichen objektiven Unmöglichkeit handelte[384] und zudem wenigstens die teilweise Erfüllung der Zahlungsbedingung gegenüber dem noch lebenden Ianuarius weiterhin möglich war. Der Ausfall der gesamten Bedingung hätte diesen zu Unrecht benachteiligt und auch nicht dem insofern typischen Willen des Erblassers entsprochen.[385]

Was genau die Beweggründe für die Korrektur sein können, ist dennoch zunächst nicht ganz klar. Zum einen kommt der favor voluntatis testatoris als Entscheidungsgrundlage in Betracht. Durch die teilweise Aufrechterhaltung des Legats wird dem Willen des Erblassers entsprochen. Das Legat bleibt insofern wirksam, als die Bedingung erfüllt werden konnte. Palma[386] geht sogar soweit, den favor negotii als fallentscheidendes Kriterium zu benennen.

Ein anderer Grund für die Korrektur könnte in der Bevorzugung des Legatars Titius (favor legatarii) zu sehen sein. Der eigentlich drohende Legatsausfall wird durch eine wohlwollende Korrektur der Bedingung zumindest teilweise abgewendet, der Legatar also begünstigt. Andererseits bleibt diese Begünstigung auf halbem Wege stehen. Schließlich wäre auch eine vollständige Aufrechterhaltung des Legats denkbar gewesen, wenn man Titius die Möglichkeit eröffnet hätte, nach dem Tod des Symphorus an dessen Erben zu zahlen.

Warum Pomponius diese Möglichkeit nicht einmal erwähnt, ist auf den ersten Blick unklar.[387] Zum einen könnte er eine solche Lösung nicht erkannt haben.

---

383 Diese Lösung ist konstruktiv nur denkbar, weil auch eine teilweise Erfüllung der Bedingung – hier die Zahlung des halben Betrages an nur einen Gläubiger – sinnvoll möglich ist.

384 Zur Begrenzung der regula Sabiniana auf diesen Anwendungsbereich schon Wolff, IURA 4 (1953), S. 399 f. mit Hinweis auf Cosentini, Condicio (1952); ebenso Wieling, SZ 87 (1970), S. 212 f., der zutreffend darauf hinweist, dass die Bedingung im Falle der nachträglichen Unmöglichkeit ausfalle.

385 Die regula Sabiniana war, wie schon Wolff (IURA 4 (1953), S. 399 ff.) zutreffend kritisierte, kein feststehender Rechtsgrundsatz mit einem eindeutig bestimmbaren Anwendungsbereich (in diesem Sinne wohl Cosentini, Condicio), sondern wurde in begründeten Einzelfällen herangezogen, um den Willen des Erblassers auf den Kern zu reduzieren, welcher von der Rechtsordnung anerkannt war. So auch Bund, in FG für von Lübtow, S. 379 f.; Wieling, SZ 87 (1970), S. 229.

386 Benignior Interpretatio, S. 84.

387 Wahrscheinlich ist diese Unklarheit auch der Grund dafür, dass Grosso, legati, S. 450 f.; Voci, DER II, S. 593, Fn. 21 und zuletzt auch Staffhorst, Teilnichtigkeit, S. 233, Fn. 405 die Entscheidung den Kompilatoren und nicht Pomponius zuschreiben. Zur Unterstützung dieser These zieht Voci Pomp. (8 ad Sab.) D. 30. 54. 1 / 2 heran. Die dort behandelten Fälle unterscheiden sich allerdings von den hier behandelten Fragmenten rein formal dadurch, dass Pomponius dort keine Korrektur vornimmt. So

Geht man aber davon aus, dass ihm ein solcher Lapsus nicht unterlaufen ist, so stellt sich die Frage, warum er die Entscheidung als wohlwollend (benigne) erachtet, obwohl seine Korrektur „nur“ die teilweise Wirksamkeit des Legats zur Folge hat. Klar ist jedenfalls: Wären favor negotii oder favor legatarii die entscheidungserheblichen Kriterien für Pomponius gewesen, so hätte er sicher das gesamte Legat aufrecht erhalten.

Meines Erachtens entschied sich Pomponius aber bewusst nur für die teilweise Aufrechterhaltung des Legats, weil für ihn der Wille des Erblassers (favor voluntatis testatoris) als entscheidungserhebliches Kriterium im Vordergrund stand.[388] Hätte er dem Legatar die Möglichkeit eröffnet, durch Zahlung der Gesamtsumme die Bedingung vollständig herbeizuführen, hätte er damit dem Willen des Erblassers nicht vollständig entsprochen.[389] Offensichtlich muss es dem Erblasser darauf angekommen sein, dass die Zahlung noch zu Lebzeiten des Symphorus er-

---

enthalten die beiden Fragmente folgerichtig auch keine unbestimmten Wertungsbegriffe. Warum Pomponius aber die Entscheidung in D. 35. 1. 112. 1 im Gegensatz zu den Fällen in D. 30. 54. 1 / 2 für korrekturbedürftig hielt, wird schnell klar, wenn man die unterschiedliche Konstruktion der Fälle betrachtet. Während in D. 30. 54. 1 / 2 das gesamte Legat aufrecht erhalten wird, musste Pomponius hier zusätzlich das rein konstruktive Problem eines nur teilweisen Ausfalls einer einheitlichen Gesamtbedingung mit der Folge der teilweisen Aufrechterhaltung des Legats überwinden. Damit kam es zum Widerspruch mit dem in D. 35. 1. 112 pr. aufgestellten Grundsatz, dass Bedingungen, die gleichzeitig mehrere Personen betreffen, diesen gegenüber nur einheitlich ergehen oder aufgehoben werden können. Über den Grund der Korrektur ist damit freilich noch nichts gesagt. Dazu weiter im Text.

388 Auch Palma, Benignior Interpretatio, S. 85 räumt am Ende seiner Ausführungen zu D. 35. 1. 112. 1 ein, dass der Respekt vor dem Willen des Erblassers eine Rolle gespielt haben muss.

389 Anders Voci, DER II, S. 593, Fn. 21, mit Verweis auf S. 600, Fn. 63, der Pomponius durch (8 ad Sab.) D. 30. 54. 2 als Verfechter einer großzügigen Auslegungspraxis zugunsten derjenigen Legatare darstellt, die eine ihnen gestellte Bedingung aufgrund höherer Gewalt nicht erfüllen können (dies referierend Palma, Humanior Interpretatio, S. 35, Fn. 24). Die beiden Fälle aus D. 30. 54. 1 / 2 unterscheiden sich aber nicht nur, wie eben beschrieben, konstruktiv, sondern auch inhaltlich von der hier besprochenen Entscheidung. In beiden Fällen stand der Wille des Erblassers einem vollständigen Legatsempfang trotz (teilweisem) Bedingungsausfalls nicht zwingend entgegen. In D. 30. 54. 1 handelte es sich um eine der lex Iulia et Papia widersprechende und damit gesetzeswidrige Heiratsbeschränkung (vgl. Pap. (18 quaest.) D. 35. 1. 72. 4; zu beiden Stellen Staffhorst, Teilnichtigkeit, S. 233 ff., der D. 30. 54. 1 Servius zuschreibt und daher den Verstoß gegen die lex Iulia, die erst später erlassen wurde, als Entscheidungsgrund ablehnt.). Inhaltlich dürfte es dem Erblasser mehr um die Hochzeit der Legatarin gegangen sein als darum, dass der benannte vorverstorbene Dritte sie dazu bestimmt. Wenn die Legatarin also von sich aus geheiratet hat, schadet dies der Bedingung nicht, auch wenn die vorherige Bestimmung durch den Dritten nicht stattfinden konnte. Auch in D. 30. 54. 2 wollte der Erblasser in erster Linie den Sklaven freilassen. Das dafür aufzuwendende Vermögensopfer des Legatars war nur Mittel zum Zweck.

folgte;[390] dies folgt aus der zuvor von Pomponius vorgenommenen Testamentsauslegung. Die Bedingung für diesen Teil des Legats konnte Titius jedoch, wenn auch unverschuldet, nicht erfüllen. Der frühzeitige Tod des Symphorus wirkte sich somit als eine Art höhere Gewalt zulasten des Titius aus.[391] Der favor voluntatis testatoris war damit das entscheidende Kriterium für die Korrektur.

2. Das Kodizill als zusätzlicher Anknüpfungspunkt für die Feststellung des Erblasserwillens – Scaev. (19 dig.) D. 36. 1. 78 (76)

Auch im nächsten Fragment ist die Berücksichtigung des Erblasserwillens der entscheidende Wertungsgesichtspunkt für die Korrektur. Diesmal ist aber das Testament nicht der einzige Anknüpfungspunkt für die Feststellung des Willens.

> Scaev. (19 dig.) D. 36. 1. 78 (76)
> Scaevola respondit, si pater filium suum impuberem ex asse scripserit heredem eique codicillis substituerit, deinde filius impubes decesserit, licet substitutio inutilis sit, quia codicillis hereditas neque dari neque adimi potest, tamen benigna interpretatione placet, ut mater, quae ab intestato pupillo successit, substitutis fideicommisso obligetur: [...].

Ein Vater hat seinen unmündigen Sohn zum Alleinerben eingesetzt. In einem Kodizill bestimmte er daraufhin Ersatzerben des Sohnes. Eine solche substitutio pupillaris[392] war in Rom nicht unüblich. Sie stellte die einzige Möglichkeit dar, für eine andere Person einen Erben zu bestimmen. Der Erblasser konnte so seine Intestaterben von der Nachfolge weiter ausschließen und für den Fall des verfrühten Todes seines noch unmündigen Erben vorsorgen. Problematisch für den vorliegenden Fall ist die Anordnung der substitutio in einem Kodizill. Kodizille durften als das eigentliche Testament ergänzende Schriftstücke, soweit sie im Testament bestätigt waren, zwar alle Arten von Legaten, Fideikommissen, Freilassungen, usw. enthalten, keinesfalls aber Erbeinsetzungen.[393] Die substitutio pupillaris war aber gerade eine auf den Tod des unmündigen Erben hin aufschiebend bedingte Erbeinsetzung. Das Kodizill ist damit, wie Scaevola richtig fest-

---

390 Dafür kann der Erblasser unterschiedliche Gründe gehabt haben: Zum einen könnte der Erblasser ausstehende Schulden bei den namentlich benannten Gläubigern nach seinem Tod schließlich doch noch begleichen wollen. Oder aber es handelte sich bei den Genannten gar nicht um Gläubiger, sondern um gute Freunde des Erblassers. Mit dem Tod des Symphorus könnte der Zweck des bedingten Legats dann vollständig weggefallen sein, weil der Erblasser nur den Symphorus, nicht aber dessen Erben bedenken wollte.

391 Im Unterschied dazu wirken sich der Tod des Ehevermittlers und der des Sklaven in D. 30. 54. 1 / 2 gerade nicht negativ für die betroffenen Legatare aus. In beiden Fällen war lediglich der Sinn der Legatsbedingung, nicht aber (wie hier) teilweise der Sinn des bedingten Legats weggefallen.

392 Dazu Inst. 2. 16 pr. Kaser, RPR I, S. 689; Voci, DER II, S. 170 ff.

393 Gai. 2, 270 a, 273; Inst. 2. 25. 2; Kaser, RPR I, S. 694, Fn. 9; Voci, DER II, S. 171, Fn. 5.

stellt, insoweit unwirksam. Diese unliebsame Rechtsfolge will der Jurist nun mit Hilfe einer wohlwollenden Interpretation korrigieren.[394] Die unwirksame Erbeinsetzung soll im Ergebnis als ein in Kodizillen zulässiges Universalfideikommiss zulasten der Mutter als Intestaterbin aufrecht erhalten werden. Nach Kaser[395] soll es sich im vorliegenden Fall um eine Umdeutung handeln. So seien Fälle einer im Testament enthaltenen Kodizillarklausel zulässig, welche das Testament für den Fall seiner Unwirksamkeit zum Kodizill erklärten.[396] Fraglich ist aber, ob der Fall aus D. 36. 1. 78 tatsächlich mit diesen Umdeutungskonstellationen vergleichbar ist. Vorliegend bezeichnete der Erblasser das die Pupillarsubstitution enthaltene Schriftstück ausdrücklich als Kodizill. Eine Kodizillarklausel innerhalb des ursprünglichen Testaments lag also nicht vor.[397] Der Fall geht damit über die gewöhnlichen Fälle der Umdeutung eines fehlerhaften Testaments hinaus. In allen anderen vergleichbaren Fällen der Umdeutung geht es immer nur um die Aufrechterhaltung eines unwirksamen Testaments als Kodizill oder einer unwirksamen Erbeinsetzung als Fideikommiss.[398] Scaevola deutet hier aber nicht ein unwirksames Testament in ein Kodizill und auch nicht lediglich eine Erbeinsetzung in ein Fideikommiss um. Stattdessen kombiniert er die beiden Möglichkeiten, indem er die in einem unwirksamen Kodizill enthaltene Erbeinsetzung als Fideikommiss aufrecht erhält.[399] Die Besonderheit dieser Konstellation besteht also darin, dass die unwirksame Erbeinsetzung – anders als sonst – auch ohne ausdrückliche Kodizillarklausel im Testament als Fideikommiss aufrecht erhalten werden kann. Dies ist auch der Grund dafür, dass D. 36. 1. 78 das einzige Fragment mit einer solchen Umdeutungskonstellation ist, in dem sich ein Jurist der

---

394 Die von Albertario, Bull. 33 (1923), S. 70; Grosso, legati, S. 121, Fn. 6; La Pira, in Studi Bonfante III, S. 300, Fn. 35, sowie Segre, in Studi Bonfante III, S. 569 pauschal vorgebrachten Interpolationsvermutungen sind durch Wubbe, in Symbolae David I, S. 244 f. bereits sehr einleuchtend widerlegt worden. Für die Klassizität des Fragments spricht vor allem, dass sich der unbestimmte Wertungsbegriff nahtlos in den vorhandenen Textfluss einfügt.

395 RPR I, S. 694, Fn. 12 f.; ebenso Wieling, Testamentsauslegung, S. 256, Fn. 38; sehr pauschal Palma, Benignior Interpretatio, S. 100 f.

396 Ulp. (2 ad Sab.) D. 29. 1. 3; Iul. (37 dig.) D. 29. 7. 2. 4; Scaev. (3 resp.) D. 31. 88. 17; zudem ergibt sich die Zulässigkeit im Umkehrschluss aus dem Verbot einer „stillschweigenden" Kodizillarklausel, vgl. Pap. (6 resp.) D. 28. 6. 41. 3; Ulp. (4 disp.) D. 29. 7. 1; zu den Kodizillarklauseln auch Voci, DER II, S. 584 ff.

397 Es kommt weder eine ausdrückliche, noch eine stillschweigende Klausel in Betracht. Der Hinweis von Voci, DER II, S. 1014, Fn. 45, das Fragment sei der einzig mögliche Nachweis für eine These Pringsheims, Animus, S. 330 ff., dass es schon in der Spätklassik stillschweigende Kodizillarklauseln gab, ist daher nicht ganz verständlich. Voci relativiert diese Aussage im folgenden Satz daher völlig zu Recht.

398 Vgl. Ulp. (4 disp.) D. 28. 3. 12. 1, Ulp. (4 disp.) D. 29. 1. 19 pr./1, Ulp. (2 ad Sab.) D. 29. 1. 3; Iul. (37 dig.) D. 29. 7. 2. 4; Scaev. (3 resp.) D. 31. 88. 17.

399 Insofern ungenau Kaser, RPR I, S. 694, Fn. 13; Wieling, Testamentsauslegung, S. 256, Fn. 38.

benignitas als Korrekturhilfe bedient.[400] In den übrigen Umdeutungsfällen bedurfte es einer solchen Korrektur nicht, weil man das Testament bereits durch bloße Auslegung retten konnte. Hier aber musste erst die benignitas herangezogen werden, um das gewünschte Ergebnis im Wege der Korrektur herbeizuführen. Das Entscheidungskriterium für diese Korrektur ist in der Verwirklichung des in Testament und Kodizill zum Ausdruck gebrachten Erblasserwillens zu sehen.[401] Scaevola entscheidet in favorem codicilli, und damit inhaltlich deckungsgleich zum favor voluntatis testatoris. In beiden Fällen geht es um die Bevorzugung des schriftlich in Testament oder Kodizill niedergelegten Erblasserwillens.

3. Wirksamkeit einer Freilassungsbedingung „cum moriar" – Iul. (2 ad Urs. Fer.) D. 40. 4. 18. 1

Im nächsten Fall ist die alleinige Zuordnung zum favor voluntatis testatoris schon etwas schwieriger. Es geht um die Wirksamkeit einer Freilassungsbedingung, so dass neben dem favor voluntatis testatoris auch eine besondere Begünstigung der Freiheit (favor libertatis) als Korrekturkriterium in Betracht gezogen werden könnte.

> Iul. (2 ad Urs. Fer.) D. 40. 4. 18. 1
> Haec condicio "cum moriar, liber esto" vitae tempus complectitur et idcirco inutilis esse videtur. sed melius est verba benignius interpretari, ut post mortem suam videatur testator ei libertatem reliquisse.

Das Fragment wurde oben[402] schon in anderem Zusammenhang[403] vorgestellt. Die Bedingung[404] cum moriar[405] bezieht sich bei genauer Wortlautauslegung[406]

---

400 Selbst Scaevola deutet an anderer Stelle (3 resp.) D. 31. 88. 17 ein unwirksames Testament in ein Kodizill um, ohne eine unbestimmte Wertung zu verwenden.

401 Auch Voci, DER II, S. 1013 f., Fn. 45 bezeichnet die Fallkonstellation als „particolare" und erkennt zutreffend den Erblasserwillen als entscheidungserhebliches Kriterium. Als Vergleichsfälle zieht aber auch er nur solche Fragmente heran, in denen ein Testament aufrecht erhalten wird, vgl. Paul. (14 resp.) D. 28. 1. 29. 1; Iul. (37 dig.) D. 29. 7. 2. 4; Pap. (8 resp.) D. 31. 77. 23; Scaev. (3 resp.) D. 31. 88. 17.

402 Im ersten Teil unter § 4 I.

403 Dort ging es um die unterschiedliche Funktion der beiden unbestimmten Wertungsbegriffe melius und benignius.

404 Der Begriff der Bedingung ist hier untechnisch zu verstehen. Der Tod des Testators ist ein gewisses zukünftiges Ereignis, so dass es sich eigentlich um eine Befristung handelt. Dies meint wohl auch Hausmaninger, in Studi Grosso V, S. 259, wenn er von einem „Termin" spricht.

405 Vgl. Gai. 3, 100; Paul. Vat. 98; zur Perplexität und den verschiedenen Begründungsansätzen für die Unwirksamkeit ausführlich Backhaus, Casus perplexus, S. 83 ff.

406 Für die Auslegungsfähigkeit der Formulierung spricht, dass es weitere Belege im allgemeinen Sprachgebrauch gibt; vgl. Lucan 7, 615 und Ovid am. 2, 10, 36. Zurecht weist Wubbe, in FG Herdlitczka, S. 312 darauf hin, dass die Auslegung von vorne-

eigentlich nur auf den letzen Lebenszeitpunkt des Testators.[407] Sie kann damit nicht erfüllt werden, da eine Freilassung unter Lebenden an bestimmte Formerfordernisse[408] gebunden war.[409] Julian korrigiert[410] das unerwünschte Ergebnis und behandelt die Bedingung so, als ob der Testator dem Sklaven die Freiheit hinterlassen habe.[411] Als Beweggründe für die Korrektur kommen hier eigentlich zwei Entscheidungskriterien in Betracht: Der favor voluntatis testatoris,[412] weil der Wille des Erblassers eindeutig feststellbar ist und auf die Freilassung des Sklaven abzielt oder aber der favor libertatis,[413] wenn es Julian auf die Freilassung des Sklaven ankam.[414] Welcher der beiden Gründe ausschlaggebend war, kann nicht mit Sicherheit geklärt werden. Für eine Korrektur in favorem voluntatis testatoris spricht jedoch, dass Julian am Wortlaut (verba) der Aussage des Testators anknüpft, die der erste Bezugspunkt zur Feststellung seines Willens ist. So könnte es sein, dass der Erblasser sich beim Verfassen des Testaments lediglich versehentlich einer falschen Formulierung bedient hatte.[415] Zudem hätte Julian vielleicht, wie an anderer Stelle,[416] noch einmal ausdrücklich auf den favor liber-

herein hätte anders lauten müssen, wenn der Testator – in Anlehnung an Gai. 2, 267 – „post mortem meam" oder „servus meus liber esto" geschrieben hätte.

407 So auch Backhaus, Casus perplexus, S. 42, Fn. 67; Donatuti, statulibero, S. 48, Fn. 1; Palma, Benignior Interpretatio, S. 81; Wubbe, in FG Herdlitczka, S. 312; ähnlicher Fall bei Alf. (5 dig.) D. 33. 8. 14.

408 Dazu Kaser, RPR I, S. 115 ff.

409 So auch Donatuti, statulibero, S. 48, Fn. 2; de Ruggiero, Bull. 15 (1903), S. 42, Fn. 3; Hausmaninger, in Studi Grosso V, S. 259; ders., in Boston University Law Review 61 (1981), S. 1148.

410 Dass es sich nicht um die Wahl einer von mehreren Auslegungsmöglichkeiten handelt, zeigt die Äußerung „inutilis esse videtur". So zutreffend Hausmaninger, in Studi Grosso V, S. 259.

411 Auch hier müssen die früher von de Ruggiero, Bull. 15 (1903), S. 42, Fn. 3; Pringsheim, SZ 42 (1921), S. 663 und Albertario, Bull. 33 (1923), S. 75 pauschal gegen benignius interpretari vorgebrachten Interpolationsvermutungen nicht erneut widerlegt werden. Die Korrekturentscheidung fügt sich sich unproblematisch in den Gedankengang Julians ein. Die nicht wohlwollende Entscheidung wäre eine sinnlose Förmelei.

412 Für Wubbe, in FG Herdlitczka, S. 312 ist der Erblasserwille so entscheidend, dass er den favor libertatis als Kriterium nicht einmal in Erwägung zieht; sich anschließend Palma, Benignior Interpretatio, S. 81.

413 So de Ruggiero, Bull. 15 (1903), S. 42, Fn. 3; Albertario, Bull. 33 (1923), S. 75; Boyer, RH 43 (1965), S. 402, Fn. 51; Castello, SDHI 42 (1976), S. 586; Hausmaninger, in Studi Grosso V, S. 259 f. vermutet einen „auf Grund des favor libertatis objektiv typisierten" Erblasserwillen als Entscheidungskriterium, begründet dies aber nicht weiter; ebenso ders., in Boston University Law Review 61 (1981), S. 1148.

414 Zum favor libertatis noch genauer unter § 13 II 2.

415 Für ein solches Versehen des Erblassers sprechen auch die zahlreichen Ausgestaltungsmöglichkeiten für diese in römischen Testamenten häufig vorkommenden Bedingungen auf den Todesfall.

416 Iul. (42 dig.) D. 40. 2. 4 pr.; Iul. (36 dig.) D. 40. 4. 16; Iul. (42 dig.) D. 40. 4. 17. 2.

tatis hingewiesen, wenn dieser das einzig relevante Entscheidungskriterium gewesen wäre. Auch dies muss aber eine Vermutung bleiben, wenngleich es näher liegt, dass die Freilassung des Sklaven für Julian nicht entscheidungserheblich, sondern eher ein für den Sklaven positiver Nebeneffekt der den Willen des Erblassers berücksichtigenden Entscheidungskorrektur war. Diese Vermutung kann durch die Wortwahl Julians noch weiter bestätigt werden. Wie andere Juristen bei Korrekturen zur Berücksichtigung des favor voluntatis testatoris[417] bedient auch er sich hier der benignitas als unbestimmtem Wertungsbegriff.

II. Korrekturen zur Vermeidung einer zu formalistischen Anwendung von Rechtsgrundsätzen

Die beiden folgenden Fälle unterscheiden sich schon strukturell von den bisher besprochenen Fragmenten. Sie liegen auf der Schnittstelle zwischen Entscheidungskorrekturen und den im dritten Teil dargestellten Auslegungsfällen. Der Jurist nimmt formal zwar eine Entscheidungskorrektur vor. Korrigiert wird aber nur der zu weit gefasste Wortlaut des betroffenen Nichtigkeitsgrundsatzes. Damit bleiben der Zweck und das Regelungsziel des Rechtsgrundsatzes unangetastet.[418] Der Jurist verdeutlicht damit den wirklichen, allerdings unvollständig ausgedrückten Regelungswillen, ohne ihn zu korrigieren.[419] Die Fälle unterscheiden sich damit graduell von solchen Konstellationen, in denen der Jurist eine Entscheidung entgegen dem Zweck des Rechtsgrundsatzes fällt. Andererseits handelt es sich auch nicht um bloße Auslegungsfälle, in denen sich der Jurist für eine von mehreren gleichwertigen Möglichkeiten entscheidet.[420] Zudem unterscheiden sich die beiden folgenden Fälle aber auch inhaltlich von den zuvor dargestellten Entscheidungen, die relativ eindeutig dem Willen des Erblassers zur Geltung verhelfen sollten. Auch hier scheint die Entscheidung zwar auf den ersten Blick unter Berücksichtigung des favor voluntatis testatoris zu erfolgen, eine nähere Betrachtung zeigt aber, dass erbrechtliche Erwägungen gerade nicht im Vordergrund stehen.

---

417 Ulp. (23 ad Sab.) D. 35. 1. 10 pr., Pomp. (12 epist.) D. 35. 1. 112. 1 oder Scaev. (19 dig.) D. 36. 1. 78 (76).

418 Eine ähnliche Fallgruppe beschreibt auch Backhaus, in FG für Graßhof, S. 38 ff. bereits für die Gerechtigkeitslehre des Aristoteles.

419 Zu vergleichbaren Konstellationen im geltenden Recht Rüthers, Rechtstheorie, Rdn. 939.

420 Zu solchen Auslegungsfällen mit ähnlicher Zielsetzung vgl. bereits oben im dritten Teil unter § 10.

1. Zweckorientierte Einschränkung eines erbrechtlichen Nichtigkeitsgrundsatzes (I) – Pap. (5 resp.) D. 28. 3. 17

Im ersten Fragment stellt Papinian ausdrücklich die voluntas testatoris einer allzu strengen Rechtsauslegung (suptilitas iuris) gegenüber. Dennoch erfolgt die Korrektur im Gegensatz zu den anderen in diesem Kapitel dargestellten Fällen nicht aus rein erbrechtlichen Erwägungen.

> Pap. (5 resp.) D. 28. 3. 17
> Filio praeterito qui fuit in patris potestate neque libertates competunt neque legata praestantur, si praeteritus fratribus partem hereditatis avocavit: quod si bonis se patris abstinuit, licet suptilitas iuris refragari videtur, attamen voluntas testatoris ex bono et aequo tuebitur.

Ein Erblasser hat in seinem Testament bewusst oder unbewusst einen Haussohn übergangen. Nach ius civile führt dies in jedem Fall zur Nichtigkeit des gesamten Testaments[421] mit allen Erbeinsetzungen, Freilassungen oder sonstigen Verfügungen.[422] Papinian will alle Verfügungen des Erblassers als wirksam behandeln, soweit der übergangene Sohn die Annahme des ihm zustehenden Erbteils verweigert.

Dies führt zunächst hinsichtlich der nicht übergangenen Erben (also der Brüder des übergangenen Haussohnes) zu der Frage, ob diese als Testamentserben durch „Konvaleszenz“ des Testaments nach ius civile oder honorarrechtlich durch das Zulassen ihres Antrags auf bonorum possessio secundam tabulas – wie etwa in Ulp. (4 disp.) D. 28. 3. 12 pr. – geschützt wurden. Die Brüder des übergangenen Haussohnes könnten aber auch als Intestaterben geerbt haben, so dass – ähnlich wie bei der Übergehung von emancipati – nur die im Testament enthaltenen sonstigen Legate und Freilassungen aufrecht erhalten werden mussten.[423]

Nach Papinian ergibt sich die Aufrechterhaltung der testamentarischen Verfügungen daraus, dass der Wille des Erblassers ex bono et aequo zu bewahren sei

---

421 Ob es sich also um eine bewusste Übergehung oder eine Nachlässigkeit des Erblassers – etwa weil er trotz der späteren Geburt eines weiteren Sohnes sein schon geschriebenes Testament nicht nachträglich anpasste – handelte, bleibt offen. Auf die strenge Nichtigkeitsrechtsfolge hat dies ohnehin keinen Einfluss; siehe dazu auch den gleich im Anschluss unter § 11 II. 2. besprochenen Fall Ulp. (4 disp.) D. 28. 3. 12 pr.

422 Technisch bezeichnet Kaser, RPR I, S. 690 die Nichtigkeit aufgrund bewusster Übergehung als testamentum nullius momenti; Voci, DER II, S. 993, Fn. 15 testamentum iniustum; allgemeiner Mayer-Maly, RöRe, S. 193 testamentum nullum; weitere Termini gleicher Bedeutung finden sich bei Amelloti, testamento romano I, S. 201, Fn. 3; alle in Anlehnung an Inst. 2. 13 pr.; Gai. 2, 123, 146 ff.

423 Wenn man das Fragment so versteht, erhalten zudem die zu Beginn erwähnten „libertates“ und „legata“ eine pointierte Bedeutung.

(tuebitur), obwohl die suptilitas iuris[424] dagegen spreche. Gegen die Originalität dieser Begründung sind Interpolationsvermutungen vorgebracht worden, die sich interessanterweise auf die in Frag. Berol. 4. 14 gefundene Parallelüberlieferung[425] stützen.[426] Der dort nur kryptisch aufgefundene Text stützt aber mehr die Originalität der Stelle als einen Eingriff Justinians. So deutet die Nebensatzeinleitung „quod si bonis se patris abstinuit" gerade auf eine Abwandlung vom zuvor aufgestellten Grundsatz und damit auf eine Entscheidungskorrektur hin.[427] Der Sprachgebrauch ist für Papinian zudem nicht unüblich.[428]

Fraglich ist aber, ob der Erblasserwille wirklich das entscheidende Kriterium für die Korrektur war. Ansatzpunkt für eine etwas andere Begründung ist die Einschränkung „si praeteritus......avocavit". Nur für den Fall, dass der eigentlich berechtigte Haussohn auf seinen Anspruch verzichtet, können die Vermächtnisse und Freilassungen als wirksam erachtet werden. Diese Einschränkung bedeutet im Umkehrschluss, dass der Erblasserwille jedenfalls dann, wenn der übergangene Sohn nicht verzichtet, auch nicht durchgesetzt werden kann. Der im Testament zum Ausdruck gebrachte Wille kann also nur deshalb im Ergebnis Berücksichtigung finden, weil der Grund für seine Nichtberücksichtigung nachträglich weggefallen ist. Es würde einen willkürlichen Formalismus darstellen, den nach seiner ratio nicht einschlägigen Nichtigkeitsgrund gegenüber den im Testament bedachten Legataren, Fideikommissaren und freizulassenden Sklaven dennoch aufrecht zu erhalten.[429] So verstanden ist der Wille des Erblassers nicht das relevante Entscheidungskriterium für die Korrektur, sondern lediglich ein zusätzlich verwirklichter Nebeneffekt[430] einer am Zweck[431] des Nichtigkeitsgrundes orien-

---

424 Zur suptilitas iuris (civilis) vgl. schon oben im ersten Teil, § 3 IV. 3. sowie noch weiter unten im fünften Teil.

425 Abgedruckt in FIRA II (1968), S. 439.

426 So Archi, SZ 87 (1970), S. 38, Fn. 54; Chiazzese, APal. 16 (1931), S. 359; Honoré, TR 49 (1981), S. 232; ders., in FS für Schiller, S. 108 f.; Pringsheim, SZ 52 (1932), S. 129, Fn. 3; Voci, DER II, S. 640, Fn. 24; Wieacker, Textstufen, S. 368 f.

427 So auch Hausmaninger, in Iuris Professio, S. 59 (70, Fn. 71).

428 Dies gesteht sogar Wieacker, Textstufen, S. 368 f. ein. Zwar kommt suptilitas bei Papinian nur an dieser Stelle vor, refragari und die Wertung ex bono et aequo gehören aber zum Sprachschatz der Spätklassiker.

429 Die Entscheidung bevorzugt damit alle testamentarischen Erben, Legatare, usw., so dass man auch einen untechnisch formulierten favor heredis testamenti, legatari, fideicommisari als Entscheidungskriterium anführen könnte. So etwa Voci, DER II, S. 640, Fn. 24.

430 Ein weiterer Nebeneffekt der Entscheidung dürfte die gerade erwähnte (vgl. Fn. 429) Bevorzugung aller durch das Testament begünstigten Erben, Legatare und Fideikommissare sein. Diesen Effekt zum maßgeblichen Entscheidungskriterium Papinians zu erklären, hieße aber ebenso Ursache und Wirkung zu vertauschen, wie wenn man den favor testamenti als Hauptgrund für die vorgenommene Korrektur anführte.

tierten Einschränkung.[432] Unterstützt wird diese These durch die Verwendung des unbestimmten Wertungsbegriffes. Im Gegensatz zu den anderen Fällen der Entscheidungskorrektur in favorem voluntatis testatoris entscheidet Papinian nicht benignius, sondern ex bono et aequo.

Wie oben in anderem Zusammenhang gezeigt,[433] wird diese Wendung insbesondere zur Neubegründung von Rechtsgrundsätzen (Analogien, Erst-Recht-Schlüssen) herangezogen. In all diesen Fällen wird mit dem Rechtsgrundsatz selbst argumentiert. In den klassischen Fällen der Korrektur in favorem voluntatis testatoris geht es aber gerade nicht um eine dem Rechtsgrundsatz immanente Begründung.[434] Die Entscheidung erfolgt in diesen Fällen viel eher entgegen dem Rechtsgrundsatz zugunsten des privatautonom gefassten Erblasserwillens.[435] Die aequitas steht zudem auch in anderen Quellen oft ausdrücklich im Gegensatz zum ius strictum.[436] Vielleicht wollte Papinian gerade durch seine Wortwahl diesen Unterschied herausheben. Das ausdrückliche Nennen der voluntas testatoris muss also nicht zwangsläufig bedeuten, dass der favor voluntatis testatoris das Entscheidungskriterium für die Korrektur war. Näher liegt vielmehr eine aus dem Zweck des einschlägigen Nichtigkeitsgrundsatzes hergeleitete Einschränkung, die im Ergebnis zu einer Verwirklichung des Erblasserwillens führt. Der favor voluntatis testatoris ist damit nicht der Grund, sondern nur die Folge der Korrektur.

---

431 Zweck des Nichtigkeitsgrundsatzes ist der Schutz des übergangenen Haussohnes. Dieser Zweck ist nur dann sinnvoll erreichbar, wenn der Haussohn sich durch den Rechtsgrundsatz schützen lassen will.

432 Nach geltender Dogmatik würde man wohl von der teleologischen Reduktion einer Nichtigkeitsnorm (vgl. dazu Rüthers, Rechtstheorie, Rdn. 902) sprechen, bei der es sich aber ebenfalls um eine Form der Rechtsfortbildung, bzw. -ergänzung handelt (vgl. Rüthers, Rechtstheorie, Rdn. 939), die unter den in diesem Zusammenhang weit zu verstehenden Begriff der Entscheidungskorrektur i. w. S. fällt.

433 Vgl. im zweiten Teil unter §§ 5–7.

434 Grundsatzimmanent wird immer bei der Auslegung begründet, weil eine von mehreren unter den Rechtsgrundsatz subsumierbaren Lösungen einer anderen vorgezogen wird. Auch das ist hier aber nicht der Fall. Der eindeutig einschlägige Nichtigkeitsgrund wird offensichtlich nicht angewendet und damit korrigiert. Dass hier kein Fall der Auslegung vorliegt erkannte schon Gandolfi, atti negoziali, S. 70; zustimmend Wieacker, SZ 83 (1966), S. 437, Fn. 5 a. E.

435 Hier passt auch das Wort benignitas besser: Benigne wird man sich in erster Linie gegenüber Menschen (wie dem Erblasser) verhalten.

436 Vgl. dazu z.B. Cic. de off. 3, 16, 67; in Kaiserkonstitutionen: Const./Licin. C. 3. 1. 8; Diocl./Maxim. C. 3. 42. 8. 1.

2. Zweckorientierte Einschränkung eines erbrechtlichen Nichtigkeitsgrundsatzes (II) – Ulp. (4 disp.) D. 28. 3. 12 pr.

Diese Argumentation kann durch ein von Ulpian überliefertes Fragment noch weiter bestätigt werden:[437]

> Ulp. (4 disp.) D. 28. 3. 12 pr.
> Postumus praeteritus vivo testatore natus decessit: licet iuris scrupulositate nimiaque suptilitate testamentum ruptum videatur, attamen, si signatum fuerit testamentum, bonorum possessionem secundum tabulas accipere heres scriptus potest remque optinebit, ut et divus Hadrianus et imperator noster rescripserunt, idcircoque legatarii et fideicommissarii habebunt ea, quae sibi relicta sint, securi. idem et circa iniustum et irritum testamentum erit dicendum, si bonorum possessio data fuerit ei, qui rem ab intestato auferre possit.

Die Unwirksamkeit des Testaments ergibt sich in diesem Fall ausdrücklich aus der Übergehung eines nach der Testamentserrichtung geborenen Haussohnes (postumus praeteritus).[438] Der Fall nimmt eine zusätzliche Wende dadurch, dass der übergangene postumus noch vor dem Tode seines Vaters verstirbt (vivo testatore natus decessit).[439] Trotz des Vorversterbens ist das Testament wegen der Nichterwähnung eines Haussohnes nach strengem Verständnis des Nichtigkeitsgrundes hinfällig (iuris scupulositate nimiaque suptilitate testamentum ruptum videatur). Auch hier ist aber der Nichtigkeitsgrund seinem Zweck nach durch den verfrühten Tod des postumus weggefallen. Ulpian[440] will daher, wie Papinian in (5 resp.) D. 28. 3. 17, alle Vermächtnisse und Fideikommisse als wirksam erach-

---

437 Den Zusammenhang der beiden Fragmente heben auch Pringsheim, SZ 52 (1932), S. 129, Fn. 5 und Hausmaninger, in Iuris Professio, S. 59 (69) zutreffend hervor. Dieser will die Entscheidungen zudem mit Marcell. (29 dig.) D. 28. 4. 3 pr. vergleichen, wobei er als Gemeinsamkeit lediglich die „Korrektur des strengen Testamentsrechtes" anführt. Diese eher untechnisch formulierte Gemeinsamkeit ist zutreffend, wenngleich es sich bei Marcell. D. 28. 4. 3 pr. nach der hier vorgenommenen Einteilung um eine „echte Entscheidungskorrektur" handelt, die zudem nicht aus reinen Zweckmäßigkeitserwägungen vorgenommen wird (näheres dazu im vierten Teil unter § 11 V.).

438 Dazu Kaser, RPR I, S. 706.

439 Auch wenn sich diese Sachverhaltsdeutung nicht zwingend aus dem Wortlaut ergibt, –„vivo testatore" bezieht sich zunächst auf „natus", so dass der postumus praeteritus auch erst nach dem Tod seines Vaters verstorben sein könnte – erhält der Fall, wie im Folgenden gezeigt werden soll, gerade durch das Vorversterben des Sohnes einen besonderen Bedeutungszusammenhang.

440 Wohl unter Berufung auf Kaiserreskripte von Hadrian und Antoninus Caracalla (imperator noster); so Biondi, Successione, S. 598; Hausmaninger, in Iuris Professio, S. 59 (69); Voci, Labeo 13 (1967), S. 324 f.; Wieling, Testamentsauslegung, S. 143.

ten und dem Testamentserben die bonorum possessio secundum tabulas[441] einräumen, obwohl der Nichtigkeitsgrund formal eingreifen müsste.

Wiederum könnte die Entscheidung mit dem favor voluntatis testatoris erklärt werden, weil so formal der im Testament geäußerte Wille des Erblassers voll zur Geltung kommt. Gegen diese Argumentation spricht jedoch das vorzeitige Versterben des übergangenen Haussohnes. Zweck des Nichtigkeitsgrundes ist der Schutz von Haussöhnen, deren Anspruch auf den ihnen jeweils zustehenden Erbteil höher eingeschätzt wird als ein entgegenstehender Wille des Erblassers. Ein solcher entgegenstehender Erblasserwille liegt in diesem Fall aber eher fern. Durch den vorzeitigen Tod des Haussohnes erhält dessen Übergehung im Testament eine andere Wertigkeit. Der Vater hätte seinem verstorbenen Sohn ohnehin nichts vererben können.[442] Daher musste er sein schon vor der Geburt angefertigtes Testament auch nachträglich nicht abändern. Der Unterschied zwischen beiden Fragmenten könnte also auch darin begründet sein, dass der Vater in D. 28. 3. 17. seinen Sohn bewusst übergangen hatte, während die Übergehung in D. 28. 3. 12 pr. vermutlich nur fahrlässig verursacht wurde, etwa weil der Vater sein Testament nicht unmittelbar nach der Geburt und noch vor dem Tod seines nachgeborenen Sohnes abgeändert hatte.

Natürlich kann der Fall auch anders liegen,[443] zumal über den Grund für die Übergehung in beiden Fällen nichts ausdrücklich gesagt wurde. Für die Unbilligkeit der Anwendung des Nichtigkeitsgrundes ist dies jedoch in beiden Fällen ohne Belang. Sowohl Ulpian als auch Papinian argumentieren rein rechtlich und wenden sich gegen ein zu spitzfindiges Verständnis der Nichtigkeitsgründe. Während man in D. 28. 3. 17 noch zweifeln kann, ob es Papinian nicht doch auf den insoweit klar geäußerten Erblasserwillen ankam, erscheint dies in D. 28. 3. 12 pr. nahezu ausgeschlossen, weil der Wille des Erblassers hier zu keinem Zeitpunkt auf eine Wirksamkeit des Testamentes unter Übergehung des Sohnes gerichtet war. Es kam dem Erblasser bei der Errichtung des Testamentes nur auf die bis zum damaligen Zeitpunkt bekannten Erben an. An eine Enterbung eines noch nicht vorhandenen Sohnes konnte er zwangsläufig noch nicht gedacht haben.

---

441 Genauer handelte es sich um eine bonorum possessio cum re, die wohl seit Antoninus Pius (str.) als wirksame Form des prätorischen Erbschaftsbesitzes gegenüber der klassischen hereditas des ius civile anerkannt war. Dazu allgemein Gai. 2, 120; Kaser, RPR I, S. 674 ff.; speziell zu D. 28. 3. 12 pr. Biondi, Successione, S. 598; Lovato, disputationes di Ulpiano, S. 95; Serangeli, Studi sulla revoca, S. 161, Fn. 95; Voci, Labeo 13 (1967), S. 325.

442 Man kann wohl davon ausgehen, dass der übergangene Haussohn selbst ohne Nachkommen verstorben ist – naheliegend ist eher ein zur damaligen Zeit sehr häufig vorkommender Kindstod –, weil ansonsten eine Erbschaft der Nachkommen in Betracht gekommen wäre.

443 So könnte der Erblasser insbesondere auch bewusst auf eine Abänderung seines Testamentes nach der Geburt des Sohnes verzichtet haben.

Der Zusammenhang der beiden Fragmente und der mehrfach geäußerte Bezug auf die suptilitas machen deutlich, dass es hier um eine am Zweck der Nichtigkeitsgründe orientierte Einschränkung,[444] nicht aber um eine Korrektur zugunsten des Erblasserwillens geht. Insbesondere die in den Digesten einmalige und sehr schroffe Formulierung iuris scupulositate nimiaque suptilitate hat jedoch zu textkritischen Vermutungen Anlass gegeben.[445] Diese Bedenken will nicht einmal Hausmaninger vollständig ausräumen, der sich ansonsten im Grundsatz für die Klassizität der suptilitas als rechtskritischem Argumentationsinstrument ausgesprochen hat.[446]

Dagegen können aber mehrere Argumente ins Feld geführt werden. Ein deutlicher Beleg für die Echtheit der Korrektur ist zunächst der Bezug auf die Autorität eines kaiserlichen Reskripts durch Hadrian und Caracalla. Es erscheint kaum vorstellbar, dass sich die Kompilatoren einen solchen Bezug ausgedacht haben, um eine selbst geschaffene Neuerung zu rechtfertigen.[447] Zudem passt aber auch sprachlich die im Vergleich zu Pap. D. 28. 3. 17. noch schärfere Formulierung sehr gut in die Argumentation, weil es dem Rechtsgefühl besonders stark widerspricht, wenn dem Erblasser durch das Berufen auf die formale Nichtigkeit die gewollte Nichtberücksichtigung seines nachgeborenen Sohnes unterstellt wird. Denkbar ist somit, dass die Formulierung bewusst gegenüber der „normalen" suptilitas noch einmal verstärkt werden sollte, um auch sprachlich die Steigerung des Vorwurfs gegenüber Pap. D. 28. 3. 17. hervorzuheben.[448]

---

444 Voci, DER II, S. 643 will die Korrektur mit einer analogen Anwendung des Grundsatzes media tempora non nocent begründen. Ob Ulpian bei seiner Entscheidung wirklich an diesen Topos dachte, muss Spekulation bleiben. Sachlich wendet sich dieser Grundsatz aber ebenso gegen einen allzu übertriebenen Formalismus, so dass es im Ergebnis keine Rolle spielt, ob Ulpian die Analogie tatsächlich im Kopf hatte oder, ob er einfach nur das ihm widersprüchlich erscheinende Ergebnis ausräumen wollte. Jedenfalls befindet sich im Text kein ausdrücklicher Hinweis für eine Berufung auf den media tempora-Grundsatz.

445 Vgl. Albertario, Studi V, S. 109 f.; Beseler, Beiträge 3, S. 51; Biondi, Successione, S. 598, Fn. 2; Chiazzese, APal. 16 (1931), S. 360; Ferrini, Bull. 14 (1901), S. 219; Honoré, in FS für Schiller, S. 106; Pringsheim, SZ 52 (1932), S. 129, Fn. 5; Voci, DER II, S. 643, Fn. 40; ders., Labeo 13 (1967), S. 324, Fn. 19.

446 Ausführlich in Iuris Professio, S. 59 ff.; speziell zu D. 28. 3. 12 pr. auf S. 69.

447 Der Bezug auf eine andere juristische oder kaiserliche Autorität aus der Zeit des Prinzipats zur Rechtfertigung der Entscheidungskorrektur ist, wie später noch zu zeigen sein wird, kein Einzelfall; vgl. dazu unten Iul. (29 dig.) D. 28. 2. 13 pr.; Pap. (6 resp.) D. 29. 2. 86 pr.; Marcell. (29 dig.) D. 28. 4. 3 pr.; Ulp. (17 ad Sab.) D. 7. 8. 14. 1; Paul. (2 ad ed. aedil. curul.) D. 21. 2. 56. 7 sowie die alias benigniores sententias in Maec. (9 fideic.) D. 35. 2. 32. 5.

448 Ob für diese Abgrenzung auch in der Wortwahl Ulpian selbst oder aber die Kompilatoren – was aufgrund der häufigeren Verwendung der scrupulositas in den Codexkonstitutionen Justinians (vgl. Iust. C. 1. 14. 12. 1; C. 6. 27. 4. 2; C. 7. 40. 1. pr.; C. 8. 37. 13. 1; Theodos. C. 7. 71. 6) vielleicht näher liegt – verantwortlich sind, kann letztlich offen bleiben, weil dies für die Klassizität der Korrekturentscheidung uner-

So verstanden bekommt die ausdrückliche Erwähnung der voluntas testatoris in D. 28. 3. 17. auch eine andere Bedeutung: Der eigentlich aus den oben erwähnten Schutzgedanken zugunsten der übergangenen Haussöhne zu vernachlässigende Erblasserwille kann, obwohl er eigentlich nicht zu billigen ist, hier im Ergebnis ausnahmsweise berücksichtigt werden. In D. 28. 3. 12 pr. ist eine solche Erklärung schon gar nicht erforderlich, weil der Wille des Erblassers zu keinem Zeitpunkt auf eine Übergehung gerichtet war und damit zu missbilligen gewesen wäre. Würde man dennoch an der Nichtigkeit des Testaments festhalten, käme dies einer Verkehrung von Tatsachen gleich. Dem Erblasser würde ein Wille zur Übergehung seines verstorbenen Sohnes unterstellt, den er wahrscheinlich zu keinem Zeitpunkt gehabt hatte. Die Entscheidung dient damit zwar indirekt der Verwirklichung des Erblasserwillens,[449] ihr eigentlicher Grund ist jedoch die Vermeidung eines allzu übertriebenen Formalismus.[450]

III. Entscheidungskorrekturen zugunsten berechtigter Einzelpersonen

Während bei allen bislang besprochenen Fragmenten dieses Abschnitts der im Testament zum Ausdruck gebrachte Wille des Erblassers entweder sogar das Hauptkriterium für eine Entscheidungskorrektur war oder zumindest im Ergebnis als Nebenfolge mitverwirklicht wurde, sollen im Folgenden solche Fälle vorgestellt werden, in denen der Jurist nicht zugunsten des Erblasserwillens entscheidet. Veranlassung für diese dem obersten Grundsatz des Erbrechts zuwider laufenden Tendenzen ist die aus der Sicht des jeweiligen Juristen als billigenswert empfundene Berücksichtigung von berechtigten Interessen bestimmter Einzelpersonen. Solche berechtigten Interessen können im Erbrecht für eine ganze Reihe von Personen Entscheidungsgewicht erlangen. So kommen im Rahmen der testamentarischen Erbfolge insbesondere diejenigen Personen in Betracht, die durch die vorhandenen testamentarischen Verfügungen des Erblassers profitieren. Steht aber die Wirksamkeit der testamentarischen Verfügungen in Frage, können sich auch die für den Fall der Unwirksamkeit des Testaments berechtigten gesetzlichen Erben des Testators Hoffnungen auf einen Teil der Erbmasse machen und somit zu berechtigten Interessenträgern werden. Die Fragmente zeichnen sich dadurch aus, dass auf den ersten Blick mehrere Korrekturkriterien entscheidungserheblich gewesen sein können. Nach einer genaueren Analyse

---

heblich ist. Im Ergebnis ähnlich Wieling, Testamentsauslegung, S. 143; an einer Interpolation zweifelt auch stark Lovato, disputationes di Ulpiano, S. 96 ff.

449 Palma, Humanior Interpretatio, S. 25, Fn. 9 sieht in der Entscheidung den Willen zur „conservazione della volontà sostanziale dell`autore dell`atto“ zum Ausdruck kommen. Seine Interpretation beschreibt damit aber nur die augenscheinliche Folge der Entscheidungskorrektur. Dem Vergleich mit Iul. D. 28. 2. 13 pr. liegt ebenfalls ein zu vereinfachtes Verständnis dieses Fragments zu Grunde; vgl. dazu noch näher im Folgenden unter § 11 IV. 2., insb. bei Fn. 540.

450 Ebenso Wieling, Testamentsauslegung, S. 143.

lässt sich jedoch zumeist die jeweilige Person oder Gruppe bestimmen, deren schützenswerte Interessen den Juristen dazu veranlassten, eine Entscheidungskorrektur vorzunehmen.

1. Der favor legatarii

In den folgenden Entscheidungen des Hochklassikers Pomponius werden die im Testament benannten Legatare durch die Entscheidungskorrektur unmittelbar bevorzugt (favor legatarii). Wie schon oben angedeutet, überlagern sich im Erbrecht oft die Interessen des Erblassers einerseits mit denen der Erben und Legatare andererseits, so dass auch unterschiedliche Kriterien in einer Entscheidung Berücksichtigung finden können. Dies muss nicht zwangsläufig zur Folge haben, dass der Wille des Erblassers der Korrektur zugunsten einzelner Personen ausdrücklich entgegensteht. Dennoch sprechen mehrere Gründe dafür, dass der favor voluntatis testatoris zumindest nicht das maßgebliche Entscheidungskriterium für den hier im Rahmen der Entscheidungskorrekturen zum ersten Mal auftretenden unbestimmten Wertungsbegriff humanitas ist.

a. Wirksamkeit einer Legatsbedingung (II) – Pomp. (12 epist.) D. 35. 1. 112. 2

Der erste Fall verdeutlicht erneut die Schwierigkeit bei der Festlegung auf ein bestimmtes Wertungskriterium für die Entscheidungskorrektur. Dennoch lässt der Vergleich mit weiteren Entscheidungen des gleichen Juristen ein eindeutiges Ergebnis vermuten.

> Pomp. (12 epist.) D. 35. 1. 112. 2
> De illo quoque quaeritur: fundus quibusdam legatus est, si pecuniam certam in funus impensamque perferendi corporis in aliam regionem dedissent. nam nisi uterque dederit, neutri est legatum, quoniam condicio nisi per utrumque expleri non potest. sed haec humanius interpretari solemus, ut, cum duobus fundus legatus sit, si decem dedissent, et alteri dando partem legatum quoque debeatur.

Der Sachverhalt ist dem aus der bereits oben[451] besprochenen Stelle Pomp. (12 epist.) D. 35. 1. 112. 1 sehr ähnlich. Es geht wieder um eine Legatsbedingung. Diesmal wird das Landgut allerdings zwei Personen vermacht, die gemeinschaftlich den für die Bestattung des Erblassers erforderlichen Betrag (1.Fall) oder 10.000 Sesterzen (2.Fall) zahlen sollen,[452] um das Landgut zu erwerben.[453] Wiederum droht der Ausfall des gesamten Legats, diesmal weil einer der beiden Le-

451 Vgl. dazu unter § 11 I. 1.

452 Pomponius hält also eine Differenzierung zwischen dem zweckgebundenen Betrag in Fall 1 (funus) und der unproblematisch teilbaren Zahlungsauflage (si decem dedisset) für angebracht. Diese Differenzierung kommt in den Basiliken (B. 44.19.108) noch deutlicher heraus.

453 Es handelt sich damit um eine einfache Bedingung (ohne Befristung), deren Besonderheit darin liegt, dass sie gemeinsam durch zwei Legatare erfüllt werden muss; so auch Voci, DER II, S. 593, Fn. 21.

gatare seinen Teil der Bedingung nicht erfüllen kann oder will und offenbar auch der andere nicht für seinen Mitlegataren einspringen kann oder will. Jedenfalls für den zweiten Fall, in welchem die einfache Zahlungsauflage unproblematisch teilbar ist, ist die Entscheidung zu korrigieren. Pomponius bezeichnet es als anerkannt humanius,[454] wenn der zahlungswillige Legatar dadurch, dass er seinen Anteil von 5.000 bezahlt, wenigstens sein Legat (also die Hälfte des Landguts) erhält (et alteri dando partem legatum[455] quoque debeatur).[456]

Auch hier ist auf den ersten Blick nicht ganz klar, welches der wirkliche Beweggrund für die Korrektur war. In Betracht kommen erneut der favor voluntatis testatoris und der favor legatarii. Dem Willen des Erblassers wird insoweit entsprochen, als der zahlungswillige Legatar seinen Teil der Bedingung erfüllt und dafür seinen Anteil am Landgut erhält. Gleichzeitig entscheidet sich Pomponius aber auch für die den Legatar bestmöglich bevorzugende Lösung.[457] Im Gegensatz zu D. 35. 1. 112. 1 droht dem Legatar durch den Bedingungsausfall hier nur der Verlust des halben Landguts. Mehr hätte er auch nicht erhalten, wenn der andere Mitbegünstigte ebenfalls gezahlt hätte. Die Korrektur in D. 35. 1. 112. 2 bevorzugt den betroffenen Legatar also in stärkerem Maße als die zuvor getroffene Entscheidung den T, der nur die Hälfte von dem erhält, was ihm ursprünglich hätte zufallen können. Während sich in § 1 der verfrühte Tod des S als höhere Gewalt zulasten des T auswirkt, schadet in § 2 die Zahlungsweigerung des anderen Legatars dem Zahlungswilligen nicht.[458]

Ein weiteres Argument gegen den favor voluntatis testatoris als entscheidungserhebliches Korrekturkriterium für § 2 könnte sich ergeben, wenn man Pomponius so versteht, dass er die für ihn unproblematische Korrektur im zweiten Fall (einfache Zahlungsauflage) auch auf den ersten Fall (zweckgebundene Zahlungsauflage) erstrecken will. Sollte nämlich im ersten Fall die Zahlungs-

---

454 Nach Grosso, legati, S. 450, Fn. 2; Krüger, SZ 19 (1898), S. 35 und Voci, DER II, S. 593, Fn. 21 sind ohne nähere Erläuterung wiederum die Kompilatoren für diesen Teil des Fragments verantwortlich. Dagegen sprechen sowohl der Textfluss des Fragments, der eine Korrektur an der vorhandenen Stelle erwarten lässt, als auch die Parallele zu D. 35. 1. 112. 1. In beiden Entscheidungen wird ein ähnliches Ergebnis mit unterschiedlicher Begründung erzielt.

455 Mit „legatum“ kann nur die Hälfte des Landgutes gemeint sein, die dem Anteil des zahlungsfähigen Legatars entspricht. Eine Herausgabe des gesamten Landgutes kommt nicht in Frage, weil dies eine ungerechtfertigte Benachteiligung der Erben und des Erblassers darstellen würde, zumal insgesamt nur die Hälfte der Kosten für die Bestattung des Erblassers, bzw. der geforderten 10.000 Sesterzen bezahlt worden ist.

456 Auch diese Korrektur kann nur aufgrund der Teilbarkeit der Bedingung – in je eine einzelne Bedingung für jeden der beiden Legatare – als sinnvolle Lösung in Betracht gezogen werden.

457 Im Ergebnis ebenso Palma, Humanior Interpretatio, S. 34 f.

458 Die Entscheidung passt damit ebenfalls gut in den oben bei Fn. 389 geschilderten Zusammenhang und liegt auf einer Linie mit Pomp. (8 ad Sab.) D. 30. 54. 2.

verweigerung des ersten Legatars dazu führen, dass eine Bestattung des Erblassers nicht finanziert werden könnte, wäre die teilweise Übereignung des Landguts an den zahlungswilligen Legatar mit Sicherheit nicht mehr vom Willen des Erblassers umfasst, dem es in erster Linie auf seine eigene ordnungsgemäße Bestattung angekommen sein dürfte. Dass Pomponius ungeachtet dieser Tatsache in beiden Fällen einheitlich entscheiden wollte, ist auch mit dem Wortlaut und Duktus der Stelle vereinbar, wenn man „haec" nicht nur auf den zweiten, sondern auch den ersten Fall bezieht. Auch die Wortwahl, die dafür spricht, dass die Entscheidung im zweiten Fall für Pomponius keine Neuerung darstellte (humanius interpretari solemus), deutet auf eine beabsichtigte Gleichbehandlung beider Fälle hin.

Für diese differenzierte Betrachtungsweise spricht schließlich auch der unbestimmte Wertungsbegriff. Entschied er unter § 1 noch benigne in favorem voluntatis testatoris, so verwendet er bei § 2 humanius, weil es ihm hier auf die Person des betroffenen Legatars (favor legatarii) ankommt. Der Wille des Erblassers spielt hier bei der Korrektur keine Rolle, weil er durch die Entscheidung sogar potenziell in Frage gestellt wird. Durch die von Pomponius vorgenommene Korrektur, die sich auf beide Fälle bezieht, wird die Durchsetzung des auf Erfüllung der Bedingung gerichteten Willens des Erblassers gefährdet.

Beide Entscheidungen verdeutlichen die bereits oben erwähnten Schwierigkeiten bei der eindeutigen Festlegung auf einen einzelnen Korrekturgrundsatz, belegen aber auch, dass zwischen den auf den ersten Blick unbestimmten Wertungsbegriffen durchaus differenziert werden kann.

b. Wirksamkeit einer optio legati – Pomp. (6 ad Sab.) D. 33. 5. 8. 2

Die vorgenommene Abgrenzung kann zudem durch eine weitere Entscheidung des Pomponius bestätigt werden. Auch hier wird der drohende Legatsausfall durch eine unbestimmte Wertung verhindert.

> Pomp. (6 ad Sab.) D. 33. 5. 8. 2
> Unius hominis mihi et tibi optio data est: cum ego optassem, si non mutassem voluntatem, deinde tu eundem optaveris, utriusque nostrum servum futurum: quod si ante decessissem vel furiosus factus essem, non futurum communem, quia non videor consentire, qui sentire non possim: humanius autem erit, ut et in hoc casu quasi semel electione facta fiat communis.

Ego und Tu ist durch Legat eine optio für einen beliebigen Sklaven des Erblassers vermacht worden.[459] Die Wahl ist erst wirksam getroffen, wenn sich beide

---

459 Die optio legati räumte dem Vermächtnisinhaber ein Wahlrecht zwischen mehreren Gegenständen (hier Sklaven) ein. Allgemein zur optio legati D. 33. 5.; UE 24. 14; Bretone, Servus communis, S. 30 ff.; Ferrini, legati e fedecommessi, S. 250 ff.; Grosso, legati, S. 272; Kaser, RPR I, S. 744 f., II, S. 558; Voci, DER II, S. 265 ff. Die gemeinsame optio legati für mehrere Vermächtnisnehmer war ebenfalls kein Einzelfall, vgl. Inst. 2. 20. 23.

übereinstimmend für einen gemeinsamen Sklaven entschieden haben.[460] Ego wählt einen bestimmten Sklaven aus, allerdings unter der Bedingung, dass er seinen Entschluss nicht nachträglich noch einmal ändert (si non mutassem voluntatem). Deshalb ist ein späteres „consentire" erforderlich.

Was der Grund für diese Einschränkung ist, kann nur vermutet werden. Es liegt jedoch nahe, dass Ego sich noch nicht festlegen wollte, weil Tu sich ebenfalls noch nicht entschieden hatte. Durch den Vorbehalt erhielt Ego die Möglichkeit, auf eine später erfolgende abweichende Wahl des Tu zu reagieren und den gleichen Sklaven wie Tu auszuwählen.[461] Bei dem Zusatz handelt es sich um eine negative Potestativbedingung,[462] weil die Wirksamkeit der Wahl davon abhängig ist, dass der Berechtigte (Ego) etwas nicht tut (sich anderweitig entscheidet). Eine Entscheidung über diese Bedingung konnte spätestens mit dem Tod des Ego eintreten.[463] Anschließend wählt Tu den gleichen Sklaven unbedingt aus (eundem optaveris[464]). Der Sklave wird durch die übereinstimmende Wahl beider Legatare gemeinschaftliches Eigentum von Ego und Tu (utriusque nostrum servum futurum).[465]

---

460 Der gleiche Sachverhalt findet sich als Variante auch in Inst. 2. 20. 23. Ausgeschlossen sind damit die beiden ebenfalls denkbaren Varianten, dass sowohl Ego als auch Tu eine optio auf einen Sklaven haben (dagegen spricht freilich schon „unius hominis") und bei unterschiedlicher Wahl auch Alleineigentümer eines Sklaven werden könnten (1. Variante), oder dass die Wahl des Ego für einen bestimmten Sklaven die Wahl des Tu für denselben Sklaven sogar ausschließt (2. Variante).

461 Einen anderen Sinn müsste man der Bedingung freilich zumessen, wenn man davon ausginge, dass es doch zu einer Wahl unterschiedlicher Sklaven durch die beiden Legatare kommen durfte. In diesem Fall könnte sich Ego dann für den Fall der übereinstimmenden Wahl des Tu die Möglichkeit offengehalten haben, einen anderen „weniger guten" Sklaven auszuwählen, den er dann alleine nutzen könnte. Vielleicht war es vor der Ausübung der optio doch nicht so abwegig, dass beide Legatare sich für denselben Sklaven entscheiden würden, etwa weil dieser besonders gut ausgebildet oder kräftig war und die anderen zur Wahl stehenden Sklaven ungleich „schlechter" waren.

462 Vgl. C. 6. 51. 1. 7; anders Baldus, Auslegung nach Parteirollen, S. 659 f., der einen konstruktiven Sonderfall des Zerfalls des Wahlvorgangs in mehrere Einzelakte vorschlägt.

463 Anders wäre dies im Fall einer (auflösenden) Resolutivbedingung (Ulp. (28 ad Sab.) D. 18. 1. 3; Ulp. (28 ad Sab.) D. 18. 2. 2 pr.). Die Auflösung der Bedingung würde in diesem Fall unabhängig vom Willen des Berechtigten eintreten, so dass nicht einmal dessen Tod einen verbindlichen Ausfall der Bedingung zur Folge haben müsste.

464 Die Formulierung verdeutlicht noch einmal, dass die optio für Ego und Tu sich auf einen beliebigen Sklaven des Erblassers bezog. Auch wenn eine gemeinsame Wahl Voraussetzung für ihre Wirksamkeit war, hätte sie theoretisch auch unterschiedlich ausfallen können.

465 Das gemeinschaftliche Eigentum kam also zustande, obwohl die Einigung auf einen gemeinsamen Sklaven durch die beiden Inhaber der Option nicht gleichzeitig erfolgte. Darauf weist völlig zu Recht Voci, DER II, S. 266, Fn. 79 hin.

Der Fall wird sodann durch eine Abwandlung problematisch: Wenn Ego vor der Wahl des Tu verstirbt oder geschäftsunfähig (furiosus) wird, kann er sich nachträglich nicht mehr verbindlich zu seiner Wahl äußern und damit auch nicht Klarheit über den Eintritt oder Ausfall der Bedingung schaffen. Der Beitrag des Ego für die Ausübung der optio ist damit noch nicht vollständig erbracht. Zumindest eine Aussage des Ego in dem Sinne, dass er in Kenntnis der Wahl des Tu bei seiner Wahl stehen bleibt, wäre erforderlich gewesen, um solche Klarheit zu schaffen. Diese Unsicherheit über das Wahlrecht des Ego führt nach Pomponius eigentlich dazu, dass der Sklave kein gemeinschaftliches Eigentum werden kann.[466] Die optio droht zu verfallen.[467] Pomponius entscheidet jedoch humanius, dass die durch Ego vorgenommene bedingte Annahme wie eine einmalige unbedingte Ausübung des Wahlrechtes verstanden werden kann (quasi semel electione facta).[468] Durch dieses Ergebnis wird der Sklave gemeinschaftliches Eigentum

466 Dieses Ergebnis ist zumindest im Fall des Todes von Ego fraglich. Durch seinen Tod wird eigentlich eine verbindliche Entscheidung über die negative Potestativbedingung getroffen. Ego kann sich nicht mehr anderweitig entscheiden, so dass die Bedingung wegfällt. Dies hätte aber die Wirksamkeit der Wahl durch Ego und damit das gemeinschaftliche Eigentum der Erben des Ego und des Tu an dem Sklaven zur Folge. Warum Pomponius dies nicht erwägt, bleibt unklar. Wahrscheinlich war für ihn die Voraussetzung des consensus im Zeitpunkt der optio entscheidend, ohne dass es auf die dogmatische Begründung der Bedingung ankam. Er ging jedenfalls im Grundsatz davon aus, dass der Tod des Ego keinen Einfluss auf den Bedingungsausfall hatte (und es daher seiner Korrektur bedurfte, um den Bedingungsausfall herbeizuführen).

467 Nach Inst. 2. 20. 23 war dies die Rechtsfolge für den Fall, dass sich mehrere Legatare ausdrücklich nicht einigen konnten.

468 Krüger, SZ 19 (1898), S. 34 hält den Schlusssatz des Fragments für einen Zusatz Justinians, der „plötzlich und unvermittelt das Gegentheil" zur vorherigen Entscheidung des Pomponius aussagt und deshalb nicht von ihm stammen könne; ähnlich auch Schermaier, IURA 44 (1993), S. 346. Für eine Interpolation spricht auch Inst. 2. 20. 23, wo Justinian selbst berichtet, dass er die klassische Lösung in dieser Streitfrage korrigiert habe. Dabei deutet „plerique" allerdings darauf hin, dass es bereits in klassischer Zeit Gegenstimmen gegeben haben muss. Pomponius könnte also auch ein Vertreter (vielleicht sogar der Begründer) dieser in klassischer Zeit bereits vorhandenen Mindermeinung gewesen sein. Mit der gewählten Formulierung könnte es ihm gerade auf eine Gegenüberstellung der harten Rechtsfolge non futurum communem und des von ihm bevorzugten humanius...fiat communis angekommen sein. Dies belegen auch die beiden anderen hier besprochenen Fragmente Pomp. (12 epist.) D. 35. 1. 112. 2 und Pomp. (2 ad Sab.) D. 40. 4. 4. 2 (dazu mehr im Anschluss). In beiden anderen Fällen stellte der Jurist seiner eigenen wohlwollenden Begründung die harte Rechtsfolge des formal einschlägigen Rechtsgrundsatzes gegenüber, vgl. bei D. 35. 1. 112. 2 „neutri est legatum...non potest…sed haec humanius interpretari solemus"; bei D. 40. 4. 4. 2 „licet ex nimia suptilitate separatum est a testamento, attamen humanitatis intuitu valebit legatum." Pomponius bediente sich zudem in Pomp. (5 ad Sab.) D. 28. 5. 29 (dazu unten in Fn. 323) der humanitas als unbestimmtem Wertungsbegriff.

der Inhaber der optio legati.[469] Damit profitieren einerseits für den Fall, dass Ego verstorben ist, dessen Erben, andererseits Ego selbst, wenn er geschäftsunfähig geworden ist. In jedem Fall aber profitiert Tu durch die so getroffene Entscheidung, da er sein Legat in vollem Umfang erhält.

Die Austauschbarkeit der beiden Fallvarianten (Tod des Ego, bzw. Geschäftsunfähigkeit) und die daraus resultierende Bevorzugung entweder der Erben des Ego oder des Ego selbst macht deutlich, dass es Pomponius auf diese Unterscheidung nicht angekommen sein kann. Das bestimmende Motiv für seine Korrektur war die Bevorzugung desjenigen Legatars (Tu), der aus seiner Sicht alles Erforderliche getan hatte, um die optio legati wirksam auszuüben. Diese Bevorzugung erfolgte zudem in dem aus Sicht des Pomponius genau ausgewogenen Maße. So hätte er im Ergebnis zu einer noch stärkeren Besserstellung des Tu kommen können, wenn er die bedingte Wahl des Ego als insgesamt unwirksam[470] angesehen und Tu das alleinige Eigentum an dem Sklaven zugesprochen hätte. Dieser Weg erschien dem Juristen aber wahrscheinlich als eine zu einseitige Berücksichtigung der Interessen des Tu. Der Erblasser hatte die optio nämlich Ego und Tu gemeinsam vermacht und ein alleiniges Eigentum für einen der beiden Legatare nicht vorgesehen. D. 35. 5. 8. 2 ist insgesamt dennoch ein weiteres Beispiel für eine Entscheidungskorrektur des Pomponius, durch die der vom Ausfall des Legats bedrohte Inhaber doch noch aufgrund humaner Erwägungen zu dem ihm gebührenden Recht kommt (favor legatarii).

c. Wirksamkeit einer Legatsbedingung (III): humanitatis intuitu gegen nimia suptilitas – Pomp. (2 ad Sab.) D. 40. 4. 4. 2

Im folgenden Fragment entscheidet Pomponius zugunsten eines durch Legat begünstigten Sklaven. Seine Korrektur humanitatis intuitu stellt er einem allzu spitzfindigen Wortlautverständnis (nimia suptilitate) der missverständlich formulierten Legatsbedingung gegenüber.

> Pomp. (2 ad Sab.) D. 40. 4. 4. 2
> Si quis ita scripserit "Stichus liber esto eique heres meus decem dato", nulla dubitatio est, quin debeantur etiam, si eum pater familias vivus manumiserit.
> § 1 Sed et si sic: "Stichus liber esto" sive statim sive post tempus "eique, cum liber erit, heres meus decem dato", idem dicendum est.
> § 2 Illud constabit, si libertate data sic fuerit legatum "eique, si eum vindicta liberavero, heres meus decem dato", licet ex nimia suptilitate separatum est a testamento, attamen humanitatis intuitu valebit legatum, [sicuti] si vivus eum manumiserit.

469 Den Sachverhalt gibt auch Palma, Humanior Interpretatio, S. 33 f. so wieder.

470 Auch diese Lösung erscheint nicht abwegig, wenn man die optio als bedingungsfeindliches Gestaltungsrecht auffasst.

Die Legatsbedingung in § 2 macht nur Sinn, wenn man sie als Abwandlung zu den vorher dargestellten Ausgangsfällen (insb. von § 1) auffasst.[471] Der Erblasser hat in allen drei Fällen seinen Sklaven testamentarisch freigelassen (Stichus liber esto).[472] Im Ausgangsfall besteht kein Zweifel (nulla dubitatio est), dass der Erbe ihm zusätzlich 10 zahlen muss (heres meus decem dato), unabhängig davon, ob der Sklave schon zu Lebzeiten des Erblassers oder erst durch sein Testament freigelassen wurde. Auch die erste Formulierungsvariante in § 1 (cum liber erit) ist neutral formuliert und daher gleich zu behandeln. Zweifelhaft ist aber die Behandlung der zweiten Fallabwandlung in § 2 (si eum vindicta liberavero). Hier wird das Legat ausdrücklich mit einer manumissio vindicta[473] verknüpft. Die Legatsbedingung[474] kann damit durch eine testamentarische Freilassung[475] ex nimia suptilitate nicht erfüllt werden.[476] Pomponius spricht sich dennoch für die Wirksamkeit der Legatsbedingung auch bei testamentarischer Freilassung aus. Das Vermächtnis solle aus humanen Erwägungen dennoch so gelten, als wenn der Erblasser den Sklaven schon zu Lebzeiten freigelassen hätte (attamen humanitatis intuitu valebit legatum, [sicuti] si vivus eum manumiserit).[477]

Die unbestimmte Wertung humanitatis intuitu[478] deutet auf eine Korrektur zugunsten des aus dem Testament begünstigten Sklaven (favor legatarii) hin.[479]

---

471 Auch Palma, Humanior Interpretatio, S. 29 f. stellt das Fragment daher im Zusammenhang vor.

472 Am Ende von § 2 muss man daher wohl „[sicuti] si vivus eum manumiserit" lesen, weil die Bedingung ansonsten dem Wortlaut nach („si eum vindicta liberavero") eingetreten ist. Dazu näher weiter unten im Text.

473 Der Streit über Ursprung und Rechtsnatur der manumissio vindicta muss hier nicht geführt werden. Vgl. als Einführung in die Problematik Kaser, RPR I, S. 116, insb. Fn. 9, S. 294.

474 Wenn ich Stichus vorher freigelassen haben werde, soll mein Erbe ihm 10 geben.

475 Wenn ich sterbe, soll Stichus frei sein.

476 Die Bedingung sei in diesem Fall eigentlich unabhängig vom Testament und daher unwirksam (separatum est a testamento). Diese Formulierung macht deutlich, dass die Freilassung testamentarisch erfolgt sein muss.

477 Für eine Ergänzung von „sicuti" spricht auch die Verwendung der Verbform „manumiserit" im Konjunktiv Perfekt. Pomponius will hier lediglich klarstellen, dass die gleiche Rechtsfolge eintritt, die im Falle einer Freilassung zu Lebzeiten evident *wäre*. Hätte er diesen Fall tatsächlich zu behandeln, müsste er nicht mittels unbestimmter Wertung korrigieren.

478 Der Halbsatz „licet...attamen..." wurde, wie die unbestimmte Wertung, pauschal Justinian zugeschrieben, vgl. Ferrini, Bull. 14 (1901), S. 215 f.; Honoré, in FS für Schiller, S. 111; Krüger, SZ 19 (1898), S. 20; Karabélias, RH 65 (1987), S. 469. Dagegen spricht wiederum der Umstand, dass sich die Verwendung des unbestimmten Wertungsbegriffs in den fortlaufenden Text sinnvoll einfügt. Nach Darstellung der verschiedenen Sachverhalte unter pr. sowie 1. und 2. drängt sich die Korrektur sogar auf, weil die gegenteilige Meinung eine sinnlose Förmelei darstellen würde.

Auch die Tatsache, dass dem Willen des Erblassers vollends entsprochen wird (favor voluntatis testatoris), steht dem nicht entgegen.[480] Die Entscheidung liegt damit auf einer Linie mit Pomp. (12 epist.) D. 35. 1. 112. 2 und Pomp. (6 ad Sab.) D. 35. 5. 8. 2.

2. Der favor heredis legitimi – Ulp. (39 ad ed.) D. 37. 4. 3. 9

Der schon oben[481] erwähnte favor heredis legitimi lässt sich auch als Wertungsgesichtspunkt bei Entscheidungskorrekturen wiederfinden. So nimmt Ulpian im folgenden Fragment eine Korrektur vor, die den gesetzlichen Hauserben entgegen dem Testamentsinhalt bevorzugt. Der Erblasserwille spielt damit als Entscheidungskriterium offensichtlich keine Rolle. Der Fall zeigt deutlich, dass die Juristen der klassischen Periode auch zulasten des Erblasserwillens von gängigen Grundsätzen des Testamentsrechts abweichen.

> Ulp. (39 ad ed.) D. 37. 4. 3. 9
> Si pater alicuius pervenerit in adoptivam familiam, filius non, an patris sui in adoptiva familia mortui bonorum possessionem accipere possit? et arbitror humaniorem esse hanc sententiam, ut filius hic, quamvis non sit in eadem familia, in qua pater, ad bonorum possessionem tamen eius admittatur.

Ein Vater ist ohne seine Nachkommen von einem anderen pater familias adoptiert worden und anschließend verstorben. Sein Sohn, der vor der Adoption seines Vaters unproblematisch dessen gesetzlicher Erbe gewesen wäre, verlangt die bonorum possessio.[482] Eigentlich gehört er nicht (mehr) zur Familie des Erb-

---

479 Eher abwegig ist der favor libertatis als Wertungskriterium der Korrektur. Die Wirksamkeit der Freilassung steht schließlich außer Frage. So aber Boyer, RH 43 (1965), S. 402, Fn. 51, allerdings ohne Begründung.

480 Palma, Humanior Interpretatio, S. 30, insb. Fn. 18 hält den Erblasserwillen sogar für das entscheidende Wertungskriterium, bezieht sich dabei allerdings sehr pauschal auf die humanitas als ein allgemeines Entscheidungsmotiv der klassischen römischen Jurisprudenz.

481 Vgl. dazu im dritten Teil unter § 9 IV.

482 Eine Parallelstelle zu diesem Fragment ist Ulp. (35 ad Sab.) D. 37. 4. 17.

lassers.[483] Ein Intestaterbrecht scheidet damit aus.[484] Ulpian hält es aber für menschlicher, dem Sohn dennoch den Erbschaftsbesitz zukommen zu lassen.[485]

Als Wertungskriterium für diese Entscheidungskorrektur kommt eigentlich nur der favor heredis legitimi in Betracht.[486] Von einem Testament des Erblassers ist zwar nicht ausdrücklich die Rede. Jedoch ist die Grundvoraussetzung für den Erbschaftsbesitz contra tabulas,[487] dass der Erblasser testiert hat.[488] Allerdings sagt das Fragment nichts über den Inhalt des Testamentes aus. So kann wiederum nur aus der Tatsache, dass es um eine bonorum possessio contra tabulas geht, geschlossen werden, dass der Erblasser seinen leiblichen Sohn übergangen haben muss. Wen der Erblasser stattdessen eingesetzt hat und was der genaue Grund für die Übergehung des Sohnes war, kann nicht geklärt werden. Für die Feststellung des Entscheidungskriteriums der Korrektur spielt dies aber ohnehin nur eine untergeordnete Rolle. Ulpian will mit seiner Korrektur ausschließlich den leiblichen Nachkommen des Erblassers bevorzugen und entscheidet bewusst entgegen dem anders lautenden Testamentsinhalt. Wer durch die Bevorzugung des heres legitimus benachteiligt wird, ist nebensächlich.[489] Zur Begründung beruft sich

483 Der Sohn wurde mit der Adoption des Vaters zum extraneus. So auch Vacca, Bull. 80 (1977), S. 179 zu D. 37. 4. 17.

484 Das insofern einschlägige Fragment Paul. (2 ad Sab.) D. 38. 6. 4 sowie die allgemeine Erklärung bei Kaser, RPR I, S. 698 beziehen sich zwar nur auf den Fall, dass ein gewaltunterworfener Sohn durch adoptio in eine andere Familie übergegangen ist. Jedoch zeigen gerade D. 37. 4. 3. 9 und vor allem die in D. 37. 4. 17 referierte Auffassung Julians, dass die bonorum possessio intestati im Falle der Adoption des Vaters für nicht mit adoptierte Kinder erst recht nicht mehr in Frage kam.

485 In D. 37. 4. 17 schließt sich Ulpian der vorher wiedergegebenen Auffassung des Marcellus an und widerspricht damit Julian, der sich für eine formale Auslegung des Testamentsrechts ausspricht.

486 Dies gilt auch für D. 37. 4. 17. Die hier angegebene untechnische Begründung, dass dem Sohn ja ansonsten kein Vater bleibe (at pater se dat, nullum patrem filio adsignat), der sich Ulpian anschließt (non sine ratione), meint faktisch nichts anderes als dass dem Sohn ansonsten der ihm rechtmäßig zustehende Erbteil entgehen würde. Damit ist es verfehlt, mit Bergman, Adoptionsrecht, S. 74 f., eine unterschiedliche Begründung der beiden Fragmente zu vermuten. Der humanitas liegt eben doch eine tiefergehende Begründung (nämlich der favor heredis legitimi) zugrunde.

487 Dass es um eine bonorum possessio contra tabulas geht, ergibt sich aus der Parallelstelle D. 37. 4. 17 sowie der gleichnamigen Titelüberschrift für D. 37. 4.

488 Dies wird zwar ausdrücklich an keiner Stelle so erwähnt, ergibt sich aber schon sprachlich aus der Formulierung contra tabulas. Ein Erbschaftsbesitz kann nur wider den Testamentsinhalt verliehen werden, wenn es ein Testament mit anders lautendem Inhalt gibt. Für die Fälle, in denen der Erblasser nicht testiert hat, kommt nur die bonorum possessio intestati in Betracht. Zu den einzelnen Formen der prätorischen Erbfolge Kaser, RPR I, S. 697 ff.; 707 ff.; 719 f.

489 Nahe liegt allerdings, dass der Erblasser ein Mitglied seiner „neuen" Adoptivfamilie eingesetzt hat. Die Entscheidung für eine adoptio war in Rom oftmals von wirt-

Ulpian auf die humanitas.[490] Damit zeigt sich erneut auch ein sprachlicher Zusammenhang zwischen der Bevorzugung einer Einzelperson und dem unbestimmten Wertungsbegriff humanitas.[491]

3. Das ius hereditarium sepulchri für einen exheredatus – Ulp. (25 ad ed.) D. 11. 7. 6 pr.

Im folgenden Fragment Ulpians geht es um die Abgrenzung im römischen Grabrecht[492] zwischen Familiengräbern (familiaria sepulchra) und Erbgräbern (hereditaria sepulchra). Konkret wird der Anspruch eines (durch Testament) enterbten Familienmitgliedes auf einen Platz in dem für die Erben des Testators errichteten Grab behandelt. Die damit verbundene rechtliche Problematik liegt somit auf einer Schnittstelle zwischen Erb- und Familienrecht und ist nur aus einer Zeit heraus verständlich, in der „die Familie als geschlossener Rechts- und Sakralverband die bestimmende Rolle im Gemeinschaftsleben spielte“[493].

> Ulp. (25 ad ed.) D. 11. 7. 6 pr.
> Sed in utroque heredibus quidem ceterisque successoribus qualescumque fuerint licet sepeliri et mortuum inferre, etiamsi ex minima parte heredes ex testamento vel ab intestato sint, licet non consentiant alii. liberis autem cuiuscumque sexus vel gradus etiam filiis familiae et emancipatis idem ius concessum est, sive extiterint heredes sive sese abstineant. exheredatis autem, nisi specialiter testator iusto odio commotus eos vetuerit, humanitatis gratia tantum sepeliri, non etiam alios praeter suam posteritatem inferre licet. liberti autem nec sepeliri nec alios inferre poterunt, nisi heredes extiterint patrono, quamvis quidam inscripserint monumentum sibi libertisque suis fecisse: et ita Papinianus respondit et saepissime idem constitutum est.

---

schaftlichen Erwägungen geprägt, die sich aus dem Zusammenschluss mehrerer Familien und deren Vermögen ergaben.

490 Die Klassizität dieses unbestimmten Wertungsbegriffes wurde bereits oben dargelegt. An einer Interpolation von D. 37. 4. 3. 9 zweifelte sogar schon Krüger, SZ 19 (1898), S. 30; sich anschließend Riccobono, in Atti Verona II, S. 225, Fn. 46; für eine Interpolation aber ohne durchschlagende Argumente Bergman, Adoptionsrecht, S.74 f.; Beseler, Beitr. III, S. 40; Lanfranchi, diritto nei retori, S. 107; La Pira, successione ereditaria, S. 264, Fn. 1; Lavaggi, SDHI 12 (1946), S. 66, Fn. 47; Vacca, Bull. 80 (1977), S. 179 ff., 182, Fn. 57. Auch hier spricht die nahtlose Eingliederung der unbestimmten Wertung in den Textfluss für die Klassizität der Entscheidung. Es erscheint unglaubwürdig, dass die Kompilatoren in der kurzen Zeit, die ihnen für die Bearbeitung der einzelnen Fragmente zur Verfügung stand, eine solch logische Gedankenführung entworfen haben könnten.

491 So auch schon bei Pomp. (6 ad Sab.) D. 33. 5. 8. 2; Pomp. (12 epist.) D. 35. 1. 112. 2 und Pomp. (2 ad Sab.) D. 40. 4. 4. 2.

492 Allg. dazu de Dominicis, RIDA 13 (1966), S. 177 ff.; de Visscher, droit des tombeaux (1963); Kaser, SZ 95 (1978), S. 15 ff.; Lazzarini, sepulcra familiaria (1991); Mommsen SZ 16 (1895), S. 203 ff.; Voci, DER I, S. 322 ff.

493 Kaser, in SZ 95 (1978), S. 17 f.

Die Darstellung Ulpians wird nur durch den Zusammenhang mit einer davor wiedergegebenen Definition der unterschiedlichen Gräbertypen von Gaius verständlich:

Gai. (19 ad ed. provinc.) D. 11. 7. 5
Familiaria sepulchra dicuntur, quae quis sibi familiaeque suae constituit, hereditaria autem, quae quis sibi heredibusque suis constituit vel quod pater familias iure hereditario adquisiit.

Die mögliche Entscheidungskorrektur Ulpians bezieht sich auf enterbte Familienmitglieder (exheredatus), die humanitatis gratia dennoch in einem Erbgrab (hereditaria sepulchra) begraben werden können.

Diese auf den ersten Blick schon sprachlich widersprüchliche Entscheidung[494] wurde in der Literatur regelmäßig mit einer Interpolation begründet.[495] Die bei Ulpian aufgeführten Ausnahmeregelungen für filii familias, emancipati und exheredati würden schon begrifflich nicht zu den Erbgräbern passen und müssten daher für die vorher bei Gaius definierten Familiengräber gelten.[496] Sprachlich erklärt wurde dies damit, dass sich nach dem Zusammenfügen der beiden Fragmente das „sed in utroque" fehlerhaft nicht mehr nur auf die beiden mit „vel" verknüpften Unterfälle der hereditaria sepulchra (wie früher bei Ulpian), sondern auf die Unterscheidung zwischen Familien- und Erbgräbern beziehen würde.[497]

Diese Deutung ist aber keineswegs zwingend.[498] Die Unterbringung der Haussöhne, sowie der emanzipierten und enterbten Familienmitglieder in den Erbgräbern der Familie ist auch sinnvoll als Ausnahme des Grundsatzes „quae quis sibi

494 Unbestritten war, dass sowohl testamentarische als auch gesetzliche Erben einen Platz im Erbgrab erhalten sollten; so auch Mitteis, RPR I, S. 102 f., Fn. 22; Palma, Humanior Interpretatio, S. 132, Fn. 178. Die Zulassung von Enterbten widersprach dem Grundsatz jedoch diametral.

495 So insb. Albertario, Studi II, S. 5 ff., insb. 8 f., 18 ff.; Bonfante, Corso II. I, S. 45 ff.; de Dominicis, RIDA 13 (1966), S. 178 f.; de Visscher, droit des tombeaux, S. 124; Kaser, SZ 95 (1978), S. 38, 55 ff.; Lazzarini, sepulcra familiaria, S. 8 ff.; Mitteis, RPR I, S. 103, Fn. 22. Perozzi, Istituzioni I, S. 594, Fn. 3, II, S. 445 f., Fn. 3 will sogar die zweite Alternative des Erbengrabes (vel...adquisiit und in utroque) komplett streichen, wird dafür aber sogar von Kaser, SZ 95 (1978), S. 38, 55 ff gerügt („willkürlich").

496 Kaser, SZ 95 (1978), S. 38, 56 f.

497 de Visscher, droit des tombeaux, S. 124; Kaser, SZ 95 (1978), S. 38, Fn. 103; Mitteis, RPR I, S. 103, Fn. 22; anders Mommsen, SZ 16 (1895), S. 214 f.

498 Das „in utroque" kann sich auch nach dem Zusammenfassen der beiden Fragmente weiterhin nur auf die beiden Fälle der Erbgräber beziehen. Der Ductus der Stelle ist, wie man an der durchgängigen Differenzierung sepeliri / inferre erkennen kann, einwandfrei. Für die Klassizität spricht auch, dass der Gedankengang (Testamentserben – Intestaterben – Enterbte) logisch nachvollziehbar ist. Die unbestimmte Wertung humanitatis gratia passt zudem inhaltlich besonders gut. Sogar Krüger, SZ 19 (1898), S. 24 f. hielt sie hier für unbedenklich, obwohl er ansonsten nahezu alle humanitas-Wertungen in den Digesten als Interpolationen verdächtigte.

heredibusque suis“ denkbar. Über die besonders hervorgehobene Stellung der Haussöhne wurde schon an anderer Stelle gesprochen.[499] Die nicht an eine Erbschaftsannahme geknüpfte Aufnahme in ein Erbgrab unterstützt die dort erzielten Ergebnisse.[500] Auch die Aufnahme bereits emanzipierter Familienmitglieder ist nicht unlogisch, wenn man bedenkt, dass deren fehlende Erbenstellung regelmäßig darauf zurückzuführen ist, dass sie bereits vor dem Erbfall mit ihrem Erbteil abgefunden werden, ansonsten aber – insbesondere im Rahmen des sakral beeinflussten Grabrechts – eine den Erben gleichgestellte Position einnehmen sollen.[501]

Die dritte Ausnahme stellt begrifflich in der Tat einen Widerspruch zu dem vorher aufgestellten Grundsatz dar. Der sprachliche Widerspruch (heredibusque – exheredatis) dürfte auch der Grund dafür sein, warum Ulpian für diese Ausnahme zusätzlich die humanitas als unbestimmten Wertungsbegriff heranzieht. Die beiden anderen Ausnahmen waren zwar inhaltlich erklärungsbedürftig, jedoch sprachlich zumindest vereinbar mit der Ausgangsposition.[502] Inhaltlich kann man allerdings auch für die mit der humanitas begründete Korrekturentscheidung eine Erklärung finden. Ulpian verdeutlicht sie mit der zusätzlich gemachten Einschränkung „nisi specialiter testator iusto odio commotus eos vetuerit“.

Auch diesen Erklärungsansatz hat schon Kaser[503] erkannt. Dennoch bleibt er im Ergebnis bei seiner Interpolationsvermutung, weil sich ansonsten „das Verhältnis von Regel und Ausnahme in D. 11. 7. 6 pr. umkehre“. Man kann in den gemachten Ausnahmen aber auch einfach die logische Umsetzung des geltenden Erbrechts sehen, zumal die gemachten Einschränkungen alle sinnvoll aus vorhandenen Grundsätzen ableitbar sind. Nur diejenigen enterbten Familienmitglieder haben Anspruch auf einen Platz im Erbgrab, denen es nicht ausdrücklich und aus gerechtem Zorn vom Erblasser verboten wurde.

Damit spielt Ulpian auf einen schon früher vollzogenen Wandel in der Praxis bei Enterbungen an, der zu einer Stärkung der Testierfreiheit führte. Durch das allmähliche Zurückdrängen der bäuerlichen Einzelwirtschaft und das Aufkommen der Kapitalwirtschaft zum Ausgang der Republik weicht die auf Familienmitglieder beschränkte Alleinerbfolge der Möglichkeit, nunmehr auch einen oder

---

499 Vgl. dazu oben unter § 11 III. 2.

500 Dagegen wendet Kaser, SZ 95 (1978), S. 56 ein, dass Hauskinder die Erbschaft nur ihrem Gewalthaber erwerben könnten. Ich sehe darin aber keinen Grund, ihnen zwingend einen Platz im Erbengrab des pater familias versagen zu müssen.

501 Selbst Kaser, SZ 95 (1978), S. 56 gesteht ein, dass die Ausnahme unter der Bedingung, dass „die bonorum possessio intestati auch im Grabrecht der zivilen Erbfolge gleichgestellt wäre“, jedenfalls nicht auszuschließen sei.

502 Es handelte sich bei diesen Ausnahmetatbeständen also nicht um formal dem Grundsatz widersprechende Entscheidungskorrekturen. Ulpian hielt es nicht einmal für erforderlich, zur Begründung eine unbestimmte Wertung heranzuziehen.

503 SZ 95 (1978), S. 56, Fn. 189.

mehrere familienfremde Erben mit einzusetzen.[504] Damit einher geht eine Zurückbildung der Familiengräber gegenüber den Erbgräbern, die schließlich vollständig in ihnen aufgehen.[505] Als Folge davon haben Enterbungen von Familienmitgliedern nicht mehr ausschließlich die Funktion des Erhalts eines einheitlichen Vermögens zur Sicherung von Haus und Familie.[506] Sie fungieren stattdessen als Bestrafung[507] desjenigen, der sich gegenüber dem Erblasser als erbunwürdig erwiesen hat. Weil sich der Enterbte daher regelmäßig dem Vorwurf eines ehrenrührigen Sittenverstoßes ausgesetzt sieht, werden Enterbungen üblicherweise nur dann von der Bürgergemeinschaft akzeptiert,[508] wenn sie non mala mente[509] oder eben iusto odio commotus[510] getroffen worden sind. In diesen Fällen wurde die Enterbung nicht sittlich missbilligt, weil die Ächtung durch die Bürgergemeinde entweder (weil iusto odio commotus) berechtigt war oder aber (weil non mala mente) erst gar nicht im Raum stand, da die nachvollziehbare Entscheidung des Erblassers den Erben nicht in den Verdacht eines unehrenhaften Verhaltens brachte.

Ein weiterer Beleg für diese differenzierende Behandlung von Enterbungen im Grabrecht findet sich in Pap. (13 quaest.) D. 37. 10. 11.[511] Durch die von Ulpian

---

504 Dazu ausführlich Kaser, RPR I, S. 703 ff.

505 Diese Entwicklung wird durch mehrere überlieferte Grabinschriften belegt, vgl. CIL 6, 12064, 14929; Erstreckung auf Erben und ihre Nachkommen in CIL 6, 15840; 6, 24353; 8, 7543; 10, 4267.

506 Dass der Gedanke der Familienkontinuität im römischen Erbrecht auch an anderer Stelle eine Rolle spielte, hat bereits Waldstein, operae libertorum, S. 343 f. für den Übergang der Patronatsrechte gezeigt.

507 Zum Strafcharakter der Enterbungen auch Woeß, röm. Erbrecht, S. 174 ff.

508 Eine grundlose Enterbung wurde zunächst nur sittlich missbilligt und war erst später nach der Einrichtung der querela inofficiosi testamenti rechtlich verfolgbar; dazu ausführlich (m. w. N.) Kaser, RPR I, S. 709 ff. Freilich schließt dieser anfängliche Mangel an durchsetzbaren Rechtsfolgen die Annahme rechtlicher Differenzierungen im Grabrecht, wo der Sitte ohnehin ein hoher Stellenwert eingeräumt wurde, nicht aus.

509 So in Tryph. (13 disp.) D. 27. 10. 16. 2; Ulp. (57 ad ed.) D. 28. 2. 18; Ulp. (44 ad ed.) D. 38. 2. 12. 2; Diocl. C. 3. 28. 25; dazu auch Voci, DER II, S. 677 f. Hauptfall der exheredatio non mala oder bona mente war die Enterbung des Minderjährigen, die den Zweck hatte, den Unmündigen vor seinen eigenen Verwandten zu schützen.

510 Vglb. Fälle bei Paul. (15 quaest.) D. 45. 1. 132 pr.; Paul. (lib. sing. de port.) D. 48. 20. 7 pr.; Diocl. C. 3. 28. 22 ; dazu Voci, DER II, S. 678, Fn. 39.

511 *Cum sine beneficio praetoris qui patitur controversiam filius heres esse potest, forte quia scriptus est, edicto carboniano locus non est: ac similiter cum certum est, quamvis filius sit, eum tamen heredem non fore, veluti si Titio herede instituto postumus aut impubes exheredatus negetur filius. nec ad rem pertinet, quod interest illius in quibusdam filium esse, veluti propter fratris ex alia matre nati bona vel iura libertorum et sepulchrorum: istos enim casus ad carbonianum constat non pertinere.*
Die Ausführungen zum edictum Carbonianum können außer Betracht bleiben. Entscheidend ist, dass auch hier einem enterbten Sohn das ius sepulchri zugesprochen

gemachte Ausnahme wird diese Differenzierung noch weiter ausgestaltet. Derjenige Erbe, der bona mente enterbt wurde, sich also keines unehrenhaften Verhaltens schuldig gemacht hat, soll, obwohl die Regel dagegen spricht,[512] aus humanen Erwägungen dennoch einen Platz im Erbgrab erhalten.[513] In diesem Zusammenhang von einem favor exheredati zu sprechen, würde sicher zu weit gehen. Dennoch steht das Fragment stellvertretend für den Versuch, die formalen Schranken einer eindeutigen Regelung zugunsten der negativ davon betroffenen Einzelperson zu korrigieren.

IV. Entscheidungskorrekturen zugunsten mehrerer Wertungsgesichtspunkte

Während man sich bei den bisherigen Entscheidungskorrekturen noch mit ziemlicher Sicherheit auf jeweils ein entscheidendes Hauptkriterium für die unbestimmte Wertung festlegen konnte, fällt die genaue Zuordnung zu einem einzigen Wertungsgesichtspunkt bei den folgenden Fragmenten schwerer. Zwar wird in allen Fällen wiederum zumindest teilweise der im jeweiligen Testament zum Ausdruck kommende Erblasserwille berücksichtigt (favor voluntatis testatoris), hinzu kommen jedoch jeweils einer oder mehrere weitere Gründe, die als gleichwertiges Entscheidungskriterium eine Rolle gespielt haben können.

1. favor voluntatis testatoris, favor heredis instituti / legatarii und favor dotium – Ulp. (23 ad Sab.) D. 35. 1. 10 pr.

Besonders schwierig gestaltet sich beispielsweise die Zuordnung bei dem folgenden Fragment von Ulpian. Die Entscheidung bevorzugt hier die vom Erblasser durch Legat eingesetzte Erbin, so dass man neben dem favor voluntatis testa-

---

wird. Die Formulierung schafft aber keine Klarheit darüber, ob es um ein Familien- oder ein Erbgrab geht. Ähnlich Palma, Humanior Interpretatio, S. 134 ff.; Kaser, SZ 95 (1978), S. 57, Fn. 190, der immerhin eingesteht, dass das ius sepulchri in D. 37. 10. 11 jedenfalls nicht notwendig auf das Familiengrab zu beziehen sei; anders Voci, DER I, S. 324, Fn. 7: Familiengrab. Jedenfalls zeigt das Fragment, dass die Enterbung nicht zwangsläufig einen Verlust aller sich aus der Zugehörigkeit zur Familie ergebenden Rechte zur Folge haben musste.

512 Für den exheredatus non mala mente ergibt sich die Notwendigkeit des Rekurses auf die humanitas vielleicht zusätzlich daraus, dass der meist mit einem Universalfideikommiss bedachte exheredatus bona mente nach Paul. (20 ad ed.) D. 36. 1. 43. 1 nicht in den Genuss der iura sepulchrorum kam.

513 Ähnlich Palma, Humanior Interpretatio, S. 135 f.
Konsequent zu Ende gedacht, müsste dies auch für die Fälle gelten, in denen eine Enterbung weder bona mente noch iusto odio commotus erfolgte. Sie müssten ebenfalls einen Platz im Erbgrab erhalten. Erklärt werden könnte dies vielleicht damit, dass sie durch die querela inofficiosi testamenti am Nachlass partizipieren und darum den Erben gleichzustellen sind.

toris auch einen favor heredis instituti oder legatarii und sogar einen favor dotis vermuten kann. Hinzu kommt, dass die vom Erblasser vorgesehene Bedingung der Förderung der agusteischen Ehegesetze gedient haben könnte.

Ulp. (23 ad Sab.) D. 35. 1. 10 pr.
Haec condicio „filiae meae cum nupserit" talis est, ut qui testatus est impleri solummodo condicionem voluerit, non satis egerit quando: et ideo et si vivo testatore nupserit post testamentum factum, inpleta condicio videtur, praesertim cum condicio haec talis est, ut semel impleri debeat. sed enim non omnes coniunctiones implent condicionem: puta enim nondum nubilis aetatis in domum mariti deducta non paruit condicioni. sed et si ei coniuncta sit, cuius nuptiis ei interdictum sit, idem dicemus. an tamen nubendo postea parere condicioni possit, quasi non nupserit, dubitari potest: et si testator de primo nuptiali iugo sensit, puto defectam condicione: benigne tamen dicendum est nondum impletam condicionem defectam.

Die Testamentsbedingung „filiae meae cum nupserit" ist auf eine einmalige Handlung[514] der potenziellen Erbin (ihre Heirat) ausgerichtet. Dass dennoch auch hier dem Willen des Erblassers entsprochen wird, zeigt schon die Formulierung im ersten Satz „talis est [...] condicionem voluerit, non [...] quando". Es geht dem Testator nur darum, dass die Bedingung erfüllt wird, nicht aber darum, wann dies geschieht. Alle folgenden Ausführungen ergeben sich zumindest mittelbar aus dieser Prämisse.[515] So ist die Bedingung auch dann erfüllt, wenn die Tochter bereits zu Lebzeiten des Testators heiratet. Die daraufhin aufgezählten Beispiele dienen der Abgrenzung. Ulpian schildert, in welchen Fällen es sich aus seiner Sicht nicht um eine für den Bedingungseintritt ausreichende Verbindung (coniunctio) handelt. Nicht ausreichend sei es, wenn die Tochter bei ihrer Heirat noch nicht nubilis aetatis – also im heiratsfähigen Alter – sei oder etwa dann, wenn ihr die Ehe mit einem bestimmten Mann gänzlich untersagt sei.[516]

Problematisch ist aber eigentlich nur die Fallvariante, dass die Tochter zunächst eine unwirksame Ehe schließt, später aber eine zweite wirksame Ehe eingeht. Ulpian subsumiert zunächst unter die zuvor aufgestellten Voraussetzungen und kommt folgerichtig zu dem Ergebnis, dass die Testamentsbedingung nicht wirksam eingetreten sei, wenn die Bedingung des Erblassers sich zwingend auf die erste Verbindung seiner Tochter beziehen sollte.[517] Gleichwohl will er die

---

514 condicio haec talis est, ut semel impleri debeat.

515 Dies zeigt sprachlich schon die Einleitung „et ideo".

516 Es gab drei Hauptfälle für Eheverbote: Das Inzestverbot (nefariae nuptiae, Gai. 1, 59, 64) zwischen Verwandten, das Verbot der Polygamie und das Eheverbot mangels conubium, einer vom Personenstand abhängigen Ehefähigkeit, das über Personenstandsgrenzen hinausgehende Ehen (hauptsächlich zwischen Sklaven und Freigeborenen) untersagte; vgl. dazu Kaser, RPR I, S. 75.

517 Für den Fall, dass der Erblasser sich eindeutig dahingehend geäußert haben sollte, dass es ihm nur um eine wirksame Ehe (von beliebig vielen) ginge, die seine Tochter irgendwann einmal eingehen würde, ist die Lösung unproblematisch. Diese Bedingung wäre eingetreten. Zumeist wird der Wille des Erblassers jedoch nicht in sol-

Bedingung wohlwollend nachträglich als erfüllt ansehen.[518] Damit korrigiert Ulpian den zuvor aufgestellten Grundsatz „semel impleri debeat" dahingehend, dass auch eine zweite Ehe – trotz abweichenden Erblasserwillens – ausreichend ist, um ihren Eintritt herbeizuführen. Welches für ihn das entscheidende Kriterium für die Korrektur war, kann nur schwer festgestellt werden. Der Wille des Erblassers kommt als alleinige Entscheidungsgrundlage nicht in Betracht, da es dem Erblasser beim Verfassen der Bedingung gerade darauf ankam, dass die erste Ehe seiner Tochter wirksam ist. Die Bedingung sollte nur mit dem wirksamen Eingehen der ersten Ehe eintreten. Kommt der Wille des Erblassers somit als alleiniges Korrekturkriterium nicht in Betracht, kann darin nur eine Bevorzugung derjenigen Person zu sehen sein, die durch den Eintritt der Bedingung profitiert. Dies wird im Regelfall die Tochter selbst, bzw. ihr Ehemann[519] sein.[520] Man könnte daher sogar aufgrund der mitgiftähnlichen Funktion der Erbschaft an den favor dotis[521] als Korrekturgrund denken. Jedenfalls würde aber die Tochter als durch Legat eingesetzte Erbin (favor heredis instituti / favor legatarii)[522] profitieren. Ein weiteres Korrekturkriterium könnte in der Umsetzung der lex Iulia et Papia zu sehen sein.[523] Nach diesem Gesetz waren jegliche Ehehindernisse und damit insbesondere Bedingungen, welche die Eingehung einer Ehe erschwerten, unwirksam. Eine solche Bedingung lag hier aber gerade nicht vor: Die Tochter musste heiraten, um das Legat zu erhalten. Das bedingte Legat war also sogar ein zusätzlicher Anreiz, eine Ehe einzugehen. Damit entsprach die Gewährung des Legats trotz der nicht wortwörtlichen Erfüllung der Bedingung der „sententia legis, quod omnino nuptiis impedimentum inferatur". [524]

Eine Entscheidung darüber, welcher der in Betracht kommenden Korrekturgründe für Ulpian letztlich erheblich war, kann auch hier[525] nicht verbindlich getroffen werden. Denkbar ist aber auch, dass sich Ulpian von mehreren Gründen leiten ließ. Benigne wäre die Entscheidung dann in diesem Fall, weil sie den vom Erblasser intendierten Anreiz zur Eingehung einer Ehe, der zudem der a-

---

chem Maße eindeutig feststellbar sein, so dass Ulpian eine Lösung auch für den Fall darlegen musste, in dem der Erblasser darauf pochte, dass die erste Verbindung seiner Tochter wirksam sein musste.

518 Den Sachverhalt gibt auch Palma, Benignior Interpretatio, S. 132 in ähnlicher Weise wieder.

519 Für den Fall einer manus-Ehe.

520 Weil die Bedingung mit einem Legat verknüpft sein dürfte, das der Tochter für den Fall ihrer Heirat einen Teil des väterlichen Erbes zuspricht.

521 Zum favor dotis vgl. weiter unten bei § 13 I. 1.

522 Zu eindeutigen Auslegungsentscheidungen zugunsten von Testamentserben vgl. oben unter § 9 III. und IV.

523 Vgl. dazu schon oben bei Fn. 387 ff. bei Pomp. (8 ad Sab.) D. 30. 54. 1.

524 Vgl. Pap. (18 quaest.) D. 35. 1. 72. 4; dazu ausführlich Staffhorst, Teilnichtigkeit, S. 233 ff.

525 Die Entscheidung ist sogar, mangels sprachlichen Ansatzpunktes, noch offener als bei Iul. (2 ad Urs. Fer.) D. 40. 4. 18. 1 (dazu oben unter § 11 I. 3.).

gusteischen Ehegesetzgebung entsprach unter Berücksichtigung der Interessen der durch Erbeinsetzung oder Legat bedachten Tochter (favor heredis instituti / favor legatarii) und ihres Ehemannes (dotale Wirkung / favor dotis) verwirklicht.

2. *favor voluntatis testatoris und favor uxoris – Iul. (29 dig.) D. 28. 2. 13 pr.*

Den folgenden Fall entscheidet Julian unter Berufung auf die humanitas. Nach den bisherigen Erkenntnissen legt dies die Bevorzugung einer Einzelperson nahe. Dennoch kommt zunächst wiederum der favor voluntatis testatoris als Entscheidungskriterium in Betracht.

Iul. (29 dig.) D. 28. 2. 13 pr.
Si ita scriptum sit: "si filius mihi natus fuerit, ex besse heres esto: ex reliqua parte uxor mea heres esto. si vero filia mihi nata fuerit, ex triente heres esto: ex reliqua parte uxor heres esto", et filius et filia nati essent, dicendum est assem distribuendum esse in septem partes, ut ex his filius quattuor, uxor duas, filia unam partem habeat: ita enim secundum voluntatem testantis filius altero tanto amplius habebit quam uxor, item uxor altero tanto amplius quam filia: licet enim suptili iuris regulae conveniebat ruptum fieri testamentum, attamen cum ex utroque nato testator voluerit uxorem aliquid habere, ideo ad huiusmodi sententiam humanitate suggerente decursum est, quod etiam Iuventio Celso apertissime placuit.

Der Erblasser hat in seinem Testament nur zwei denkbare Fälle, nämlich die Geburt eines Sohnes oder die Geburt einer Tochter berücksichtigt (si filius mihi natus fuerit.....si vero filia mihi nata fuerit). Eingetreten ist aber der Fall, dass er sowohl einen Sohn als auch eine Tochter hinterlässt (et filius et filia nati essent). Das Testament ist damit suptilitate iuris[526] wegen Fehlens einer heredis institutio für den Fall filius et filia nichtig[527] (licet enim suptili iuris regulae[528] conveniebat ruptum fieri testamentum).[529] Julian löst den Fall jedoch anders und befürwortet

526 Zur suptilitas vgl. schon oben im ersten Teil unter § 3 IV. 3. sowie noch weiter unten im fünften Teil unter § 15 II 4.

527 Zur Nichtigkeit eines Testaments mangels Erbeinsetzung, vgl. nur Gai. 2, 229; Kaser, RPR I, S. 686 ff.

528 Bei der suptili iuris regulae handelt es sich nach zutreffender Analyse von Schmidlin, in FS für Kaser, S. 100 f. nicht lediglich um eine standardisierte Auslegungsregel, sondern um den schon auf Gaius zurückgehenden zwingenden Nichtigkeitsgrund wegen Formmangels. Anders noch Nörr, SZ 89 (1972), S. 41, Fn. 82.

529 Das Fragment wurde in der Literatur bis auf die pauschalen Verdächtigungen der Formulierung licet...attamen (vgl. dazu Archi, SZ 87 (1970), S. 39, Fn. 54; Ferrini, SDHI 46 (1980), S. 214 f.; Honoré, in FS für Schiller, S. 112; Karabelias, RH 65 (1987), S. 469), sowie der humanitas als Wertungsbegriff der klassischen Jurisprudenz überwiegend für klassisch gehalten. So etwa d'Ors, Questiones, S. 122 f.; Wieacker, Textstufen, S. 388, Fn. 309 c); auch Nörr, Rechtskritik, S. 114 f. und Hausmaninger, in Boston University Law Review 61 (1981), S. 1150 f., insb. Fn. 67, welche die humanitas allerdings als ein Wort auffassen wollen, das lediglich dem Sprachschatz von kaiserlichen Konstitutionen zugänglich war. Dem schließt sich auch

im Anschluss an Celsus[530] eine Aufteilung der Erbschaft in sieben Teile. Die für beide vom Erblasser vorgesehenen Fälle ebenfalls berücksichtigte Ehefrau soll nicht leer ausgehen (attamen cum ex utroque nato testator voluerit uxorem aliquid habere). Die Aufteilung der Erbteile erfolgt gestaffelt, so dass der filius den doppelten Teil seiner Mutter (altero tanto amplius habebit quam uxor) und diese zugleich den doppelten Erbteil der Tochter erhält (item uxor altero tanto amplius quam filia).[531] Ob Julian sich bei seiner Entscheidung aber tatsächlich, wie es der zweifache wörtliche Bezug (secundum voluntatem testantis / testator voluerit) nahe legt, allein am Willen des Erblassers orientierte, erscheint fraglich. Daneben kommt nämlich, meines Erachtens, ein weiterer Gesichtspunkt zum Tragen, der sich insbesondere durch einen Blick auf die drohende Rechtsfolge des Nichtigkeitsgrundes erkennen lässt.[532] Die Nichtigkeit des Testaments würde eigentlich zur Intestaterbfolge[533] führen. Damit wären alle sui heredes zu gleichen Teilen nebeneinander berufen. Im vorliegenden Fall würden also beide Kinder des Erblassers sowie die uxor, wenn sie zum Zeitpunkt des Todes in manu gewesen wäre, jeweils zu gleichen Teilen erben. Im Vergleich zur Aufrechterhaltung des Testaments würde damit eine nicht unerhebliche Verschiebung der einzelnen Erbanteile stattfinden, die sich entweder zulasten des Sohnes oder zulasten der uxor, wenn sie nicht in manu und damit faktisch enterbt war, auswirken würde. Die von Julian in einem Nebensatz am Ende des Fragments gewählte Formulierung testator voluerit uxorem aliquid habere legt insbesondere die Deutungsvariante einer Ehefrau nahe, die nicht in manu war. Vielleicht hat sich Julian also bei seiner Korrektur nicht lediglich am Willen des Testators orientiert,[534] sondern

---

Bund, Labeo 35 (1989), S. 110 an. Anders Robbe, postumi nella successione, S. 190 und Schmidlin, in FS für Kaser, S. 100, Fn. 24, den die von Krüger, SZ 19 (1898), S. 23 gerügten sprachlichen Mängel überzeugen. Lombardi, Bull. 66 (1963), S. 74, Fn. 78 und Voci, DER II, S. 137, Fn. 16; S. 919, Fn. 13 schließen sich der Interpolationsvermutung an, sehen aber in dem Text ein weitergehendes Verständnis der beiden Juristen für eine humanitas-Auslegung angedeutet.

530 Auch in der Bezugnahme auf den jüngeren Celsus wurde eine Überarbeitung durch Tribonian gesehen, weil Julian diesen an sonst keiner Stelle zitiert; so insb. Honoré, in FS für Schiller, S. 112. Dies kann aber auch an der Unvollständigkeit des überlieferten Quellenmaterials liegen. Es ist jedenfalls kein durchgreifendes Argument ersichtlich, warum Julian nicht auch seinen Zeitgenossen Celsus als Mitstreiter für die von ihm präferierte Korrekturentscheidung anführen sollte.

531 Der Sohn erhält also vier Erbteile, die Mutter zwei, die Tochter einen; ebenso auch d`Ors, Questiones, S. 122.

532 Dies übersieht Palma, Humanior Interpretatio, S. 25, wenn er Julian unterstellt, dass dieser bei seiner Korrektur allein „la sostanza della volontà del testatore“ berücksichtigen wollte.

533 Zur Intestaterbfolge Kaser, RPR I, S. 695 ff.

534 Schließlich fehlte für den eingetretenen Fall filius et filia nati tatsächlich eine eindeutige Willensäußerung des Erblassers. Die Verknüpfung der beiden Willensäußerungen für den Fall der Geburt des Sohnes einerseits und der Tochter andererseits ist

entschied zumindest auch „humanitate suggerente“ zugunsten der Ehefrau[535] (favor uxoris[536]), die für den Fall der Unwirksamkeit des Testaments leer ausgegangen wäre.[537] Wie schon gezeigt wurde, legt auch die Wortwahl Julians nahe, dass der favor voluntatis testatoris zumindest nicht alleinentscheidend für die hier vorgenommene Korrektur war. Mit der humanitas wurde eine Entscheidung insbesondere dann begründet, wenn sie die Bevorzugung einer Einzelperson zum Ziel hatte, die sich berechtigte Hoffnungen auf einen Teil der Erbschaft machen konnte.[538] Etwas anderes ergibt sich auch im Hinblick auf die methodische Vorgehensweise nicht durch einen Vergleich mit den beiden oben[539] besprochenen Fällen Pap. (5 resp.) D. 28. 3. 17 und Ulp. (4 disp.) D. 28. 3. 12 pr., der in der Literatur schon mehrfach angestellt wurde.[540] Bei diesen allerdings nicht sehr detaillierten Interpretationsansätzen verkannten die Autoren jedoch, dass erbrechtliche Erwägungen bei den Entscheidungen Papinians und Ulpians nicht die entscheidende Rolle spielten. Anders als Ulpian und Papinian nimmt Julian hier nämlich keine am Zweck des in Frage stehenden Nichtigkeitsgrundes orientierte

letztlich nicht zwingend. Dies störte schon Robbe, postumi nella successione, S. 190 ff., veranlasste ihn jedoch nur dazu, das Fragment für insgesamt unecht zu halten.

535 Ähnlich auch d`Ors, Questiones, S. 123.

536 Vgl. dazu nur Wieling, Testamentsauslegung, S. 26 f.; Woeß, röm. Erbrecht, S. 45 ff.

537 Dies erwägt auch Nörr, Rechtskritik, S. 114 f., kommt allerdings im Folgenden wieder davon ab und will die Stelle als Beispiel der „billigenden Übernahme des – das ius durch die aequitas berichtigenden – Kaiserrechts von Seiten der Jurisprudenz“ verstehen; ihm folgend Bund, Labeo 35 (1989), S. 110; Hausmaninger, in Boston University Law Review 61 (1981), S. 1151; ders, in IURA 35 (1984), S. 42 f. Die zur Untermauerung dieser These herangezogenen Fragmente Marcell. (29 dig.) D. 28. 4. 3 pr. (hier zitiert Nörr, Rechtskritik, S. 115, Fn. 84 fälschlicherweise Antoninus Pius; die Entscheidung stammt aber von Mark Aurel; näheres zu diesem Fragment unten bei § 11 V.) und Pap. (6 resp.) D. 29. 2. 86 pr. (näheres dazu unter § 11 IV. 3. c.) können aber ebenso gut als Beispiele der Entscheidungskorrektur durch die klassische römische Jurisprudenz aufgefasst werden. Die Tatsache, dass Julian in D. 28. 2. 13 pr. nicht ausdrücklich auf eine Kaiserkonstitution Bezug nimmt, spricht wohl eher für eine nicht-kaiserliche Urheberschaft. Das zur Vermutung einer Beratung im consilium herangezogene Celsuszitat, könnte auch nachträglich als Verstärkung eingefügt worden sein. So Schindler, SZ 74 (1957), S. 204, Fn. 7; Schmidlin, in FS für Kaser, S. 100, Fn. 24 und auch Hausmaninger noch auf dem 21. Rechtshistorikertag in Linz (1976), zitiert nach Schiemann, SZ 94 (1977), S. 547. Zu weit geht dagegen die Analyse von Scarano Ussani, L`utilità e la certezza, S. 140 ff., der an Hand des Fragments methodische Unterschiede zwischen den beiden Juristen aufzeigen will; kritisch dazu auch schon Bund, Labeo 35 (1989), S. 110 und Cerami, Labeo 35 (1989), S. 119.

538 Vgl. dazu die schon oben unter § 11 III. besprochenen Fragmente Pomp. (6 ad Sab.) D. 33. 5. 8. 2; Pomp. (12 epist.) D. 35. 1. 112. 2 und Pomp. (2 ad Sab.) D. 40. 4. 4. 2.

539 Siehe unter § 11 II.

540 So beispielsweise von Palma, Humanior Interpretatio, S. 25, Fn. 9 und Scarano Ussani, L`utilità e la certezza, S. 147, Fn. 146.

Einschränkung, sondern eine echte Entscheidungskorrektur vor. Während bei D. 28. 3. 12 pr. das von Ulpian erwünschte Ergebnis durch eine einschränkende Auslegung des Nichtigkeitsgrundes erreicht werden konnte, ist dies im vorliegenden Fall nicht mehr möglich. Julian nimmt bei D. 28. 2. 13 pr. eine echte Entscheidungskorrektur vor, wenn er den Nichtigkeitsgrund humanitate suggerente außer Kraft setzt. Mit diesem konstruktiven Unterschied geht auch eine andere Bewertung des für Julian maßgeblichen Entscheidungsmotivs einher.

3. favor voluntatis testatoris und Bevorzugung einer Einzelperson

Auch bei den nächsten drei Fragmenten kommt als Entscheidungsmotiv neben dem favor voluntatis testatoris die Bevorzugung der potenziell aus der Erbschaft profitierenden Einzelpersonen in Betracht. Hinzu kommt, dass der favor voluntatis testatoris als Wertungskriterium durch die besondere gesellschaftliche Stellung des Erblassers etwas überlagert wird. In den ersten beiden Fragmenten wird die Unsicherheit darüber, welches Motiv entscheidend gewesen sein könnte, zusätzlich dadurch verstärkt, dass (im Gegensatz zu D. 28. 2. 13 pr.) nicht ausdrücklich erwähnt wird, wer durch die Aufrechterhaltung der Verfügung des Erblassers profitiert, zu wessen Gunsten also human entschieden wird.

a. Paul. (8 quaest.) D. 29. 1. 38. 1

Miles testamentum fecerat, deinde non ignominiae causa missus rursum cinctus est in alia militia: quaerebatur, an testamentum eius, quod in militia fecerat, valeret. quaesivi, utrum iure militari an communi iure testatus est. et si quidem communi iure testatus est, nulla dubitatio est, quin valeat. sed si ut miles fecisset testamentum, agitare coepi, quando adsumptus fuisset, postquam desiit in numeris esse, utrum intra annum an post annum: cognovi intra annum eum adsumptum. ergo si, cum adhuc iure militari valeret, rursus eodem iure posset testari, numquid etiam post annum eo mortuo valeat testamentum? me movebat, quod alia militia est posterior: sed humanius est dicere valere testamentum, quasi coniuncto munere militiae. non loquor de eo, qui voluit valere testamentum etiam adsumptus: hic enim quasi in militia sequenti fecit testamentum exemplo eius, qui paganus fecit, deinde militare coepit.

Im ersten Fall D. 29. 1. 38. 1 geht es um ein Soldatentestament, welches der Schreiber während einer ersten Militärdienstzeit aufgesetzt hatte. Nach seiner Entlassung war der Soldat dann noch innerhalb eines Jahres zu einer zweiten Militärdienstzeit herangezogen worden und starb schließlich mehr als ein Jahr nach der Errichtung seines Testaments. Paulus lässt das Testament des Soldaten[541] auch noch für die zweite Dienstzeit gelten, obwohl der Testator in der zwischen den beiden Dienstzeiten liegenden Periode nicht fähig war, ein solches

541 Ein Soldat konnte sowohl nach ius commune als auch unter erleichterten Voraussetzungen iure militari testieren. Paulus grenzt zunächst den unproblematischen Fall ab, in dem der Soldat nach ius commune testiert hat (et si quidem communi iure testatus est, nulla dubitatio est, quin valeat.).

Soldatentestament[542] zu errichten. Formal wäre das einmal verfasste Soldatentestament mit Beendigung des Militärdienstes spätestens nach einem Jahr unwirksam geworden.[543] Zudem wäre, was ebenfalls nicht erfolgt ist, der Soldat dazu in der Lage gewesen, seinen Testierwillen im Rahmen der zweiten Dienstzeit zu erneuern (non loquor de eo, qui voluit valere testamentum etiam adsumptus).[544] Paulus will sich aber über all diese Einschränkungen hinwegsetzen (sed humanius est dicere valere testamentum). Er empfindet es als wohlwollender, das in der ersten Militärzeit verfasste und nachher nicht mehr erneuerte Soldatentestament dennoch dadurch für wirksam zu erachten, dass er die beiden getrennten Militärdienstzeiten jedenfalls dann als einheitlich verbunden (quasi coniuncto munere militiae) ansieht, wenn der Wiedereintritt in den Militärdienst innerhalb eines Jahres (intra annum) erfolgt ist, das testamentum militare also insoweit nicht hinfällig geworden war. Als Motiv für diese Korrektur des Paulus kommen zwei Aspekte in Betracht: Zum einen könnte neben dem favor voluntatis testatoris, der auf jeden Fall eine Rolle gespielt haben dürfte, die Sorge um die hinterbliebenen Testamentserben und eine drohende faktische Enterbung wegen der Nichtberücksichtigung im Rahmen der Intestaterbfolge das maßgebliche Entscheidungskriterium gewesen sein. In diesem Fall wäre die Entscheidung auf einer Linie mit Iul. (29 dig.) D. 28. 2. 13 pr.[545] zu sehen, wofür auch schon die Verwendung des unbestimmten Wertungsbegriffes humanior sprechen würde.

Für den in D. 29. 1. 38. 1 geschilderten Fall kann man aber auch noch eine andere Motivvariante erwägen: Der Erblasser hatte sich durch seine zweifache Militärdienstzeit besonders um das Wohl des Staates (und des Kaisers) verdient gemacht. Ihm die Vorzüge des Soldatenstandes aufgrund der weniger als einjährigen Unterbrechung des Militärdienstes zu versagen, könnte von Paulus als pietätlos empfunden worden sein. Als weiterer Grund für eine Bevorzugung des Soldaten könnte auch sprechen, dass er durch die zweite Militärzeit an der

---

542 Zum Soldatentestament allgemein Gai. 2, 109 ff.; D. 29. 1.; Inst. 2. 11; C. 6. 21; Amelotti, testamento romano I, S. 81 ff.; Kaser, RPR I, S. 680 ff.; Scarano Ussani, in Sodalitas 3, S. 1383 ff. (mit zahlreichen Hinweisen auf Spezialliteratur in Fn. 1); Voci, DER II, S. 99 ff.; vgl. auch die weiteren Hinweise auf Spezialliteratur bei Kaser, Fn. 23, Voci, Fn. 2 und Palma, Humanior Interpretatio, S. 82, Fn. 82.

543 Sofort unwirksam war das Soldatentestament nur bei einer unehrenhaften Entlassung (missio ignominiosa). Nach einer missio honesta behielt das Testament für ein Jahr seine Gültigkeit; vgl. UE 23. 10; Macer. (2 milit.) D. 29. 1. 26; C. 6. 21. 5; Amelotti, testamento romano I, S. 83 f., Fn. 1; Voci, DER II, S. 100, Fn. 7; hiervon ging auch Paulus aus (utrum intra annum an post annum).

544 Auch dieser Fall würde so behandelt werden, als habe der Soldat im Rahmen seiner zweiten Dienstzeit zum ersten Mal testiert: „hic enim quasi in militia sequenti fecit testamentum exemplo eius, qui paganus fecit, deinde militare coepit.“

545 Bei D. 28. 2. 13 pr. hätte die Unwirksamkeit des Testaments wohl zu einer faktischen Enterbung der Ehefrau geführt, die für alle vom Testator vorgesehenen Fälle aber jedenfalls zu einem bestimmten Teil hätte bedacht werden sollen; vgl. dazu näher schon oben unter § 11 IV. 2.

Errichtung eines Testaments communi iure gehindert wurde. Die für Korrekturen in favorem voluntatis testatoris unübliche Wortwahl humanior[546] könnte als Abgrenzung zur benignitas verstanden werden, die nur dann verwendet wurde, wenn dem Willen eines Erblassers zur Geltung verholfen werden sollte, der communi iure testiert hatte. Ob Paulus nun zugunsten der Testamentserben oder des verdienten Veteranen human entscheiden wollte, muss aber letztlich, mangels ausdrücklicher Erwähnung, offen bleiben, obwohl der Begründungsversuch über eine einheitliche Militärzeit – auch wenn er aufgrund der zusätzlichen Einschränkung der weniger als einjährigen Unterbrechung sehr formal erscheint[547] – die Vermutung nahe legt, dass es Paulus bei seiner Korrektur in erster Linie auf die humanitas zugunsten eines verdienten Soldaten ankam.[548]

b. Tryph. (4 disp.) D. 49. 15. 12. 5

Der zweite Fall in diesem Zusammenhang ist von dem Spätklassiker Tryphoninus[549] (4 disp.) überliefert. In D. 49. 15. 12. 5 geht es ebenfalls um die Aufrechterhaltung einer letztwilligen Verfügung, die von einem vermeintlich Testierunfähigen vorgenommen wurde.

> Tryph. (4 disp.) D. 49. 15. 12. 5
> Codicilli, si quos in tempore captivitatis scripserit, non creduntur iure suptili confirmati testamento, quod in civitate fecerat. sed nec fideicommissum ex his peti potest, quia non sunt ab eo facti, qui testamenti factionem habuit. sed quia merum principium eorum in civitate constituto captivo factum est, id est in testamento confirmatio codicillorum, et is postea reversus est et postliminio ius suum recepit, humanitatis rationi con-

546 In allen übrigen Entscheidungen, in denen der Wille des Erblassers Entscheidungskriterium war, benutzten die jeweiligen Juristen die benignitas als unbestimmten Wertungsbegriff; so in Scaev. (19 dig.) D. 36. 1. 78 (76); Iul. (2 ad Urs. Fer.) D. 40. 4. 18. 1 und Ulp. (23 ad Sab.) D. 35. 1. 10 pr.; in dem ebenfalls schon besprochenen Fragment Paul. (1 ad Vitell.) D. 28. 2. 19 bediente sich Paulus zwar der benignitas, ohne jedoch damit eine Entscheidungskorrektur vornehmen zu wollen.

547 Schließlich ändert die Dauer der Unterbrechung eigentlich nichts am Grad der Würdigkeit des Veteranen. Immerhin galt die Einjahresfrist jedoch für alle Soldaten gleichermaßen, so dass man sie auch als verbindliche Wirksamkeitsgrenze für jedes Soldatentestament ansehen könnte, die eine darüber hinausgehende Verlängerung unmöglich machte.

548 Etwas allgemeiner beschreibt Palma, Humanior Interpretatio, S. 85 die Funktion der humanitas in D. 29. 1. 38. 1 als ein “parametro di adeguamento di principi giuridici antichi alla realtà dell`oggi”. Das Ziel der Anpassung teilweise überholter Rechtsgrundsätze an die gegenwärtige Realität war Mitauslöser für die meisten Entscheidungskorrekturen, wenngleich die Behandlung verdienter Veteranen im späten Prinzipat ein überaus wichtiges Politikum gewesen sein dürfte.

549 Tryphoninus war ein Zeitgenosse des Paulus, starb allerdings vor diesem. Er wirkte jedenfalls noch unter Caracalla (211–217), Paulus noch unter Alexander Severus (222–235); vgl. dazu nur Fitting, Alter und Folge, S. 80 f.; Kunkel, Herkunft und soziale Stellung, S. 231 ff; Fildhaut, libri disputationum, S. 13 f. sowie die Zeittafel bei Waldstein/Rainer, ReGe, S. 264 f.

gruum est eos codicillos ita suum effectum habere, quasi in medio nulla captivitas intercessisset.

Das hier in Frage stehende Kodizill wurde vom Erblasser in Gefangenschaft[550] als Ergänzung zu seinem noch in Freiheit verfassten Testament geschrieben. Suptili iure war das Kodizill ungültig,[551] da es weder von dem zuvor verfassten Testament wirksam angekündigt (codicilli non confirmati testamento)[552] noch in ein wirksames Fideikommiss umgedeutet werden konnte (nec fideicommissum ex his peti potest), da der Erblasser mit der Gefangennahme seine Testierfähigkeit verloren hatte[553] (quia non sunt ab eo facti, qui testamenti factionem habuit). Tryphoninus will das Kodizill dennoch aufrecht erhalten.[554] Durch die spätere

550 Die Verwendung des Wortes captivitas legt ebenso wie die Formulierung „postea reversus est" nahe, dass der Erblasser während eines Militäreinsatzes in feindliche Gefangenschaft geraten und anschließend heimgekehrt war. Es liegt also nahe, dass es sich bei dem Erblasser ebenfalls um einen Soldaten handelte. Auf die Unterscheidung communi iure testatus / iure miltari testatus kommt es allerdings in diesem Fall nicht an.

551 Fildhaut, libri disputationum, S. 185 und Urso, SDHI 58 (1992), 140 halten suptili iure für einen Einschub der Kompilatoren, weil die Klassiker diesen Ausdruck nur für die Gegenüberstellung von ius civile und ius honorarium verwendet hätten. Sie knüpft damit indirekt an eine schon von Harke, Argumenta Iuventiana, S. 115 ff. für Cels. (27 dig.) D. 8. 3. 11 vertretene Auffassung an; vgl. dazu weiter unten bei § 12 I. 5. Meiner Meinung nach belegen aber gerade die Entscheidungen, in denen sich bereits die klassische Jurisprudenz der suptilitas bedient und die dennoch keine Gegenüberstellung ius civile/ius honorarium enthalten, dass der Ausdruck auf dieses Anwendungsgebiet nicht beschränkt war. Die Vorgehensweise, nur solche Fragmente als klassisch einzuordnen, die zu einer bestimmten Argumentation passen (dies gilt nicht für Harke), kann nicht überzeugen. Viel näher liegt es, dass das Heranziehen prätorischer Rechtsinstitute nur eines von vielen Mitteln der klassischen Jurisprudenz war, um Schwächen des ius civile auszugleichen; vgl. zu dieser Streitfrage auch noch später im fünften Teil unter § 15 II 4.

552 Der Erblasser hatte in seinem Testament bereits zukünftig noch zu schreibende Kodizille in Bezug genommen (id est in testamento confirmatio codicillorum). Die Wirksamkeit dieser Kodizille hing jedoch iure suptili unabhängig von der Bezugnahme im Testament von der Testierfähigkeit des Erblassers zum Zeitpunkt des Verfassens der Kodizille ab. So auch Bechmann, ius postliminii, S. 72, f.; Palma, Humanior Interpretatio, S. 46.

553 Nach einem allgemeinen Grundsatz waren Sklaven und Gefangene testierunfähig, vgl. PS 3, 4, 8; auch von Feinden gefangene Soldaten konnten nicht einmal nach den erleichterten Voraussetzungen des Soldatentestaments testieren, vgl. Ulp. (11 ad Sab.) D. 29. 1. 10.

554 Den in den Kodizillen ausgewiesenen Begünstigten sollte die bonorum possessio secundum tabulas zukommen. In diesem Ergebnis kommt die Auffassung zum Tragen, dass es für die Wirksamkeit einer testamentarischen Verfügung ausreichend sei, wenn der Erblasser jedenfalls zum Zeitpunkt der Testamentserrichtung und zum Todeszeitpunkt testierfähig war. Allerdings bedarf diese Auffassung im vorliegenden Fall einer weiteren Modifikation, um auch zur Wirksamkeit der zwischenzeitlich ver-

Heimkehr des Erblassers aus der Gefangenschaft sei das Testierrecht wieder entstanden. Da das Kodizill zudem seinen Ursprung in dem noch vor der Gefangenschaft verfassten Testament habe, sei der zwischenzeitliche Verlust der Testierfähigkeit humanitatis rationi unbeachtlich.[555] Die Entscheidung des Tryphoninus war aber schon in der spätklassischen Periode nicht unumstritten.[556] Für ihn kommen die gleichen Motive als maßgebliche Korrekturkriterien in Frage, die schon Paulus in D. 29. 1. 38. 1 dazu bewogen, das Soldatentestament aufrecht zu erhalten.[557] In beiden Fällen wurde die humanitas dazu benutzt, die strengen Rechtsfolgen einer vorübergehenden Einschränkung der Testierfähigkeit des Erblassers – in D. 29. 1. 38. 1 aufgrund des kurzzeitigen Ausscheidens aus dem Militärdienst, in D. 49. 15. 12. 5 aufgrund der Gefangennahme und dem damit einhergehenden Verlust der Testierfähigkeit – zu überwinden. Auch Tryphoninus könnte also bei seiner Entscheidung, wie Paulus, an diejenigen Erben gedacht haben, die durch die kodizillarische Testamentsergänzung profitiert hätten.[558] Ebenso könnten aber gute Gründe dafür gesprochen haben, dem Willen des Erblassers zur Geltung zu verhelfen, der unglücklicherweise während eines Militäreinsatzes in Kriegsgefangenschaft geraten, später aber wieder zu seiner vollständigen Rechtsfähigkeit gekommen war. Auch hier spricht der Versuch, durch das

---

fassten Kodizille zu kommen. So auch Hausmaninger, in Iuris Professio, S. 67 f. Die Wirksamkeit des Testaments erklärt auch Palma, Humanior Interpretatio, S. 46, Fn. 41 mit der dargelegten Auffassung.

555 Tryphoninus bediente sich damit rechtstechnisch einer Fiktion, die den Zeitpunkt des Verfassens der Kodizille auf den Zeitpunkt der (wirksamen) Testamentserrichtung vorverlegt; ebenso Hausmaninger, in Iuris Professio, S. 68; allgemeiner auch Metro, Studi sui codicilli, S. 85 f.

556 Ihm schloss sich Paulus in (lib. sing. de iur. codic.) D. 29. 7. 8. 3 an; beim Grundsatz der Unwirksamkeit verharrte dagegen Marcianus (2 regul.) D. 29. 7. 7 pr.; so auch Bechmann, ius postliminii, S. 73, Fn. 2 und Hausmaninger, in Iuris Professio, S. 68. Interpolationsvermutungen (vgl. Archi, SZ 87 (1970), S. 39, Fn. 54 und zuletzt Fildhaut, libri disputationum, S. 185) für die Formulierungen iure suptili und den gesamten zweiten Teil von D. 49. 15. 12. 5 (sed quia merum... humanitatis rationi congruum...intercessisset) haben dazu geführt, dass in der Literatur Tryphoninus und Marcianus als Verfechter der Unwirksamkeit und allein Paulus als Befürworter der Fiktion dargestellt wurden. So etwa Amirante, captivitas e postliminium, S. 185 f.; Scarlata Fazio, successione codicillare, S. 109 ff.; Solazzi, in Scritti Ferrini II, S. 327, Fn. 3; Voci, DER II, S. 92, Fn. 40; ders., in Labeo 13 (1967), S. 326, Fn. 21; zuletzt noch Palma, Humanior Interpretatio, S. 46, Fn. 41.

557 Die These, dass Tryphoninus und Paulus, beide Schüler des Scaevola, (vgl. Fitting, Alter und Folge, S. 80, 82) diesen beiden Fragmenten ähnliche Entscheidungsmotive zugrunde legten, wird zudem durch die bereits oben erwähnte Entscheidung Paul. (lib. sing. de iur. codic.) D. 29. 7. 8. 3 verstärkt. Paulus und Tryphoninus befanden sich also in der Frage der Korrektur dieses Grundsatzes durch die humanitas auf einer Linie.

558 Diesen Erben könnte zugleich für den Fall der Unwirksamkeit des Kodizills die faktische Enterbung gedroht haben.

Anknüpfen an die vorherige sowie die zuletzt wieder erreichte vollständige Rechtsfähigkeit über den zwischenzeitlichen Rechtsverlust hinwegzusehen, eher dafür, dass die Person des Testators in den Überlegungen des Juristen eine größere Rolle gespielt hat als die zu keinem Zeitpunkt erwähnten Erben. Dennoch ist nicht auszuschließen, dass sich Paulus und Tryphoninus von mehreren gleichrangigen Entscheidungsmotiven leiten ließen.

c. Pap. (6 resp.) D. 29. 2. 86 pr.

Im dritten Fragment steht die Person eines Beamten im Vordergrund, der aufgrund seiner Tätigkeit für den Staat in der Provinz einen Rechtsnachteil erlitten hat. Durch die wiederum auf die humanitas gestützte Korrektur profitieren ebenfalls seine Erben, so dass die Motivlage für Papinian wiederum nicht eindeutig ist. Wie schon oben bei zwei anderen Entscheidungen,[559] wird die wohlwollende Korrektur einer allzu strengen Rechtsauffassung (stricto iure) gegenüber gestellt.

> Pap. (6 resp.) D. 29. 2. 86 pr.
> Pannonius Avitus cum in Cilicia procuraret heres institutus ante vita decesserat, quam heredem se institutum cognosceret. quia bonorum possessionem, quam procurator eius petierat, heredes Aviti ratam habere non potuerant, ex persona defuncti restitutionem in integrum implorabant, quae stricto iure non competit, quia intra diem aditionis Avitus obisset. divum tamen Pium contra constituisse Maecianus libro quaestionum refert in eo, qui legationis causa Romae erat et filium, qui matris delatam possessionem absens amiserat, sine respectu eius distinctionis restitutionem locum habere. quod et hic humanitatis gratia optinendum est.

In dem nicht ganz einfachen Sachverhalt vergleicht Papinian den ihm vorliegenden Fall des Provinzprokurators Pannonius Avitus mit einer von Maecian wiedergegebenen Kaiserkonstitution des Antoninus Pius (divum tamen Pium....refert). Avitus starb in der Provinz Kilikien, ohne vorher die Möglichkeit gehabt zu haben, eine für ihn in Rom angefallene Erbschaft anzutreten.[560] Die Erben des Avitus begehren nunmehr die ihnen zustehende „bonorum possessio secundam tabulas“ mittels einer „restitutio in integrum“. Genauer geht es um eine „restitutio in integrum propter absentiam rei publicae causae“.[561] Die Erben wollen also in den vorherigen Stand wiedereingesetzt werden, weil Avitus während seiner Abwesenheit aus Staatsgründen einen Rechtsverlust durch Fristablauf erlitten habe. Die restitutio war vererblich, soweit ihre Voraussetzungen schon

559 Bei den beiden Fällen Pap. (5 resp.) D. 28. 3. 17 und Ulp. (4 disp.) D. 28. 3. 12 pr. handelte es sich zwar nicht um Entscheidungskorrekturen, sondern um teleologische Reduktionen der betroffenen Rechtsgrundsätze, diese nur marginale Unterscheidung spielt aber für die folgenden Beispiele keine Rolle mehr; vgl. dazu oben § 11 II.

560 Dadurch war es ihm verwehrt, durch aditio die Erbschaft nach ius civile anzunehmen, bzw. den durch seinen Prokurator in Rom gestellten Antrag auf „bonorum possessio secundum tabulas“ persönlich durch ratihabitio anzunehmen. So auch Müller-Eiselt, Divus Pius, S. 47.

561 Vgl. Ulp. (12 ad ed.) D. 4. 6. 1.

bei Lebzeiten des Erblassers vorlagen.[562] Die Wiedereinsetzung scheitert stricto iure daran, dass Avitus die Erbschaft nicht wegen Fristablaufs,[563] sondern aufgrund seines Todes nicht annehmen konnte.[564] Dieses Ergebnis will Papinian zugunsten der Erben des Avitus korrigieren.

Während der Fall des Pannonius Avitus aus dem Fragment eindeutig herzuleiten ist, ist der Text des daraufhin zum Vergleich herangezogenen bei Maecian berichteten Falles in der überlieferten Fassung grammatisch unsauber[565] und wird nur durch eine Ergänzung verständlich, welche durch eine Parallelüberlieferung bei Ulpian bestätigt wird.[566]

Auch hier geht es um einen Mann, der rei publicae causa absens ist. Allerdings hält er sich aufgrund von Staatsgeschäften in Rom auf, während sein Sohn in der Heimatprovinz verstirbt. Dies führt dazu, dass er den Sohn nicht rechtzeitig zum testamentarischen Erbschaftsantritt für das Erbe seiner Mutter[567] auffordern konnte.[568] Diesen vergleichbaren Fall habe der Kaiser Antoninus Pius ebenfalls

---

562 Vgl. Ulp. (13 ad ed.) D. 4. 1. 6.

563 Um welche Frist es sich für den Fall ihres Ablaufs gehandelt hätte, spielt also keine entscheidende Rolle. Ebenso Voci, DER I, S. 507, Fn. 46. Zu den unterschiedlichen Möglichkeiten aber Müller-Eiselt, Divus Pius, S. 48, insb. Fn. 28 f.; Fadda, DER II, S. 120, Fn. 4.

564 Das Recht, die bonorum possessio zu beantragen, ging grundsätzlich nicht auf die Erben über; vgl. Ulp. (39 ad ed.) D. 37. 1. 3. 7.

565 Wie Mommsen, C.I.C., S. 445, Fn. 10; sich anschließend Müller-Eiselt, Divus Pius, S. 49 vermutet, könnte nach possessionem das Ende des Relativsatzes ausgefallen sein und folgendermaßen ergänzt werden: „[...], et filium, qui matris delatam possessionem [absente patre admittere non potuerat], absens amiserat, [...]“. So vervollständigt, bezieht sich amiserat auf filium und nicht auf possessionem. Bei einem abweichenden Verständnis von amittere, welches aber durchaus gängig ist, verliert der abwesende Vater seinen Sohn (durch dessen Tod).

566 Die schon von Mommsen, C.I.C., S. 445, Fn. 10 vermutete Parallelität des Pius-Reskripts mit Ulp. (8 ad Sab.) D. 29. 2. 30 pr. liegt, wie Müller-Eiselt, Divus Pius, S. 50 ff. durch die Gegenüberstellung der beiden Fragmente nachweist, sehr nahe; zustimmend Biondi, DER, S. 183; Fadda, DER II, S. 120 f.; Krüger, in Studi Bonfante II, S. 309 f.; Voci, DER I, S. 507, Fn. 47.

567 Dass es sich um eine testamentarische Erbfolge nach der Mutter handeln musste, ergibt sich daraus, dass dem Sohn zum Zeitpunkt der Entscheidung durch Antoninus Pius ein gesetzliches Erbrecht noch nicht zustand. Ein solches wurde erst durch das SC. Orfitianum unter Marc Aurel im Jahre 178 n. Chr. eingeführt; vgl. Kaser, RPR I, S. 702; Müller-Eiselt, Divus Pius, S. 50.

568 Die Aufforderung (iussum) war notwendig, weil der Sohn gewaltunterworfen war. Ein Antrag auf bonorum possessio hätte gleichfalls der Genehmigung des Vaters bedurft. Wie Müller-Eiselt, Divus Pius, S. 50 f. richtig feststellt, kann es auf eine Unterscheidung ius civile / ius honorarium nicht ankommen, da beide Akte regelmäßig einheitlich ergingen.

zugunsten des Erben[569] entschieden. Den Erben des Pannonius Avitus sei daher humanitatis gratia[570] die Wiedereinsetzung zu genehmigen.

Müller-Eiselt vermutet nach einer sehr ausführlichen Besprechung des Fragments[571] als „innere Rechtfertigung" beider Entscheidungen den favor testamenti,[572] dessen „übliche Funktion", die in der „Ausschaltung der gesetzlichen Erben zugunsten der Testamentserben" zu sehen sei, hier „durch den interessanten Aspekt der Erhaltung des Vermögens innerhalb der Kleinfamilie überlagert und angereichert" werde. Das Erbe solle demnach im Falle des Kaiserreskriptes eher dem Ehemann der Frau als deren Brüdern nach gesetzlichem Erbrecht zukommen. Zudem werde der mutmaßliche Wille der Erblasserin respektiert, die bei Errichtung des Testaments damit habe rechnen müssen, dass ihrem Mann der Nachlass über den noch gewaltunterworfenen Sohn zugesprochen werde.

Bei diesen Ausführungen geht Müller-Eiselt, meines Erachtens, von einer falschen Prämisse aus. Die Hauptfunktion des favor testamenti ist nicht in der Bevorzugung der testamentarischen vor den gesetzlichen Erben, sondern in der möglichst umfassenden Berücksichtigung des im Testament zum Ausdruck gekommenen Willens des Erblassers (favor voluntatis testatoris) zu sehen. Zwar kann, wie oben[573] bereits gezeigt wurde, die Aufrechterhaltung des Testaments in einzelnen Fällen dem Erblasserwille widersprechen und die Bevorzugung der testamentarischen vor den gesetzlichen Erben die logische Folge der Wirksamkeit des in Frage stehenden Testaments sein, jedoch sind ebenso häufig solche Fälle denkbar, in denen die gesetzlichen Erben auch Testamentserben sind. In diesen Fällen kann aber der von Müller-Eiselt benannten „üblichen Funktion" ersichtlich keine Bedeutung zukommen.

Interessanter ist der von Müller-Eiselt sodann ins Spiel gebrachte Erhalt des Vermögens innerhalb der Kleinfamilie. Wirtschaftliche Erwägungen spielten in

---

569 Der Vater beerbte seinen gewaltunterworfenen Sohn freilich nicht. Es handelte sich um eine transmissio; vgl. dazu Biondi, DER, S. 183; Carrelli, SDHI 4 (1938), S. 33, Fn. 75; Krüger, SZ 64 (1944), S. 396; Müller-Eiselt, Divus Pius, S. 53, Fn. 56.

570 Der Gegensatz stricto iure – humanitatis gratia unterlag früher den üblichen pauschalen Interpolationsverdächtigungen; vgl. dazu nur Pringsheim, SZ 42 (1921), S. 624; Carrelli, SDHI 4 (1938), S. 33, Fn. 74; Krüger, in Studi Bonfante II, S. 309; Chiazzese, APal. 16 (1931), S. 375. Nörr, Rechtskritik, S. 115, Fn. 85 meint, der Gegensatz stamme in D. 29. 2. 86 pr. aus dem Pius-Reskript. Diese Vermutung kann aber auch nicht durch die zum Vergleich herangezogenen Fragmente bewiesen werden; ebenso Müller-Eiselt, Divus Pius, S. 48, Fn. 31; auch Fadda, DER II, S. 120 ff. schließt sich im Ergebnis der Interpolationskritik an, obwohl er in seiner Argumentation durchaus Gründe für eine Urheberschaft Papinians hervorhebt. Der Bezug auf das kaiserliche Reskript spricht jedenfalls auch hier gegen eine Interpolation, da es nur schwer vorstellbar ist, dass die Kompilatoren sich dies augedacht haben; für Authentizität auch Biondi, DER, S. 183 und Samter, Nichtförmliches Gerichtsverfahren, S. 18 ff.

571 Divus Pius, S. 46 ff.

572 S. 53 f.

573 Vgl. dazu die Anwendung der regula Sabiniana unter § 11 I.

Rom bei der Errichtung der Testamente sicherlich eine große, wenn nicht die größte Rolle. Paulus[574] geht aufgrund der nicht zu bestreitenden Umverteilungsfunktion, die das Testament insbesondere für die Inhaber von großen Familienvermögen interessant machte, sogar so weit, hinter dem favor testamenti einen „handfesten Gruppenegoismus der Oberschicht" zu verorten. Auch diese Vermutung geht aber, aus meiner Sicht, zu weit. Richtig ist zwar, dass wirtschaftliche Erwägungen für den Großteil der Erblasser bei der Errichtung ihrer letzten Verfügungen die Hauptintention gewesen sein dürften. Damit verhalf die Mehrzahl der Entscheidungen, die in favorem voluntatis testatoris, bzw. testamenti getroffen wurden, automatisch auch den wirtschaftlichen Erwägungen des jeweiligen Erblassers zur Durchsetzung. Verfehlt wäre es aber, diese wirtschaftlichen Erwägungen zur eigentlichen Hauptintention bei der Auslegung in favorem testamenti zu machen.[575]

Unter diesen Voraussetzungen betrachtet, müssen starke Zweifel gegenüber der Vermutung angebracht werden, in D. 29. 2. 86 pr. sei der favor voluntatis testatoris das relevante Kriterium für die Entscheidungskorrektur Papinians. Während im Vergleichsfall des Kaiserreskripts der mutmaßliche Wille der Ehefrau zum Erhalt des Vermögens innerhalb der Familie als Entscheidungskriterium immerhin noch möglich erscheint, ergibt sich für einen vergleichbaren Willen des Erblassers, die Erben des Pannonius Avitus für den Fall seines vorzeitigen Todes zu bedenken, aus dem überlieferten Sachverhalt kein Anhaltspunkt. Hier ist uns nicht einmal die Person des Erblassers bekannt, so dass unklar bleibt, ob Avitus durch das Testament eines Verwandten oder durch das eines beliebigen Dritten begünstigt wurde.[576] Eine Entscheidung Papinians zugunsten des Erblasserwillens ist somit eher fernliegend.

Wahrscheinlicher ist, dass für Papinian die Person des Avitus und seine gesetzlichen Erben im Vordergrund standen.[577] Derjenige, der rei publicae causa absens war, sich also für das Wohl des Staates verdient gemacht hat, soll ebenso wie

574 SZ 102 (1985), S. 630.

575 Sinnvoller ist es, die Fälle eindeutig zu benennen, in denen sich ein Jurist ersichtlich allein von solchen Erwägungen der wirtschaftlichen Nachfolge hat leiten lassen. Nur soweit diese Erwägungen bereits vom Erblasser stammen und im Testament Ausdruck gefunden haben, können sie bei der Auslegung oder Korrektur in favorem testamenti – dann aber auch nur als Nebenprodukt der am Willen des Erblassers (favor voluntatis testatoris) orientierten Entscheidung – eine Rolle spielen.

576 Handelte es sich um das Testament eines Verwandten, könnte man den Willen des Erblassers, auch die Erben des Avitus zu bedenken, ebenfalls nur vermuten. Für den Fall, dass das Testament von einem Dritten stammt, ist ein dahingehender Wille sogar eher abwegig.

577 Palma, Humanior Interpretatio, S. 58 ff., insb. S. 61 liegt vielleicht mit dem zum Vergleich herangezogenen Fall Ulp. (8 ad Sab.) D. 29. 2. 30 pr. auf ganz ähnlicher Linie, wenn er sagt, die Entscheidung sei „per la protezione di bisogni ed interessi individuali socialmente rilevanti" getroffen worden. Fraglich bleibt allerdings, wessen Interessen Palma meint.

seine Erben aus diesem Umstand keinen Nachteil erleiden. Daneben ist zumindest der 2. Fall der Entscheidung ein weiteres Beispiel für das bereits oben[578] erwähnte Ziel der möglichst umfassenden Einsetzung von gesetzlichen Hauserben in die Position des verstorbenen pater familias (favor heredis legitimi).[579] Gerade durch das im vorliegenden Fall verwendete Mittel der restitutio in integrum sollten die Erben ex persona defuncti in die Lage versetzt werden, alle vorher dem Erblasser zustehenden Rechte nunmehr selbst geltend zu machen, um eine einheitliche Nachfolgeregelung festzulegen. Neben der Bevorzugung einer Person, die sich um das Staatswesen verdient gemacht hat, und damit ebenfalls sehr gut mit den beiden zuvor analysierten Fällen der Soldatentestamente verglichen werden kann, zeigt der Fall zugleich, dass eine Korrektur zugunsten von gesetzlichen Erben (favor heredis legitmi) dem mutmaßlichen Erblasserwillen (favor voluntatis testatoris) nicht unbedingt widersprechen muss.[580]

V. Korrektur mit unterschiedlicher Begründung – Marcell. (29 dig.) D. 28. 4. 3 pr.

Das folgende Fragment des Hochklassikers Marcellus nimmt eine Sonderstellung ein. Es enthält die sehr detaillierte Beschreibung des Verlaufs einer Beratung in der cognitio principis des Mark Aurel.[581] Diskutiert wird das nachträgliche Abändern von Testamenten durch den Erblasser, also ein erbrechtliches Thema. Der Fall ist aber vor allem deswegen interessant, weil Jurist und princeps nacheinander eine im Ergebnis gleiche Entscheidung fällen, wobei sich Marcellus und Mark Aurel für ihre Korrektur jeweils unterschiedlicher unbestimmter Wertungsbegriffe bedienen. Es liegt daher nahe, dass sie das gleiche Ergebnis mit Hilfe unterschiedlicher Begründungen erreichen wollten. Während Marcellus eine benignior interpretatio vornehmen will, entscheidet Mark Aurel human und orientiert sich damit wohl eher an favor legatarii und favor libertatis als den entscheidenden Wertungskriterien.

---

578 Bei § 9 IV. und bei § 11 III. 2.

579 Im ersten Fall ist nicht klar, ob es sich bei den profitierenden Erben um Hauserben handelte.

580 Gerade wenn, wie in beiden Fällen von D. 29. 2. 86 pr., der Wille des Erblassers nicht eindeutig festgestellt werden kann, muss die zugunsten einer bestimmten Person vorgenommene Korrektur dem Erblasserwillen nicht zwangsläufig widersprechen.

581 Der Fall lässt sich aufgrund der Nennung der beiden Konsuln Pudens und Pollio relativ genau auf das Jahr 166 n. Chr. datieren. Zur früher teilweise in der Literatur vorhandenen Verwirrung über die Person des Kaisers (den Namen „Antoninus“ führten neben Mark Aurel auch Pius und Caracalla) Müller-Eiselt, Divus Pius, S. 188, Fn. 121.

Marcell. (29 dig.) D. 28. 4. 3 pr.
Proxime in cognitione principis cum quidam heredum nomina induxisset et bona eius ut caduca a fisco vindicarentur, diu de legatis dubitatum est et maxime de his legatis, quae adscripta erant his, quorum institutio fuerat inducta. plerique etiam legatarios excludendos existimabant. quod sane sequendum aiebam, si omnem scripturam testamenti cancellasset: nonullos opinari id iure ipso peremi quod inductum sit, cetera omnia valitura. quid ergo? non et illud interdum credi potest eum, qui heredum nomina induxerat, satis se consecuturum putasse, ut intestati exitum faceret? sed in re dubia benigniorem interpretationem sequi non minus iustius est quam tutius. sententia imperatoris Antonini Augusti Pudente et Pollione consulibus. „cum Valerius Nepos mutata voluntate et inciderit testamentum suum et heredum nomina induxerit, hereditas eius secundum divi patris mei constitutionem ad eos qui scripti fuerint pertinere non videtur." et advocatis fisci dixit: „vos habetis iudices vestros." Vibius Zeno dixit: „rogo, domine imperator, audias me patienter: de legatis quid statues?" Antoninus Caesar dixit: „videtur tibi voluisse testamentum valere, qui nomina heredum induxit?" Cornelius Priscianus advocatus Leonis dixit: „nomina heredum tantum induxit." Calpurnius Longinus advocatus fisci dixit: „non potest ullum testamentum valere, quod heredem non habet." Priscianus dixit: „manumisit quosdam et legata dedit." Antoninus Caesar remotis omnibus cum deliberasset et admitti rursus eodem iussisset, dixit: „causa praesens admittere videtur humaniorem interpretationem, ut ea dumtaxat existimemus Nepotem irrita esse voluisse, quae induxit." nomen servi, quem liberum esse iusserat, induxit. Antoninus rescripsit liberum eum nihilo minus fore: quod videlicet favore constituit libertatis.

Der ausführlichen Schilderung der kaiserlichen Beratung liegt ein eigentlich unkomplizierter Sachverhalt zugrunde. Ein Erblasser hat in seinem auch Freilassungen und Legate enthaltenden Testament nachträglich (nur) die Namen der Erben durchgestrichen und damit eindeutig zu verstehen gegeben, dass sie nicht erben sollen. Gestritten wurde über den Umfang der Unwirksamkeit des Testaments. Als Rechtsfolge drohte die Kaduzität der Erbschaft.[582] Während Teile des kaiserlichen Beraterstabes das Testament aufgrund der fehlenden Einsetzung ei-

---

582 Auch diese aus dem Fragment eigentlich eindeutig hervorgehende Rechtsfolge ist in der Literatur umstritten. So hat sich Müller-Eiselt, Divus Pius, S. 190 f. (m. w. N.) nach eingehender Analyse der zugrunde gelegten Kaiserkonstitution für ein gesetzliches Erbrecht der gestrichenen Erben ausgesprochen. Dennoch geht die Mehrheit der Autoren (vgl. etwa Beck, in Mélanges Meylan I, S. 38, Fn. 84; Paulus, SZ 102 (1985), S. 634; Provera, vindicatio caducorum, S. 116 f.; Serangeli, Studi sulla revoca, S. 7 ff.; zustimmend Hackl, SZ 102 (1985), S. 679) stillschweigend, aber wohl zu Recht von der drohenden Kaduzität der Erbschaft aus. Dafür spricht zunächst das folgerichtige Auftreten des Calpurnius Longinus als advocatus fisci. Die Kaduzität ergab sich wohl daraus, dass die eingesetzten Erben die Erbschaft angenommen hatten, obwohl ihre Namen nachträglich durchgestrichen worden waren; vgl. dazu Pap. (16 quaest.) D. 34. 9. 12. Ebenfalls denkbar ist, dass der Verfall der Erbschaft an den fiscus aufgrund der bona caduca den gesamten Nachlass erfasste.

nes Erben für insgesamt unwirksam hielten, schlug Marcellus vor, die nicht explizit durchgestrichenen Legate als wirksam zu erachten.[583]

Nach Auffassung einiger Autoren[584] ergab sich die Unwirksamkeit ausschließlich aus praetorischem Recht, da ein Legat nach ius civile nur förmlich durch eine testamentarische Verfügung, wie sie hier nicht vorlag, aufgehoben werden konnte. Diese Auffassung zugrunde gelegt, nahmen Marcellus und Mark Aurel keine Korrektur des ius civile vor, da dessen Regeln hinreichend beachtet wurden. Die Legate wären dann nach ius honorarium, das für diesen Fall lediglich die Rechtsfolgen der Erbunwürdigkeit vorsah, aufrecht zu erhalten. Man kann D. 28. 4. 3 pr. aber auch sehr gut als Beispiel dafür auffassen, dass der Grundsatz des formellen Testamentswiderrufs nach ius civile später nicht mehr strikt durchgehalten wurde und es stattdessen auf eine eindeutige Willensbekundung des Testators ankam.[585] In diesem Fall hätte sich die Unwirksamkeit dann direkt aus dem ius civile ergeben, so dass der Weg für die Entscheidungkorrektur frei gewesen wäre. Dafür spricht, dass sowohl Marcellus als auch Mark Aurel die Lösung „Unwirksamkeit der Legate“ offensichtlich für korrekturbedürftig hielten und die Abgrenzung ius civile / ius honorarium nicht im Ansatz erwähnten, obwohl sie sich gegen die Mehrheit des kaiserlichen Rates zu verteidigen hatten.

Die Frage nach den Wertungskriterien für die unbestimmten Begriffe benignior und humanior stellt sich aber zudem unabhängig von dieser Streitfrage: Auch für den Fall der Wirksamkeit des Testaments nach ius civile und der Unwürdigkeit aller Erben nach ius honorarium ist es sinnvoll, nach dem eigentlichen Grund dafür zu fragen, dass die Legate und Freilassungen wirksam bleiben sollten. Die schlichte Behauptung, das ius honorarium würde nicht dagegen sprechen, kann jedenfalls nicht befriedigen.[586] Marcellus begründet diese Korrektur[587] eines der obersten Grundsätze des römischen Testamentsrechts mit dem im

583 Nicht näher eingegangen wurde auf die zuvor noch speziell problematisierte Frage nach den Legaten zugunsten der durchgestrichenen Erben (de his legatis, quae adscripta erant his, quorum institutio fuerat inducta.). Allerdings legt das „etiam“ im folgenden Satz (plerique etiam legatarios excludendos existimabant) nahe, dass über die Unwirksamkeit der Legate zugunsten der durchgestrichenen Erben Einigkeit herrschte; anders, aber ohne diese Differenzierung Seiler, in FS für Kaser, S. 134.

584 Vgl. Fadda, DER I, S. 278, 299 f.; Seiler, in FS für Kaser, S. 134; Wieling, Testamentsauslegung, S. 145.

585 Ein weiteres Beispiel dafür ist Pomp. (5 ex Plaut.) D. 40. 4. 40. 1; vgl. ebenso Gandolfi, atti negoziali, S. 208 f.; Wieacker, SZ 83 (1966), S. 443.

586 Einen guten Überblick zu dem sich hieran anschließenden Problemkreis des formlosen Widerrufs von Testamenten gibt mit einer vergleichenden Textanalyse Amaya Calero, Labeo 34 (1988), S. 18 ff.; zum Problem bei D. 28. 4. 3 pr. auch Palma, Benignior Interpretatio, S. 98.

587 Marcellus entscheidet sich also nicht für eine von zwei denkbaren Auslegungsmöglichkeiten (so aber noch Hausmaninger, in Studi Grosso V, S. 257). Wenn man das Erfordernis einer heredis institutio im Testament ernst nimmt, stellt jede Aufrechter-

Stile einer Rechtsregel[588] formulierten Satz: „in re dubia benigniorem interpretationem sequi non minus iustius est quam tutius".[589] Nachdem sich Mark Aurel alle Meinungen der Berater angehört hat,[590] entscheidet er schließlich human zugunsten der betroffenen Legatare[591]: Der Erblasser habe nur das ungültig machen wollen, was er ausgestrichen habe. Zudem sei ein Sklave, dessen Name durchgestrichen war, dennoch favore libertatis freizulassen.[592] Er schließt sich damit dem Vorschlag des Marcellus an, benutzt aber eine andere Formulierung (humaniorem interpretationem). Die abweichende Wortwahl Mark Aurels hat zu unterschiedlichen Interpretationsansätzen geführt. Während Wubbe[593] noch

---

haltung auch nur eines Teils des Testaments einen offenen Bruch dieses Grundsatzes und somit eine Entscheidungskorrektur dar.

588 Der gleiche Satz taucht auch tatsächlich noch einmal zusammen mit anderen Rechtsregeln in Marcell. (29 dig.) D. 50. 17. 192. 1 auf. Auch Paulus verwendet in (14 ad Plaut.) D. 34. 5. 21. 1 eine ähnliche Formulierung: „semper in dubiis id agendum est, ut quam tutissimo loco res sit bona fide contracta." Die Kernaussage „quotiens in actionibus aut in exceptionibus ambigua oratio est, commodissimum est, id accipi, quo res de qua agitur magis valeat quam pereat" findet man aber auch schon bei Julian in (50 dig.) D. 34. 5. 12. Marcellus könnte den Grundsatz also auch von seinem Lehrer Julian übernommen haben. Auf diesen Zusammenhang weist zutreffend schon Hausmaninger, in Iuris Professio, S. 66, Fn. 54 hin; zu dieser Rechtsregel auch Chiazzese, APal. 16 (1931), S. 368 f.

589 Die von Wubbe, in Symbolae David I, S. 242 ff. widerlegten Interpolationsvermutungen gegen D. 28. 4. 3 pr. bedürfen eigentlich keiner weiteren Ergänzung. Auch hier ist der Bezug auf die Beratung im consilium Mark Aurels ein deutlicher Beleg für die Klassizität der streitigen Korrekturentscheidung. An der Echtheit zweifelten dennoch Albertario, Bull. 33 (1923), S. 68, 71; Beseler, SZ 43 (1922), S. 418 f.; Voci, DER II, S. 498 ff.; für die Klassizität sprachen sich schon Berger, Atti Verona II, S. 194 ff.; Meinhart, TR 33 (1965), S. 260 f.; Müller-Eiselt, Divus Pius, S. 189, Fn. 125 und zuletzt Starace, Lo statuliber, S. 41 ff. aus.

590 Er lässt dazu den Saal räumen (remotis omnibus cum deliberasset). Wie Kunkel, SZ 85 (1968), S. 303, Litewski, RIDA 15 (1968), S. 233 und sich anschließend Honoré, Emperors and Lawyers, S. 13 (anders Crook, Law and Life of Rome, S. 285; Giodice-Sabbatelli, Labeo 27 (1981), S. 350, Fn. 62) herausgearbeitet haben, bedeutete dies nur, dass die Parteien des Rechtsstreits mit ihren Anwälten den Sitzungssaal verlassen mussten. Mark Aurel überdachte den Fall also keineswegs alleine, sondern mit seinem Beraterstab. Zu diesem Zeitpunkt fanden dann auch die längeren Beratungen statt, von denen Marcellus zu Beginn des Fragments berichtet (in cognitione principis... diu de legatis dubitatum est).

591 Papinian übernimmt diese Entscheidung später in Pap. (16 quaest.) D. 34. 9. 12.

592 Dazu auch Haertel, Index 5 (1974/75), S. 287.

593 In Symbolae David I, S. 244; sowie, in FG für Herdlitczka, S. 308; ebenso Berger, Atti Verona II, S. 194 f.; Casavola, ANRW II. 15 (1976), S. 158 f.; ders., Giuristi Adrianei, S. 45 ff.; Müller-Eiselt, Divus Pius, S. 190, Fn. 125; Palma, Humanior Interpretatio, S. 42, etwas stärker differenzierend ders, Benignior Interpretatio, S. 99; zuletzt Zülch, liber singularis, S. 58, Fn. 56, der die mit der benignitas begründete Korrektur des Marcellus lediglich als ein Resümee der Entscheidung Mark Aurels

meinte, dass Marcellus durch die benignior interpretatio an eine offizielle Tugend des Kaisers appelliere, die beiden Begründungen aber inhaltlich gleich zu verstehen seien, will Hausmaninger[594] auch inhaltlich abgrenzen. Die humanitas sei als Tugend ausschließlich dem Kaiser vorbehalten.[595] Marcellus orientiere sich dagegen am favor negotii,[596] weil er den Fall rein technisch danach entscheide, was tutum und iustum sei. Die Bevorzugung der Legatare sei für ihn nur eine zweitrangige Folge der auf Erhaltung des Testaments ausgerichteten Entscheidung.[597] Diese Abgrenzung kann zunächst einmal sprachlich überzeugen. Beide Entscheidungsträger benutzen unterschiedliche unbestimmte Wertungsbegriffe, so dass auch eine inhaltliche Differenzierung nahe liegt. Bei der inhaltlichen Abgrenzung kann ich der von Hausmaninger vorgeschlagenen Differenzierung nicht ganz folgen. Obwohl Marcellus sich für die Erhaltung eines Testamentes (favor testamenti) ausspricht, kommt der favor voluntatis testatoris als entscheidungsrelevantes Wertungskriterium eigentlich nicht in Betracht.[598] Der favor testamenti hat, wie bereits gezeigt wurde,[599] bis auf wenige Ausnahmefälle die Aufrechterhaltung des im Testament zum Ausdruck kommenden Willens des Erblassers zum Ziel. Im vorliegenden Fall war der Wille des Erblassers aber nicht eindeutig erkennbar. Ob der Erblasser durch das Ausstreichen der Erben das gesamte Testament oder aber nur die betreffenden Teile unwirksam machen wollte, lässt sich im Nachhinein nicht mehr feststellen.[600] Auch ein hypothetischer Wille des Erblassers war nicht eindeutig zu ermitteln und spielte für die Entscheidung daher keine Rolle. Eine Korrektur in favorem voluntatis testatoris

---

auffasst und damit verkennt, dass Marcellus Teile des Beratungsprotokolls vorab erörtert und sodann den Verlauf des Prozesses darstellt.

594 In Boston University Law Review 61 (1981), S. 1146 ff., ders, in Iuris Professio, S. 66 f.

595 Ähnlich Meinhart, TR 33 (1965), S. 262.

596 Dazu später noch mehr unter § 12 I.

597 Hausmaninger, in Iuris Professio, S. 68 sieht die Entscheidung des Marcellus auf einer Linie mit Tryph. (4 disp.) D. 49. 15. 12. 5. Er meint, sowohl Tryphoninus als auch Marcellus entschieden rein juristisch in favorem negotii. Alleiniges Ziel sei die Aufrechterhaltung des Rechtsgeschäftes. Ich meine, dass sowohl die Wortwahl – humanitatis ratione in D. 49. 15. 12. 5 im Gegensatz zu benigniorem interpretationem in D. 28. 4. 3 pr. – als auch die Tatsache, dass der Wille des Erblassers in D. 49. 15. 12. 5 im Gegensatz zu D. 28. 4. 3 pr. eindeutig feststeht, dafür sprechen, dass Tryphoninus human zugunsten des Soldaten, bzw. seiner Erben entscheiden wollte; vgl. dazu schon oben unter § 11 IV. 3. b. Warum eine Entscheidung in favorem testamenti oder negotii für D. 28. 4. 3. pr. vom eigentlichen Anwendungsbereich dieser Korrekturkriterien nicht gedeckt war, wurde bereits ausführlich dargelegt.

598 Anders Boyer, RH 43 (1965), S. 403, Fn. 56; Zülch, liber singularis, S. 58 f., Fn. 56.

599 Vgl. dazu oben § 11 I.

600 Auf die fehlende Erkennbarkeit des Erblasserwillens weist zutreffend auch Hausmaninger, in Iuris Professio, S. 66 hin; etwas anders noch ders., in Studi Grosso V, S. 258.

scheidet somit aus. Marcellus wollte aber dennoch im Wege der benignior interpretatio zu einer Aufrechterhaltung des Testamentes (favor testamenti) kommen.[601] Aus meiner Sicht strebte er daher eine Erweiterung ihres Anwendungsbereichs auch auf solche Fälle an, bei denen der Erblasserwille zweifelhaft war. Seine These lautete also nicht, dass im vorliegenden Fall eine benigna interpretatio in favorem voluntatis testatoris oder negotii automatisch zu einer Aufrechterhaltung des Testaments hätte führen müssen. Dies wollte er gerade erst als Neuerung durchsetzen. Nach seiner Auffassung wäre es auch in einem solch zweifelhaften Fall wie dem vorliegenden (in re dubia) angemessen und gerecht gewesen (non minus iustius est quam tutius), mit Hilfe der benigna interpretatio eine Erhaltung des Testaments zu ermöglichen (benigniorem interpretationem sequi).

Von diesem Standpunkt aus ist auch die Entscheidung Mark Aurels etwas anders zu deuten: Wie aus mehreren Fragmenten[602] hervorgeht, gehört das Argumentieren mit der humanitas ebenso wie mit der benignitas zum Standardrepertoire der hochklassischen Jurisprudenz.[603] Die humanitas war also gerade keine ausschließlich dem Kaiser vorbehaltene Entscheidungsbegründung. Daraus folgt, dass die von ihm sicher bewusst gewählte sprachliche Abgrenzung gegenüber der benignitas-Entscheidung des Marcellus nicht lediglich auf der rein formalen Vorstellung beruht, er müsse sich durch das Berufen auf eine Kaisertugend gegenüber der unterlegenen Mehrheit seines Beraterstabes abgrenzen.[604] Viel näher liegt, dass er auch inhaltlich die Erweiterung des Anwendungsbereichs der benigna interpretatio nicht mitmachen und stattdessen andere Wertungsgesichtspunkte in den Vordergrund stellen wollte. Dies kann verschiedene Ursachen gehabt haben. So könnte er zum einen die von Marcellus proklamierte Überlegung insofern als problematisch empfunden haben, als sie eigentlich nur für den Fall des nachträglichen Widerrufs einer testamentarischen Verfügung in Betracht gezogen werden konnte. Jedenfalls dann, wenn zwei entgegengesetzte Verfügungen im Raum standen,[605] bzw. auch dann, wenn sich der Erblasser durch den Wider-

---

601 So verstanden bezeichnet Marcellus mit „benignus" hier also die für das Testament „schonendere" Lösung.

602 Vgl. z. B. Iul. (29 dig.) D. 28. 2. 13 pr.; Pomp. (12 epist.) D. 35. 1. 112. 2, Pomp. (6 ad Sab.) D. 33. 5. 8. 2 und Pomp. (2 ad Sab.) D. 40. 4. 4. 2; Pap. (6 resp.) D. 29. 2. 86 pr.; Tryph. (4 disp.) D. 49. 15. 12. 5; Paul. (8 quaest.) D. 29. 1. 38. 1; Ulp. (25 ad ed.) D. 11. 7. 6 pr.; Ulp. (39 ad ed.) D. 37. 4. 3. 9.

603 Umgekehrt war auch der Kaiser nicht allein auf das Argumentieren mit der humanitas festgelegt, wie eine Entscheidung Mark Aurels aus dem Jahre 169 (C. 6. 27. 1) beweist, bei der er mit einer benigna interpretatio argumentiert; ähnlich auch Pap. (15 resp.) D. 34. 9. 18 pr. „divus Severus benigne decrevit" oder Marcian. (5 inst.) D. 37. 14. 4 „divi Severus et Antoninus benignissime rescripserunt".

604 So aber Hausmaninger, in Iuris Professio, S. 67.

605 Wenn der Erblasser also beispielsweise mehrfach testiert hätte und nicht zu klären ist, welche der Verfügungen die Jüngere darstellt.

ruf bewusst für die gesetzliche Erbfolge entschieden hatte,[606] wäre eine Entscheidung in favorem testamenti nicht mehr mit Sicherheit auf den Willen des Erblassers gestützt. Entscheidet man sich dann für die ein oder andere Lösung, kann das Motiv nicht die Berücksichtigung des Erblasserwillens, sondern nur die Berücksichtigung bestimmter Interessen potenzieller gesetzlicher oder testamentarischer Erben sein. Dies hatte Mark Aurel wohl erkannt, weshalb seine Entscheidung, die human zugunsten der betroffenen Legatare und des Sklaven erfolgte, die „ehrlichere" Lösung darstellte, im Vergleich zum Versuch der Erweiterung eines eigentlich willensorientierten Wertungskriteriums durch Marcellus.

Die sich widersprechenden Meinungen, die sein Beraterstab ihm vorgetragen hatte, waren zum anderen im Grunde beide formaljuristischer Natur. Während der eine Teil das Fehlen einer heredis institutio ganz formal als absoluten Unwirksamkeitsgrund auffasste, stellte Marcellus dem eine zwar mildere, dennoch aber ebenfalls formale Einwendung gegenüber: Die Erhaltung des Testaments sei in zweifelhaften Fällen eher anzustreben. Diese beiden Begründungen gingen Mark Aurel aber offensichtlich zu wenig auf die Belange der betroffenen Legatare und Sklaven ein.[607] Mit der humanitas-Wertung konnte er diesen ihm in der Diskussion zu kurz gekommenen Aspekt[608] herausstellen.[609]

---

606 Dies dürfte ebenfalls der Regelfall gewesen sein, so dass eigentlich nur im Falle drohender Kaduzität der Erbschaft für den Fall der Nichtigkeit des Testaments (wie hier) die Erweiterung anwendbar wäre.

607 Auch Mark Aurel orientierte sich demnach nicht am realen oder hypothetischen Willen des Erblassers (anders Zülch, liber singularis, S. 58 f., Fn. 56). Die Tatsache, dass der Kaiser in der Verhandlung nach dem Willen des Erblassers fragt (videtur tibi voluisse testamentum valere, qui nomina heredum induxit?) und seine Entscheidung dann wörtlich so trifft, dass der Erblasser im vorliegenden Fall nur das unwirksam machen wollte, was er auch ausgestrichen habe (ut ea dumtaxat existimemus nepotem irrita esse voluisse, quae induxit), ändert nichts daran, dass der Erblasserwille nicht (und zwar auch nicht hypothetisch) festgestellt werden konnte und seine Berücksichtigung daher nicht in Betracht kam. Man kann die von Mark Aurel gewählten Formulierungen eben auch so verstehen, dass er in erster Linie die eingangs gestellte Frage beantworten wollte, auch wenn er sich inhaltlich nach anderen Wertungskriterien richtete.

608 Darauf geht an einer Stelle sinngemäß auch Hausmaninger ein (Boston University Law Review 61 (1981), S. 1149): Gerade Mark Aurel, der „Philosoph auf dem Thron", wollte das sich oftmals in formalen Begründungen verlierende Rechtssystem für das humane Ideenkonzept der Stoa öffnen. Berger, Atti Verona II, S. 196 f. vergleicht diese humanior interpretatio daher auch zutreffend mit einer Entscheidung Hadrians (BGU I. 140 = FIRA I, Nr. 78, S. 429), in der er sich auf die φιλανθρωπια beruft. Hier zeigt sich die sprachliche Abgrenzung der „Menschenfreundlichkeit" zum schlichten „Wohlwollen" noch klarer, auch wenn es sich bei einem solch wörtlichen Verständnis nur um einen – wenn auch sehr offenkundigen – Teilaspekt eines umfassenden „Humanitaskonzeptes" handelt; siehe dazu noch einmal näher im fünften Teil unter § 15 II.; ausführlich auch Christes, Cicero und der römische Humanis-

Zur Freilassung des Sklaven, dessen Name durchgestrichen war, berief sich Mark Aurel zudem ausdrücklich auf den favor libertatis. Damit grenzt er den Fall der Freilassung von der Wirksamkeit der Legate ab. Ob diese Freilassung auch bei einer benigna interpretatio, wie Marcellus sie vorgeschlagen hatte, möglich gewesen wäre, bleibt fraglich. Die bloße Aufrechterhaltung der nicht gestrichenen Teile des Testaments hat nicht automatisch die Freilassung des Sklaven zur Folge, da sein Name auch durchgestrichen worden war und man die Streichung nicht nur auf die Erbeinsetzung, sondern auch auf die Freilassung beziehen könnte. In dem Fall wäre Mark Aurel sogar im Ergebnis von der Entscheidung des Marcellus abgewichen. Allerdings lässt sich, mangels ausdrücklicher Erwähnung, nicht eindeutig sagen, ob Marcellus die an anderer Stelle des Testaments erwähnte Freilassung nicht ebenfalls aufrecht erhalten wollte.[610] Diese Differenzierung erkennt auch Wieling.[611] Er geht in seiner Einschätzung der Bedeutung des favor libertatis aber meines Erachtens etwas zu weit, wenn er die drohende Unwirksamkeit der Freilassungen als eigentlichen Grund für die Wirksamkeit auch der Legate auffasst. Gerade die eigenständige Erwähnung beider Verfügungsarten und die Tatsache, dass Mark Aurel die Freilassung noch einmal unabhängig von der humanior interpretatio ausdrücklich auf den favor libertatis stützt, deuten darauf hin, dass es Mark Aurel bei seiner Entscheidung nicht ausschließlich auf die Sklaven, sondern mindestens ebenso auf die betroffenen Legatare ankam. Er hätte den Fall also aus meiner Sicht auch nicht anders entschieden, wenn ausschließlich die Wirksamkeit der Legate in Frage gestanden hätte.

Und noch ein weiterer Gedanke erscheint mir plausibel: Vielleicht wollte Mark Aurel keiner der beiden widerstreitenden Fraktionen seines Beraterstabes offensichtlich Recht geben. Dadurch, dass er die Entscheidung auf Argumente stützte, die keine der beiden Parteien ausdrücklich für sich in Anspruch genommen hatte, wahrte er seine Unabhängigkeit, obwohl er im Ergebnis mit der Entscheidung des Marcellus jedenfalls in Bezug auf die Legate übereinstimmte.

VI. Zwischenergebnisse

Die Auslegung der Fragmente bestätigt die eingangs aufgestellte Vermutung der überragenden Bedeutung des Erblasserwillens (voluntas testatoris) für die erbrechtlichen Korrekturentscheidungen. Als maßgebliches Wertungskriterium einer Entscheidungskorrektur kommt der Wille des testierenden Erblassers aber immer

---

mus, S. 11 f.; Crifò, in FS für Waldstein, S. 90 f.; Gaudemet, Labeo 33 (1987), S. 11 ff.; Schulz, Prinzipien, S. 128 ff.

609 Die Entscheidung des Mark Aurel wäre dann nicht nur sprachlich, sondern auch inhaltlich auf einer Linie mit den bereits oben unter § 11 III. 1. besprochenen Fragmenten des Pomponius.

610 Anders Haertel, Index 5 (1974/75), S. 278 und Voci, DER II, S. 500, die die Erwähnung des Sklaven im Testament nur auf eine manumissio beziehen.

611 Testamentsauslegung, S. 145.

nur dann in Betracht, wenn er zuvor zweifelsfrei bestimmt werden kann.[612] Daraus folgt zugleich, dass eine Korrektur in favorem voluntatis testatoris eigentlich nur dann in Erwägung gezogen werden kann, wenn der Erblasserwille bestimmbar ist.[613] Als unbestimmtem Wertungsbegriff bedienen sich die Juristen in Fällen, in denen eine solche Korrektur in favorem voluntatis testatoris nahe liegt, der benignitas.[614] Wahrscheinlich um das Problem der nicht immer eindeutigen Feststellbarkeit des Erblasserwillens zu umgehen, gab es Bestrebungen, die benigna interpretatio auch auf solche Fälle auszudehnen, in denen der Erblasserwille zweifelhaft war.[615]

Im Gegensatz zu diesen Fällen stehen zum einen die Entscheidungskorrekturen zur Vermeidung einer zu formalistischen Anwendung von Rechtsgrundsätzen[616] und zum anderen diejenigen Korrekturen, die eindeutig zugunsten einer bestimmten Einzelperson getroffen werden.[617] Hier benutzen die Juristen andere unbestimmte Wertungsbegriffe. In den Fällen der Vermeidung einer zu formalistischen Anwendung von erbrechtlichen Nichtigkeitsgründen wird das ius civile als spitzfindig kritisiert.[618] Soweit die Entscheidung zugunsten einer bestimmten Einzelperson getroffen wird, erfolgt die Korrektur unter Berufung auf die humanitas.[619] Inwieweit diese Besonderheiten auf sprachlicher Ebene konsequent durchgehalten wurden und ob dadurch ein Zusammenhang zwischen der Verwendung eines bestimmten unbestimmten Wertungsbegriffes und des zugrunde

612 So in Pomp. (12 epist.) D. 35. 1. 112. 1; Scaev. (19 dig.) D. 36. 1. 78 (76) und Iul. (2 ad Urs. Fer.) D. 40. 4. 18. 1.

613 Deshalb kommt der favor voluntatis testatoris beispielsweise nicht als alleiniges Entscheidungskriterium für die in Pap. (6 resp.) D. 29. 2. 86 pr. oder Marcell. (29 dig.) D. 28. 4. 3 pr. enthaltenen Korrekturen in Betracht.

614 So jedenfalls in Pomp. (12 epist.) D. 35. 1. 112. 1; Scaev. (19 dig.) D. 36. 1. 78 (76). In Ulp. (23 ad Sab.) D. 35. 1. 10 pr. und Iul. (2 ad Urs. Fer.) D. 40. 4. 18. 1 könnten daneben noch andere Kriterien eine Rolle gespielt haben.

615 Marcell. (29 dig.) D. 28. 4. 3 pr.

616 Pap. (5 resp.) D. 28. 3. 17; Ulp. (4 disp.) D. 28. 3. 12 pr.

617 Pomp. (6 ad Sab.) D. 33. 5. 8. 2; Pomp. (12 epist.) D. 35. 1. 112. 2; Pomp. (2 ad Sab.) D. 40. 4. 4. 2; Ulp. (25 ad ed.) D. 11. 7. 6 pr; Ulp. (39 ad ed.) D. 37. 4. 3. 9.

618 In Pap. (5 resp.) D. 28. 3. 17 wird die suptilitas iuris ex bono et aequo korrigiert; in Ulp. (4 disp.) D. 28. 3. 12 pr. erfolgt die Korrektur der iuris scrupulositas / suptilitas ohne unbestimmte Wertung.

619 So bediente sich Pomponius in (6 ad Sab.) D. 33. 5. 8. 2; (12 epist.) D. 35. 1. 112. 2 und (2 ad Sab.) D. 40. 4. 4. 2 der humanitas als unbestimmtem Wertungsbegriff und jedes Mal lag die Begünstigung einer Einzelperson (des betroffenen Legatars) näher als eine Entscheidung in favorem voluntatis testatoris. Auch Ulpian wertet in zwei Fällen jeweils aus humanen Erwägungen zugunsten einer Einzelperson: In Ulp. (25 ad ed.) D. 11. 7. 6 pr. zugunsten von enterbten Familienmitgliedern und in Ulp. (39 ad ed.) D. 37. 4. 3. 9 zugunsten des gesetzlichen Hauserbens (favor heredis legitimi); ebenso Pap. (6 resp.) D. 29. 2. 86 pr., wobei hier die Bevorzugung der Hauserben durch die besondere Stellung des für das Gemeinwesen tätigen Beamten überlagert wird.

liegenden Entscheidungskriteriums hergeleitet werden kann, muss aber gerade im Hinblick auf die Korrekturentscheidungen, die nicht eindeutig einem einzigen Wertungskriterium zugeordnet werden konnten,[620] an dieser Stelle noch offen bleiben.[621]

§ 12 Entscheidungskorrekturen im Sachen- und Obligationenrecht

Eine Zusammenfassung der Entscheidungskorrekturen im Sachen- und Obligationenrecht erscheint vor allem deswegen als sinnvoll, weil sich die Entscheidungen beider Rechtsgebiete in die gleichen Kategorien von Wertungskriterien einordnen lassen. Während im Erbrecht spezifische Besonderheiten der Rechtsmaterie eine große Rolle gespielt haben,[622] können die Korrekturentscheidungen, deren thematischer Schwerpunkt im Sachen- oder Obligationenrecht liegt, auf von der jeweiligen Rechtsmaterie unabhängige übergeordnete Wertungskategorien zurückgeführt werden.

I. Korrekturen zum Erhalt rechtserheblicher Willensäußerungen

Zunächst sollen Entscheidungskorrekturen vorgestellt werden, bei denen der Jurist im Ergebnis einen obligationsrechtlichen oder dinglichen Rechtsakt entgegen der eindeutigen Wertung des ius civile aufrecht erhält. Dabei steht auch hier nicht die Aufrechterhaltung eines bestimmten Rechtsaktes als Selbstzweck im Vordergrund.[623] Entscheidend ist vielmehr der darin zum Ausdruck gebrachte Wille. Daraus folgt auch, dass eine Beschränkung der Zielsetzung des favor negotii lediglich auf den Erhalt von Rechtsgeschäften zu kurz greifen würde. Dies wird verständlich, wenn man sich vor Augen führt, dass die modernen Begriffe des Rechtsgeschäftes und der Willenserklärung naturrechtliche Erfindungen sind,[624] die zwar in den römischen Quellen angelegt, in ihrer heutigen Form aber unbe-

620 Dies betrifft neben Iul. (29 dig.) D. 28. 2. 13 pr. insbesondere Ulp. (23 ad Sab.) D. 35. 1. 10 pr. und auch Pap. (6 resp.) D. 29. 2. 86 pr.

621 Zu dieser und anderen Fragen des sprachlich-inhaltlichen Zusammenhangs zwischen einzelnen unbestimmten Wertungsbegriffen und den Entscheidungskorrekturen zugrunde liegenden Wertungsgesichtspunkten wird noch einmal am Ende der Arbeit im fünften Teil unter § 15 Stellung bezogen.

622 Diese ergaben sich insbesondere daraus, dass der Wille des Erblassers als das vorrangige Entscheidungskriterium nach dessen Tod oftmals nicht eindeutig feststellbar war; vgl. dazu oben unter § 11.

623 Ganz ähnlich stellte auch schon im Erbrecht die Aufrechterhaltung des Testaments nicht den Selbstzweck einer in favorem testamenti getroffenen Entscheidung dar, sondern in den meisten Fällen das Ergebnis der Bemühungen um eine möglichst umfassende Berücksichtigung des Erblasserwillens (favor voluntatis testatoris).

624 Zur Geschichte der Begriffe Flume, AT II, S. 28 ff.; Schloßmann, in FG für Hänel, S. 48 ff. (m.w.N.).

kannt waren.[625] Das römische Verständnis der Begriffe „negotium“ und „actus“ war also viel weiter,[626] so dass der Abschluss eines dinglichen oder obligatorischen Vertrages lediglich einen Anwendungsfall[627] der viel umfassenderen Begriffe darstellte. Negotium (wörtl.: Unmuße) kann man also mit Kaser[628] auch in dem hier relevanten Zusammenhang durchaus sehr weit als jedes nicht deliktische Tätigwerden in privatrechtlichen Dingen verstehen.[629] Die Erhaltung des in diesen rechtserheblichen Tätigkeiten zum Ausdruck kommenden Willens der beteiligten Personen ist das vorrangige Ziel einer Korrektur, die in favorem negotii erfolgt.[630]

1. Wirksamkeit einer stipulatio – Pomp. (16 ad Sab.) D. 23. 4. 9

Diese Grundfunktion des favor negotii wird sehr gut durch ein Fragment des Pomponius belegt, in welchem dieser einen nach ius civile unwirksamen Verbalkontrakt aufrecht erhält.

> Pomp. (16 ad Sab.) D. 23. 4. 9
> Si ita conveniat, ut, si vivo socero mortua sit filia, ipsi socero, si mortuo, filio eius, si filio quoque defuncto totum suo heredi reddatur, benigna interpretatione potest defendi utilem stipulationem esse.

Der Sachverhalt ist sehr verkürzt dargestellt. Es wurde eine stipulatio abgeschlossen, um den Verbleib von Vermögensgegenständen nach dem Tod einer Frau zu regeln.[631] Das Vermögen sollte zunächst zurück an den

625 Vgl. dazu Kaser/Knütel, RPR, S. 52, Rz. 1 ff.

626 Vgl.: Walde / Hofmann, Lat. etym. Wörterbuch, S. 157 f.

627 Wahrscheinlich handelt es sich bei dem Abschluss von obligatorischen Verträgen sogar um den Hauptanwendungsfall des negotium.

628 RPR I, S. 227.

629 Im Gegensatz dazu wird der Begriff negotium in anderem Zusammenhang auch enger verstanden, vgl. Scaev. (2 resp.) D. 24. 1. 58 pr.; Paul. (6 ad leg. Iul. et Pap.) D. 39. 6. 35. 3; Paul. (13 ad Sab.) D. 43. 26. 14. Wahrscheinlich führte gerade dieser abweichende Gebrauch des Wortes dazu, dass sich die Gleichsetzung negotium = Rechtsgeschäft in der Moderne durchgesetzt hat.

630 Diese Tendenz wird allgemein sehr gut durch zwei Fragmente belegt, in denen sich die Juristen für den Fall von Sachverhaltszweifeln zu einer angemessenen Auslegung bekennen, die ganz abstrakt zum Erhalt der in Frage stehenden actio oder exceptio, bzw. stipulatio führen soll: Iul. (50 dig.) D. 34. 5. 12; Ulp. (74 ad ed.) D. 45. 1. 80. Der ansonsten kaum verwendete unbestimmte Wertungsbegriff commodius ist wahrscheinlich nur dadurch zu erklären, dass sowohl Julian, als auch Ulpian in diesen beiden Fragmenten nicht einen konkreten Fall zu entscheiden hatten, sondern eine allgemeine Rechtsregel formulieren wollten.

631 Es liegt nahe, dass es sich bei der mit totum nicht näher bezeichneten Vermögensposition um die Mitgift handelt, welche ein Vater seiner Tochter mit in die Ehe gegeben hatte. Die Mitgift diente in erster Linie der Absicherung der Tochter für den Fall einer Scheidung.

Schwiegervater[632] gehen, wenn dieser verstorben ist, sollte es dessen Sohn, und wenn der ebenfalls schon vorverstorben ist, dessen Erben zukommen. Eine solche stipulatio, die zwischen dem Schwiegervater als Geber der dos und dem Ehemann abgeschlossen wurde, sollte bewirken, dass die Mitgift in jedem Falle in den Hausverband des Mitgiftgebers zurückfällt.[633] Unproblematisch war die Rückführung der dos in das Vermögen des Vaters. Diese vorrangige Rechtsfolge tritt im Fall einer dos profecticia regelmäßig jedenfalls dann ein, wenn der Besteller die Frau überlebt.[634] Sollte der Besteller jedoch ebenfalls vorher versterben, so kann er dem drohenden Verlust der dos durch stipulationsweise Vereinbarung einer dos recepticia abhelfen.[635] Die Schwierigkeit im vorliegenden Fall besteht, wie Wubbe[636] richtig herausgearbeitet hat, darin, dass der socer es nicht bei einer einfachen stipulatio „dotem reddi spondes" beließ, die im Ergebnis auch zu einer Rückgewähr der Mitgift an seine Erben geführt hätte, sondern, dass er seinen Sohn sowie dessen Erben ausdrücklich in der stipulatio erwähnte.[637] Damit verstößt die Stipulation zugunsten des an dem Geschäft nicht beteiligten Sohnes, bzw. seiner Erben gegen den verbindlichen Grundsatz „alteri stipulari nemo potest".[638]

Nach klassischem ius civile war zudem die Verpflichtung zu einer Leistung an einen Erben oder überhaupt nach dem Tode des Gläubigers oder Schuldners unzulässig (ab heredis persona obligationem incipere non posse).[639] Pomponius

---

632 Also den hier als socer bezeichneten Vater der Frau.

633 Es handelte sich also gerade nicht um eine einseitig die Erben des socer begünstigende Dotalvereinbarung, so dass die sich auf diesen Einwand stützenden Interpolationsbehauptungen von Albertario, Bull. 33 (1923), S. 68 und Beseler, Beiträge 2, S. 24 nicht überzeugen können; ebenso Wubbe, in FG für Herdlitczka, S. 311, Fn. 67.

634 Vgl. UE 6, 4; Pomp. (15 ad Sab.) D. 23. 4. 7 und D. 24. 3. 10 pr.; Kaser, RPR I, S. 339, Fn. 23; Söllner, actio rei uxoriae, S. 59 ff.; Wubbe, in FG für Herdlitczka, S. 310; ähnlich Palma, Benignior Interpretatio, S. 84, der deshalb vermutet, dass die Rückführung des Vermögens auch für den Fall des Todes des socer der Grund gewesen sei, warum überhaupt stipuliert wurde. Vielleicht wollte sich der Vater aber auch für den Fall absichern, dass die Ehe seiner Tochter kinderreich sein sollte. Der Ehemann durfte nämlich für jedes aus der Ehe stammende Kind ein Fünftel der dos behalten, bei fünf oder mehr Kindern also alles; vgl. dazu UE 6. 4; Paul. Vat. 108. Die stipulatio war somit auch für das Erreichen dieser Rechtsfolge nicht ganz sinnlos.

635 Die Bezeichnung stammt nach Kaser, RPR I, S. 334 f. aus der klassischen Rechtsschule, vgl. UE 6, 5; Gai. (8 ad ed. prov.) D. 39. 6. 31. 2.

636 Wubbe, in FG für Herdlitczka, S. 310 f.

637 Dieser Widerspruch war auch der Grund für die gegen diese Stelle vorgebrachten Interpolationsvermutungen, vgl. Albertario, Bull. 33 (1923), S. 68; Beseler, Beiträge 2, S. 24; Siber, RöRe II, S. 307.

638 Vgl. dazu Schmidlin, Rechtsregeln, S. 70 ff.; Nörr, SZ 89 (1972), S. 56 f.; Liebs, Lateinische Rechtsregeln, S. 34, A 81.

639 Gai. 3, 100, 3, 158; allg. auch Kaser, RPR I, S. 492, 543; zulässig war allerdings die auf den letzten Lebenszeitpunkt abzielende Formulierung „cum moriar"; vgl. dazu schon oben unter § 11 I. 3. Wegen der verkürzten Darstellung des Sachverhaltes lässt

setzt sich über diese formalen Einwände des ius civile hinweg (benigna interpretatione potest defendi[640]) und korrigiert das Ergebnis zugunsten des in der Stipulation zum Ausdruck kommenden Willens der beteiligten Parteien (favor negotii).[641] Die Entscheidung zielt nicht auf die Bevorzugung einer bestimmten Person, was schon dadurch deutlich wird, dass jeder der Begünstigten (auch wenn er noch, wie die Erben des Sohnes, unbekannt ist) potenziell profitiert. Das Vermögen soll, dem Willen der Vertragspartner der stipulatio entsprechend, im Hausverband des socer verbleiben.[642]

2. Wirksamkeit einer Schenkung mit Darlehensauflage – Iul. (18 dig.) D. 12. 1. 20

Dass der Funktion des favor negotii, den im jeweiligen Rechtsgeschäft zum Ausdruck kommenden Willen der Parteien aufrechtzuerhalten, unabhängig von der Art des betroffenen Rechtsgeschäfts Wirkung verschafft wird, zeigt das folgende Fragment des Hochklassikers Julian, in dem die Wirksamkeit einer Schenkung mit Darlehensauflage in Frage steht.

> Iul. (18 dig.) D. 12. 1. 20
> Si tibi pecuniam donassem, ut tu mihi eandem crederes, an credita fieret? dixi in huiusmodi propositionibus non propriis verbis nos uti, nam talem contractum neque donationem esse neque pecuniam creditam: donationem non esse, quia non ea mente pecunia daretur, ut omnimodo penes accipientem maneret: creditam non esse, quia exsolvendi causa magis daretur, quam alterius obligandi. igitur si is, qui pecuniam hac condicione accepit, ut mihi in creditum daret, acceptam dederit, non fore creditam: ma-

---

sich aber die genaue Formulierung der stipulatio nicht erkennen, so dass letztlich offen bleiben muss, welchen Grundsatz Pomponius korrigieren wollte. Auf das Entscheidungsmotiv favor negotii dürfte dies aber ohnehin keinen Einfluss gehabt haben.

640 Die sehr vorsichtige Formulierung „potest defendi" deutet darauf hin, dass es eine Gegenansicht gegeben haben muss, die strenger war.

641 Im Ergebnis ebenso Wubbe, in FG für Herdlitczka, S. 310; Palma, Benignior Interpretatio, S. 83 f; ähnlich Baldus, Auslegung nach Parteirollen, S. 599 f., 605, für den aber die Überwindung eines Formalismus im konkreten Fall im Vordergrund steht.

642 Dadurch wird auch der gegen die Klassizität des Fragments vorgebrachte Einwand abgeschwächt. Der socer stipulierte nicht lediglich zugunsten seines Erben oder eines Dritten, sondern auch für sich selbst; so Wubbe, in FG für Herdlitczka, S. 311, Fn. 67. Aus meiner Sicht spricht der formale Widerspruch zum Grundsatz „alteri stipulari nemo potest" gerade für die Klassizität des Fragments. Der Widerspruch war ja gerade der Grund für Pomponius, eine Korrekturentscheidung im Wege der benigna interpretatio vorzunehmen. Justinian hätte nicht so vorsichtig formuliert. Ein weiterer Beleg für die Klassizität ergibt sich aus Afr. (7 quaest.) D. 23. 4. 23, wo Afrikanus oder Julian in einem Parallelfall ohne unbestimmte Wertung das gleiche Ergebnis vertreten. Pomponius könnte daher als erster die Entscheidungskorrektur vorgenommen haben, die von Julian oder Afrikanus als richtig aufgegriffen wurde.

gis enim meum accepisse intellegi debeo. sed haec intellegenda sunt propter suptilitatem verborum: benignius tamen est utrumque valere.

Der Sachverhalt dieses Fragments ist relativ kurz. A schenkt dem B Geld mit der Maßgabe, dass dieser ihm dasselbe Geld als Darlehen zurückgewährt. Die Frage des Juristen Julian lautet dann: Ist ein Darlehensvertrag zustande gekommen?

Die Begründung seiner Entscheidung leitet Julian mit einem sehr interessanten, bislang allerdings wenig beachteten[643] Teilsatz ein: dixi in huiusmodi propositionibus non propriis verbis nos uti.[644] Im Folgenden begründet Julian dann, warum weder Schenkung noch Darlehen zustande gekommen sind. Zunächst fehle es an dem für die Schenkung erforderlichen animus donandi des Schenkers. Das Geld solle nicht für immer bei B verbleiben. Für die Unwirksamkeit des

---

643 Nur Eisele, SZ 30 (1909), S. 111 f. und Behrends, SZ 97 (1980), S. 474 sind näher auf diesen Satz eingegangen. Backhaus, Casus perplexus, S. 109, Fn. 7 lässt dagegen die Frage der Echtheit dieses ersten Teilstücks offen, weil es für den Lösungsweg und das Ergebnis Julians nicht von Bedeutung sei.

644 Der Satz ist auch in den Basiliken (B. 23.1.20) nicht enthalten. Schaut man sich die beiden gängigen Übersetzungen an, so wird die Bedeutung des Satzes nicht wirklich klarer: „Ich habe gesagt, dass wir (Juristen) in Fällen dieser Art die Worte nicht in ihrer eigentlichen Bedeutung benutzen"; diese Übersetzung schlägt Peters, in Behrends/Knütel/Kupisch/Seiler, C.I.C, Bd. III vor. Otto/Schilling/Sintenis, C.I.C., Bd. 2, S. 15 hatten 1831 übersetzt: „Ich habe gesagt, dass wir in Fällen dieser Art uneigentliche Worte gebrauchen". Nach Auffassung der Übersetzer weist Julian hier also darauf hin, dass in Fällen mit einer derartigen Sachverhaltskonstellation Worte gebraucht werden, denen normalerweise eine andere Bedeutung zukommt. Welche Worte damit gemeint sind, ist zunächst nicht klar, wenn Julian recht lapidar feststellt, [...], nam talem contractum neque donationem esse neque pecuniam creditam. Zum einen könnte der Wortlaut der Vertragstypen Schenkung und Darlehen gemeint sein. Sind also „Schenkung" und „Darlehen" die „falschen Worte" für eine derartige Sachverhaltslage? Diese Lesart würde wohl Peters bevorzugen, da er in seiner Übersetzung das „nos" auf „die Juristen" bezieht (ebenso Behrends, SZ 97 (1980), S. 474). Die Juristen können schließlich nur zur Auslegung der Rechtsinstitute unter den gegebenen Sachverhaltsvoraussetzungen Stellung nehmen. Andererseits könnten aber auch die Parteien Worte gebraucht haben, welche die Sachverhaltslage nicht in dem Sinne beschreiben, der eigentlich erforderlich wäre, um Schenkung und Darlehen zur Entstehung zu bringen. Mit „verbis" könnten also theoretisch sowohl die beiden Vertragstypen als auch die Parteiabrede gemeint sein. Wäre die Parteiabrede selbst gemeint, so müsste man das „nos" allerdings auf die Ich-Person des ersten Satzes und sein Gegenüber (tibi) beziehen. Ein solches Verständnis macht aber vor dem Hintergrund keinen Sinn, dass sich das den zweiten Satz einleitende „dixi" als die typische Einleitung der römischen Juristen für den Begründungssatz ihrer Entscheidung nur auf Julian als den Autor des Fragments, nicht aber auf den „Ego" des ersten Satzes beziehen kann. Diesen „persönlichen Akzent" in der Entscheidung Julians erkennt auch d`Amati, Bull. 90 (1987), S. 573. Der zweite Satz gehört also eindeutig nicht mehr der Sachverhaltsschilderung, sondern bereits der Entscheidung Julians an.

Darlehens gibt Julian zwei Begründungen: So sei das Geld zunächst einmal von B eher zur Erfüllung der Verbindlichkeit aus der Schenkungsabrede als zur Rückzahlungsverpflichtung des A aus dem Darlehen zurückgewährt worden – es fehle also am für das Darlehen erforderlichen animus obligandi. Zu diesem Argument ist einschränkend anzumerken, dass ein Schenkungsversprechen im klassischen römischen Recht für sich genommen noch keine eigene Verbindlichkeit erzeugte.[645] Entweder ging Julian also stillschweigend davon aus, dass das Versprechen in Form einer stipulatio abgegeben worden war (und damit eine Verbindlichkeit erzeugte) oder aber er verstand die Formulierung eher untechnisch und wollte darauf hinweisen, dass es dem B bei der Rückgabe des Geldes eher auf die Schenkungsauflage als auf die Gewährung eines Darlehns ankam. Als zweites Argument führt Julian an, dass A so angesehen werden müsse, als habe er sein eigenes Geld von B erhalten. Damit deutet er an, dass B aufgrund der Unwirksamkeit der Schenkung niemals Eigentümer des Geldes und daher auch nicht in der Lage gewesen sei, als Darlehensgeber aufzutreten. Im letzten Satz des Fragments entscheidet Julian dann schließlich doch anders: Die Unwirksamkeit beider Verträge müsse man nur bei einem spitzfindigen Verständnis der Worte annehmen, wohlwollender sei es, beide Verträge für wirksam zu erachten. Erst an dieser Stelle ist wieder die Rede von einem allzu scharfsinnigen Wortlautverständnis. Der im zweiten Satz gegebene Hinweis wird damit klarer: Wenn wir die Worte in ihrer eigentlichen Bedeutung gebrauchen würden, kämen weder eine Schenkung noch ein Darlehen zustande. Mit dem ersten Teilsatz von Satz 2 und dem Anschluss „nam“ wird die Entscheidung im letzten Satz des Fragments vorbereitet. Im Normalfall würde man bei derartigen Sachverhaltsschilderungen sagen, dass weder eine Schenkung noch ein Darlehen vorliegt. Wohlwollender ist es aber, die Verträge als wirksam zu erachten.

Die Entscheidung Julians wurde in der Vergangenheit nahezu ausnahmslos für interpoliert gehalten.[646] Dies mag zunächst aufgrund der schon mehrfach erwähnten, heute aber als widerlegt anzusehenden[647] pauschalen Verdächtigungen

---

645 Vgl. dazu Kaser, RPR I, S. 602; Honsell/Mayer-Maly/Selb, RöRe, S. 346; anders erst unter Justinian Inst. 2. 7. 2.

646 Beseler, Beiträge 3, S. 105 f.; Betti, in FS für Koschaker I, S. 317; Bortolucci, ACJI, Bd.1, S. 270 f.; Gradenwitz, ACJI, Bd.1, S. 499; Liebs, Hermogenian, S. 76 f.; Pringsheim, SZ 42 (1921), S. 276, Fn. 1; Schloßmann, Jher. Jahrb. 44 (1901), S. 383 ff.; Schulz, Geschichte, S. 291, Fn. 1; aufgrund einer rein sprachlichen Analyse Rechnitz, Julianus, S. 23 f.; Wieacker, Textstufen, S. 175, Fn. 248; weitere zahlreiche Nachweise bei Broise, Animus donandi, S. 53 ff., insb. Fn. 55, 56. Eisele, SZ 30 (1909), S. 111 f. hält sogar die Worte von „in huiusmodi“ bis „pecuniam creditam“ für einen Einschub der Kompilatoren, begründet dies aber nur damit, dass die Begründung für Julian zu ausführlich sei und zudem die Ausdrücke „huiusmodi“ und „talis“ zu den Lieblingswörtern der Kompilatoren zählten.

647 Dass von einer Interpolation der einstmals pauschal verdächtigen benignitas-Fragmente nur noch bei Vorliegen zusätzlicher sachlicher Gründe ausgegangen werden kann, darf man, wie bereits oben Fn. 75 festgestellt wurde, seit Wubbe voraus-

gegenüber dem unbestimmten Wertungsbegriff benignius nicht weiter verwundern. Allerdings wurden auch speziell gegen D. 12. 1. 20 zusätzliche Bedenken erhoben. Als schwerwiegendster Einwand gegen die Klassizität des Fragments hat sich die Auffassung erwiesen, dass Julian beim Abfassen der Stelle an ein Umgehungsgeschäft für die lex Cincia gedacht habe. Nach der „lex Cincia de donis et muneribus", einem Plebiszit aus dem Jahre 204 v. Chr., waren Schenkungen ab einem bestimmten Wert untersagt.[648] Das vorliegende Fragment sei ein Beispiel für den Versuch der Umgehung eines Schenkungsversprechens.[649] Julian habe die Vorgehensweise für unwirksam erachtet, weil versucht worden sei, ein nach der lex Cincia verbotenes Schenkungsversprechen zu umgehen. Dieses Verbotsgesetz sei unter Justinian bereits abgeschafft gewesen, so dass die Regelung in ihrer ursprünglichen Form keinen Sinn mehr gemacht habe. Daher hätten die Kompilatoren sie korrigiert. Die Interpolationskritik klingt auf den ersten Blick plausibel.[650] Allerdings können die vorgebrachten Argumente im Text des Fragments nicht belegt werden.[651] Sie basieren immer auf der nicht zu

---

setzen. So, aber mit anderem Ergebnis für D. 12. 1. 20 auch Backhaus, Casus perplexus, S. 114.

648 Rechtstechnisch konnte der Klage auf Leistung aus einem Schenkungsversprechen sowie aus einer noch nicht komplett vollzogenen Handschenkung die exceptio legis Cinciae entgegengesetzt werden. Vollzogene Schenkungen konnten allerdings nicht rückabgewickelt werden. Zur Lex Cincia, die aus unterschiedlichen Gründen (Luxusbekämpfung, Vorbeugung von Erpressungsmissbrauch) erlassen wurde vgl. Kaser, RPR I, S. 602 f.

649 Archi, donazione, S. 40; Backhaus, Casus perplexus, S. 111; Broise, Animus donandi, S. 59 f.; Schloßmann, Jher. Jahrb. 44 (1901), S. 382, 386 ff.; Wacke, TR 40 (1972), S. 257, Fn. 91; Betti, in FS für Koschaker I, S. 316 f., der den Bezug zur lex Cincia nur andeutet; ebenso Knobbe-Keuk, in FS für Flume II, S. 171 f., die das vorgenommene Geschäft nur als eine „verunglückte" Schenkung bezeichnet. Dagegen aber Haymann, Schenkung unter Auflage, S. 71 f., der die Voraussetzungen eines Schenkungsversprechens anzweifelt und von einer vollzogenen Realschenkung ausgeht. Ebenso vielleicht auch schon Rabel, SZ 28 (1907), S. 375 f., der allerdings auch von der Gegenseite zitiert wird (vgl. Backhaus, Casus perplexus, S. 111, Fn. 22). Rabel schreibt nur, dass die Vereinbarung wegen eines Gesetzesverstoßes nichtig wäre, wenn sie gegen die Lex Cincia gerichtet gewesen wäre. Er hielt aber beide Verträge wohl für vollzogen.

650 Ausdrücklich dagegen allein Huschke, Darlehen, S. 19 f.; zweifelnd, allerdings ohne nähere Begründung auch Mayer-Maly, SZ 82 (1965), S. 444 und Knütel, SZ 95 (1978), S. 488, Fn. 3. Die von Hausmaninger, in Iuris Professio, S. 70, Fn. 73 vorgebrachten Argumente für die Klassizität der Stelle sind allesamt einleuchtend, haben aber den Nachteil, dass sie nicht direkt auf die gegen die Stelle vorgebrachten Bedenken des Umgehungsgeschäfts der lex Cincia eingehen.

651 Noch unwahrscheinlicher ist eine Vermutung, die mit der Palingenesie der Stelle begründet wurde. Bei Lenel, Palingenesia I, Sp. 370, Nr. 302 findet sich D. 12. 1. 20 unter der Überschrift „Soluto matrimonio dos quemadmodum petatur". Daube, Roman Law, S. 110 f., im Anschluss Knütel, SZ 95 (1978), S. 488, Fn. 3 wollen daraus herleiten, dass es im Fall ursprünglich nicht um einen Darlehensvertrag, sondern um

beweisenden Annahme, Julian habe beim Verfassen des Fragments an ein Umgehungsgeschäft für das Schenkungsverbot aus der lex Cincia gedacht. Dieser aufgrund von Vermutungen in sich logischen Begründung muss man allerdings die kritische Frage entgegen halten, warum dieses angeblich so eindeutig einschlägige Umgehungsgeschäft mit keinem Wort im Fragment erwähnt wird. Warum sollte Julian versuchen, seine Entscheidung auf andere Weise zu begründen, wenn er doch ein so eindeutiges und durchschlagendes Argument zur Hand gehabt hätte? Auch der Hinweis darauf, dass Julian an anderer Stelle Entscheidungsgründe nicht immer ausdrücklich aufgenommen habe,[652] kann in diesem Zusammenhang nicht ganz überzeugen. Im Rahmen dieser anderen Entscheidungsbegründungen war es so, dass Julian lediglich nicht alle Motive ausdrücklich in die Begründung mit aufnahm. Diese Motive brachten aber für die Argumentation keine zusätzlichen sachlichen Gründe,[653] sondern erklärten nur die sehr knappe Entscheidungsbegründung besser.[654] In D. 12. 1. 20 widerlegt Julian aber die Gegenmeinung, indem er ihre Argumente darstellt.[655] Warum Julian trotzdem das sachliche Hauptargument weggelassen haben sollte, ist nicht recht einzusehen.[656] Schließlich spricht auch die Palingenesie zumindest gegen einen

---

eine Hingabe des geschenkten Geldes als dos ging. Auch dieser Ansatz muss aber, wie die überzeugende Gegenargumentation von Backhaus, Casus perplexus, S. 112 zeigt, als spekulativ bezeichnet werden. Im römischen Dotalrecht waren Geschäfte, bei denen der Gegenstand hin und her geschoben wurde, anerkannt. Mit D. 12. 1. 20 als Beispiel aus dem Darlehensrecht kann daher ebenso eine gelungene Gegenüberstellung bezweckt worden sein. In diesem Sinne auch Wieacker, Labeo 17 (1971), S. 59, Fn. 15, S. 62.

652 Backhaus, Casus perplexus, S. 111, Fn. 18 verweist hier auf seine eigenen Interpretationen zu Paul. (7 ad Sab.) D. 23. 3. 20; Ulp. (1 ad Sab.) D. 28. 2. 3. 2; Marcian. (4 inst.) D. 28. 7. 16 sowie Iul. (42 dig.) D. 40. 4. 17 pr. und Pomp. (11 epist.) D. 40. 4. 61 pr. (in fast allen Fällen wird Julian hier von anderen Juristen zitiert).

653 Nur bei Paul. (7 ad Sab.) D. 23. 3. 20 erscheint eine von der eigentlichen Argumentation unabhängige zusätzliche causa remota für die zitierte Entscheidung Julians erwägenswert. Ob diese aber tatsächlich eine Rolle gespielt hat, muss ebenso wie im Rahmen von D. 12. 1. 20 Spekulation bleiben; so für D. 23. 3. 20 auch schon Backhaus, Casus perplexus, S. 98.

654 Dazu auch Bund, in Studi Volterra I, S. 572, der das Phänomen der fehlenden oder „falschen“ Entscheidungsgründe ebenfalls hervorhebt, gleichzeitig aber relativiert, weil in der schriftlich dargelegten Begründung zumindest der erste Anhaltspunkt für die „wahren“ Gründe der Entscheidung zu finden sei.

655 Die den Sachverhalt wiederholende Begründung ist so ausführlich, dass Eisele, SZ 30 (1909), S. 111 f. meint, dies sei „zu viel“ für Julian. Wie er zu dieser Einschätzung kommt, ist nicht erkennbar. Die zusammenfassende Wiederholung eines Sachverhaltes im Fragment ist für sich genommen nur ein sehr unsicheres Interpolationsindiz; so schon Backhaus, Casus perplexus, S. 113, Fn. 33.

656 Wenn die Stelle interpoliert sein sollte, dann müsste Justinian dieses Hauptargument ebenfalls unterdrückt haben. Denkbar erscheint somit nur, dass das Fragment um ei-

Zusammenhang mit der lex Cincia.[657] Abgesehen von diesen formalen Einwänden, kann die Argumentation aber auch inhaltlich nicht überzeugen. Ein Verstoß gegen die lex Cincia führte nicht automatisch zur Unwirksamkeit der Schenkung nach ius civile, sondern hatte allenfalls zur Folge, dass dem Schenker eine exeptio legis Cinciae oder exceptio in factum gegenüber der Leistungsklage des Beschenkten gewährt wurde.[658] Warum Julian über diese Rechtsfolge hinausgehen sollte, ist ebenfalls nicht zu erkennen.

Die von Julian hier vorgebrachten „Entscheidungsgründe" zielen eher auf die Vorbereitung und Begründung seiner benignitas-Entscheidung ab, die er im zweiten Satz andeutet und im letzten Satz dann fällt.[659] Sie dienen der Klarstellung dessen, was Julian als tatsächliche Voraussetzungen der Vertragstypen Schenkung und Darlehen und was er unter suptilitas verborum versteht. Das erste Argument gegen das Zustandekommen eines Schenkungsvertrages ist der beste Beleg für ein solches Verständnis dieses Fragments: Es wäre reine Wortklauberei, würde man die Voraussetzung des „animus donandi ut omnimodo penes accipientem maneret"[660] so eng verstehen, dass es nicht möglich wäre, das geschenkte Geld nach Erhalt für einen gewissen Zeitraum an den Schenker zurückzugewähren.[661] Letztendlich bleibt das Geld natürlich „omnimodo" beim Beschenkten, da dieser das Geld spätestens mit Rückzahlung des Darlehens end-

---

ne auf die lex Cincia bezogene Variante gekürzt worden ist. Auch dies muss aber Spekulation bleiben.

657 Auch wenn aus der Palingensie von D. 12. 1. 20, wie oben dargestellt, keine eindeutigen Schlüsse gezogen werden können, so ergibt sich der fehlende Zusammenhang mit der lex Cincia zumindest indirekt daraus, dass Julian das Fragment jedenfalls nicht in das 60. Buch seiner digesta („Ad legem Cinciam: de donationibus") aufgenommen hatte.

658 Paul. Vat. 310; Kaser, RPR I, S. 603; Lenel, Edictum perpetuum, S. 513.

659 Dies deutet auch Huschke, Darlehen, S. 19 an.

660 Eher unwahrscheinlich erscheint in diesem Zusammenhang die Überlegung, Julian könne hier eine Ausnahme von dem Grundsatz gemacht haben, dass die Übereignung von Geld als res nec mancipi durch eine kausale traditio erfolgen müsse. Die Voraussetzung einer wirksamen Schenkung als zugrundeliegendes Kausalgeschäft für die traditio dürfte für Julian außer Frage gestanden haben; so auch Backhaus, Casus perplexus, S. 113, Fn. 30.

661 Zu Recht weist Huschke, Darlehen, S. 20, Fn. 1 auf das verwandte Fragment Marcell. (13 dig.) D. 46. 3. 67 hin. Marcellus billigt hier die (allerdings umstrittene) Möglichkeit, dass ein Gläubiger seinen Geldschuldner von 100 Denaren durch solutio befreien kann, indem er von ihm 10 empfängt, ihm eben diese umgehend als Geschenk zurückgibt und dasselbe so oft wiederholt, bis er nur die zum zehnten Mal erhaltenen 10 behält. Für die Gegenansicht lässt sich Ulp. (61 ad ed.) D. 46. 3. 55 anführen, wo eben diese Möglichkeit ohne Begründung von Ulpian abgelehnt wird. Diesen Zusammenhang sehen auch Knobbe-Keuk, in FS für Flume II, S. 169 f., Fn. 86 f. und Behrends, SZ 97 (1980), S. 473; derselbe, Index 19 (1991), S. 189. Casavola, Lex Cincia, S. 155 will in D. 12. 1. 20 ein Prinzip „sic dat ne recipiat" wiedererkennen; dazu auch Broise, Animus donandi, S. 58, Fn. 57.

gültig behalten darf.[662] Wertmäßig steht es ihm sogar schon bei Übergabe an den Darlehensnehmer (Schenker) zu, weil der Beschenkte für den Zeitraum des Darlehens durch die actio certae creditae pecuniae gesichert ist.[663]

Auch die beiden übrigen Argumente[664] führt Julian lediglich vor, um den Leser darauf aufmerksam zu machen, wie spitzfindig es wäre, sich auf ihren Standpunkt zu stellen. So kann es natürlich keinen Unterschied machen, dass der Beschenkte beim Abschluss des Darlehens nicht nur seinen Darlehensnehmer verpflichten will, sondern zudem seine eigene Verpflichtung aus der Schenkungsauflage erfüllt.[665] Auch wenn es theoretisch möglich wäre, die gegenteilige Auffassung (der Beschenkte wolle allein seine eigene Verpflichtung erfüllen) zu vertreten, so macht doch die benignitas-Entscheidung gerade unter dem Aspekt Sinn, einem solch engen Wortlautverständnis der Voraussetzungen eines Darlehensvertrages eine Absage zu erteilen. Mit dem letzten Argument führt Julian schließlich die Argumentationskette ad absurdum: Würde man sich auf den Standpunkt stellen, der Beschenkte könne das Geld nicht zurückübereignen, weil er aufgrund der ungültigen Schenkung selbst niemals Eigentümer geworden sei,[666] so erklärte man gleichzeitig das Geschäft für perplex,[667] weil die Wirksamkeit der Schenkung Voraussetzung für die Wirksamkeit der eigenen Auflage[668] (des Darlehens) ist, gleichzeitig aber das Darlehen als Auflage der Schen-

---

662 Schon Haymann, Schenkung unter Auflage, S. 71 fand diese Begründung daher „nicht recht einleuchtend“, zog aber im Folgenden keine weiteren Schlüsse daraus und hielt D. 12. 1. 20 dennoch für interpoliert.

663 Diesen Gedanken lehnt Backhaus, Casus perplexus, S. 110, Fn. 13 mit Hinweis auf eine dann für ein Leistungsversprechen als Schenkungsgegenstand erforderliche stipulatio ab, die Julian wohl gescheut habe. Wenn man sich aber auf den Standpunkt stellt, dass Julian die Schenkung bereits für vollzogen hielt – und dafür spricht der Wortlaut des Fragments – ist dieser Einwand ebenso spekulativ, wie die gesamte Begründung über das die lex Cincia umgehende Scheingeschäft. Wie oben bei Fn. 648 bereits dargelegt, wurden mit der lex Cincia lediglich Schenkungsversprechen ab einer bestimmten Höhe untersagt. Eine vollzogene Schenkung wurde jedoch nicht rückabgewickelt. Was liegt also näher, als davon auszugehen, Julian habe die Schenkung für vollzogen und die lex Cincia damit für nicht einschlägig gehalten? Ähnlich kritisch Horak, SZ 101 (1984), S. 389.

664 „…quia exsolvendi causa magis daretur, quam alterius obligandi.“ und „magis enim meum accepisse intellegi debeo.“

665 Ähnlich Degenkolb, AcP 71 (1887), S. 59.

666 Dass es Julian hier in erster Linie nicht um die Wirksamkeit des Eigentumsüberganges geht, sondern, dass der wirtschaftliche Gehalt des Geschäftes im Vordergrund steht, erkennen auch Schloßmann, Jher. Jahrb. 44 (1901), S. 379 und Knobbe-Keuk, in FS für Flume II, S. 170. Allerdings versteht sie die von Julian zur Rechtfertigung seiner benignitas-Entscheidung aufgeführten Argumente zu wörtlich und kommt daher zu einem anderen Ergebnis.

667 So auch Backhaus, Casus perplexus, S. 109 f.

668 „Condicio“ meint bei einer Schenkung eher Auflage, denn Bedingung; so Backhaus, Casus perplexus, S. 109, Fn. 9; Kaser, RPR I, S. 259.

kung wiederum selbst unbedingte Voraussetzung für die Wirksamkeit der Schenkung ist.[669] Alle drei Argumente basieren also darauf, dass man den Wortlaut der Voraussetzungen, die an den animus des Schenkers, bzw. Darlehensgebers gestellt werden, sehr spitzfindig auslegt.[670]

Neben diesen inhaltlichen Bedenken wurden auch immer wieder sprachliche Einwände gegen die Originalität von D. 12. 1. 20 vorgebracht. So kritisierte schon Schlossmann,[671] dass Julian im ersten Teil des Fragments nur von einem einzelnen Vertrag (talem contractum) ausgehe, während das „utrumque valere" am Ende des Fragments das Vorliegen zweier Verträge unterstelle und daher nur als ein sprachlich missglückter nachträglicher Zusatz verstanden werden könne. Diese Auslegung ist allerdings nicht zwingend. Die von den Parteien gewollte Rechtsfigur ist als Schenkung unter der Auflage des Abschlusses eines Darlehensvertrages zu qualifizieren.[672] Mit „talem contractum" ist also nicht nur das Darlehen oder die Schenkung gemeint, sondern die Gesamtkonstruktion „Schenkung mit Darlehensauflage". Wenn Julian anschließend zur Wirksamkeit beider Teile Stellung bezieht, so muss sich das nicht zwangsläufig widersprechen. Auch die Tatsache, dass Julian am Ende seiner Sachverhaltsschilderung „nur" nach dem Zustandekommen des Darlehens fragt (an credita fieret?), lässt sich damit erklären, dass die Frage in dieser Weise an Julian herangetragen worden sein könnte. Dass er zusätzlich die Frage der Wirksamkeit der Schenkung als Vorfrage problematisiert, entspricht gängiger Gutachterpraxis und dient gleichzeitig seiner Gesamtargumentation.[673]

Es sind somit weder inhaltliche noch sprachliche Gründe auszumachen, die zwingend für eine Interpolation von D. 12. 1. 20 sprechen würden. Viel eher lassen sich textlich belegbare Argumente finden, die zu dem Schluss führen, dass das Fragment ursprünglich gerade in seiner vorliegenden Form verfasst wurde. Julian nutzt die spitzfindige Argumentationskette und führt sie ad absurdum, um

---

669 Noch etwas genauer Horak, SZ 101 (1984), S. 389, der das Geschäft nur „in einem weiteren Sinne für perplex" hält, weil „es von vornherein so angelegt sei, dass es seinen ‚begriffsnotwendigen' Zweck verfehle". Die Erfüllung der Auflage sei aber im Gegensatz zur Bedingung gerade kein zwingendes Wirksamkeitskriterium für das Rechtsgeschäft.

670 Die suptilitas verborum besteht also nicht darin, wie Knobbe-Keuk, in FS für Flume II, S. 171 meint, an den eigentlich von den Parteien nicht gewollten Vertragstypen (Schenkung und Darlehen) zu hängen, sondern darin, deren Voraussetzungen allzu spitzfindig zu verfolgen.

671 Jher. Jahrb. 44 (1901), S. 384 f. und ihm zustimmend Knobbe-Keuk, in FS für Flume II, S. 171.

672 So auch Haymann, Schenkung unter Auflage, S. 69 f.; Backhaus, Casus perplexus, S. 109, Fn. 9; Kaser, RPR I, S. 259.

673 Auch Backhaus, Casus perplexus, S. 110 bezeichnet das Zustandekommen des Darlehens daher zurecht als „Hauptfrage", die Schenkungsproblematik dagegen als „Vorfrage, ohne deren Beantwortung die (Un-)Wirksamkeit des Darlehens nicht festgestellt werden kann".

seine wohlwollende Korrektur der Tatbestandsvoraussetzungen zu verdeutlichen.[674] Er verhilft damit dem im Rechtsgeschäft zum Ausdruck kommenden Willen der Parteien zur Durchsetzung, indem er die beiden Verträge, deren Unwirksamkeit nach der suptilitas verborum droht, aufrecht erhält (favor negotii).[675] Die Folge dieser positiven Entscheidung für die von den Parteien angestrebte Konstruktion ist die faktische Zulässigkeit eines formlosen Schenkungsversprechens. Zwar würde es sicher zu weit gehen, wenn man das Fragment zum Anlass nähme, das grundsätzliche Erfordernis der Stipulationsform für Schenkungsver-

---

674 Julian relativiert damit zugleich die in Iul. (17 dig.) D. 39. 5. 1 pr. – einem weiteren Beleg für die Existenz einer Auflagenschenkung – noch strenger formulierten Voraussetzungen. Im Ergebnis ähnlich Degenkolb, AcP 71 (1887), S. 61, dem es aber in erster Linie darum geht, die Rechtsfigur eines Darlehens-Vorvertrages bei Julian zu beweisen. Als weiteren Beleg für die Fortentwicklung der Voraussetzungen in D. 12. 1. 20 kann man noch die Entscheidung eines Juristen der Nachklassik anführen:
Hermogen. (6 iur. epit.) D. 39. 5. 33. 1
Ea lege donationis causa pecunia Titio numerata, ut statim donatori mutuo detur, non impeditur dominii translatio: ac propterea isdem nummis donatori creditis novum dominium in his quaeritur.
Der Nachklassiker Hermogenian lebte frühestens um ca. 300 n. Chr. (vgl. die umfassende Analyse also etwa 200 Jahre nach Julian, der im Prinzipat des Hadrian (117–138) erstmals in Erscheinung trat, aber auch noch unter den divi fratres (161–169) wirkte; vgl. zu Hermogenian umfassend Liebs, Hermogenian, S. 13 ff.; ders., in HLL, Bd. 5, § 505; zum Leben Julians speziell Bund, Methode Julians, S. 2 f. Er entscheidet hier den identischen Sachverhalt in gleicher Weise wie Julian, ohne allerdings ein Wort zur Begründung zu schreiben. Dies deutet darauf hin, dass sich die von Julian geforderte Lockerung der Voraussetzungen für das Zustandekommen der beiden Vertragstypen durchgesetzt hat und die früher noch denkbaren Einwände keine Rolle mehr spielten; so auch Degenkolb, AcP 71 (1887), S. 62, insb. Fn. 17. Genauso lässt sich D. 39. 5. 33. 1 allerdings auch in die Argumentation der Gegenansicht einbinden, da die lex Cincia zum Entstehungszeitpunkt des Fragments bereits außer Kraft war und die Umgehung des Schenkungsversprechens daher nicht mehr zur Debatte stand; so Backhaus, Casus perplexus, S. 120; ähnlich Betti, in FS für Koschaker I, S. 317, 319. Allein Daube, Roman Law, S. 109 f. will die Entscheidung Hermogenians mit der Lex Cincia begründen. Das liegt zum einen daran, dass für ihn D. 12. 1. 20 eigentlich einen dotalrechtlichen Hintergrund hat (dazu schon oben Fn. 651) und er andererseits verkennt, dass die lex Cincia zum Zeitpunkt der Entstehung von D. 39. 5. 33. 1 schon abgeschafft war. Richtig ist seine Feststellung, dass der Hin- und Rücktransfer des Geldes in keiner Weise aus schenkungs- oder darlehensrechtlichen Gründen unwirksam sein kann; vgl. dazu insb. S. 110, Fn. 1 am Ende.

675 Im Ergebnis gleich Baldus, Auslegung nach Parteirollen, S. 621; Palma, Benignior Interpretatio, S. 79 f. mit Bezug auf Hausmaninger, in Iuris Professio, S. 70 f., der den favor negotii allerdings sehr allgemein als „jene Tendenz" bezeichnet, „Rechtsgeschäfte, insbesondere Testamente, Legate, Freilassungen auch bei Verstößen gegen Formgebote des ius civile aufrechtzuerhalten"; ähnlich ders., in Boston University Law Review 61 (1981), S. 1154, hier allerdings nur mit Bezug auf die benignitas.

sprechen zu negieren.[676] Die Entscheidung kann aber vielleicht als eine erste Ausnahme zu diesem Grundsatz und damit zugleich auch als weiterer Schritt hin zu einer Lockerung des strengen Korsetts der vertraglichen Typengebundenheit im römischen Schuldrecht gesehen werden.

3. Wirksamkeit eines Darlehens

Die durch solche Korrekturen zur Berücksichtigung des Parteiwillens (favor negotii) angestoßene zunehmende Lockerung der Tatbestandsvoraussetzungen, insbesondere beim Darlehensvertrag, zeigt sich noch in zwei weiteren Fragmenten.[677] Interessant ist vor allem eine Entscheidung, in welcher der Hochklassiker Afrikan[678] seinen Lehrer Julian zitiert.

a. Afr. (8 quaest.) D. 17. 1. 34 pr.

Qui negotia Lucii Titii procurabat, is, cum a debitoribus eius pecuniam exegisset, epistulam ad eum emisit, qua significaret certam summam ex administratione apud se esse eamque creditam sibi se debiturum cum usuris semissibus: quaesitum est, an ex ea causa credita pecunia peti possit et an usurae peti possint. respondit non esse creditam: alioquin dicendum ex omni contractu nuda pactione pecuniam creditam fieri posse. nec huic simile esse, quod, si pecuniam apud te depositam convenerit ut creditam habeas, credita fiat, quia tunc nummi, qui mei erant, tui fiunt: item quod, si a debitore meo iussero te accipere pecuniam, credita fiat, id enim benigne receptum est. his argumentum esse eum, qui, cum mutuam pecuniam dare vellet, argentum vendendum dedisset, nihilo magis pecuniam creditam recte petiturum: et tamen pecuniam ex argento redactam periculo eius fore, qui accepisset argentum. et in proposito igitur dicendum actione mandati obligatum fore procuratorem, ut, quamvis ipsius periculo nummi fierent tamen usuras, de quibus convenerit, praestare debeat.

Für die Argumentation interessant ist allein der Anweisungsfall (si a debitore meo iussero te accipere pecuniam, credita fiat),[679] der ebenfalls ausdrücklich auf eine wohlwollende Korrektur der Voraussetzungen für das Zustandekommen eines Darlehens zurückgeführt wird (id enim benigne receptum est).[680] Ein Dar-

---

676 Allgemein zu diesem Grundsatz Kaser, RPR I, S. 602.

677 Den Zusammenhang der einzelnen Fragmente erläutert auch gut Kaser, RPR I, S. 530 ff.

678 Zu Sextus Caecilius Africanus Fitting, Alter und Folge, S. 31 f.; Cerami, IURA 22 (1971), S. 127 ff.; Kunkel, Herkunft und soziale Stellung, S. 172 f.; zu den quaestiones Wieacker, Textstufen, S. 63, 170; auf die enge Verbindung zu seinem Lehrer Julian weist zutreffend auch Palma, Benignior Interpretatio, S. 81 f. hin.

679 Zu dem von Julian auch in Afr. (8 quaest.) D. 19. 5. 24 behandelten Ausgangsfall ausführlich d`Ors, Questiones, S. 360 ff.; Misera, in Scritti Guarino VI, S. 2591 ff.

680 Zur Originalität der Stelle hat sich Wubbe, in FG für Herdlitczka, S. 302 ff. ausführlich geäußert. Auch er tendiert aufgrund der Parallelität zu Ulp. (31 ad ed.) D. 12. 1. 15. für eine Urheberschaft Julians. Dagegen noch Bund, Methode Julians, S. 93, Fn. 76; Kaden, SZ 83 (1966), S. 478; d`Ors, Questiones, S. 361; von Lübtow, in Synteleia Arangio-Ruiz II, S. 1219, Fn. 56, im Anschluss an Beseler, Beiträge 3, S. 41 f.;

lehensvertrag zwischen A und B kommt demnach schon dadurch zustande, dass A seinen Schuldner C anweist, eine geschuldete Geldsumme an B zu zahlen, der sie dann dem A als Darlehen schuldet.[681] Die Korrektur besteht darin, dass Julian auf den eigentlich für das Darlehen als Realkontrakt erforderlichen Realakt der Übergabe verzichtet[682] und damit die bloße Willenseinigung ausreichen lässt, um eine Verbindlichkeit aus einem Realvertrag zu begründen.[683] Die mit der benignitas begründete Korrektur erfolgt wiederum vollkommen neutral, da jede der beiden Vertragsparteien gleichermaßen von der Wirksamkeit des Darlehensvertrages profitiert.[684] Damit zeigt sich erneut die Durchsetzung des im Rechtsgeschäft zum Ausdruck gekommenen Parteiwillens als Hauptfunktion des favor negotii. Eine Parallelentscheidung[685] dieses Falles ist noch bei Ulpian überliefert:

Rabel, Grundzüge, S. 101, Fn. 4; für Echtheit dagegen schon Lenel, SZ 51 (1931), S. 39, Fn. 3; Nörr, Rechtskritik, S. 115, Fn. 77; indirekt auch Backhaus, SZ 101 (1984), S. 378 und Zimmermann, Law of Obligations, S. 159.

681 Am ausführlichsten hat sich von Lübtow, Entwicklung des Darlehensbegriffs, S. 22 ff. (zum Anweisungsfall insb. S. 29 ff.) mit dem Fragment auseinandergesetzt. Seine eingehende Analyse der Entwicklung des Darlehensrechts im römischen Recht kann an dieser Stelle nicht im einzelnen weiterverfolgt werden.

682 Wie Bund, Methode Julians, S. 93, Fn. 75 treffend analysiert, könnte man immerhin noch von einer datio im übertragenen Sinne sprechen, da die Geldsumme zwar nicht aus dem Eigentum des Gläubigers, wenigstens aber aus seinem Vermögen stamme. Dies ändert jedoch nichts an der Tatsache, dass von dem Erfordernis der realen datio offensichtlich abgewichen wurde.

683 Wie absolut im Normalfall das Erfordernis der datio gehandhabt wurde, zeigt die unmittelbar folgende Fallvariante (his argumentum esse eum, qui, cum mutuam pecuniam dare vellet, argentum vendendum dedisset, nihilo magis pecuniam creditam recte petiturum). Hier hatte der vermeintliche Darlehensgläubiger dem Schuldner Silber zum Verkauf gegeben. Den Erlös aus dem Verkauf sollte der Schuldner als Gelddarlehen behalten. Julian verneint jedoch das Zustandekommen eines Vertrages. Der Unterschied zum wohlwollend bejahten Anweisungsfall kann eigentlich nur darin gesehen werden, dass der Verkauf des Silbers im Gegensatz zur bloßen Geltendmachung einer Forderung des Gläubigers als eigene wirtschaftliche Leistung des Verkäufers betrachtet wurde. Dieses hohe Maß an Eigenleistung war wohl nicht einmal mehr durch eine benigna interpretatio mit der passiven Rolle des datio-Empfängers in Einklang zu bringen. Diese Fallkonstellation findet man auch in Ulp. (34 ad Sab.) D. 12. 1. 4 pr.; Ulp. (26 ad ed.) D. 12. 1. 11 pr.; Ulp. (31 ad ed.) D. 19. 5. 19 pr.; Diocl./Maxim. C. 4. 2. 8; ausführlich dazu Kaser, in Synteleia Arangio-Ruiz I, S. 74 ff.

684 Ebenso Hausmaninger, in Boston University Law Review 61 (1981), S. 1149, der die mit der Lockerung der Voraussetzungen verbundene Erleichterung auf Bedürfnisse des römischen Bankwesens zurückführt; ähnlich von Lübtow, in Synteleia Arangio-Ruiz II, S. 1219 „zwingende Bedürfnisse des Wirtschaftslebens"; Zimmermann, Law of Obligations, S. 159 „for the sake of practical convenience"; sich anschließend Palma, Benignior Interpretatio, S. 83.

685 Der Widerspruch, der im gemeinen Recht (vgl. dazu Rabel, Grundzüge, S. 101, Fn. 4; Windscheid / Kipp, Pandekten § 370, Anm. 11 m. w. N.) teilweise zwischen D. 17.

b. Ulp. (31 ad ed.) D. 12. 1. 15

Singularia quaedam recepta sunt circa pecuniam creditam. nam si tibi debitorem meum iussero dare pecuniam, obligaris mihi, quamvis meos nummos non acceperis. quod igitur in duabus personis recipitur, hoc et in eadem persona recipiendum est, ut, cum ex causa mandati pecuniam mihi debeas et convenerit, ut crediti nomine eam retineas, videatur mihi data pecunia et a me ad te profecta.

In diesem Fragment gilt die für Julian noch durch die benignitas zu begründende Korrektur schon als allgemein anerkannte Ausnahmeregelung (singularia quaedam recepta). Zur Klarstellung wird nunmehr lediglich ausgeführt, wie man das Übergabeerfordernis fingieren kann, indem man (Fall 1) entweder fingiert, dass das Geld vom angewiesenen debitor an Ego und von diesem an Tu weitergereicht wurde oder (Fall 2), indem man das Geschäft so behandelt, als sei die Darlehenssumme, die sich bereits in den Händen des Darlehensnehmers Tu befindet, zunächst dem Darlehensgläubiger Ego ausgehändigt und dann an den Tu wieder zurückgegeben worden (videatur mihi data pecunia et a me ad te profecta). Man kann D. 12. 1. 20. und D. 17. 1. 34 pr. somit auch als erste Schritte hin zu einer Weiterentwicklung der Voraussetzungen für den Abschluss eines Schenkungs-, bzw. Darlehensvertrages betrachten.[686] Diese Korrekturen der strengen Tatbestandsvoraussetzungen des Vertragsrechts wurden zum Ende der klassischen Periode von Juristen wie Ulpian oder Hermogenian[687] dann verallgemeinert und somit verbindlich in das Rechtssystem integriert.[688] Diese Stellen sind damit ein guter Beleg dafür, dass Entscheidungskorrekturen mit unbestimmter Wertung als Quelle der Rechtsfortbildung und Institutionalisierung für das in den betroffenen Fällen als überarbeitungsbedürftig empfundene ius civile fungieren konnten.

4. Wirksamkeit einer Schenkung trotz nachträglicher Willensänderung – Iav. (6 epist.) D. 39. 5. 25

Das folgende Fragment des Hochklassikers Javolen ist ein weiterer Beleg dafür, dass die Aufrechterhaltung des in Frage stehenden Rechtsgeschäftes (hier: einer Schenkung) nicht als Selbstzweck des favor negotii verstanden werden sollte. Zudem zeigt sich eine weitere Konsequenz der schon oben angesprochenen Zielrichtung, den im Rechtsgeschäft zum Ausdruck kommenden Willen der Parteien möglichst umfassend zu beachten. Die Entscheidungskorrektur in favorem nego-

---

1. 34 pr. und D. 12. 1. 15 gesehen wurde, beruhte, wie Wubbe, in FG für Herdlitczka, S. 303 f., Fn. 37 zutreffend festgestellt hat, auf einem textlichen Missverständnis der etwas ungenauen Wendung nuda pactione.

686 Zu dieser Entwicklung ausführlich Zimmermann, Law of Obligations, S. 156 ff.

687 Hermogen. (6 iur. epit.) D. 39. 5. 33. 1 wurde schon oben in Fn. 674als Parallelüberlieferung für Iul. D. 12. 1. 20 vorgestellt.

688 So auch Behrends, SZ 95 (1978), S. 193, insb. Fn. 11.

tii führt hier sogar dazu, dass ein einmal im Rechtsverkehr geäußerter Wille auch dann aufrecht erhalten wird, wenn die betroffene Partei ihren Willen nachträglich ändert.

Iav. (6 Epist.) D. 39. 5. 25
Si tibi dederim rem, ut Titio meo nomine donares, et tu tuo nomine eam ei dederis, an factam eius putes? Respondit, si rem tibi dederim, ut Titio meo nomine donares eamque tu tuo nomine ei dederis, quantum ad iuris suptilitatem accipientis facta non est et tu furti obligaris: sed benignius est, si agam contra eum qui rem accepit, exceptione doli mali me summoveri.

Der Sachverhalt ist relativ leicht zusammenzufassen. Die Responsenform ist für die Briefe Javolens typisch.[689] Ego gibt dem Tu eine Sache, damit dieser sie einem Dritten (dem Titius) im Namen des Ego schenke. Tu hält sich aber nicht an diese Vereinbarung und schenkt die Sache dem Dritten in seinem eigenen (des Tu) Namen.

Die entscheidende Frage ist, ob Titius Eigentümer der Sache geworden ist („an factam eius putes“). Javolen antwortet nicht mit einem schlichten „Ja“ oder „Nein“, auch wenn eine solche Antwort theoretisch möglich wäre. Er leitet seine Begründung mit den Worten „quantum ad iuris suptilitatem accipientis facta non est” ein und führt sogleich als weitere Konsequenz aus dieser Entscheidung „et tu furti obligaris” an. Wenn man also nach der Strenge des Rechts entscheiden würde, müsste man einen Eigentumserwerb des Titius ablehnen und den sich als Eigentümer ausgebenden Tu wegen Diebstahls[690] verurteilen. Tu ist durch die Übergabe der Sache von Ego nicht Eigentümer geworden und kann dem Titius daher auch kein Eigentum verschaffen (nemo plus iuris transferre potest quam ipse habet). Er war auch zur Übereignung im eigenen Namen nicht ermächtigt. Javolen bleibt bei dieser strengrechtlichen Begründung aber nicht stehen. Entscheidend ist das Wörtchen „quantum“. Nur wenn man sich der suptilitas unterwirft, wird Titius kein Eigentümer. Die eigentliche Entscheidung folgt, wie das „sed“ zeigt, erst im Folgenden: Es sei benignius, so empfindet Javolen, wenn Ego bei einem Vorgehen gegen Titius mit der Arglisteinrede zurückgewiesen werde.[691]

---

689 Barbero, Bull. 90 (1987), S. 319 ff., 328; Eckardt, Iav. Epist., S. 21 ff., insb. 25; dazu auch die Rezensionen von Bretone, IURA 29 (1978), S. 237 und Misera, SZ 98 (1981), S. 458.

690 Dies entsprach klassischer Strafrechtslehre, vgl. Iul. (22. dig.) bei Ulp. (37 ed.) D. 47. 2. 52. 16; ebenso Albanese, APal. 23 (1953), S. 193; dazu krit. Niederländer, IURA 5 (1954), S. 355; im Ergebnis gleich Burdese, Autorizzazione, S. 76; Thomas, IURA 19 (1968), S. 29 f., Fn. 130; Liebs, RöRe, S. 193 ff.; MacCormack, SDHI 52 (1986), S. 260.

691 Interpolationsvermutungen wurden früher natürlich gegen die Wendungen „quantum ad iuris suptilitatem“ und „sed benignius est“ vorgebracht, vgl. Archi, SZ 87 (1970), S. 38 f., Fn. 54; Burdese, Autorizzazione, S. 76; Riccobono, APal. 14 (1930), S. 440; ders. Scritti II, S. 376 f.; Koschaker, IURA 4 (1953), S. 81, Fn. 200; Thomas, IURA

Diese Aussage kann zum einen bedeuten, dass Javolen dem Ego wenigstens versagen wollte, sich zu seinem klar geäußerten Willen nachträglich in Widerspruch zu setzen (venire contra factum proprium).[692] Ego wollte dem Titius die Sache schenken und hatte sie deshalb schon dem Tu übergeben. Zwar ist nach dieser Auffassung der Eigentumserwerb des Titius daran gescheitert, dass Tu seinen Auftrag[693] nicht ordnungsgemäß ausgeführt habe. Dadurch sollte Ego aber keinesfalls die Möglichkeit erhalten, seine einmal getroffene Entscheidung (der unentgeltlichen Eigentumsübertragung an Titius) im Nachhinein zu revidieren. Auch wenn die suptilitas iuris dafür spricht, dass dem Ego als Eigentümer nach wie vor ein Herausgabeanspruch (rei vindicatio) zusteht, so muss ein solcher zumindest mit der exceptio doli zurückgewiesen werden können.[694]

Es gibt aber noch eine zusätzliche Begründung für die Entscheidung Javolens. Man kann die Aussage Javolens nämlich auch so verstehen, dass Titius mit der Übergabe durch Tu doch Eigentümer der Sache geworden ist. Dafür spricht schon die Fallfrage. Javolen sollte eigentlich zum Eigentumserwerb des Titius Stellung nehmen. Seine Antwort ist aber, wie beschrieben, nicht klar formuliert: Er verneint den Eigentumserwerb des Titius gerade nicht eindeutig,[695] sondern sagt nur, dass dieser gemäß der suptilitas iuris[696] zu verneinen wäre. Damit hat er aber über ein etwaiges bonitarisches Eigentum des Titius noch keine Aussage getroffen. Zudem ist es zwar keineswegs unüblich, dass ein römischer Jurist die selbst gestellte Fallfrage innerhalb der Begründung umstellt oder nur indirekt beantwortet.

---

19 (1968), S. 29 f., Fn. 130; Dagegen nach Wubbe aber zurecht Eckardt, Iav. Epist., S. 26; Hausmaninger, in Iuris Professio, S. 64, Fn. 43. Watson, in Synteleia Arangio-Ruiz I, S. 290 ff. weist durch seine kurze sprachlich hervorragende Analyse nach, dass auch ein Wechsel zwischen der ersten und der dritten Person innerhalb eines Fragments der Episteln Javolens nicht unbedingt für eine Interpolation sprechen muss. Für die Klassizität spricht auch, dass die Gewährung einer exceptio besser zum klassischen Formularprozess als in die Zeit Justinians passt.

692 So Hausmaninger, in Iuris Professio, S. 64; Thomas, IURA 19 (1968), S. 29 f., Fn. 130. MacCormack, SDHI 52 (1986), S. 260 will in dem Herausgabeverlangen des Ego eine Form von Betrug sehen, zumal Ego den Titius über sein Schenkungsvorhaben bereits unterrichtet hatte und dieser durch das Herausgabeverlangen nunmehr in seiner Erwerbserwartung enttäuscht würde. Die Billigkeitsentscheidung habe ihren Grund darin, dass es sich um einen nicht eindeutigen Grenzfall von Betrug handele, dem Javolen entgegentreten wollte. Im Ergebnis unterscheidet sich diese Auffassung jedoch nicht wesentlich von der Annahme eines nicht zu billigenden venire contra factum proprium.

693 Für die Einordnung der Vereinbarung zwischen Ego und Tu als Auftrag auch Hiltbrunner, SZ 96 (1979), S. 41, Fn. 31.

694 Im Ergebnis gleich Eckardt. Iav. Epist., S. 26; zustimmend Bretone, IURA 29 (1978), S. 237; Harke, Argumenta Iuventiana, S. 116.

695 Anders Eckardt. Iav. Epist., S. 26; Harke, Argumenta Iuventiana, S. 116 f.; Hausmaninger, in Iuris Professio, S. 64; Koschaker, IURA 4 (1953), S. 81, Fn. 200.

696 Gemeint ist damit die suptilitas iuris civilis.

Für die Auslegung, dass Titius bonitarischer Eigentümer geworden ist, kann man aber zusätzlich die Formulierung der Begründung heranziehen. Wenn man Javolen so versteht, dass (eben nur) das Eigentum nach ius civile bei strenger Anwendung der Rechtsgrundsätze nicht auf Titius übergehen könnte, so kann man im Umkehrschluss sein „sed benignior est" auch als Plädoyer dafür verstehen, dass Titius zumindest bonitarischer Eigentümer geworden sei.[697]

Dagegen könnte eingewandt werden, dass die dem Tu erteilte Ermächtigung zur Eigentumsübertragung als Botenmacht in alieno nomine (hier: des Ego) keinesfalls ausreichen dürfte, um das Eigentum suo nomine zu übertragen.[698] Diese Argumentation griffe aber insofern zu kurz, als das formal-rechtliche Hindernis der nicht ausreichenden Ermächtigung gerade durch die mit der benignitas begründete Korrektur überwunden werden könnte.[699] Das Herausgabeverlangen des Ego würde dann deshalb zurückgewiesen, weil ein Vorgehen des quiritischen Eigentümers Ego der Sache mit der rei vindicatio gegen den bonitarischen Eigentümer Titius arglistig wäre. Das widersprüchliche Verhalten des Ego (venire contra factum proprium) führt damit im Ergebnis zur Gewährung einer exceptio doli für Titius, in der sich seine gegenüber Ego stärkere Rechtsposition manifestiert.[700]

So verstanden kann D. 39. 5. 25 zudem als eine weitere Belegstelle für die Fallkonstellationen angeführt werden, in denen der traditio ein anderes Kausalgeschäft als Kauf (hier: donatio) zugrunde liegt und der bonitarische dem quiritischen Eigentümer eine Einrede entgegen halten konnte. Zugleich legt das Fragment nahe, dass hierfür die exceptio doli und nicht eine exceptio rei donatae et traditae[701] herangezogen wurde.[702] Die bislang diskutierten Beispiele für bonitarisches Eigentum[703] – zu nennen sind insbesondere der Erwerb einer res mancipi

---

697 Dem würde auch nicht entgegen stehen, dass sich das sed benignior est rein formal nur auf ein mögliches Vorgehen des A mit der rei vindicatio bezieht. Das bonitarische Eigentum sollte den Erwerber gerade vor einem solchen Vorgehen des (noch) quiritischen Eigentümers schützen.

698 So Burdese, Autorizzazione, S. 67 f.; im Anschluss Kreller, IURA 2 (1951), S. 280.

699 Das gleiche Argument sprach auch schon gegen eine Interpolation in Pomp. (16 ad Sab.) D. 23. 4. 9; vgl. dazu schon oben bei Fn. 642.

700 Die Unterscheidung zwischen quiritischem und bonitarischem Eigentum geht auf Gai. 2, 40 zurück und war schon immer Gegenstand zahlreicher Diskussionen in der romanistischen Literatur, vgl. nur Kaser, RPR I, S. 403 f., insb. Fn. 20 (m. w. N.).

701 So aber Casavola, Lex Cincia, S. 134 f., insb. Fn. 19 (m. w. N.); Talamanca, Bull. 64 (1961), S. 256 f., insb. Fn. 27.

702 Ebenso Archi, donazione, S. 149 f.; Kaser, RPR I, S. 439, Fn. 12.

703 Die Bedeutung des Terminus in bonis habere ist schon lange umstritten. Am ausführlichsten haben sich Ankum, van Gessel-de Roo und Pool damit auseinandergesetzt, vgl., in SZ 104 (1987), S. 437 ff. (1. Teil); SZ 105 (1988), S. 354 ff. (2. Teil); SZ 107 (1990), S. 155 ff. (3. Teil); zudem Ankum, SZ 103 (1986), S. 248 ff.; Pool, SZ 102 (1985), S. 470 ff.; Zusammenfassungen der unterschiedlichen Auffassungen findet man bei Kaser, SZ 78 (1961), S. 178 ff.; Olde Kalter, TR 38 (1970), S. 112 ff.; Wiea-

vom quiritischen Eigentümer durch traditio,[704] der Erwerb vom Nichteigentümer, der nachträglich Eigentümer wird[705] und die Ergreifung (occupatio) einer derelinquierten Sache[706] – müssen somit um die weitere Fallgruppe des mit vorheriger Zustimmung des quiritischen Eigentümers erfolgten Erwerbs einer Sache vom Nichteigentümer ergänzt werden.[707]

Diese Erweiterung des Anwendungsbereichs für bonitarisches Eigentum macht auch vor dem Hintergrund Sinn, dass sich D. 39. 5. 25 von den bisher erkannten Beispielen nur wenig unterscheidet. So kann beispielsweise der Fall des Eigentumserwerbs vom Nichteigentümer, der nachträglich Eigentümer wird, nicht anders bewertet werden als die hier vorgefundene Konstellation des Eigentumserwerbs vom Nichteigentümer mit vorheriger Zustimmung des Eigentümers. Der Umstand, dass die Schenkung in „falschem" Namen vorgenommen wird, hindert hier ebenso wenig den Eigentumserwerb wie im Fall der Konvaleszenz. Der einzige Unterschied ist, dass im Konvaleszenz-Fall der Eigentumsübergang erst mit Übergang des Eigentums auf den vorher Nichtberechtigten stattfindet. In Iav. D. 39. 5. 25 besteht aber der Übereignungswille des Berechtigten schon zum Zeitpunkt der Übereignungshandlung, so dass es keiner weiteren Bedingung bedarf, um das Eigentum übergehen zu lassen.

Die Wertungsgleichheit all dieser Fälle wird auch durch das vorherige widersprüchliche Verhalten des jeweiligen Eigentümers bekräftigt. So handelt im Konvaleszenz-Fall der Nichteigentümer widersprüchlich, wenn er die Sache, nachdem er selbst Eigentümer geworden ist, wieder herausverlangt. Ebenso widersprüchlich handelt der Eigentümer, der die einmal derelinquierte Sache nachträglich zurückverlangt und schließlich setzt sich auch der quiritische Eigentümer der res mancipi durch sein Herausgabeverlangen zu seinem zuvor eindeutig geäußerten Übereignungswillen in Widerspruch. Das venire contra factum proprium taucht also in allen Fällen bonitarischen Eigentums auf. Es ist jedes Mal die schuldrechtliche Begründung, die das Fehlverhalten des Eigentümers beschreibt, der sich zu seinem im Vertrag klar geäußerten Willen nachträglich in Widerspruch setzt und im Ergebnis zu einer sachenrechtlichen Vermögensverschiebung durch Gewährung der exceptio doli und des sich darin manifestierenden bonitarischen Eigentums des Erwerbers führt. Der Anwendungsbereich des bonitarischen Eigentums nähert sich damit beträchtlich dem der actio Publicia-

cker, TR 30 (1962), S. 65 ff.; für eine weite Auslegung des Begriffs Feenstra, in Symbolae David I, S. 65 ff.; kritisch auch Wubbe, Res aliena, S. 11 ff., 267 f., der aber dennoch an einem engen Verständnis festhält.

704 Gai. 2, 41.

705 Ulp. (76 ad ed.) D. 21. 3. 1 und D. 44. 4. 4. 32; ausführlich dazu Wacke, SZ 114 (1997), S. 197 ff.

706 Pomp. (32 ad Sab.) D. 41. 7. 5 pr.

707 Die beste Aufstellung der bisher diskutierten Fallkonstellationen findet man wieder bei Ankum/van Gessel-de Roo/Pool, SZ 107 (1990), S. 184 ff.

na[708] an.[709] Titius hat nach dieser Auslegung also die Möglichkeit, sogar quiritischer Eigentümer zu werden.

Gegen dieses Ergebnis könnte man noch einwenden, dass die zum Erwerb des quiritischen Eigentums auch für den bonitarischen Eigentümer erforderliche usucapio einer res furtiva nach ius honorarium eigentlich nicht möglich war. Vielleicht bedurfte es aber in der vorliegenden Konstellation gerade keiner usucapio mehr, weil der Beschenkte, ebenso wie in den Fällen, in denen der mit der rei vindicatio Beklagte die litis aestimatio gezahlt hat,[710] mit der Abweisung der rei vindicatio sofort Eigentümer wurde. Ebenso denkbar erscheint es aus meiner Sicht, dass man für die vorliegende Fallkonstellation eine Ausnahme vom Grundsatz der Unmöglichkeit der usucapio einer res furtiva gemacht hat. So könnte man Tu zwar einerseits wegen Diebstahls verurteilen, die Sache aber dennoch aufgrund des im Prozess über die rei vindicatio begründeten Titels für ersitzbar halten, zumal Ego sie freiwillig aus der Hand gegeben hatte, um einen Eigentumserwerb des Titius zu ermöglichen.

Eine weitere – allerdings eher unwahrscheinlichere – Möglichkeit wäre, dass Tu nur nach der suptilitas iuris wegen furtum zu verurteilen gewesen wäre, Javolen die Verurteilung aber gerade ausschließen wollte. Dagegen spricht aber die erwiesene Unredlichkeit des Tu. Jedenfalls bleibt im Ergebnis die von Ego gewollte Schenkung durch die Gewährung der honorarechtlichen exceptio doli wirksam.[711] Das Wertungskriterium der Korrektur Javolens ist der favor negotii, dessen allgemeine Zielsetzung der Erhaltung des im jeweiligen Rechtsgeschäft zum Ausdruck kommenden Willens der Parteien hier noch weiter ergänzt wird.[712] Die Aufrechterhaltung des einmal getätigten verbindlichen Parteiwillens geht nämlich so weit, dass ein nachträgliches Abändern zulasten des Vertragspartners

---

708 Die a. P. schützt bekanntlich jeden „Ersitzungsbesitzer", der eine ersitzungsfähige Sache mit gutem Glauben (bona fide) ex iusta causa erworben hat.

709 Der oben (Fn. 703) angesprochene Streit um die Reichweite des bonitarischen Eigentums soll hier gleichfalls nicht näher diskutiert werden. Klar dürfte nur sein, dass nach der hier vertretenen Auslegung von D. 39. 5. 25 der Anwendungsbereich der römisch-rechtlichen Vorstellung von der Zweiteilung des Eigentums jedenfalls über das bei Gai. 2, 41 erwähnte Beispiel hinausgeht.

710 Vgl. dazu Paul. (10 ad Sab.) D. 6. 1. 46.

711 Inwieweit vor dem Hintergrund dieser Überlegungen noch die Doktrin vom nicht vorhandenen gutgläubigen Erwerb im römischen Recht aufrecht erhalten werden kann, soll an dieser Stelle nicht weiter vertieft werden.

712 Harke, Argumenta Iuventiana, S. 116 f. sieht in der Gewährung des prätorischen Rechtsschutzes und dem darin zum Ausdruck kommenden Widerspruch zwischen ius civile und ius honorarium den eigentlichen Grund für das Heranziehen des Begriffspaars suptilitas – benignitas. Nach meiner Meinung bleibt er damit aber auf halbem Wege stehen, weil die Gewährung honorarrechtlichen Rechtsschutzes in diesem Fall nur das Mittel für Javolen darstellt, um die aus seiner Sicht unbillige Lösung des ius civile zu korrigieren; dazu noch einmal ausführlich unten im fünften Teil unter § 15 II.

nicht in Betracht kommt. Der favor negotii eröffnet damit als weitere Facette seines Anwendungsbereichs den beteiligten Parteien eine Vertrauensschutzbasis in Bezug auf einmal getätigte Willensäußerungen im Rechtsverkehr.[713]

5. Wirksamkeit einer Servitut – Cels. (27 dig.) D. 8. 3. 11

Ein weiteres Beispiel für diese Teilfunktion des favor negotii findet sich bei Celsus, der die Aufrechterhaltung eines einmal eingeräumten dinglichen Wegerechts als benignior gegenüber der suptilis ratio des ius civile bezeichnet.

> Cels. (27 dig.) D. 8. 3. 11
> Per fundum, qui plurium est, ius mihi esse eundi agendi potest separatim cedi. ergo suptili ratione non aliter meum fiet ius, quam si omnes cedant et novissima demum cessione superiores omnes confirmabuntur: benignius tamen dicetur et antequam novissimus cesserit, eos, qui antea cesserunt, vetare uti cesso iure non posse.[714]

Ego benötigt ein Wegerecht an einem Grundstück, um darüber seine Wagen und sein Vieh bewegen zu können. Das Grundstück steht im Eigentum mehrerer Personen. Celsus stellt zunächst fest, dass grundsätzlich jeder der Eigentümer dem Ego eine solche Grunddienstbarkeit[715] gesondert einräumen könne (ius mihi esse eundi agendi potest separatim cedi[716]).[717] Suptili ratione[718] würden alle Be-

---

713 Allgemein zur Herleitung des Vertrauensschutzsprinzips im römischen Recht Behrends, in Nomos und Gesetz, S. 148 ff.

714 Interpolationsverdächtigungen wurden in der Vergangenheit vor allem gegen das Wortpaar suptili ratione / benignius erhoben, vgl. Archi, SZ 87 (1970), S. 39, Fn. 54; Biondi, servitù prediali, S. 164; Grosso, servitu` prediali, S. 153, Fn. 5; Maschi, Bull. 5 (1939), S. 299 ff.; Solazzi, servitù prediali, S. 69, Fn. 185; zweifelnd Cerami, APal. 38 (1985), S. 86 f. und Scarano-Ussani, Valori e storia, S. 195; für Echtheit dagegen schon Kouwenberg, RIDA 24 (1977), S. 274 ff.; Riezler, Venire contra factum proprium, S. 5 ff.; Nörr, Rechtskritik, S. 115, Fn. 78 und zuletzt Harke, Argumenta Iuventiana, S. 116, Fn. 476. Auch bei diesem Fragment erscheint die Entscheidungskorrektur plausibel. Sie folgt aus dem logischen Textfluss als Einschränkung des zuvor benannten Grundsatzes.

715 Zu den Dienstbarkeiten (Servituten) im römischen Recht Kaser, RPR I, S. 440 ff.

716 Zu den im Fragment verwendeten sprachlichen Kurzformem der iure cessio (cedi, cedant, cesserit, usw.) überzeugend Riezler, Venire contra factum proprium, S. 5, Fn. 1, der mit Recht daran zweifelt, dass die Kompilatoren zwingend dafür verantwortlich sein müssen.

717 Die Möglichkeit der eigenständigen Verfügung über den eigenen Miteigentumsanteil war das Hauptkriterium für das Miteigentum nach Bruchteilen im Gegensatz zum gemeinschaftlichen Eigentum nach altem Recht; vgl. dazu Kaser, RPR I, S. 410 ff. Kouwenberg, RIDA 24 (1977), S. 273 ff. will die Möglichkeit des sukzessiven Rechtserwerbs durch mehrere Einzelakte sogar schon für die societas ercto non cito nachweisen. Die Einräumung der Servitut erfolgte hier durch einzelne in iure cessiones. Alternativ wäre auch eine gemeinsame in iure cessio aller Eigentümer denkbar gewesen; so auch Hausmaninger, in Iuris Professio, S. 64; Palma, Benignior Interpretatio, S. 74 f.; Riezler, Venire contra factum proprium, S. 6.

stellungsakte aber erst dann endgültig wirksam, wenn auch der letzte Grundstückseigentümer die Servitut für Ego bestellt habe.[719] Dennoch sei es wohlwollend zu sagen, dass, noch bevor der letzte Eigentümer seine Servitut bestellt habe, diejenigen Miteigentümer, die dem Ego die Dienstbarkeit schon eingeräumt hätten, die Ausübung des Rechtes durch Ego nicht mehr verbieten könnten.[720]

Auch in diesem Fall wird den Eigentümern, wie schon dem Ego in Iav. (6 epist.) D. 39. 5. 25, versagt, sich zu einem vorher eindeutig geäußerten Willen nachträglich in Widerspruch zu setzen (venire contra factum proprium).[721] Zudem muss man in Betracht ziehen, dass diejenigen Miteigentümer, die bereits eine Servitut bestellt haben, dafür auch schon eine angemessene Gegenleistung erhalten haben.[722] Damit zeigt sich erneut die verbindliche Wirkung eines einmal im Rechtsverkehr klar geäußerten Willens.[723] Neben dieser Gewährleistung von Vertrauensschutz lässt sich aus der Begründung aber noch eine weitere Rechtsfolge der celsinischen Entscheidung herleiten. Wenn man Celsus unterstellt, dass er mit seiner benigne-Entscheidung all das, was suptili ratione, also nach ius civile, untersagt war, dennoch wirksam werden lassen will, so würde man mit der bloßen Vermeidung des venire contra factum proprium auf halben Wege stehen

---

718 Wie Hausmaninger, in Iuris Professio, S. 64, Fn. 45; ders., in Boston University Law Review 61 (1981), S. 1144 f. richtig herausgearbeitet hat, ist mit suptilis ratio dasselbe gemeint wie mit suptilitas iuris in Iav. D. 39. 5. 25. Es geht jedes Mal um ein sehr spitzfindiges Verständnis des ius civile; ähnlich auch Harke, Argumenta Iuventiana, S. 116 und Riezler, Venire contra factum proprium, S. 5.

719 Vgl. Paul. (1 manual.) D. 8. 4. 18; Cels. (27 dig.) D. 21. 2. 10; zu diesen Fragmenten eingehend Kouwenberg, RIDA 24 (1977), S. 273 ff.

720 Die drohende Klage konnte mit einer exceptio doli (in factum oder pacti) abgewehrt werden. Auf die Möglichkeit des prätorischen Rechtsschutzes zur Durchsetzung der Servitut weist schon Julian (7 dig.) D. 8. 5. 16. hin. Als Konseqeunz für D. 8. 3. 11. zeigten dies schon Biondi, servitù prediali, S. 164; Grosso, servitù prediali, S. 153, Fn. 5; Harke, Argumenta Iuventiana, S. 115 f.; Maschi, Bull. 5 (1939), S. 300 sowie Solazzi, servitù prediali, S. 69, Fn. 185 auf (allerdings noch mit Echtheitszweifel); ähnlich Misera, SZ 98 (1981), S. 464 f.

721 Diese Parallelität der beiden Entscheidungen sehen auch Harke, Argumenta Iuventiana, S. 115 f. und Hausmaninger, in Boston University Law Review 61 (1981), S. 1144 f; ähnlich Palma, Benignior Interpretatio, S. 74 ff.

722 Die (freilich nicht zwingende) Möglichkeit einer Gegenleistung stellt einen Unterschied zum Schenkungsfall in Iav. (6 epist.) D. 39. 5. 25 dar.

723 Scarano Ussani, Valori e storia, S. 195 f. führt D. 8. 3. 11 als Beispiel auf, um zu beweisen, dass die benignitas bei Celsus ein entscheidendes Instrument zur Fortbildung der veralteten Rechtsordnung war. Wie schon bei Iav. (6 epist.) D. 39. 5. 25 gezeigt wurde, trifft diese Einschätzung aber nicht nur auf die benignitas-Fragmente des Celsus zu. Andererseits kann man auch nicht pauschal allen Fragmenten das Ziel der Rechtsfortbildung unterstellen. An dieser Stelle kann somit lediglich festgestellt werden, dass einige Entscheidungskorrekturen klassischer Juristen zum Anlass genommen wurden, das ius civile zu reformieren; ausführlich dazu im fünften Teil, § 15.

bleiben, denn Ego könnte noch immer erst dann von seinem Recht Gebrauch machen, wenn der letzte der Eigentümer ihm das Wegerecht eingeräumt hätte.

Bezieht man aber benignius auf den gesamten Inhalt des vorherigen Satzes (non aliter meum fiet ius, quam si omnes cedant et novissima demum cessione superiores omnes confirmabuntur), so bedeutet dies, dass Ego das Grundstück betreten kann, obwohl das Wegerecht suptili ratione noch nicht wirksam entstanden ist.[724] Dass diese auf den ersten Blick sehr weitreichende Rechtsfolge[725] nicht ganz abwegig ist,[726] beweist auch ein genauer Blick auf die Konsequenzen der jedenfalls feststehenden Rechtsfolge. Dadurch, dass alle Eigentümer, die dem Ego bereits ein Wegerecht eingeräumt haben, dies nachträglich nicht mehr verbieten können, kann Ego von seinem Recht Gebrauch machen.[727] Solange nicht diejenigen Eigentümer, die sich zu der Angelegenheit noch überhaupt nicht erklärt haben, den Ego durch die Geltendmachung ihres noch unbeschränkten Eigentums davon abhalten, ist niemand dazu in der Lage, dem Ego das Betreten des Grundstücks zu untersagen. Damit besteht eine klare Regelung für den Schwebezustand, der andauert, bis sich alle Miteigentümer zur Gewährung des Wegerechts geäußert haben. Der in der benigne-Entscheidung zum Ausdruck kommende favor negotii hat damit ähnlich wie in Iav. (6 epist.) D. 39. 5. 25 eine quasi dingliche Wirkung, da Ego von einem dinglichen Recht Gebrauch machen kann, das ihm suptili ratione noch gar nicht zusteht.

---

724 Ähnlich schon Biondi, servitù prediali, S. 163 ff. und Cerami, APal. 38 (1985), S. 88 f., die sich für eine teilweise Wirksamkeit des ungültigen Verfügungsakts des einzelnen Miteigentümers ausgesprochen haben. Zwar ist die Berufung auf Cels. (27 dig.) D. 21. 2. 10, wie Harke, Argumenta Iuventiana, S. 116, Fn. 475 richtigerweise schreibt, insofern schief, als sich die Haftung dort unmittelbar aus dem Kaufvertrag ergibt. Dem für Cels. D. 8. 3. 11 richtig formulierten Ansatz schadet dies jedoch nicht.

725 Für Maschi, Bull. 5 (1939), S. 299 f. war diese mögliche Folge ein Grund, warum man das Fragment für unecht halten müsse. Vielleicht war der offensichtliche Widerspruch zum ius civile aber gerade der Grund dafür, dass Celsus die Fallkonstellation noch einmal gesondert aufgeführt hat.

726 So aber Harke, Argumenta Iuventiana, S. 116, Fn. 475; Riezler, Venire contra factum proprium, S. 6 ff. sowie auch Hausmaninger, in Iuris Professio, S. 64; ders., in Boston University Law Review 61 (1981), S. 1144, der sich dieser Rechtsfolge schon dadurch verschließt, dass er die Celsus vorgelegte Fallfrage darauf beschränkt, „ob Miteigentümer A, der die in iure cessio bereits vorgenommen hat, die Servitutsausübung verbieten darf, solange der Miteigentümer B nicht ebenfalls in iure zediert hat".

727 Dies ergibt sich gerade aus der Gewährung der exceptio doli gegen mögliche Einwände der Eigentümer, die zuvor bereits zugestimmt haben.

6. Wirksamkeit eines usus fructus – Ulp. (17 ad Sab.) D. 7. 8. 14. 1

Im folgenden Fragment referiert Ulpian die Meinungen von zwei Hochklassikern (Pomponius und Aristo). Auch wenn die schon aus dem ersten Teil bekannte Formulierung quae sententia benignior est am Ende der Stelle auf den ersten Blick dafür spricht, dass Ulpian sich der Auffassung des Aristo anschließt, wäre es falsch, das Fragment lediglich als Entscheidung in einer umstrittenen Zweifelsfrage zu klassifizieren. Ulpian bringt vielmehr seine Zustimmung zu der schon von Aristo vertretenen Entscheidungskorrektur zum Ausdruck. Die Korrektur belegt den umfassenden Anwendungsbereich des favor negotii, der hier dem Erhalt eines durch Legat vermachten dinglichen Rechts dient.

> Ulp. (17 ad Sab.) D. 7. 8. 14. 1
> Usus fructus an fructus legetur, nihil interest, nam fructui et usus inest, usui fructus deest: et fructus quidem sine usu esse non potest, usus sine fructu potest. denique si tibi fructus deducto usu legatus sit, inutile esse legatum Pomponius libro quinto ad Sabinum scribit: et si forte usu fructu legato fructus adimatur, totum videri ademptum scribit: sed si fructus sine usu, usum videri constitutum, qui et ab initio constitui potest. sed si usu fructu legato usus adimatur, Aristo scribit nullam esse ademptionem: quae sententia benignior est.

Es geht um die Wirksamkeit eines Legats über einen Nießbrauch (ususfructus). Ulpian stellt zunächst den unterschiedlichen Bedeutungsgehalt der Begriffe „usus“ und „fructus“ dar. Weil die Fruchtziehung (fructus) eines Grundstücks ohne den Gebrauch (usus) desselben undenkbar ist, macht es keinen Unterschied, ob „fructus“ oder „usus fructus“ legiert wurde. „Usus“ ist in „fructus“ enthalten. Andererseits erscheint es durchaus möglich, nur den Gebrauch (usus) an einem Grundstück ohne Fruchtziehung (fructus) zu vermachen.

Problematisch ist der Fall, dass der Erblasser zwar „fructus“ legiert hat, ausdrücklich aber „usus“ davon ausgenommen hat (fructus deducto usu legatus sit). Pomponius spricht sich für die Unwirksamkeit eines solchen Legats aus. Ebenso unwirksam sei ein Vermächtnis, wenn „usus fructus“ legiert, im Testament aber „fructus“ widerrufen werde. Es müsste schon ausdrücklich nur die Fruchtziehung ohne Gebrauch (fructus sine usu[728]) widerrufen werden, damit wenigstens der Gebrauch wirksam bleibe.

Sodann referiert Ulpian die Meinung des Aristo, die er selbst als wohlwollender empfindet: Für den Fall, dass „usus fructus“ legiert sei und „usus“ widerru-

728 Das Auseinanderfallen von „fructus“ und „usus“ war nur insofern denkbar, als neben dem den Gebrauch enthaltenden Fruchtziehungsrecht eine andere Person lediglich zum Gebrauch des Grundstücks berechtigt war, vgl. PS 3, 6, 24 f.; Flor. (11 inst.) D. 7. 1. 42 pr.; Ulp. (17 ad Sab.) D. 7. 8. 14. 2, 3; Ulp. (79 ad ed.) D. 7. 9. 5. 2; allg. zum Problem „fructus sine usu“ Crifó, in Études Macqueron, S. 213 f.; Grosso, usufrutto, S. 87 ff.; Wesener, in Pauly RE IX A. 1, 1148.

fen werde, sei der Widerruf für unwirksam zu halten. Der Nießbrauch bleibt damit uneingeschränkt wirksam.[729]

Die von Ulpian referierten Entscheidungen des Pomponius und Aristo unterscheiden sich auch dem Sachverhalt nach: Während der Testator im Fall des Pomponius lediglich in einem einzigen Akt „fructus (deducto usu)“ legiert hat, enthielt das Legat bei Aristo die Formulierung usus fructus. Der usus wurde sodann durch einen zweiten Akt, nämlich den Widerruf (ademptio), ausgenommen (usu fructu legato fructus adimato). Aus dieser Sachverhaltsdifferenz ergibt sich auch der entscheidende Unterschied in der Entscheidung. Während Ulpian die Korrektur beim einheitlichen Legat „fructus deducto usu“ zu weit ging, sollte die als gesonderte Verfügung zu qualifizierende ademptio unwirksam sein. Dies war wahrscheinlich konstruktiv leichter zu begründen, da die ademptio als eigenständiger Verfügungsakt leichter vom übrigen Legat zu trennen und daher zu eliminieren war.[730]

Unabhängig davon bleibt die Frage nach dem Motiv der Entscheidung. Obwohl man aufgrund der erbrechtlichen Einkleidung der Fälle zunächst an den Willen des Erblassers oder den favor legatarii als Motiv dieser Entscheidungen denken könnte, war aus meiner Sicht doch der favor negotii das einzig relevante Entscheidungskriterium für Aristo und Ulpian. Der Wille des Erblassers schied schon deshalb aus, weil er nicht eindeutig feststellbar war.[731] Die Einräumung des ususfructus durch Legat war zudem keineswegs zwingend. Der Nießbrauch hätte auch auf andere Weise bestellt werden können.[732] Nicht die Aufrechterhal-

---

729 Der Schluss der Entscheidung wurde insbesondere deshalb als Interpolation verstanden, weil die benignitas zum Erreichen des Ergebnisses nicht erforderlich gewesen sei. Das Ergebnis ergebe sich ohnehin aus dem zuvor aufgestellten Grundsatz; so insb. Albertario, Bull. 33 (1923), S. 66; Grosso, usufrutto, S. 95, Fn. 1; Meylan, in Studi Albertoni I, S. 126 ff. Dieser Einwand ist jedoch nicht zwingend, denn „fructus“ kann nur Fruchtziehung oder aber auch Fruchtziehung mit Gebrauch bedeuten. Deswegen ist die Anordnung des Erblassers unklar. Ob man dagegen das Legat und die ademptio als eine einheitliche oder zwei von einander getrennte Verfügungen versteht, ist, meines Erachtens, nicht entscheidend. In beiden Fällen kann der Erblasser Unterschiedliches gewollt haben; dazu auch Wubbe, in Symbolae David I, S. 260, der mit einer etwas anderen Begründung zum gleichen Ergebnis kommt.

730 Vgl. zur Teilnichtigkeit einer ademptio beim usus fructus-Legat Staffhorst, Teilnichtigkeit, S. 230 ff.

731 Ebenso Wubbe, in Symbolae David I, S. 259 f., der in der Ungewissheit über die Beweggründe des Erblassers zu Recht eine Parallele zu Marcell. (29 dig.) D. 28. 4. 3 pr. sieht.

732 Der ususfructus konnte auch durch einen der in iure cessio nachgeformten Bestellungsakt, durch Vorbehalt bei der Grundstücksveräußerung oder im Teilungsverfahren (adiudicatio) bestellt werden; vgl. dazu Gai. 2, 30, 32, 33; UE 19. 11; Paul. Vat. 47, 47a; allgemein Kaser, RPR I, S. 451.

tung des Legates stand also im Vordergrund,[733] sondern die des Nießbrauchs. Dafür spricht neben der Stellung des Fragments in Buch 7. 8[734] der Digesten auch die gesamte Begründung, bei der Ulpian sehr weit ausholt und zunächst das Verhältnis von „usus" zu „fructus" darstellt. Entscheidend war also hier der Erhalt eines im Rechtsverkehr durch eindeutige Willensäußerung entstandenen dinglichen Rechts.[735] Das Fragment ist damit ein Beleg für den umfassenden und nicht auf obligationsrechtliche Verträge beschränkten Anwendungsbereich des favor negotii.

7. Durchsetzbarkeit einer stipulatio duplae – Paul. (2 ad ed. aedil. curul.) D. 21. 2. 56. 7

Das folgende Fragment unterscheidet sich zwar bezüglich seiner Rechtsfolge von den anderen Entscheidungskorrekturen dieses Abschnitts. So geht es ausnahmsweise nicht um die (materielle) Wirksamkeit eines Rechtsaktes, sondern um dessen Durchsetzbarkeit. Dennoch beruht die Entscheidung des hier von Paulus zitierten Trebatius auf demselben Wertungskriterium.

> Paul. (2 ad ed. aedil. curul.) D. 21. 2. 56. 7
> Pupillo etiam sine tutoris auctoritate posse denuntiari, si tutor non apparet, ex duplae stipulatione benignius receptum esse Trebatius ait.

Aus dem Zusammenhang mit den vorherigen §§ 1–6 sowie dem sachlichen Zusammenhang der Fundstelle des Fragments bei Paulus[736] geht hervor, dass ein pupillus, vertreten durch seinen tutor, einen Sklaven verkauft hat. Der Sklave stand wohl nicht im Eigentum des pupillus. Der Käufer wurde sodann vom wahren Eigentümer mit der rei vindicatio belangt und musste den Sklaven herausgeben. Nunmehr verlangt er seinerseits von dem pupillus Zahlung des doppelten Kaufpreises für den Sklaven. Diese Rechtsfolge hatte er sich bei Abschluss des Kaufvertrages durch eine stipulatio duplae gesondert versprechen lassen.[737] „Materiellrechtlich" steht dem Käufer das Geld unstreitig zu.

---

733 Dies wird auch durch den schon eben angesprochenen Unterschied bei der Bestellung und dem Widerruf des Nießbrauchs in den von Ulpian dargestellten Fällen des Pomponius und des Aristo gestützt. Während in Variante 1 der „fructus deducto usu" (also unter Vorbehalt) legiert wurde, wird in Variante 2 „usu fructu legato fructus adimato", also das Legat durch förmlichen Widerruf (ademptio legati) eingeschränkt.

734 Der Titel hat die Rubrik: „De usu et habitatione".

735 Im Ergebnis gleich Palma, Benignior Interpretatio, S. 130 f. und Wubbe, in Symbolae David I, S. 259 f., für den allerdings der Erhalt des Testaments im Vordergrund steht. Meines Erachtens wird damit die Grenze zum favor testamenti verwischt.

736 Vgl. zum literarischen locus Lenel, Palingenesia I, Sp. 1096 ff., Nr. 849.

737 Zwar richtete sich die für res mancipi in den Fällen der Rechtsmängelhaftung einschlägige actio auctoritatis ebenfalls auf das Kaufpreisduplum. Die stipulatio duplae hatte ihre Hauptfunktion daher eigentlich im Rahmen der Rechtsmängelhaftung von durch traditio übereigneten res nec mancipi. In der Praxis wurde die Rechtsfolge aber

Eine Schwierigkeit ergibt sich im vorliegenden Fall aber daraus, dass der Käufer die gegen ihn gerichtete rei vindicatio des Eigentümers seinem Verkäufer hätte anzeigen und ihn zur Unterstützung im Prozeß auffordern müssen (denuntiatio). Offenbar muss sich aber der tutor des pupillus dem Empfang der denuntiatio des Käufers durch Abwesenheit entzogen haben.[738] „Formal“[739] hat eine denuntiatio des Käufers damit nicht stattgefunden, weil der pupillus ohne die auctoritas tutoris keine für ihn nachteiligen Erklärungen annehmen konnte.[740] Ist die denuntiatio aber unterblieben, so wird die nach dem Unterliegen des Käufers im Prozeß gegen den Eigentümer erhobene Klage aus der stipulatio duplae als dolos bewertet.[741] Trebatius entscheidet dennoch, dass die denuntiatio des Käufers dem pupillus gegenüber wirksam sei. Er setzt sich damit über die eindeutige Rechtsfolge des ius civile hinweg, erklärt den pupillus indirekt für weniger schutzwürdig und entscheidet benignius zugunsten der Aufrechterhaltung der bei Kaufvertragsabschluss eingegangenen stipulatio.[742] Damit schiebt Paulus der arglistigen Zugangsvereitelung durch den tutor (si non apparet) einen Riegel vor und verhindert zugleich, dass dieser sich zu seinem in Vertretung des Mündels durch

---

zumeist in allen Fällen (also auch bei der Übereignung durch mancipatio oder in iure cessio) noch einmal durch stipulatio duplae bekräftigt; vgl. dazu Kaser, RPR I, S. 130.

738 Denkbar erscheint natürlich auch, dass die Stelle früher zwei Fälle (Grundfall der denuntiatio sine auctoritate einerseits, arglistige Zugangsverhinderung durch den bewusst abwesenden Tutor andererseits) enthielt und nachträglich verkürzt wurde, da sich aus der Differenzierung für den Schutz des pupillus kein Unterschied ergab.

739 Die Unterscheidung zwischen dem materiellrechtlichen Entstehen der Forderung und ihrer prozessualen Durchsetzbarkeit spielte in Rom freilich aufgrund des aktionenrechtlichen Systems keine Rolle. Vielmehr stand also auch hier, mangels ausreichender Empfangszuständigkeit des pupillus für die denuntiatio, die actio ex stipulatu insgesamt in Frage.

740 Zwar gestattete man Minderjährigen solche Handlungen, durch die sie nur Rechte erwerben konnten; bei allen anderen Handlungen benötigten sie aber die auctoritas tutoris; vgl. Inst. 1. 21 pr.; Kaser, RPR I, S. 84, 87, 275 f.

741 Vgl. dazu Paul. (77 ad ed.) D. 21. 2. 53. 1.

742 Watson, Law of persons, S. 134 hält die Stelle für interpoliert. Als Begründung verweist er lediglich auf Paul. (54 ad ed.) D. 41. 2. 1. 3, wo es um die Frage des Besitzerwerbs durch einen Unmündigen geht. Auch wenn Paulus dort die strenge Auffassung vertritt, dass der Unmündige nur durch die auctoritas tutoris den Besitz erwerben kann, bedeutet dies aber für D. 21. 2. 56. 7 nicht zwangsläufig, dass Paulus hier die Klage des Käufers ebenfalls für unzulässig erklären muss. Die mit der benignitas begründete Korrektur rechtfertigt gerade das Abweichen vom Grundsatz. Das gleiche Argument wurde auch schon oben gegen eine Interpolation von Pomp. (16 ad Sab.) D. 23. 4. 9 (vgl. dazu bei Fn. 642) und Iav. (6 epist.) D. 39. 5. 25 (vgl. bei Fn. 699) vorgebracht. Gegen die Interpolation spricht zudem das Berufen des Paulus auf die Autorität des Trebatius. Wie schon an anderer Stelle erwähnt, erscheint es kaum vorstellbar, dass die Kompilatoren sich einen solchen Hinweis ausgedacht haben.

eindeutige Willensbekundung beim Abschluss des Kaufvertrages gegebenen Stipulationsversprechen in Widerspruch setzt.[743] Die Entscheidung verdeutlicht damit erneut den Vertrauensschutzcharakter des favor negotii. Die Konsequenzen einer einmal „versprochenen" Leistung sollen nicht nachträglich verhindert werden können. Im Ergebnis hat dies eine Einschränkung des Schutzes für den pupillus zur Folge, die sich dadurch erklären lässt, dass dieser bei Abschluss des Vertrages durch den tutor hinreichend vertreten war.

II. Korrektur einer ungerechtfertigten Bereicherung naturali aequitate motus – Ulp. (26 ad ed.) D. 12. 4. 3. 7

Das folgende Fragment enthält auf den ersten Blick eine Problematik aus dem Erbrecht. Die Entscheidungskorrektur beruht jedoch allein auf schuldrechtlichen Erwägungen. Der Unterschied zu den oben behandelten erbrechtlichen Fragmenten wird schon formal durch das Heranziehen eines anderen unbestimmten Wertungsbegriffs, der aequitas naturalis, deutlich.

Ulp. (26 ad ed.) D. 12. 4. 3. 7
Sed si servus, qui testamento heredi iussus erat decem dare et liber esse, codicillis pure libertatem accepit et id ignorans dederit heredi decem, an repetere possit? et refert patrem suum Celsum existimasse repetere eum non posse: sed ipse Celsus naturali aequitate motus putat repeti posse. quae sententia verior est, quamquam constet, ut et ipse ait, eum qui dedit ea spe, quod se ab eo qui acceperit remunerari existimaret vel amiciorem sibi esse eum futurum, repetere non posse opinione falsa deceptum.

Der in der Literatur eingehend besprochene[744] von Ulpian wiedergegebene Streitfall zwischen dem jüngeren Celsus und seinem Vater behandelt einen relativ einfachen Sachverhalt, zu dessen rechtlicher Bewertung allerdings eine Vielfalt von Deutungsversuchen entstanden ist.[745] Ein Erblasser hat seinen Sklaven durch ein im Testament angeordnetes Fideikommiss unter der Bedingung freigelassen, dass er an seinen Erben 10 zahle (testamento heredi iussus erat decem dare et liber esse). In einem vom Testament unabhängigen Kodizill hat er den Sklaven sodann unbedingt freigelassen (codicillis pure libertatem). Der junge

---

743 Auch hier taucht also wieder das in diesem Abschnitt schon mehrfach vertretene Argumentatiosmuster des venire contra factum proprium auf; vgl. dazu die schon oben unter § 12 I. 4. und 5. besprochenen Fragmente Iav. (6 epist.) D. 39. 5. 25 und Cels. (27 dig.) D. 8. 3. 11.

744 Vgl. ausführlich die zum Teil hitzig geführte Diskussion zwischen Hausmaninger, in Iurisprudentia universalis, S. 271 ff. und Talamanca, Bull. 96–97 (1993–1994, publ. 1997), S. 1 ff. und Bull. 100 (1997, publ. 2003), S. 567 ff., die sich beide auch auf Harke, Argumenta Iuventiana, S. 123 ff. beziehen.

745 Eingehend mit dem Fragment beschäftigt haben sich außer den in Fn. 744 Genannten schon Maschi, concezione naturalistica (1937), S. 216 f.; Santoro, APal. 32 (1971), S. 309 ff.; Simonius, in FS für Lewald (1953), S. 169 f.; Saccoccio, Si certum petetur, S. 455 ff.

Celsus will, im Gegensatz zu seinem Vater, dem Sklaven, der von der unbedingten Freilassung im Kodizill zunächst nichts wusste und daher an den Erben gezahlt hat (et id ignorans dederit heredi decem), die Rückforderung des bereits gezahlten Geldes naturali aequitate motus[746] gestatten.[747]

Das Motiv für die abweichende Entscheidung des jüngeren Celsus ist abhängig von der Entscheidungsbegründung seines Vaters. Gerade diese Begründung ist aber sehr umstritten.[748]

Celsus pater könnte die Kondiktion[749] des Sklaven zum einen deshalb verneint haben, weil er es für unzulässig hielt, eine bedingte testamentarische Anordnung durch ein einfaches Kodizill zu widerrufen (erste Variante). Mit dieser Begründung hätte er eine strenge Auslegung des ius civile dem Willen des Erblassers zum Widerruf durch Kodizill vorgezogen. Die Entscheidung des jüngeren Celsus sowie Ulpians könnte dann als Korrektur des ius civile in favorem voluntatis testatoris [750] verstanden werden.

---

746 Für eine Interpolation des unbestimmten Wertungsbegriffs Beseler, SZ 45 (1925), S. 453; Pringsheim, SZ 42 (1921), S. 667, Fn. 5; ders., SZ 52 (1932), S. 141 f.; Simonius, in FS für Lewald (1953), S. 169, Fn. 35a; Zimmermann, Law of Obligations, S. 853.

747 Ulpian schließt sich der Meinung des jungen Celsus an (quae sententia verior est). Umstritten ist daher, ob die Formulierung naturale aequitate motus von Ulpian oder von Celsus stammt. Die Frage spielt allerdings für die Suche nach dem Entscheidungsmotiv der Korrektur keine wesentliche Rolle, wenngleich viel dafür spricht, dass schon Celsus den Ausdruck verwendet hat und Ulpian das komplette Zitat wiedergegeben hat; so auch Hausmaninger, in Iurisprudentia universalis, S. 279 ff.; anders Carcaterra, SDHI 46 (1980), S. 267, Fn. 33; Harke, Argumenta Iuventiana, S. 125; für Klassizität jedenfalls Bartošek, in Studi Albertario II, S. 485, Fn. 58; mit anderer Begründung Wolff, in Studi de Francisci III, S. 98, Fn. 2; Waldstein, operae libertorum, S. 363, Fn. 16; zweifelnd Horak, Labeo 29 (1983), S. 186; Kaser, SZ 83 (1966), S. 464, Fn. 15.

748 Zu unterschiedlichen Deutungsansätzen, vgl. die verständliche Darstellung bei Hausmaninger, in Iurisprudentia universalis, S. 276 f., sowie Talamanca, Bull. 100 (1997, publ. 2003), S. 569 ff., der sich von diesem missverstanden fühlt (S. 570).

749 Eine abweichende Meinung von Cerami, SDHI 44 (1978), S. 174 ff. und Santoro, APal. 32 (1971), S. 309 ff., die aufgrund unwirksamer datio die rei vindicatio für einschlägig hielten, ist wohl zu weitgehend. So verbesserte schon Voci, SDHI 15 (1949), S. 158 f. seine, nach eigener Auffassung, zuvor fehlerhafte Interpretation (aus L`errore, S. 82 ff.). Dies richtig stellend Harke, Argumenta Iuventiana, S. 125, Fn. 528.

750 Neben dem favor voluntatis testatoris käme, allerdings unabhängig von allen Begründungsvarianten, noch die Bevorzugung des Sklaven als Entscheidungsmotiv in Betracht; so schon Waldstein, operae libertorum, S. 363, Fn. 15. Hausmaninger, in Iurisprudentia universalis, S. 279 will aus diesem Grund einen favor servi herleiten, der in Abgrenzung zum favor libertatis auf die naturalis aequitas gestützt werden konnte. Der zum Vergleich herangezogene „Parallelfall" des Atilicinus (Inst. 2. 14 pr.) ist aber, meines Erachtens, eher Ausdruck des favor libertatis, weil hier die Freilassung selbst zur Disposition steht. Ein favor servi als eigenständige Kategorie ist

Wenn Celsus d. Ä. aber den Widerruf eines Testaments durch ein Kodizill grundsätzlich für möglich hielt, könnte er dennoch im konkreten Fall aufgrund des nicht eindeutigen Wortlauts den Widerruf im Kodizill für unwirksam gehalten haben (zweite Variante).[751] In dem Fall müsste man den Familienstreit als ein klassisches Beispiel der Auslegungskontroverse zwischen verba und voluntas auffassen.[752]

Drittens könnte Celsus pater das Kodizill lediglich als eine Bestätigung der ersten Anordnung aufgefasst haben, in der die Zahlungsbedingung stillschweigend mitenthalten sein sollte (dritte Variante).[753] In diesem Fall würde seine Entscheidung sogar dem Willen des Erblassers entsprechen, für Celsus filius und Ulpian käme hingegen als Entscheidungsmotiv auf den ersten Blick die Bevorzugung des Sklaven („favor servi")[754] in Betracht.

Schließlich könnte Celsus pater eine Kondiktion des in Erwartung der Freilassung gezahlten Geldes durch den Sklaven ganz unabhängig vom Wortlaut des Kodizills und dem darin nicht eindeutig zum Ausdruck kommenden Willen des Erblassers aus anderen – vielleicht „bereicherungsrechtlichen" – Gründen abgelehnt haben (vierte Variante). In Betracht kämen dafür wiederum zwei Erklärungen:

So könnte Celsus pater eine condictio causa data causa non secuta (oder ob rem) der Sache nach für einschlägig gehalten, ihre Voraussetzungen aber deshalb nicht als gegeben angesehen haben, weil der mit der Zahlung bezweckte Erfolg (Freilassung des Sklaven) ja eingetreten war und der Sklave sich daher nicht auf seine Unwissenheit berufen durfte.[755]

Eine andere ebenfalls nicht fernliegende Deutung könnte sich aus der Tatsache ergeben, dass der Sklave das Geld aus seinem peculium hatte zahlen müssen.

---

daher vielleicht etwas zu hoch gegriffen. Der favor libertatis kommt als Wertungskriterium für D. 12. 4. 3. 7 noch weniger in Betracht. Wie Hausmaninger, in Iurisprudentia universalis, S. 279, Fn. 36 unter Berufung auf Talamanca, Bull. 96–97 (1993–1994, publ. 1997), S. 78 richtig feststellt, geht es hier nur um die Kondiktion des fälschlicherweise gezahlten Geldes. Die Freilassung des Sklaven steht außer Frage; anders noch Waldstein, operae libertorum, S. 401, der in der aequitas naturalis eine „normative Grundlage für die Freiheit aller Menschen" zum Ausdruck kommen sieht; ähnlich Kaser, Ius gentium, S. 64, Fn. 254.

751 In diesem Sinne auch d`Ors, IURA 25 (1974), S. 24 f., der allerdings nicht zwischen der ersten und zweiten Variante differenziert.

752 So Frezza, in Mél. de Visscher = RIDA 2 (1949), S. 297 f.; Santoro, APal. 32 (1971), S. 315 f.; Scarano Ussani, Valori e storia, S. 113 f.; ders., Empiria e dogmi, S. 98 f.; Carcaterra, SDHI 46 (1980), S. 267, Fn. 33.

753 So Schwarz, Grundlage der condictio, S. 253; Zilletti, Dottrina dell´errore, S. 118 f.; zuletzt Hausmaninger, in Iurisprudentia universalis, S. 278.

754 Vgl. dazu schon oben in Fn. 750.

755 Zur condictio causa data causa non secuta / ob rem, vgl. Behrends, in FS für Wacke, S. 15 ff.; Liebs, in Ess. for Honoré, S. 163 ff., insb. S. 172 ff.; diesen Zusammenhang stellt auch Zimmermann, Law of Obligations, S. 853 heraus.

Das Geld stand somit rechtlich seinem Herrn zu, so dass man am Vorliegen einer wirksamen datio und stricto iure[756] damit auch der condictio[757] zweifeln konnte.[758]

Betrachtet man somit die Entscheidung von Celsus d. J. im Hinblick auf diese unterschiedlichen Deutungsvarianten für die widersprechende Entscheidung seines Vaters, so kann sich für das relevante Entscheidungsmotiv ein Unterschied zwischen den ersten beiden Varianten auf der einen Seite[759] und der dritten Variante[760] andererseits ergeben. Während Celsus d. J. bei den ersten beiden Varianten den auf Widerruf abzielenden Willen des Erblassers bevorzugt (favor voluntatis testatoris), würde er bei der dritten Variante entgegen dem nicht auf Widerruf ausgerichteten Willen entscheiden. Bei der vierten Variante käme es auf den Willen des Erblassers nicht an. Celsus pater hätte dann entweder – für den Fall, dass er vom Eintritt des mit der Zahlung bezweckten Erfolges ausgegangen wäre – strikt an dem in D. 12. 4. 1 pr. formulierten Grundsatz oder aber – für den Fall, dass er es für relevant hielt, dass das Geld aus dem peculium eines Sklaven stammte – am für die condictio zwingenden Erfordernis der datio festgehalten.[761]

Fraglich ist daher, ob es eine Möglichkeit gibt, das für Celsus d. J. und Ulpian relevante Entscheidungskriterium zu bestimmen.[762] Anhaltspunkt hierfür kann nur der gewählte unbestimmte Wertungsbegriff der aequitas naturalis sein.[763] Die

---

756 Den Gegensatz von ius strictum und der aequitas betonen auch Vacca, in Studi d`Amelio I, S. 398 ff.; Voci, Le obbligazioni I, 1, S. 89 f.; ausführlich dazu auch Waldstein, in FS für von Lübtow, S. 23 ff., 32 f.

757 Eine vindicatio kam ohnehin nicht in Betracht, weil der Sklave kein Eigentum an dem Peculiar-Geld hatte; vgl. dazu schon oben in Fn. 749.

758 Zu dieser Deutungsvariante würde gut passen, dass in den §§ 5 und 6 von D. 12. 4. 3 ein freier Mann gezahlt hat und die condictio unproblematisch bejaht wurde.

759 In den ersten beiden Varianten unterscheidet sich die Korrektur des jüngeren Celsus nur in Bezug auf ihren Gegenstand. Während in der ersten Variante das von Celsus d. Ä. zu streng verstandene ius civile korrigiert würde, wäre in der zweiten Variante lediglich die streng nur den Wortlaut berücksichtigende Auslegungsweise des älteren Celsus Gegenstand der Korrektur. Auf das Entscheidungsmotiv für Celsus d. J. und Ulpian dürfte dieser Unterschied aber keinen Einfluss gehabt haben.

760 Entscheidungsgegenstand der dritten Variante ist, wie bei der zweiten Variante, die Auslegungsweise Celsus des Älteren.

761 Entscheidungsgegenstand der vierten Variante ist also für beide Deutungsvarianten ein strenges Verständnis der Voraussetzungen der condictio ob rem. Die Korrektur durch Celsus d. J. würde daher, wie bei der ersten Variante, das ius civile direkt betreffen.

762 Der Rückschluss auf eine der Deutungsvarianten für die Entscheidung von Celsus d. Ä. stellt sich als reine Sachverhaltsfrage dar, die aus sich heraus nicht letzt verbindlich geklärt werden kann und daher offen gelassen werden muss.

763 Alle aus der im Fragment getroffenen Wortwahl gezogenen Schlüsse auf das Verhältnis von Celsus filius zu seinem Vater bleiben aufgrund der Quellenlage reine Spekulation; vgl. dazu Bauman, Lawyers and politics, S. 181 ff. Untrüglicher Beweis dafür sind die Unterschiede in den einzelnen zu diesem Thema vorhandenen Inter-

für die ersten drei Varianten in Frage kommenden Entscheidungsmotive (favor voluntatis testatoris einerseits und favor servi andererseits) ließen nach den bisherigen Erkenntnissen eher die Verwendung der benignitas (favor voluntatis testatoris) bzw. der humanitas (Bevorzugung einer Einzelperson, die aus einer Erbschaft profitieren soll – favor legatarii, heredis legitimi) erwarten.

Die aequitas wurde hingegen entweder im Bereich der Rechtsfortbildung[764] verwendet, wenn der Jurist einen Ausgleich für einen auf anderer Ebene erduldeten Rechtsnachteil herstellen wollte,[765] oder aber, um die Bedeutung der ausgleichenden Gerechtigkeit für die konkrete Entscheidung besonders hervorzuheben.[766] Vielleicht wollte Celsus (und mit ihm Ulpian) den Fall in diesem Sinne rein technisch entscheiden: Der Wille des Erblassers war nicht eindeutig feststellbar, so dass eine benigna interpretatio in favorem voluntatis testatoris nicht in Frage kam,[767] auch eine an der humanitas orientierte Entscheidung hätte einseitig die Position des Sklaven bevorzugt. Am wahrscheinlichsten ist es daher, dass Celsus d. J. eine condictio ob rem im Gegensatz zu seinem Vater deshalb gewähren wollte, weil der Sklave in ungerechtfertigter Weise an den Erben gezahlt hatte.

---

pretationsversuchen: Während Hausmaninger, in Iurisprudentia universalis, S. 282 f. vermutet, dass „Celsus dem Vater zumindest einmal widersprechen wollte, um seine Eigenständigkeit zu zeigen“ und dafür eine „respektvolle Form“ wählen musste, sieht Scarano Ussani, Empiria e dogmi, S. 99 in dem Widerspruch einen handfesten Vater-Sohn-Konflikt: “dissenso dal padre, tanto esplicito, quasi enfatico”. Daher kritisiert auch Talamanca, Bull. 100 (1997, publ. 2003), S. 612 f., Fn. 230 die Vorgehensweise, aus dem Verhältnis zwischen Vater und Sohn das Motiv für die aequitas naturalis zu ergründen.

764 Erinnert sei nur an die Klagen ex bono et aequo und die zahlreichen mit der aequitas begründeten Analogiefälle; siehe dazu schon oben im zweiten Teil unter §§ 6 und 7.

765 Vgl. dazu die oben im zweiten Teil, § 5 II vorgestellten Fragmente.

766 Ein ähnlicher Fall der Entscheidungskorrektur findet sich nur bei
Ulp. (79 ad ed.) D. 36. 3. 1. 19
[…] ipso iure pro ea parte legata debent, pro qua heredes sint. sed enim aequissimum est non maiorem partem legatariis solvere, quam cuius habent emolumentum.[…]
Der Erbe soll den Vermächtnisnehmern hier keinen größeren Anteil der Erbschaft ausbezahlen müssen, als ihm selbst verbleibt. Dies gelte auch dann, wenn der Erbe „ipso iure“ zunächst in voller Höhe der Legate eine Sicherheitsleistung erbracht hätte, sein eigener Erbanteil aber nachträglich verringert worden sei. Der teilweise Haftungserlass für den Erben beruht hier auf einer Billigkeitserwägung Ulpians, der die nachteilige Wirkung der nachträglichen Kürzung der Erbschaft nicht auf die vorherige Haftungsübernahme erstrecken will. Eine solche Kürzung könne sich beispielsweise im Zusammenhang mit einer Anwendung des SC Trebellianum ergeben; dazu allgemein Ulp. D. 36. 1.; Gai. 2, 253; Kaser, RPR I, S. 762 f.

767 Immerhin war es sogar denkbar (dritte Variante), dass schon Celsus d. Ä. sich bei seiner Entscheidung von diesem Motiv leiten ließ.

Auch der enge Zusammenhang mit den anderen in diesem Abschnitt behandelten Vergleichsfällen legt diese Hypothese nahe.[768] Zwar ist der letzte Halbsatz des Fragments (quamquam constet...), wie Hausmaninger[769] im Gegensatz zu Harke[770] richtig belegt, nicht als Teil der hier behandelten Streitfrage zwischen Celsus d. J. und seinem Vater zu verstehen, dennoch zeigt der Zusammenhang mit den zahlreichen anderen bereicherungsrechtlichen Fallentscheidungen, dass es Celsus und Ulpian (und ebenso schon auch Celsus pater) in erster Linie um den Ausgleichsanspruch des Sklaven für das zuviel gezahlte Geld und nicht um die Darstellung spezifischer Probleme aus dem Testamentsrecht ging.[771] Dass die Kondiktion im Ergebnis einen Sklaven bevorzugt, ist die nur zufällige Folge der speziellen Sachverhaltskonstellation,[772] nicht aber Ausdruck eines allgemeinen Prinzips (favor servi). Das maßgebliche Entscheidungsmotiv der Korrektur durch Celsus und Ulpian ist unabhängig von der Person des im Ergebnis bevorzugten Sklaven in einem allgemeinen Prinzip der Vermeidung von ungerechtfertigten Bereicherungen zu sehen, das einem jeden die ihm gerechterweise zustehende

---

768 Den Zusammenhang zwischen den einzelnen Fällen im Abschnitt D. 12. 4. 3. 5–8 stellen nahezu alle Interpreten besonders heraus. Vgl. nur Hausmaninger, in Iurisprudentia universalis, S. 273 ff.; Santoro, APal. 32 (1971), S. 309 ff.; Talamanca, Bull. 96–97 (1993–1994, publ. 1997), S. 71 ff.

769 In Iurisprudentia universalis, S. 273 ff., insb. 275 f.; ebenso Talamanca, Bull. 100 (1997, publ. 2003), S. 604, insb. Fn. 187, der wohl auch hier von Hausmaninger missverstanden wurde und seine Position noch einmal unmissverständlich klarstellt. Vorher schon Bull. 96–97 (1993–1994, publ. 1997), S. 49 ff.

770 Argumenta Iuventiana, S. 124 f., im Anschluss an Simonius, in FS für Lewald, S. 169 f.; im Ergebnis gleich Behrends, SZ 97 (1980), S. 464, Fn. 26 und zuletzt Pellecchi, SDHI 64 (1998), S. 138, Fn. 212. Einen noch weitergehenden Zusammenhang zwischen § 7 und § 8 versuchten schon Donatuti, statulibero, S. 166 ff. (mit sehr freier Interpretation des Sachverhaltes), Reggi, SDHI 18 (1952), S. 106 ff.; Cerami, SDHI 44 (1978), S. 174 ff. und Santoro, APal. 32 (1971), S. 309 ff. herzustellen. So weit will aber nicht einmal Harke, Argumenta Iuventiana, S. 125, Fn. 527 gehen, der die Wirksamkeit der datio nicht anzweifelt.

771 Die Bedeutung des Fragments für das Bereicherungsrecht hebt Saccoccio, Si certum petetur, S. 456 ff. besonders gut hervor. In seiner These von der Überwindung einzelner starrer Tatbestände der condictio durch die aequitas naturalis (S. 458 ff.) spiegelt sich die rechtsfortbildende Funktion der aequitas deutlich wieder. Das häufige Auftreten der aequitas zur Begründung bereicherungsrechtlicher Klagen (ex bono et aequo) wurde schon im zweiten Teil unter § 7 belegt; auch Cicero, de off. 3, 5, 21 bezeichnet die Bereicherung auf Kosten eines anderen als „magis contra naturam quam mors, paupertas, dolor [...]" und damit als Ausprägung des für die aequitas typischen „suum cuique tribuere"; vgl. dazu Backhaus, in FG für Graßhof, S. 44; zudem auch Kaser, SZ 83 (1966), S. 9 f.

772 Der gleiche Streit hätte also, aus meiner Sicht, auch im Rahmen eines anderen Falles – etwa bei einem im Testament noch vorhandenen, später aber in einem Kodizill nicht erwähnten Legat, welches den Erben beschwert – geführt werden können.

Vermögensposition[773] naturali aequitate motus[774] zuteilen will.[775] Dabei erfolgt die Korrektur unabhängig von den für Celsus pater relevanten Gründen für das Scheitern der condictio ob rem.[776]

Der Vorteil dieser Motivinterpretation besteht zudem in ihrer Unabhängigkeit von den ersten drei Deutungsvarianten für die Entscheidung des älteren Celsus, die jeweils die eindeutige Bestimmbarkeit des Erblasserwillens voraussetzen. Es liegt daher nahe, die im Ergebnis nicht verbindlich zu klärende Sachverhaltsfrage nach dem Motiv für das Versagen der Kondiktion durch Celsus d Ä., in einer von der Auffassung seines Sohnes abweichenden Vorstellung der Anwendbarkeit der condictio ob rem zu sehen.[777]

III. Korrekturen zugunsten berechtigter Einzelpersonen

Auch im Sachen- und Obligationenrecht werden Entscheidungskorrekturen zugunsten berechtigter Einzelpersonen getroffen. Diese Korrekturen können dem Ziel des Erhalts rechtserheblicher Willensäußerungen (favor negotii) durchaus zuwiderlaufen. Es zeigt sich damit eine Parallele zu den Entscheidungen im

---

773 Auf den Gleichheitsaspekt der aequitas in D. 12. 4. 3. 7 hat schon Talamanca, Bull. 96–97 (1993–1994, publ. 1997), S. 80 hingewiesen.

774 Auch sprachlich findet sich zu diesem Motiv eine Parallelstelle bei Pomp. (21 ad Sab.) D. 12. 6. 14; Pomp. (9 ex var. lect.) D. 50. 17. 206, der den allgemeinen Grundsatz, sich nicht auf Kosten eines anderen zu bereichern (neminem cum alterius detrimento fieri locupletiorem), als natura aequum est bezeichnet; allgemein zur Bedeutung der aequitas naturalis (im Gegensatz zur aequitas civilis) Bretone, Geschichte, S. 222 ff. mit Verweis auf Cicero, top. 23, 90 und Wesener, in FS für Mayer-Maly, S. 81 ff.; zuletzt: Waldstein und Babusiaux, in giusnaturalismo, S. 299 ff., 603 ff.

775 In diesem Sinne wohl auch Waldstein, in FS für Mayer-Maly, S. 63 f.

776 Welche der beiden oben erläuterten Deutungsvarianten wahrscheinlicher ist, kann daher offen bleiben, auch wenn der enge Zusammenhang mit den beiden unmittelbar vorangestellten §§ 5 und 6 nahelegt, dass es Celsus pater auf die Differenzierung der Person des Zahlenden, also hier des Sklaven und dort der Freien, angekommen sein dürfte.

777 Carcaterra, SDHI 46 (1980), S. 267, Fn. 33 vergleicht das Fragment mit Cels. (27 dig.) D. 8. 3. 11, wo Celsus benignior zugunsten der Durchsetzbarkeit eines dinglichen Wegerechts entscheidet, obwohl noch nicht alle Miteigentümer des Grundstücks zugestimmt haben (dazu näher schon oben unter § 12 I. 5.). Er will diese sowie andere Entscheidungen, in denen Celsus eine unbestimmte Wertung vornimmt, in einen gemeinsamen Begründungszusammenhang stellen. Eine solche vereinheitlichende Sichtweise der aequitas bei Celsus als „una ponderazione equilibrata della realtà e degli opposti interessi" birgt aber immer die Gefahr der Nivellierung unterschiedlicher Wertungskriterien. Während in D. 12. 4. 3. 7 der Ausgleichsaspekt sowie das Vermeiden einer ungerechtfertigten Bereicherung im Vordergrund stehen, geht es in D. 8. 3. 11 eher um die Erhaltung einer im Rechtsverkehr getätigten Willensäußerung (favor negotii) und die damit verbundene Gewährleistung von Vertrauenschutz im Rechtsverkehr.

Erbrecht, die aus „humanen" Erwägungen entgegen oder zumindest nicht zwingend gemäß dem Willen des Erblassers getroffen werden. So kann es kaum verwundern, dass sich die Juristen zur Begründung der Entscheidungskorrekturen hier ebenfalls der humanitas als unbestimmtem Wertungsbegriff bedienen. Die Rechtsfolgen der Entscheidungen sind vielschichtig. Im Wesentlichen geht es aber entweder um die Gewährung oder Abwehr der Klage aus einem nach ius civile einschlägigen Rechtsinstitut.

1. Gewähren einer formal nicht einschlägigen actio mandati – Paul. (5 ad Plaut.) D. 17. 1. 45. 4

Im ersten Fall gewährt Paulus die actio mandati, obwohl ein Mandatar seinen Auftrag formal nicht erfüllt hat.

> Paul. (5 ad Plaut.) D. 17. 1. 45. 4
> Sed si mandavero tibi, ut creditori meo solvas, tuque expromiseris et ex ea causa damnatus sis, humanius est et in hoc casu mandati actionem tibi competere.

Ego hat den Tu damit beauftragt, eine Schuld bei seinem Gläubiger zu bezahlen. Tu unterlässt dies aber. Er übernimmt stattdessen die Schuld durch ein novatorisches Schuldversprechen (expromiseris) und wird daraus rechtsverbindlich verurteilt (ex ea causa damnatus sis).

Obwohl man der Auffassung sein könnte, dass ein wie hier geschehenes geringfügiges Abweichen von der vereinbarten Absprache noch erfasst sein müsste, war durch die juristische Erfassung des aus der amicitia abgeleiteten Mandats als bonae fidei iudicium zunächst die Rechtsfolge klar.[778] Nach strengem ius civile hatte der Mandatar seinen Auftrag nicht erfüllt. Die Schuld wurde nicht getilgt, sondern übernommen. Auch wenn der Auftraggeber in beiden Fällen spätestens durch die Verurteilung des Tu seine Schuldnerstellung verliert, ist die vereinbarte Tätigkeit nicht so ausgeführt worden, wie es vereinbart war. Der beauftragte Tu hat damit an sich keinen Anspruch auf Ersatz der ihm im Zuge der Auftragstätigkeit entstandenen notwendigen Aufwendungen.[779] Paulus entschied dennoch, es sei humanius, ihm die actio mandati (contraria) zu gewähren.[780] Er korrigiert

---

778 Zu den sozialgeschichtlichen – und ethischen Grundlagen des mandatum: Nörr, in Mandatum, S. 13 ff.

779 Diese Rechtsfolge zeigt Paulus (5 ad Plaut.) D. 17. 1. 45. 1 auf: „nondum enim perfecisti mandatum".

780 Beseler, SZ 45 (1925), S. 253 f. vermutet im letzten Halbsatz eine Interpolation. Statt „humanius...competere" will er als Begründung „antequam solvas, vel ideo mecum agere non potes, quia non id fecisti, quod ut faceres tibi mandavi" ergänzen und Paulus damit die strikte Anwendung des ius civile unterstellen. Diese Interpolation wird aber nicht näher erläutert, so dass man sie als Teil der gegen die humanitas-Fragmente pauschalen Verdächtigungen verstehen muss. Meines Erachtens deutet auch hier schon die nahtlose Anknüpfung im Text auf die Klassizität der Entschei-

damit die sich aus dem Auftragsgeschäft ergebende Rechtsfolge des ius civile und spricht dem Mandatar den Ausgleichsanspruch zu. Wie schon im Erbrecht bei Korrekturen zugunsten von Einzelpersonen[781] verwendet der Jurist den unbestimmten Wertungsbegriff humanius, um eine aus seiner Sicht übertriebene Härte des ius civile zu korrigieren.[782] Die Übernahme der Schuld durch novatio stellte, insbesondere für den Auftraggeber, im Vergleich zur unmittelbaren Tilgung der Schuld keinen Unterschied dar, der eine Differenzierung der Rechtsfolgen gerechtfertigt hätte.[783]

---

dung hin. Paulus stellt mehrere Fallvarianten dar und bereitet die Korrektur des ius civile damit gedanklich vor.

781 Vgl. dazu oben § 11 III.

782 Palma, Humanior Interpretatio, S. 73 ff. sieht die humanitas-Entscheidung durch das „aequum est" im folgenden § 5 bestätigt:
Quotiens autem ante solutam pecuniam mandati agi posse diximus, faciendi causa, non dandi tenebitur reus: et est aequum, sicut mandante aliquo actionem nacti cogimur eam praestare iudicio mandati, ita ex eadem causa obligatos habere mandati actionem, ut liberemur.
Watson, Contract of mandate, S. 165 ff. hatte in seiner Analyse von D. 17. 1. 45 pr.–3, 5 zur Widerlegung der Interpolationsvermutungen Beselers, SZ 45 (1925), S. 253 f. auf einen solchen Vergleich (meines Erachtens zu Recht) verzichtet. § 5 bringt aus seiner Sicht lediglich die Erkenntnis „that a mandatary who has completed the mandate may sue the mandator immediately for release from future liability. On the other hand, one who has not yet completed the mandate has no action for release." Die Besonderheit in D. 17. 1. 45. 4 besteht aber, wie gesehen, gerade darin, dass der Mandatar eine actio mandati erhält, obwohl er den Auftrag noch nicht erfüllt hat (solvere erscheint nur im ut-Satz; so auch Baldus, Auslegung nach Parteirollen, S. 645). Das aequum est in § 5 dient dem dort gemachten Vergleich: Weil der Mandatar alle Klagen, die er im Zuge des Auftrags (nach Erfüllung!) erhält, abzutreten hat, ist es aequum, wenn er zugleich von allen Verbindlichkeiten befreit wird, die er im Zuge der Auftragserfüllung (ex eadem causa) eingegangen ist. Hier geht es also darum, beide Parteien gleich zu behandeln. Mit einer Korrektur zugunsten des Mandatars aus humanen Erwägungen hat das nichts zu tun.

783 Auch eine Entscheidung, die von Pomponius (1 ex Plaut.) D. 46. 2. 21 überliefert ist, widerspricht diesem Ergebnis nicht. Der Sachverhalt der beiden Fälle unterscheidet sich maßgeblich insofern, als in D. 46. 2. 21 der dritte Gläubiger die Novation durch stipulatio von einem an sich zahlungswilligen Schuldner des Ego verlangt. Im vorliegenden Fall D. 17. 1. 45. 4 war der beauftragte Tu aber wahrscheinlich gar kein Schuldner des Ego. Ansonsten würde die auf Befreiung von der Verbindlichkeit, zu der Tu verurteilt worden war, gerichtete Auftragsklage des Tu nicht recht Sinn machen. Tu hätte sich mit der Zahlung oder dem Verlust des Prozesses über die neu vereinbarte stipulatio stattdessen wie der im Fall des Pomponius beauftragte Schuldner lediglich von seiner eigenen Verbindlichkeit gegenüber Ego befreien können.

2. Einschränkung der Bürgenhaftung – Pap. (3 resp.) D. 46. 1. 51. 1

Ein gutes Beispiel für die Abwehr einer eigentlich nach ius civile einschlägigen Klage findet sich im folgenden Fall, den Papinian zugunsten eines Bürgen entscheidet, der bereits einen Teil der geschuldeten Geldsumme bezahlt hat.

Pap. (3 resp.) D. 46. 1. 51. 1
Fideiussor, qui partem pecuniae suo nomine vel rei promittendi solvit, quo minus residui divisione facta portionis iudicium accipiat, recusare non debet: eam enim quantitatem inter eos qui solvendo sunt dividi convenit, quam litis tempore singuli debent. sed humanius est, si et alter solvendo sit litis contestationis tempore, per exceptionem ei qui solvit succurri.

Ein Schuldner S schuldet seinem Gläubiger G 100.000 Sesterzen. B1 und B2 haben sich für die gesamte geschuldete Geldsumme verbürgt.[784] Nun zahlt B1 50.000 Sesterzen.[785] Nach strengem Recht muss die restliche Verbindlichkeit geteilt werden (residui divisione facta portionis), so dass sich B1 und B2 über je 25.000 Sesterzen auf den Streit einlassen müssen (iudicium accipere). Dies ergibt sich unmittelbar aus dem Grundsatz, dass Mitbürgen bei der fideiussio als Gesamtschuldner, also alle auf die gesamte Summe haften.

Die durch die republikanische Gesetzgebung (lex Apuleia, lex Furia, lex Cicereia) für Mitbürgen eingeführte Haftungsbeschränkung auf die Kopfquote gilt nicht für die fideiussio und kann dem B1 daher nicht helfen.

Auch die auf eine Verordnung Hadrians (epistula Hadriani) zurückgehende Teilungsanordnung nach Kopfquote (beneficium divisionis) für alle zahlungsfähigen Bürgen hätte dem B1 hier normalerweise nicht mehr vollständig weitergeholfen, weil sein schon bezahlter Teilbetrag auf die im Raum stehende Klage nicht angerechnet werden kann. Um eine Aufteilung des Gesamtbetrages zu erreichen, hätte er sich, noch bevor er die 50.000 Sesterzen gezahlt hatte, auf die Teilungsanordnung nach Kopfquote berufen müssen. So aber hätte das beneficium divisionis lediglich zur Folge gehabt, dass der Gläubiger seine auf die Restsumme abzielende Klage für beide Bürgen auf die Kopfquote beschränkt.[786] Nur der Betrag, den jeder zahlungsfähige Bürge zum Zeitpunkt der Streitbegründung schuldet (hier: 50.000 Sesterzen), sollte geteilt werden (eam enim quantitatem inter eos qui solvendo sunt dividi convenit, quam litis tempore singuli debent).

---

784 Die fideiussio war die jüngste der drei Bürgschaftsarten (daneben noch sponsio und fidepromissio) und galt für römische Bürger und Fremde. Hauptschuld konnte jede Art von Verbindlichkeit sein (sponsio und fidepromissio waren auf eine stipulatio beschränkt); vgl. Gai. 3, 116 ff.; D. 46. 1; zur Datierung Kunkel, in FS für Koschaker II, S. 12 f., insb. Fn. 25; allg. auch Kaser, RPR I, S. 660 ff.

785 Papinian merkt an, dass es für die Entscheidung des Falles keinen Unterschied macht, ob der Bürge im eigenen (suo nomine) oder in des Schuldners Namen (vel rei promittendi) gezahlt hat.

786 Vgl. Gai. 3, 121–123; Inst. 3. 20. 4; Pap. (27 quaest.) D. 46. 1. 49. 1., Pap. (3 resp.) D. 46. 1. 51 pr., 2; Kaser, RPR I, S. 662 ff; RPR II, S. 459.

Nach Papinian sei es aber dennoch menschlicher, dem B1 für den Fall, dass B2 zum Zeitpunkt der Streitbegründung (litis contestationis tempore)[787] ebenfalls zahlungsfähig sei, eine exceptio[788] gegen den Gläubiger zuzusprechen.

Ganz ähnlich wie im gerade besprochenen Fall Paul. D. 17. 1. 45. 4 korrigiert Papinian hier die sich aus der Vereinbarung (dort des Auftrags, hier der Bürgschaft) zwingend ergebende Haftungsfolge. Während Paulus die den Voraussetzungen nach nicht einschlägige Gegenklage erteilt, schützt Papinian den Bürgen mit einer Einrede gegen die Klage des Gläubigers. Der Gläubiger verliert durch diese Einschränkung seines Beklagtenwahlrechtes zwar faktisch einen Bürgen. Das Verweisen des Gläubigers auf den anderen zahlungsfähigen Bürgen stellt aber keine Rechtsfolge dar, die ihn über Gebühr benachteiligt, weil der die weitere Zahlung verweigernde Bürge eine Einrede nur gegen Sicherheitsleistung erhält.[789] Im Ergebnis erhält er die gesamte Geldsumme. Gleichzeitig wird die durch die epistula Hadriani angestrebte gleichmäßige Haftungsverteilung zwischen den Mitbürgen (beneficium divisionis)[790] konsequent durchgesetzt und zugleich ein Folgeprozess unter den Bürgen vermieden, der gedroht hätte, wenn B1 drei Viertel der gesamten Summe hätte begleichen und danach den Regress bei B2 suchen müssen. Ein positiver Nebeneffekt dieses Ergebnisses besteht also auch in der Entlastung der Gerichte.[791]

---

787 Der Zeitpunkt der litis contestatio war insofern relevant für die Zahlungsfähigkeit des B2, als nur dann sicher gestellt war, dass der Gläubiger den Gesamtbetrag auch erhalten würde. Wenn also B1 die 50.000 Sesterzen nur deshalb gezahlt hatte, weil B2 zu diesem Zeitpunkt ebenfalls zahlungsfähig war und man deshalb davon ausgehen konnte, er werde die restlichen 50.000 ebenfalls bezahlen können, B2 aber nunmehr zwischenzeitlich insolvent geworden ist, so wäre es unbillig, die vorschnelle freiwillige Zahlung des B1 diesem noch durch eine Anwendung des beneficium divisionis zu Gute kommen zu lassen. Der Gläubiger bliebe auf der Hälfte der Gesamtsumme sitzen. In diesem Fall müsste dann der zahlungsfähige B1 auch die restlichen 50.000 bezahlen. Dies ist verständlich, weil B1 das auch hätte tun müssen, wenn B2 von Anfang an zahlungsunfähig gewesen wäre.

788 Die Gewährung einer exceptio deutet hier, ähnlich wie bei Iav. (6 epist.) D. 39. 5. 25, auf den klassischen Ursprung der Entscheidungskorrektur hin, da die exceptio für den klassischen Formularprozess typisch, unter Justinian hingegen unüblich war.

789 Vgl. Ulp. (7 disp.) D. 46. 1. 10 pr.; im Ergebnis gleich Palma, Humanior Interpretatio, S. 57 f.

790 Noch weitergehend Voci, IURA 20 (1969), S. 316, Fn. 14, der Pap. (3 resp.) D. 46. 1. 51. 1 als Anwendungsfall der epistula Hadriani versteht.

791 Dies deutet auch Palma, Humanior Interpretatio, S. 58 an, wenn er in diesem Zusammenhang von economia processuale spricht.

3. Abwehr eines arglistig erlangten Stipulationsversprechens – Ulp. (48 ad Sab.) D. 45. 1. 36

Im nächsten Fragment gewährt Ulpian die exceptio doli zur Abwehr eines arglistig erlangten Stipulationsversprechens. Die Korrektur des ius civile erfolgt hier nach der textlichen Überlieferung ohne ausdrückliche Verwendung eines unbestimmten Wertungsbegriffs. Stattdessen kritisiert Ulpian das Recht als subtil.

Ulp. (48 ad Sab.) D. 45. 1. 36
Si quis, cum aliter eum convenisset obligari, aliter per machinationem obligatus est, erit quidem suptilitate iuris obstrictus, sed doli exceptione uti potest: quia enim per dolum obligatus est, competit ei exceptio. idem est et si nullus dolus intercessit stipulantis, sed ipsa res in se dolum habet: cum enim quis petat ex ea stipulatione, hoc ipso dolo facit, quod petit.

Die Verpflichtung des Schuldners ergibt sich aus der formalen Gültigkeit der stipulatio nach ius civile. Weil die stipulatio aber durch arglistiges Verhalten (per machinationem) des Stipulationsempfängers veranlasst wurde, durchbricht Ulpian die suptilitas iuris und gewährt dem Schuldner eine exceptio doli.[792]

Hausmaninger[793] sieht Ulpian mit dieser Entscheidung „ganz in der Tradition des Javolen und Celsus, wenn er der subtilitas iuris die exceptio doli entgegenhält".[794] Diese Parallelität der Rechtsfolgen sagt jedoch noch nichts über die Einheitlichkeit des Entscheidungsmotivs aus. Javolen und Celsus ging es in (6 epist.) D. 39. 5. 25[795], bzw. (27 dig.) D. 8. 3. 11[796] um die absolute Wirksamkeit des im Rechtsverkehr verbindlich geäußerten Willens (favor negotii). Der jeweils Handelnde sollte sich zu der Willensäußerung nicht mehr nachträglich in Widerspruch setzen dürfen (venire contra factum proprium). Im Ergebnis führte dies zu einer quasidinglichen Wirkung der exceptio doli, die im Fall des Javolen die Wirksamkeit einer Schenkung, bzw. die Durchsetzung einer Servitut bei Celsus zur Folge hatte. Im vorliegenden Fall Ulpians dient die exceptio doli jedoch allein der Abwehr eines formal wirksam entstandenen Stipulationsversprechens. Sie hat damit also gerade nicht den Erhalt, sondern die Unwirksamkeit des im Rechtsverkehr geäußerten Willens zur Folge. Nach dem überlieferten Text recht-

---

792 Die Interpolationenkritik für D. 45. 1. 36 (Riccobono, Scritti II, S. 377; Longo, IURA 24 (1973), S. 299, Fn. 65) beruht wiederum lediglich auf pauschalen Verdächtigungen gegenüber der suptilitas iuris als rechtskritischem Argument der Klassiker (vgl. dazu schon oben im ersten Teil, § 3 IV. 3.). Sie muss daher, wie Hausmaninger, in Iuris Professio, S. 68, Fn. 62 zu Recht festgestellt hat, nicht weiter widerlegt werden. Für die Klassizität der Entscheidung schon Brutti, problematica del dolo II, S. 725 f., 790; indirekt Wacke, RIDA 27 (1980), S. 372, Fn. 61.

793 In Iuris Professio, S. 68.

794 Zu Cels. (27 dig.) D. 8. 3. 11 und Iav. (6 epist.) D. 39. 5. 25 ähnlich Harke, Argumenta Iuventiana, S. unter Berufung auf Riezler, Venire contra factum proprium, S. 5.

795 Dazu näher schon oben unter § 12 I. 4.

796 Dazu näher schon oben unter § 12 I. 5.

fertigte Ulpian in diesem Fragment die Korrektur des ius civile, ohne einen unbestimmten Wertungsbegriff zu verwenden. Die wahrscheinlichste Begründung dafür ist, dass die Gewährung der exceptio doli in der hier in Frage stehenden Fallkonstellation für Ulpian bereits gängiger Rechtspraxis entsprach[797] und es daher eines Heranziehens der humanitas zum Schutze des arglistig hintergangenen Stipulationsschuldners nicht mehr bedurfte.

4. Korrektur eines formal wirksamen Urteils – Marcian. (ad form. hypoth.) D. 20. 1. 16. 6

Dieser Verdacht lässt sich durch ein Fragment Marcians stützen. Er stellt der suptilitas legis ausdrücklich die humanitas zugunsten eines Schuldners gegenüber und korrigiert damit ein formal durchsetzbares Urteil.

> Marcian. (ad form. hypoth.) D. 20. 1. 16. 6
> Si pluris condemnatus sit debitor non restituendo pignus, quam computatio sortis et usurarum faciebat, an, si tantum solverit, quantum debebat, exoneretur hypotheca? quod ego quantum quidem ad suptilitatem legis et auctoritatem sententiae non probo: semel enim causa transire videtur ad condemnationem et inde pecunia deberi: sed humanius est non amplius eum, quam quod re vera debet, dando hypothecam liberare.

Ein Gläubiger hat sich zur Sicherung seiner Forderung gegen den Schuldner ein besitzloses Pfandrecht[798] an einem Gegenstand des Schuldners einräumen lassen. Bei Fälligkeit der Forderung weigert sich der Schuldner, die Pfandsache herauszugeben und wird deshalb zur Zahlung einer Geldsumme in Höhe des Gesamtwertes der Pfandsache verurteilt. Weil der Wert der Pfandsache aber über dem der gesicherten Forderung samt Zinsen liegt, zahlt der Schuldner nur den Betrag für die gesicherte Forderung in voller Höhe und verlangt dennoch die Freigabe des Pfandes. Formal war die Forderung nach dem höher ausgefallenen rechtmäßigen Urteil noch nicht vollständig getilgt, so dass die Pfandsache weiter hätte gebunden bleiben müssen. Marcian korrigiert diese Entscheidung und spricht sich für die Freigabe des Pfandes aus. Der Schuldner soll nicht mehr zahlen müssen, als er schuldet.[799]

---

797 Ähnlich auch Wacke, in FS Murga Gener, S. 982 f. der im Ergebnis einen Fall von dolus praesens vermutet.

798 Das besitzlose Pfand, für das die Begriffe pignus und hypotheca synonym verwendet wurden, entwickelte sich wahrscheinlich gegen Ende der Republik aus einem Bedürfnis der Pfandleiher zum wirtschaftlichen oder persönlichen Gebrauch der Sache auch nach ihrer Verpfändung; vgl. Kaser, SDHI 45 (1979), S. 3 ff.; ders. RPR I, S. 457 ff., 463 ff. (m. w. N.).

799 Sachverhalt sowie ausführliche Literaturhinweise auch bei Palma, Humanior Interpretatio, S. 152 ff., insb. Fn. 220.

Das Fragment war ebenso wie der bei Ulpian[800] auftauchende Grundsatz (non pluris quam quanti debet) früher weitreichenden Interpolationsverdächtigungen ausgesetzt.[801] Diese wurden zwar im Laufe der Zeit relativiert,[802] dennoch zweifelte sogar Hausmaninger[803] in seinem ansonsten sehr interpolationskritischen Aufsatz noch an der Originalität des unbestimmten Wertungsbegriffs humanius. Die Mehrheit der Autoren stört sich offenbar an dem durch die Verurteilung des Schuldners in Höhe der gesamten Pfandsumme (Si pluris condemnatus) hervorgerufenen Widerspruch zu Ulp. (73 ad ed.) D. 20. 1. 21. 3, wo eindeutig festgelegt sei, dass der Schuldner nur bis zur Höhe der Forderung verurteilt werden dürfe. Die Diskrepanz dieser Ergebnisse zeige, dass es unterschiedliche Auffassungen[804] unter den Klassikern zu diesem Thema gegeben habe, die später von den Kompilatoren eingeebnet worden seien.[805]

Eine solche Deutung ist aus meiner Sicht nicht zwingend. Beide Fragmente geben vielmehr genügend Anhaltspunkte für ihre Klassizität in der vorliegenden Form. Geht man zunächst davon aus, dass der von Ulpian in D. 20. 1. 21. 3 formulierte Grundsatz klassischer Natur war,[806] so ist das in D. 20. 1. 16. 6 beschriebene Urteil fehlerhaft, weil es den Schuldner, der zugleich Besitzer der Pfandsache ist, zu mehr verurteilt als der Wert der Forderung samt Zinsen beträgt.[807] Marcian würde dann durch seine Korrektur dem von Ulpian aufgestellten Grundsatz im Ergebnis dennoch zur Wirksamkeit verhelfen. Das Motiv der

---

800 *Ulp. (73 ad ed.) D. 20. 1. 21. 3* (allg. dazu auch Dernburg, Pfandrecht, S. 315)
Si res pignerata non restituatur, lis adversus possessorem erit aestimanda, sed utique aliter adversus ipsum debitorem, aliter adversus quemvis possessorem: nam adversus debitorem non pluris quam quanti debet, quia non pluris interest, adversus ceteros possessores etiam pluris, et quod amplius debito consecutus creditor fuerit, restituere debet debitori pigneraticia actione.

801 Beseler, Beiträge 1, S. 66, Beiträge 3, S. 191; Biondi, in Studi Bonfante IV, S. 54 f., Fn. 98; Burdese, Lex commissoria, S. 200 f.; Ehrhardt, Litis aestimatio, S. 159 f.; Frezza, Le garanzie delle obbligazioni 2, S. 222 f.; Gradenwitz, SZ 26 (1905), S. 366; Marrone, APal. 24 (1955), S. 188 f.; Riccobono, Scritti II, S. 379, Fn. 152; früher noch strikt auch Kaser, Quanti ea res est, S. 16 ff.

802 Insb. von Kaser, IURA 18 (1967), S. 6 f., Fn. 17 f.; im Ergebnis auch Palma, Humanior Interpretatio, S. 154 ff.

803 In Iuris Professio, S. 63, Fn. 18.

804 Marcian vertrat demnach die Auffassung, die Pfandsache würde nicht frei werden, weil der Schuldner an die Rechtskraft des auf ius civile beruhenden Urteils gebunden sei (quod ego quantum... deberi), während nach Ulpian eine Verurteilung des Schuldners zur Zahlung in Höhe des Wertes der Pfandsache nicht in Betracht kam (nam adversus debitorem non pluris quam quanti debet).

805 So Kaser, IURA 18 (1967), S. 16; ähnlich Frezza, Le garanzie delle obbligazioni 2, S. 223.

806 Dafür auch schon Kaser, IURA 18 (1967), S. 6 ff. (Ergebnis: S. 17).

807 So auch Dernburg, Pfandrecht, S. 316; Wieling, SZ 102 (1985), S. 296, Fn. 27.

Korrektur könnte im Gebot der Vermeidung von ungerechtfertigten Bereicherungen gesehen werden.[808]

Diese Interpretation hätte allerdings den etwas faden Beigeschmack, dass es sich bei D. 20. 1. 16. 6 lediglich um eine Umsetzung des in D. 20. 1. 21. 3 formulierten Grundsatzes handeln würde.[809] Man könnte dann ganz grundsätzlich die Daseinsberechtigung von D. 20. 1. 16. 6 anzweifeln und müsste sich insbesondere fragen, warum Marcian überhaupt zu einem argumentativen Notnagel wie der humanitas griff, um die eigentlich konsequente Einhaltung eines als unstreitig feststehenden Grundsatzes zu erreichen.

Betrachtet man sich aber die Fallfrage in D. 20. 1. 16. 6 etwas genauer, so erweisen sich die gerade vorgebrachten Bedenken als gegenstandslos. Marcian hatte in erster Linie die Frage zu beantworten, ob die Pfandsache trotz des „falschen" Urteils freigegeben werden konnte. Die Korrektur war also allein deswegen notwendig, weil ein formal wirksames, inhaltlich aber falsches Urteil im Raum stand.[810] Der suptilitas (legis)-Vorwurf bezieht sich daher auf die nach ius civile formal wirksame Durchsetzbarkeit des Urteils. Das Motiv der Korrektur war somit nicht die Vermeidung einer ungerechtfertigten Bereicherung, die auch durch die Gewährung der actio pigneraticia in Höhe des überschüssigen Betrages in einem zweiten Prozess hätte erreicht werden können.[811] Entscheidungserheblich waren für Marcian vielmehr prozessökonomische sowie schuldnerfreundliche Erwägungen, die ihn dazu veranlassten, das nach ius civile (suptilitas legis) formal durchsetzbare Urteil (auctoritas sententiae) zu korrigieren und dem Schuldner damit die sofortige uneingeschränkte Verfügungsmacht über die Pfandsache zu gewähren.[812]

---

808 Für Kaser, IURA 18 (1967), S. 17 war dies das Motiv für die Interpolation Justinians. Er zitiert als Belege für dieses Motiv zu Recht Pomp. (21 ad Sab.) D. 12. 6. 14; Pomp. (9 ex var. lect.) D. 50. 17. 206.

809 Dazu scheint im Ergebnis Palma, Humanior Interpretatio, S. 155 ff. zu neigen.

810 Rechtstechnisch konnte der Schuldner mit der exceptio doli die actio iudicati des Pfandgläubigers abwehren; so auch Dernburg, Pfandrecht, S. 316, der zu Recht Paul. (7 ad Sab.) D. 24. 3. 17. 2 als in der Rechtsfolge vergleichbare Parallelstelle anführt; im Ergebnis auch Wieling, SZ 102 (1985), S. 296; anders Gradenwitz, SZ 26 (1905), S. 366, der in der Korrektur „nur die Abweisung eines Privatwillens" ausgedrückt sieht.

811 Dies lässt sich auch sprachlich dadurch belegen, dass Marcian humanius entscheidet, während Pomponius in (21 ad Sab.) D. 12. 6. 14. und (9 ex var. lect.) D. 50. 17. 206 definiert, dass es natura aequum est neminem cum alterius detrimento fieri locupletiorem. Auch Celsus entscheidet in D. 12. 4. 3. 7 naturali aequitate motus, um eine drohende ungerechtfertigte Bereicherung zu vermeiden; vgl. dazu näher schon oben unter § 12 II.

812 Für Originalität auch Baldus, Auslegung nach Parteirollen, S. 663 f., der die humanitas als „fallorientiertes Mittel gegen den Rechtsmissbrauch" deutet.

IV. Zwischenergebnisse

Die Entscheidungskorrekturen im Obligationen- und Sachenrecht dienen zum einen der Aufrechterhaltung von im Rechtsverkehr getätigten Willensäußerungen (favor negotii).[813] Dabei belegen mehrere Fragmente eindrucksvoll, dass Entscheidungskorrekturen mit unbestimmter Wertung als Quelle der Rechtsfortbildung für das in den betroffenen Fällen als veraltetet empfundene ius civile fungieren konnten.[814] In anderen Fällen wird durch ein konsequentes Durchhalten des favor negotii-Grundsatzes sogar ein gewisses Maß an Vertrauensschutz gewährleistet.[815] Neben weiteren Korrekturfällen, die ähnlich wie im Erbrecht human zugunsten von aus Sicht des jeweiligen Juristen berechtigten Einzelpersonen getroffen werden,[816] sticht der Sonderfall Cels. D. 12. 4. 3. 7 hervor, wo Celsus der Jüngere im Gegensatz zu seinem Vater eine aus seiner Sicht ungerechtfertigte Bereicherung naturali aequitate motus rückabwickelt. Auch diese Entscheidung zeichnet letztlich eine Erweiterung des Anwendungsbereichs der condictio ob rem vor und hat damit ebenfalls rechtsfortbildenden Charakter.

§ 13 Entscheidungskorrekturen im Personen- und Familienrecht

Anders als im Erbrecht gibt es im Personen- und Familienrecht kein einzelnes beherrschendes Wertungskriterium, das in jeder Entscheidung, wenn auch nur mittelbar, betroffen ist.[817] Dennoch kann man die Entscheidungskorrekturen auch in diesem Rechtsgebiet zunächst danach unterscheiden, ob sie dem Erhalt von Willensäußerungen dienen oder ob sie zugunsten von Einzelpersonen getroffen werden. Noch deutlicher als im Erbrecht spielen hier zudem gesellschaftspolitische Wertungskriterien eine Rolle, die meist nur aus ihrer Zeit heraus erklärbar sind.

---

813 Dies gilt für alle unter § 12 I. besprochenen Entscheidungen.

814 Vgl. dazu beispielsweise die grob nachgezeichnete Entwicklung bezüglich der Lockerung der Voraussetzungen für das Darlehen in Iul. (18 dig.) D. 12. 1. 20.; Afr. (8 quaest.) D. 17. 1. 34 pr.; Ulp. (31 ad ed.) D. 12. 1. 15, sowie Hermogenian. (6 iur. epit.) D. 39. 5. 33. 1.

815 Dies zeigen besonders anschaulich Iav. (6 epist.) D. 39. 5. 25; Cels. (27 dig.) D. 8. 3. 11 und Paul. (2 ad ed. aedil. curul.) D. 21. 2. 56. 7.

816 Hier sind Paul. (5 ad Plaut.) D. 17. 1. 45. 4; Marcian. (ad form. hypoth.) D. 20. 1. 16. 6; Ulp. (48 ad Sab.) D. 45. 1. 36 und Pap. (3 resp.) D. 46. 1. 51. 1 zu nennen.

817 Im Erbrecht nahm der Wille des Erblassers, wie schon oben in § 11 gezeigt wurde, eine solche Ausnahmestellung ein.

I. Korrekturen zum Erhalt rechtserheblicher Willensäußerungen

1. Der favor dotis

Eines dieser nur sozialpolitisch erklärbaren Entscheidungskriterien des römischen Familienrechts ist der favor dotis. Die im römischen Recht getroffenen Entscheidungen zugunsten der Mitgift (favor dotis) beruhten vor allem darauf, dass es als gesellschaftlicher Makel betrachtet wurde, wenn eine Frau ohne Mitgift (indotata) in die Ehe eintreten musste. Man sprach in diesem Zusammenhang vom sogenannten „horror mulieris indotatae", den es unter allen erdenklichen Umständen zu vermeiden galt.[818] Auch bei den Entscheidungen in favorem dotis war also die Erhaltung der Mitgift keineswegs Selbstzweck der jeweiligen Korrektur. Von dem Erhalt der Willensentscheidung des Dotierenden profitierten zugleich mehrere Personen. Der gesellschaftliche Makel betraf gerade nicht ausschließlich die mulier indotata, sondern sowohl ihre gesamte Hausgemeinschaft als auch die Familien von Braut und Bräutigam und insbesondere deren Familienoberhäupter.

a. Wirksamkeit einer aufschiebend bedingten dotis datio, Korrektur mit teilweise unbestimmter Wertung – Ulp. (31 ad Sab.) D. 23. 3. 9. 1

In der ersten hier aufgeführten Korrekturentscheidung geht Ulpian ausdrücklich auf diese Problematik ein. Er entscheidet „benignius est favore dotium...ne mulier maneat indotata". Die Korrektur ist damit eigentlich nicht mehr unbestimmt, weil das entscheidende Wertungskriterium wörtlich aufgeführt wird. Dennoch bringt die Formulierung „benignius est" das Fragment in einen Zusammenhang mit anderen Entscheidungskorrekturen mit unbestimmter Wertung.

> Ulp. (31 ad Sab.) D. 23. 3. 9. 1
> Si res alicui tradidero, ut nuptiis secutis dotis efficiantur, et ante nuptias decessero, an secutis nuptiis dotis esse incipiant? et vereor, ne non possint in dominio eius effici cui datae sunt, quia post mortem incipiat dominium discedere ab eo qui dedit, quia pendet donatio in diem nuptiarum et cum sequitur condicio nuptiarum, iam heredis dominium est, a quo discedere rerum non posse dominium invito eo fatendum est. sed benignius est favore dotium necessitatem imponi heredi consentire ei quod defunctus fecit aut, si

---

818 Als Beleg dafür kann die in Paul. (60 ad ed.) D. 23. 3. 2 enthaltene Rechtsregel dienen: „Rei publicae interest mulieres dotes salvas habere, propter quas nubere possunt." Die Ausweitung der sozialen Verpflichtung zur Mitgiftbestellung in eine einklagbare Rechtspflicht ist jedoch unklassisch. Dazu auch Castelli, Bull. 26 (1913), S. 164 ff.; Daube, Roman Law, S. 102 ff.; Honsell, SZ 83 (1966), S. 370; Kaser, RPR I, S. 335, Fn. 22; RPR II, S. 186; Kunkel/Honsell, RöRe, S. 403 f.; Landucci, in Studi Bonfante IV, S. 601 ff.; Orestano, Bull. 55–56 (1952), S. 277, Fn. 1028. Allgemein zur Bedeutung der Mitgift für die römische Ehe Söllner, actio rei uxoriae, S. 108 ff.; Corbett, Law of marriage, S. 147 ff., beide mit zahlreichen Belegen aus der klassischen Literatur.

distulerit vel absit, etiam nolente vel absente eo dominium ad maritum ipso iure transferri, ne mulier maneat indotata.

Ego übergibt seinem zukünftigen Schwiegersohn in spe Vermögensgegenstände unter der Bedingung, dass die Heirat mit der Tochter zustande kommt. Die Vermögensgegenstände sollen nach der Eheschließung zur Mitgift gehören. Die bedingte Schenkung stellt damit zugleich eine bedingte Mitgiftbestellung gegenüber dem zukünftigen Schwiegersohn dar.[819] Ego verstirbt aber, bevor die Ehe geschlossen wird. Nach strengem ius civile ist ein Eigentumsübergang auf den Schwiegersohn und Ehemann nicht möglich, da die causa (donatio) pendet.[820] Das Eigentum an den Mitgiftgegenständen ist mit dem Tod des Ego vor dem relevanten Bedingungseintritt (Eheschließung) auf dessen Erben übergegangen. Damit kann es ohne deren Zustimmung nicht auf den Ehemann übergehen. Ulpian setzt sich jedoch darüber hinweg und entscheidet, dass es benignius sei, die Erben zur Einwilligung zu verpflichten, bzw. dem Ehemann das Eigentum ohne Einwilligung der Erben für den Fall zuzusprechen, dass die Erben nicht einwilligen wollen.[821] Die Entscheidung läuft damit auf eine Enteignung der Erben zugunsten der Mitgift (favor dotis) hinaus.[822]

Der Fall wurde in der Literatur oft mit einer Entscheidung Julians verglichen, in der er sich in einem ähnlichen gelagerten Fall der bedingten traditio für den Übergang des Eigentums bei Bedingungseintritt unabhängig vom vorherigen Tod des Geldgebers ausspricht:

---

819 Eine ähnliche Konstellation findet sich bei Paul. (17 ad Plaut.) D. 12. 4. 9 pr.

820 Peters, Rücktrittsvorbehalte, S. 184 folgert daraus, dass das bedingte Geschäft rechtstechnisch erst mit Eintritt der Bedingung wirksam wird. Der Mitgiftbesteller habe die für das Geschäft notwendige Handlung lediglich vorgezogen, sein Wille sei aber auf einen erst mit Eintritt der Bedingung vollendeten Geschäftsabschluss gerichtet; kritisch dazu Talamanca, IURA 24 (1973), S. 372, Fn. 25, der, meines Erachtens zu Recht, anmerkt, dass die Aufrechterhaltung des Übereignungswillens im vorliegenden Falle des Todes des Dos-Gebers zwingend ist und auch für den Normalfall, in dem der Dos-Geber den Bedingungseintritt erlebt, nicht erneuert werden muss, um die Übereignung zu ermöglichen. Der Einwand ändert jedoch nichts an der Tatsache, dass der Eigentumsübergang erst zum Zeitpunkt des Bedingungseintritts wirksam wird. Für eine Wirkung ex nunc auch schon Flume, TR 14 (1936), S. 58; Hausmaninger, TR 36 (1968), S. 574; König, SDHI 29 (1963), S. 169; Masi, Studi sulla condizione, S. 142 ff.; Wesener, in FG für Herdlitczka, S. 284; für eine Rückwirkung der Bedingung dagegen Wieling, SZ 89 (1972), S. 470, Fn. 28.

821 Wenn man die Zustimmungspflicht der Erben benigne akzeptiert, entspricht diese Rechtsfolge allgemeinen Grundsätzen; vgl. Iul. (55 dig.) D. 35. 1. 24.

822 So auch Schiemann, Pendenz und Rückwirkung, S. 10 f., für den Ulpian hier eine von drei möglichen Meinungen vertritt ohne eine Korrektur vornehmen zu müssen. Für den favor dotis als Entscheidungskriterium auch Palma, Benignior Interpretatio, S. 134 f.

Iul. (60 dig.) D. 39. 5. 2. 5
Si pecuniam mihi Titius dederit absque ulla stipulatione, ea tamen condicione, ut tunc demum mea fieret, cum Seius consul factus esset: sive furente eo sive mortuo Seius consulatum adeptus fuerit, mea fiet.

Titius hat dem Ego Geld gegeben, welches erst unter der Bedingung sein Eigentum werden soll, dass Seius Konsul werde. Julian entscheidet, dass Ego Eigentümer des Geldes wird, auch wenn Titius vor dem Bedingseintritt verstirbt oder geschäftsunfähig wird. Interessant ist der Fall insbesondere deshalb, weil es sich nicht um eine bedingte dotis datio handelt, so dass der favor dotis als Hintergrund für die Entscheidung Julians ausscheidet. Näher liegt, dass es sich um eine Schenkung handelte, da die Stelle in den Digesten unter der Rubrik „de donationibus" aufgeführt ist.[823] Abgesehen vom zugrunde liegenden Geschäftstyp erwähnt Julian aber auch eine drohende Übergehung der Erben des Titius mit keinem Wort. Für ihn scheint die Lösung seines Falles so klar gewesen zu sein, dass er es nicht einmal für nötig hielt, einen unbestimmten Wertungsbegriff heranzuziehen.

Diese augenscheinliche Unvereinbarkeit der beiden Entscheidungen hat in der Vergangenheit zu Interpolationsverdächtigungen[824] gegen beide Fragmente geführt. Bei Ulp. D. 23. 3. 9. 1 wurde insbesondere der zweite Teil (sed benignius est...maneat indotata) als Einschub der Kompilatoren verdächtigt.[825] Andererseits wurde die Entscheidung Julians durch die Vermutung über ein angeblich fehlendes „non" in ihr absolutes Gegenteil umgekehrt.[826] Folgt man dieser Interpolationsannahme, so könnte die spätere Entscheidung Ulpians in ihrer vorliegenden Form durchaus als Fortentwicklung der im ersten Teil (et vereor...fatendum est) noch zitierten Gegenmeinung Julians verstanden werden.

---

823 Nach Lenel, Palingenesia I, Sp. 466, Nr. 747 stand die Stelle auch schon bei Julian im 18. Buch seiner digesta unter der Überschrift „Ad legem Cinciam: de donationibus".

824 Nach Voci, DER I, S. 294 ff. ist der Eigentumsübergang ipso iure eine Schöpfung Justinians. Ulpian habe demnach noch die veraltete Auffassung vertreten, dass das Eigentum nicht ohne Einwilligung der Erben übergehen könne.

825 Archi, Studi Betti II, S. 65 ff.; Betti, in Scritti Ferrini, S. 480 ff.; Haymann, SZ 41 (1920), S. 96; Flume, TR 14 (1936), S. 57 f.; König, SDHI 29 (1963), S. 168 ff.; Mayer-Maly, SZ 83 (1966), S. 59 f.; Mitteis, RPR I, S. 169, Fn. 6; Pflüger, Lehre vom Erwerbe, S. 82; Sargenti, SDHI 19 (1953), S. 242; Solazzi, SDHI 21 (1955), S. 305; Voci, DER I, S. 294 f., insb. Fn. 270; Wesener, in FG für Herdlitczka, S. 284, Fn. 138.

826 Demnach sollte der letzte Teilsatz ursprünglich mea non fiet gelautet haben. Der Fehler könnte beispielsweise beim Abschreiben passiert sein; so Vassalli, Bull. 27 (1914), S. 209; Bohàcek, APal. 11 (1923), S. 339; Bonfante, Corso 6, S. 153 ff; dagegen ausdrücklich Haymann, SZ 48 (1928), S. 357, Fn. 1; überzeugend auch Flume, TR 14 (1936), S. 58 f.

Man kann aber auch beide Fragmente in der überlieferten Form in einen sinnvollen Zusammenhang bringen.[827] So musste Julian in seinem Fall, bei dem die causa der bedingten traditio leider nicht ausdrücklich überliefert ist,[828] vielleicht deshalb keine Bedenken haben, weil eine Übergehung von Erben erst gar nicht im Raum stand und das versprochene Vermögen ansonsten dem Fiskus zugefallen wäre. Ulpian hätte dann lediglich formal die Wirksamkeit der bedingten traditio von Julian übernommen, neu wären aber sowohl die Korrektur des ius civile zulasten der Erben als auch das Korrekturkriterium der Mitgiftbestellung (favor dotis), das bei Julian ersichtlich keine Rolle gespielt haben kann.[829] Ein weiterer deutlicher Beleg für die Klassizität beider Fragmente lässt sich zudem aus zwei anderen Entscheidungen der beiden Juristen herleiten: Weil Julian sich auch in (13 dig.) D. 41. 1. 36 nicht am Fehlen einer causa traditionis störte und gleichwohl den Eigentumsübergang bejahte, musste er den Eigentumserwerb in D. 39. 5. 2. 5 am (noch) Fehlen der causa erst recht nicht scheitern lassen. Dagegen war Ulpian, wie das bekannte Fragment (7 disp.) D. 12. 1. 18 pr. belegt, in dieser Frage ganz anderer Ansicht.[830] Deshalb musste er auch in D. 23. 3. 9. 1 Bedenken haben, die er favore dotium nur mit der benignitas überwinden konnte. Diese Auslegungsvariante zeigt, dass man jedenfalls nicht pauschal davon ausgehen muss, dass eines der beiden Fragmente interpoliert ist.

b. Wirksamkeit einer dotis datio, Korrektur mit unbestimmter Wertung – Ulp. (43 ad Sab.) D. 24. 1. 34

Für die Originalität von D. 23. 3. 9. 1 kann zudem noch eine weiteres Fragment herangezogen werden, in dem Ulpian ebenfalls benigne zugunsten der Mitgift entscheidet. Es handelt sich um eine echte Entscheidungskorrektur mit unbestimmter Wertung, weil das maßgebliche Wertungskriterium (favor dotis) nicht erwähnt wird.

---

827 So schon Peters, Rücktrittsvorbehalte, S. 184, Fn. 22; Schiemann, Pendenz und Rückwirkung, S. 10 ff.; für die Klassizität beider Fragmente auch Hausmaninger, TR 36 (1968), S. 574; Kaser, RPR I, S. 255, Fn. 32; Masi, Studi sulla condizione, S. 142 ff; vielleicht auch Zimmermann, Law of Obligations, S. 725, Fn. 68, der einen einfachen Meinungsstreit konstatiert.

828 Aufgrund der Palingensie spricht aber vieles für eine Schenkung.

829 Schon Pflüger, Lehre vom Erwerbe, S. 82 wies zu Recht auf die Unterschiedlichkeit beider Fragmente hin, zog daraus jedoch nicht die Konsequenz auch D. 23. 3. 9. 1 insgesamt für klassisch zu halten; im Gegensatz dazu erkannte König, SDHI 29 (1963), S. 169 f. diese Deutungsmöglichkeit nicht. Dennoch sprach er sich, obwohl er D. 23. 3. 9. 1 für interpoliert hielt, im Ergebnis ebenfalls für die Klassizität einer suspensiv bedingten traditio dotis causae ante nuptias aus.

830 Dort ließ er den Eigentumsübergang im Falle eines Dissenses über die causa scheitern.

Ulp. (43 ad Sab.) D. 24. 1. 34
Sive uxor marito res donasset isque eas in dotem pro communi filia dedisset, sive post donationem, quam in maritum contulit, uxor passa est eum pro filia in dotem dare, benigne dici potest, etsi prima donatio nullius momenti est, attamen ex sequenti consensu valere dotis dationem.

Eine Ehefrau hat ihrem Mann etwas geschenkt.[831] Der Mann gibt die geschenkte Sache der gemeinsamen Tochter als dos. Die Schenkung ist wegen des strikten Verbots von Schenkungen unter Ehegatten[832] unwirksam. Die Wirksamkeit der dotis datio durch den Ehemann scheitert dann an sich am fehlenden Eigentum des Ehemannes (nemo plus iuris transferre potest quam ipse habet), das dieser wegen Unwirksamkeit der Schenkungscausa nicht durch traditio erwerben konnte. Ulpian will zwar an der Unwirksamkeit der Schenkung festhalten (etsi prima donatio nullius momenti est), die dotis datio solle aber in zwei Fällen dennoch aufrecht erhalten werden (attamen ex sequenti consensu valere dotis dationem).[833] Für den ersten Fall ist die Überlieferung sicher: Wenn die Ehefrau bereits vor der Übergabe als dos, aber nach der Schenkung ihre Zustimmung zu der Weitergabe als dos erklärt hat (post donationem, quam in maritum contulit, uxor passa est eum pro filia in dotem dare), sei diese wirksam.[834] Dagegen ist der andere von Ulpian im Ergebnis gleich behandelte Fall doppeldeutig: Misera[835] will „sequenti consensu" in der letzten Zeile so verstehen, dass die Ehefrau in jedem Fall nachträglich zugestimmt hat.[836] Fasst man dagegen den ersten Teilsatz „sive

831 Eine donatio war überhaupt nur bei einer manus-freien Ehe denkbar, weil das Vermögen der uxor in manu ohnehin schon von ihrem Ehemann verwaltet wurde und sie kein Eigentum daran hatte; so auch Söllner, actio rei uxoriae, S. 127.

832 Der Grundsatz wird in Ulp. (32 ad Sab.) D. 24. 1. 1.; C. 5. 16. formuliert, taucht aber schon in Quellen aus republikanischer Zeit auf, vgl. Plutarch, Quaest. Rom. 7, 8; das Schenkungsverbot galt nicht nur zwischen Mann und Frau, sondern auch zwischen allen anderen Personen der beiden Hausverbände, vgl. Ulp. (32 ad Sab.) D. 24. 1. 3. 2–8; Ulp. (33 ad Sab.) D. 24. 1. 32. 16–21; ebenso Misera, Index 3 (1972), S. 398. Allgemein zur Problematik der Entstehung des Verbots Kaser, RPR I, S. 331 f.; Söllner, actio rei uxoriae, S. 127 ff. und zuletzt Gade, Donationes inter virum et uxorem, S. 32 ff.

833 Die Schenkung soll also nicht mit der Bestellung der dos wirksam werden. Der Ehemann ist damit zu keinem Zeitpunkt Eigentümer der Mitgiftgegenstände geworden. Dies hat zur Folge, dass im Falle des Scheiterns der Ehe der Rückforderungsanspruch der Frau als Berechtigter aus der Mitgift zustehen müsste, auch wenn sie formal die dos nicht selbst bestellt hatte.

834 Der Fall ist dann analog dem Verkauf einer fremden Sache mit Zustimmung des Eigentümers vor Übergabe zu entscheiden; vgl. Pap. (23 quaest.) D. 41. 3. 44. 1.

835 Bereicherungsgedanke, S. 192, Fn. 10.

836 Nach seiner Auffassung könnte eine weitere Sachverhaltsvariante nachträglich gestrichen worden sein. Der Fall, dass die Frau sich überhaupt nicht zu der Weitergabe äußert, sei wohl wie in der vergleichbaren Stelle Pomp. (32 ad Sab.) D. 41. 7. 5 pr. zu

uxor [...] dedisset“ als abgeschlossene Fallvariante auf, so könnte Ulpian auch den Fall gemeint haben, dass die Frau sich überhaupt nicht zu der Weitergabe äußert.[837] Die Formulierung „ex sequenti consensu“ wäre dann nur der Hinweis auf ein mögliches Motiv, das Ulpian zu einer Korrektur des Unwirksamkeitsgrundes der Ehegattenschenkung veranlasst haben könnte. Dieses Motiv könnte wieder in der Bevorzugung der Mitgift (favor dotis) zu sehen sein.[838] Rechtstechnisch bedient Ulpian sich mit der Annahme der Einwilligung[839] zur Weitergabe des Geschenks als dos einer Auslegung nach dem mutmaßlichen Parteiwillen der Ehefrau. [840] Die Bezugnahme auf eine (wenigstens) mutmaßliche Einwilligung erfolgt hier damit noch deutlicher als in Ulp. D. 23. 3. 9. 1. Ulpian hielt sie vielleicht deshalb für erforderlich, weil die Durchbrechung des nemo plus iuris-Grundsatzes noch offensichtlicher gewesen wäre. Zudem hätte die Frau die dos auch selbst wirksam bestellen können, so dass eine Bestellung ohne ihre Einwilligung sie nach Auffassung Ulpians zu sehr in ihren Rechten beschränkt hätte.[841] Das eigentlich relevante Wertungskriterium ist aber auch in diesem Fall der favor dotis. Die Einwilligung dient eher als weitere Absicherung gegen das widersprechende ius civile. Welche der beiden oben erwähnten Interpretationsansätze glaubhafter ist, hängt also von der Originalität des Fragments ab. Weil es aber eine Deutungsmöglichkeit für das Fragment in seiner vorliegend

entscheiden. Dort spricht sich Pomponius für den Fall des Weiterverkaufs des Geschenks durch den Ehemann für eine Ersitzung durch den Käufer aus.

837 So deutet auch Wacke, SZ 90 (1973), S. 252, Fn. 142 die Sachverhaltsvariante. Nach seiner Auffassung handelt es sich um einen Fall von beredtem Schweigen, da man bei fehlendem Konsens einen Widerspruch der Ehefrau hätte erwarten können. Dieses Verständnis ist, meines Erachtens, aber nicht zwingend. Zum einen ist nicht gesagt, dass die Ehefrau überhaupt Kenntnis von der Weitergabe des Geschenks hatte. Denkbar wäre zudem, dass sie zwar Kenntnis hatte, sich aber aufgrund der aus ihrer Sicht wirksamen Schenkung für nicht widerspruchsberechtigt hielt.

838 Ebenso Palma, Benignior Interpretatio, S. 135 f.

839 Die mutmaßliche Einwilligung war auch deshalb sehr gut begründbar, weil der Mitgift in Rom eine sehr hohe Funktion für den Zusammenhalt der Ehe sowie die Sicherheit der Braut zukam. Dies belegen zahlreiche Stellen in den Digesten; vgl. Paul. (17 ad Plaut.) D. 12. 4. 9. 1; Afric. (6 quaest.) D. 21. 2. 24; Marcell. (7 dig.) D. 23. 3. 59. 1; Modest. (lib sing. de heurem.) D. 23. 3. 63; Ulp. (31 ad Sab.) D. 23. 3. 9. 1; Ulp. (34 ad ed.) D. 23. 3. 40; Ulp. (76 ad ed.) D. 44. 4. 4. 21; Gai. (2 de leg. ad ed. praet.) D. 30. 69. 2; Pap. (8 resp.) D. 31. 77. 9; Iul. (18 dig.) D. 35. 2. 85; Venul. (6 interdict.) D. 42. 8. 25. 1 sowie in der klassischen Literatur; vgl. dazu Söllner, actio rei uxoriae, S. 108 ff. (m. w. N.).

840 Anders Palma, Benignior Interpretatio, S. 136, der die inhaltlich unbestreitbare Parallele zu Ulp. vat. 269 auch auf die Konstruktion ausweiten will und daher bei D. 24. 1. 34 von der Umwandlung einer nichtigen Schenkung in eine dotis datio ausgeht.

841 Zudem hatte Ulpian im vorliegenden Fall keine ältere Entscheidung zur Hand, die zumindest eine ähnliche Konstruktion nahe legte, wie es mit Iul. (6 epist.) D. 39. 5. 2. 5 für Ulp. (31 ad Sab.) D. 23. 3. 9. 1 der Fall war.

überlieferten Form gibt, spricht die Echtheitsvermutung für den zweiten Ansatz, der zugleich den Vorteil hat, eine logische Erklärung für den unbestimmten Wertungsbegriff benigne zu liefern.

2. *Der favor matrimonii – Ulp. (2 de adult.) D. 48. 5. 14 (13). 7*

Das folgende Fragment ist ebenfalls ein Beleg für die Korrektur zur Aufrechterhaltung einer rechtserheblichen Willensentscheidung. Ulpian spricht sich für die Wirksamkeit einer nach strengem ius civile aufgelösten Ehe aus. Seine Entscheidung erfolgt also in favorem matrimonii.

> Ulp. (2 de adult.) D. 48. 5. 14 (13). 7
> Si quis plane uxorem suam, cum apud hostes esset, adulterium commisisse arguat, benignius dicetur posse eum accusare iure viri: sed ita demum adulterium maritus vindicabit, si vim hostium passa non est: ceterum quae vim patitur, non est in ea causa, ut adulterii vel stupri damnetur.

Der Sachverhalt des Fragments war lange Zeit umstritten. So herrschte aufgrund der nicht ganz eindeutigen Formulierung „cum apud hostes esset“ Uneinigkeit darüber, ob der Mann oder die Ehefrau in Gefangenschaft geraten war.[842] Wenngleich nach der hervorragenden Analyse durch Ankum[843] einiges (und zwar insbesondere der Schluss des Fragments) dafür spricht, dass die Frau in Gefangenschaft war und später zu ihrem Mann zurückkehrte, spielt diese Tatsachenfrage für die Entscheidung eine nur untergeordnete Rolle. Jedenfalls hat die Ehefrau zu einer Zeit, da er oder sie in Gefangenschaft waren, ihren Ehemann betrogen. Nach der Rückkehr aus der Gefangenschaft lebten die beiden wieder zusammen. Obwohl die Ehe nach ius civile durch die Gefangennahme eines Ehegatten aufgelöst worden ist,[844] spricht sich Ulpian für die Anklagemöglichkeit des Ehemannes nach der lex Iulia aus.[845] Entscheidend für die Frage der Klassizität des Fragments ist nicht, ob der Ehemann, seine Frau oder beide in Gefangenschaft waren, sondern, ob man davon ausgehen kann, dass die unbestimmte Wertung

---

842 Vgl. Bandini, in Studi Ratti, S. 499 ff.; Volterra, in Studi Bonfante II, S. 122 ff.; ders., in Studi Biondi II, S. 129; noch anders Thomas, IURA 12 (1961), S. 75, der „cum...essent“ rekonstruieren will, so dass beide in Gefangenschaft gewesen wären.; ähnlich Huber, Ehekonsens, S. 32, Fn. 68.

843 RIDA 32 (1985), S. 153 ff., 190 ff.; sich anschließend Palma, Benignior Interpretatio, S. 127 f.; Urso, SDHI 58 (1992), 124 ff.; anders Bandini, in Studi Ratti, S. 501.

844 Vgl. Paul. (35 ad ed.) D. 24. 2. 1. Es bedurfte also nach der Rückkehr aus der Gefangenschaft einer erneuten Eheschließung, um die Ehe wieder zur Entstehung zu bringen; vgl. dazu Kaser, RPR I, S. 325; Orestano, Bull. 47 (1940), S. 259 ff.

845 Die lex Iulia de adulteriis war Teil der Ehegesetzgebung des Augustus und enthielt hauptsächlich Strafvorschriften gegen Unzucht und Ehebruch (adulterium); vgl. dazu Kaser, RPR I, S. 318 f.; Mette-Dittmann, Die Ehegesetze des Augustus (1991), insb. S. 33 ff.; Molnár, in FS für Wacke, S. 345 ff.; zum Tatbestand des adulterium Plescia, RIDA 34 (1987), S. 301 ff.

„benignius dicetur“ und die damit begründete Korrektur von Ulpian stammt. Auch hier spricht die Vermutung zunächst für Ulpian als Autor. Alle Interpolationsverdächtigungen beruhen auf der Vorstellung, dass die Entscheidung dem ius civile widerspricht.[846] Dieser Widerspruch kann aber, wie schon die Stellung zwischen den beiden §§ 6 und 8 sowie das zur Einleitung eines Gegensatzes typische „plane“ zeigen, durchaus beabsichtigt gewesen sein. Ebenso belegen andere Fragmente in den Digesten, dass die Behandlung der Ehe während der Gefangenschaft eines Ehegatten sowie die Behandlung von Fällen der sexuellen Nötigung durchaus differenziert betrachtet wurden.[847] Gegen die Interpolation des Fragments spricht zudem, dass die Frau überhaupt keinen Ehebruch begehen konnte, wenn man sich auf den nach Auffassung der Kritiker richtigen Standpunkt stellen würde, dass die Ehe unwirksam gewesen sein müsse.[848] Streng genommen käme dann nicht einmal eine Anklage iure extranei in Betracht.[849] Ulpian setzt sich also wahrscheinlich bewusst über den Eheunwirksamkeitsgrund hinweg und erklärt die Ehe faktisch auch in dem relevanten Zeitraum der Gefangenschaft für wirksam (iure viri).[850] Das Fragment stellt damit einen weiteren Beleg für die umfassenden Möglichkeiten der römischen Jurisprudenz dar, eine rechtserhebliche Willensentscheidung (hier: die Ehe) aufgrund von Billigkeitserwägungen aufrecht zu erhalten. In keinem der in diesem Abschnitt bisher untersuchten Fälle war aber die Aufrechterhaltung der getroffenen Willensentscheidung Selbstzweck der Korrektur.[851] Auch hier liegt es daher nahe, dass hinter dem durch die Korrektur augenscheinlich erzielten Ergebnis ein zusätzliches Entscheidungsmotiv vorhanden war. Auf den ersten Blick kommen als Motive für die Aufrechterhaltung der Ehe beispielsweise die effektive Durchsetzbarkeit

---

846 Vgl. Albertario, Bull. 33 (1923), S. 76; Ratti, Bull. 35 (1927), S. 154; Solazzi, in Scritti Ferrini II, S. 352; Volterra, in Studi Bonfante II, S. 122 ff.; Watson, TR 29 (1961), S. 256 f.; Wolff, SZ 67 (1950), S. 314, Fn. 152; zuletzt Urso, SDHI 58 (1992), 124 ff.

847 So Iul. (3 ad leg. Iul. et Pap.) D. 23. 2. 45. 6; Pomp. (15 ad Sab.) D. 24. 3. 10 pr.; Ulp. (4 de adult.) D. 48. 5. 30. 9; ähnlich Ankum, RIDA 32 (1985), S. 190 ff.; Palma, Benignior Interpretatio, S. 128 und auch schon Kaser, RPR II, S. 174, Fn. 4.

848 So überzeugend Huber, Ehekonsens, S. 32, Fn. 68.

849 Dafür spricht sich aber Bandini, in Studi Ratti, S. 500 f. aus und versucht damit die Vereinbarkeit mit dem klassischen ius civile herzustellen. Dagegen ähnlich wie hier Rizzelli, Bull. 89 (1986), S. 438 ff.

850 Die Entscheidung erinnert konstruktiv an die zwei schon oben unter § 11 IV. 3. besprochenen Fragmente Paul. (8 quaest.) D. 29. 1. 38. 1 und Tryph. (4 disp.) D. 49. 15. 12. 5. Auch dort wurde der zwischenzeitliche Rechtsverlust (Testierunfähigkeit) zweier Soldaten ignoriert, um ein Kodizill aufrecht zu erhalten. Das ausdrückliche Anknüpfen an den Zeitpunkt der vorherigen beziehungsweise späteren Testierfähigkeit sowie die unbestimmte Wertung humanitas sprachen dort eher dafür, dass die Person des jeweiligen Erblassers als Korrekturmotiv im Vordergrund stand.

851 Stattdessen rückten bestimmte gesellschaftspolitische Wertüberzeugungen wie die Mitgiftbestellung als Wertungskriterium in den Vordergrund.

der Ehegesetzgebung[852] oder aber auch ein trotz der zwischenzeitlichen Gefangennahme als berechtigt empfundenes Verlangen des geprellten Ehemannes nach der ihm gesetzlich zustehenden Vergeltung in Betracht. Welcher der Begründungsansätze tatsächlich entscheidend war, kann letztlich nicht eindeutig geklärt werden. Nach den bislang erzielten Ergebnissen spricht der unbestimmte Wertungsbegriff benignius jedoch eher für eine am Willen der Parteien (hier: Ehepartner) des aufrecht erhaltenen Rechtsinstituts (Ehe) orientierte Begründung als für die Bevorzugung einer Einzelperson.[853] Insoweit kann die Entscheidung auch als ein Beleg dafür herangezogen werden, dass die im Zusammenhang mit der Ehe erfolgenden Rechtshandlungen der Ehepartner (insb. Eheschließung und Auflösung) in Rom durchaus als rechtsgeschäftliche Handlungen und nicht lediglich als reale Ausprägungen einer sozialen Lebensgemeinschaft[854] zu verstehen sind,[855] wobei der Wille der Eheleute zur Gemeinschaftsbildung die entscheidende Voraussetzung für das Entstehen beziehungsweise die Beendigung der Ehe war. Vor diesem Hintergrund betrachtet, könnte im vorliegenden Fall der Wiederaufnahme oder erneuten Eingehung der Ehe nach Rückkehr der Ehefrau (oder des Ehemannes) aus der Gefangenschaft eine entscheidende Bedeutung zukommen. Aus dem Umstand, dass die Frau nach der Gefangenschaft zu ihrem Ehemann zurückkehrte, kann man zunächst einmal schließen, dass beide Ehepartner den Willen zur Beendigung der Ehe zu keinem Zeitpunkt hatten, sondern dass sie vielmehr durchgehend die Wirksamkeit der Ehe gewollt haben. Ulpian könnte durch die Begründung mit der benignitas also versucht haben, diesem beiderseitigen Willen mit allen Konsequenzen – wie eben auch einer Verurteilung der Ehefrau nach den Ehegesetzen, nachdem ihre Untreue publik geworden war – gerecht zu werden. Demgegenüber wäre eine einseitig das Vergeltungsverlangen des Ehemannes berücksichtigende Begründung, die der unbestimmte Wertungsbegriff humanitas nahe gelegt hätte, vielleicht nur mit der Durchsetzung eines übergesetzlichen Interesses des Ehemannes an der Wiederherstellung seiner Ehre zu rechtfertigen gewesen. Die benignitas bot somit die juristisch besser tragbare Begründung, weil sie die Übereinstimmung mit dem Willen der E-

---

852 Diesen Aspekt hebt auch Palma, Benignior Interpretatio, S. 128 noch einmal besonders hervor, wenn er in der Entscheidung den durch die augusteischen Ehegesetze proklamierten favor matrimonii zum Ausdruck gebracht sieht.

853 Zur Korrektur zugunsten von Einzelpersonen bedienten sich die Juristen regelmäßig der humanitas als unbestimmtem Wertungsbegriff; vgl. dazu die oben gesprochenen Fragmente unter § 11 III. und § 12 III.

854 So aber: Kaser, RPR I, S. 310 ff.; Wacke, actio rerum amotarum, S. 94 f.; Huber, Ehekonsens (1977) unter Berufung auf Mod. (1 regul.) D. 23. 2. 1: „Nuptiae sunt coniunctio maris et feminae et consortium omnis vitae, divini et humani iuris communicatio."; ähnlich Inst. 1. 9. 1; Paul. (7 ad Sab.) D. 25. 2. 1; Tryph. (12 disp.) D. 42. 1. 52; Gord. C. 9. 32. 4 pr.: „societas vitae".

855 Zu Recht kritisch in diesem Sinne schon Bürge, RPR, S. 161 ff.; Daube, RIDA 25 (1978), S. 96 f.

hepartner indizierte.[856] Ob man den Grund für die dadurch im Ergebnis erzielte Aufrechterhaltung der Ehe und die als Reflex daraus folgende Möglichkeit der Anklage mit dem allgemeineren Begriff des favor negotii oder einem spezielleren, aber inhaltsgleichen favor matrimonii beschreibt,[857] ist letztlich nicht entscheidend. Maßgeblich ist auch hier die Berücksichtigung des eindeutig nach außen bekundeten Willens der handelnden Eheleute.

II. Korrekturen zugunsten berechtigter Einzelpersonen

Im Familien- und Personenrecht werden Entscheidungen insbesondere zugunsten von zwei Personengruppen korrigiert. Zum einen sind dies Minderjährige, für die es zu allen Zeiten Sonderregeln innerhalb bestehender Rechtsordnungen gab. Besonders interessant ist aber die Bevorzugung von Sklaven, die, formalrechtlich betrachtet, als Unfreie die unterste Schicht der römischen Gesellschaft bildeten. Die Entscheidungskorrekturen können bei Minderjährigen die unterschiedlichsten Rechtsinstitute betreffen. Bei den Sklaven geht es ausschließlich um deren Freilassung (favor libertatis).

---

856 Etwas problematisch wird diese Begründung dadurch, dass die Ehefrau ihr Einverständnis zur Aufrechterhaltung der Ehe nicht mit der Konsequenz ihrer Verurteilung nach den Ehegesetzen gegeben haben dürfte. Hiergegen könnte man jedoch einwenden, dass die Frau sich durch das nachträgliche Abstreiten ihres Ehewillens zu ihrem Verhalten vor und unmittelbar nach der Gefangenschaft in Widerspruch setzen würde (venire contra factum proprium). Auch dieses Argumentationsmuster ist für die Fälle des favor negotii nicht unbekannt; vgl. Iul. (18 dig.) D. 12. 1. 20 und Iav. (6 epist.) D. 39. 5. 25.

857 Dazu neigt wohl Palma, Benignior Interpretatio, S. 128. Er bringt das Fragment durch diese Einordnung indirekt mit einer anderen Entscheidung in Zusammenhang:
Ulp. (33 ad ed.) D. 48. 20. 5. 1
Quod si deportata sit filia familias, Marcellus ait, quae sententia et vera est, non utique deportatione dissolvi matrimonium: nam cum libera mulier remaneat, nihil prohibet et virum mariti affectionem et mulierem uxoris animum retinere. si igitur eo animo mulier fuerit, ut discedere a marito velit, ait Marcellus tunc patrem de dote acturum. sed si mater familias sit et interim constante matrimonio fuerit deportata, dotem penes maritum remanere: postea vero dissoluto matrimonio posse eam agere, quasi humanitatis intuitu hodie nata actione.
In diesem Fragment nimmt Ulpian (unter Berufung auf Marcellus) keine Entscheidungskorrektur vor. Die unbestimmte Wertung humanitatis intuitu bezieht sich nur auf die Auslegung der Voraussetzungen der Herausgabeklage der ehemals deportierten Ehefrau in Bezug auf ihre Mitgift. Ob für Ulpian daher, wie Palma, Humanior Interpretatio, S. 108 f. vermutet, wirklich der Wille der beiden Eheleute zur Aufrechterhaltung der Ehe (favor matrimonii) oder aber, was die Verwendung des Wertungsbegriffs humanitas vielleicht nahelegt, eine Begünstigung der Ehefrau im Vordergrund stand, kann nicht verbindlich geklärt werden.

1. Der favor pupillorum – Gai. (2 aur.) D. 44. 7. 1. 13

Anders als die bisher vorgestellten unbestimmten Wertungskriterien im Erb-, Sachen- und Obligationen- oder Familien- und Personenrecht lässt sich die Bevorzugung Minderjähriger und sogar Ungeborener vor allem bei den Spätklassikern in den Digesten[858] sowie in mehreren kaiserlichen Konstitutionen[859] auch wörtlich als bestimmtes Begründungselement finden.[860] Als Gründe, welche die Römer dazu veranlassten, zugunsten der Unmündigen zu entscheiden, nennt Ulpian (41 ad ed.) D. 37. 9. 1. 15 insbesondere die Sorge um die Nachfolge in Familie und Staat.[861] In einigen Fällen, die im Ergebnis zu einer Begünstigung von Minderjährigen führten, taucht auch wieder der unbestimmte Wertungsbegriff benignitas auf.[862] Diese Wortwahl spricht, wie bereits in anderem Zusammenhang festgestellt wurde, dafür, dass die Entscheidungen nicht aus reinem Wohlwollen gegenüber einer Einzelperson – hier dem jeweiligen Minderjährigen –, sondern aus einer juristisch gefestigten Überzeugung getroffen wurden. Ebenso

---

858 Zum favor pupillorum, vgl. Pap. (2 quaest.) D. 22. 1. 1. 3; Pap. (1 def.) D. 26. 7. 42; Ulp. (36 ad Sab.) D. 26. 2. 10. 4; Ulp. (35 ad ed.) D. 26. 10. 3. 4; Ulp. (11 ad ed.) D. 50. 4. 8; Paul. (2 ad Sab.) D. 29. 2. 9 pr.; Paul. (lib sing. de port.) D. 48. 20. 7. 3; zum favor partus (Schutz der Leibesfrucht): Ulp. (34 ad ed.) D. 25. 5. 1 pr.; sowie allgemein Gai. 1, 147; Paul. (lib sing. de port.) D. 1. 5. 7; Paul. (lib. sing. de sc. Tert.) D. 50. 16. 231; Iul. (69 dig.) D. 1. 5. 26; Ulp. (41 ad ed.) D. 37. 9. 1. 9; vgl. allgemein zum Status des nasciturus Waldstein, in FS für Wacke, S. 513 ff.

859 Iust. C. 2. 40. 5; C. 5. 27. 11. 4; C. 6. 20. 21; C. 6. 27. 5 pr.; Diocl./Maxim. C. 4. 49. 5; Theodos./Valentin. C. 5. 9. 5. 6; C. 5. 17. 8; Valer./Gallien. C. 7. 4. 10; Alex. C. 7. 8. 6.

860 All diese Fragmente enthalten keine Entscheidungskorrekturen, sondern zumeist Entscheidungen in Zweifelsfragen oder Auslegungsentscheidungen, wie sie bereits oben im ersten und im dritten Teil beispielhaft vorgestellt wurden.

861 Demnach werde zugunsten von Ungeborenen entschieden, damit sie das Licht der Welt erblickten (partui enim in hoc favetur, ut in lucem producatur), zugunsten des pupillus, damit er in die Familie eingeführt werde (puero, ut in familiam inducatur). Dies geschehe nicht nur zugunsten des Vaters, für den er einmal die Nachfolge antrete, sondern auch zugunsten des Staates (partus enim iste alendus est, qui et si non tantum parenti, cuius esse dicitur, verum etiam rei publicae nascitur).

862 Marcian. (5 inst.) D. 37. 14. 4; Ulp. (27 ad Sab.) D. 40. 7. 6. 2; Ulp. (1 disp.) D. 50. 2. 2. 3 / 5. In diesen Fällen geht es jeweils um die Rechtsstellung des Kindes einer ehemals gesellschaftlich angesehenen Person und die Frage, ob das Kind auch nach dem Verlust der Stellung des Vaters oder der Mutter die aus der Position sich ergebenden Vorteile behält. Sowohl Marcian, der den Fall des Verlustes der normalen Bürgerrechte des Vaters aufgrund eines Hochverratsprozesses behandelt, als auch Ulpian, in dessen Fällen die Mutter zur Sklavin wird, bzw. der Vater sein Amt als Decurio verliert, sprechen sich für den Behalt der Ehrenrechte für das Kind aus, soweit es zum Zeitpunkt des Verlustes der Position durch den Vater oder die Mutter bereits gezeugt war. In Ulp. (1 ad leg. Iul. et Pap.) D. 1. 9. 7. 1 (Verlust des Senatssitzes) bezeichnet Ulpian das gleiche Ergebnis bereits als sententia vera.

deutet auch der Umstand, dass nur wenige Entscheidungskorrekturen überliefert sind, darauf hin, dass die Bevorzugung Minderjähriger schon in klassischer Zeit in bestimmter Form institutionalisiert worden war. Es handelt sich bei den wenigen überlieferten Entscheidungen also nicht mehr um seltene Ausnahmefälle, sondern eher um Ausprägungen einer gesellschaftlichen Überzeugung, die sich im Verlaufe der klassischen Periode bis hin zu einem eigenen Rechtsgrundsatz (favor pupillorum) verfestigt hatten.

Exemplarisch für diese den Minderjährigen wohlwollende Rechtspraxis steht die folgende Entscheidung:

Gai. (2 aur.) D. 44. 7. 1. 13
Huic proximus est, qui eius aetatis est, ut nondum intellegat, quid agatur: sed quod ad hunc benignius acceptum est: nam qui loqui potest, creditur et stipulari et promittere recte posse.

Gaius vergleicht in diesem Fragment denjenigen, der aufgrund seines Alters noch nicht versteht, was er tut (qui eius aetatis est, ut nondum intellegat, quid agatur)[863] mit dem im vorherigen Paragraphen 12 behandelten Geisteskranken (furiosus), für den der Grundsatz gilt: „sive stipulatur sive promittat, nihil agere natura manifestum est.“[864] Nach Gaius sei es aufgrund von Wohlwollen anerkannt (benignius acceptum est), dass man von einem Minderjährigen annehme, er könne, sobald er zum Sprechen in der Lage sei, „stipulari et promittere recte“. Die Interpretation der unbestimmten Wertung hängt in erster Linie vom Verständnis der Begriffe „stipulari et promittere[865]“ ab. Versteht man Gaius so, dass der pupillus selbst stipulieren und versprechen können soll, so ist diese Entscheidung vor allem deswegen interessant, weil sie den Minderjährigen nicht lediglich bevorzugt.[866] Versteht man dagegen das „stipulari et promittere“, wie Raber[867] vorgeschlagen hat, rein passivisch als „sich stipulieren und versprechen lassen“, so entschärft dies die Bedeutung der Korrektur erheblich. Die Stelle würde dann lediglich den allgemein anerkannten Grundsatz wiederholen, dass der Minderjäh-

---

863 An anderer Stelle (Gai. 3, 109) nennt Gaius einen solchen Unmündigen „infanti proximus“.

864 Ebenso Inst. 3. 19. 8.

865 Zur Wortbedeutung von promitto vgl. den Thes.l.L. 10, 2, Sp. 1862–1876.

866 Sie steht damit im Widerspruch zu dem Grundsatz, dass Minderjährige ihre Rechtslage auch ohne Zustimmung des tutor zwar verbessern, jedenfalls aber nicht verschlechtern können; vgl. Inst. 1. 21 pr.; Wacke, TR 48 (1980), S. 203 ff. Diese Unvereinbarkeit hat in der Vergangenheit (natürlich) zu Interpolationsvermutungen Anlass gegeben; vgl. Burdese, AG 150 (1956), S. 58 f. und Tumedei, distinzioni postclassiche, S. 23 f.; weitere Hinweise bei Tondo, in Studi Betti IV, S. 378 f.; Palma, Benignior Interpretatio, S. 88, Fn. 52; abgeschwächt Solazzi, Labeo 1 (1955), S. 12 f.; zur Parallelstelle Gai. 3, 109 Albertario, Bull. 33 (1923), S. 71 f.; ders., AG 89 (1923), S. 257 ff.

867 SZ 95 (1978), S. 444 unter Berufung auf Heumann/Seckel, Handlexikon, S. 555 f.

rige ohne die auctoritas seines tutor zwar nicht verpflichtet werden könne, er aber durchaus dazu in der Lage sei, Rechte zu erwerben (sich also Dinge stipulieren oder versprechen zu lassen). Für eine aktive Bedeutung der Begriffe spricht zunächst das insofern eindeutige „promittere" sowie der eindeutig aktivische Gebrauch im unmittelbar vorangestellten § 12 von D. 44. 7. 1 (sive stipulatur sive promittat). Aus der Formulierung „ad hunc[868] benignius acceptum est" kann dagegen keine Klarheit darüber gewonnen werden, welche der beiden Auslegungsvarianten vorzuziehen ist. „Ad hunc" deutet eigentlich nur darauf hin, dass diese Entscheidung zum Wohl der Minderjährigen getroffen worden ist. Das trifft auf beide Varianten zu, obwohl die Rechtsfolgen sich graduell unterscheiden. Während der pupillus nach Raberschem Verständnis lediglich passiver Empfänger von für ihn vorteilhaften Rechtsakten Dritter wäre, könnte er bei anderer Auslegung selbst aktiv und willensgesteuert am Rechtsverkehr teilnehmen. Ein einseitiger Blick auf die sich daraus ergebenden Vorteile der Erweiterung der Handlungsfähigkeit gerade im Gegensatz zu der vollständigen Unfähigkeit des furiosus würde aber verkennen, dass dem Minderjährigen bei solcher Auslegung der Entscheidung durchaus auch Nachteile drohen. Wer selbst wirksam versprechen kann, der kann auch daraus in Anspruch genommen werden. Dem positiven Effekt der Erweiterung der Handlungsmöglichkeiten steht also die potenzielle Gefahr gegenüber, sich rechtlich zu binden. Dennoch könnte man gerade bei diesem Verständnis der Begriffe „stipulari et promittere" eine sinnvolle Erklärung für die unbestimmte Wertung benignius finden. Betrachtet man nämlich den favor pupillorum nur als einen Teilaspekt des für Gaius relevanten Entscheidungskriteriums, so erscheint daneben die Berücksichtigung von Vertrauensschutz für den Rechtsverkehr als zusätzlicher Korrekturmaßstab.[869] Wenn ein Minderjähriger etwa kurz vor der Feststellung seiner Volljährigkeit[870] im Rechtsverkehr auftritt und sich durch stipulatio bindet, so könnte die Entscheidung Klarheit darüber geschaffen haben, dass der Minderjährige sich binden kann. Der Vertragspartner wäre nicht darauf angewiesen, weitere Nachforschungen darüber

868 „Hunc" bezieht sich eindeutig auf den vorherigen Halbsatz „qui eius...quid agatur" und damit auf die an sich handlungsunfähigen Minderjährigen.

869 Dies erkannte auch schon Raber, SZ 95 (1978), S. 444, Fn. 30.

870 Die Volljährigkeit trat in Rom normalerweise bei Männern, bzw. Frauen mit Vollendung des 14., bzw. 12. Lebensjahres ein, musste jedoch positiv festgestellt werden, so dass sich im Einzelfall auch zeitliche Verschiebungen ergeben konnten. Bei Männern wurde der Eintritt in die pubertas zudem durch den Formalakt der Anlegung der toga virilis und der symbolischen Führung auf das Forum zur Namenseintragung in die Bürgerliste vollzogen. Weil dies nur einmal im Jahr geschah, war das Erreichen der Volljährigkeit also formal unabhängig vom jeweiligen Geburtstag des Minderjährigen; vgl. dazu Kaser, RPR I, S. 84, 275 f.; später war die Auffassung strittig. Die Prokulianer setzten sich für eine einheitliche am Lebensalter orientierte Mündigkeitsregelung ein; vgl. Gai. 1, 196; UE 11, 28; zu dieser Streitfrage ausführlich Schwarz, SZ 69 (1952), S. 345 ff.; Solazzi, Bull. 49/50 (1947), S. 354 ff.; zur 7-Jahresgrenze der infantia Knothe, SDHI 48 (1982), S. 239 ff.

anzustellen, ob sein Gegenüber schon das relevante Alter erreicht hat und/oder seine Volljährigkeit positiv festgestellt worden ist. Andererseits sprechen insbesondere die Wortwahl „benignius acceptum est“[871] sowie der Umstand, dass der Rechtsverkehr durch die eindeutige Regelung der Zulässigkeit lediglich rechtlich vorteilhafter Geschäfte eigentlich ausreichend gewarnt sein sollte,[872] dafür, dass Gaius hier den Grundsatz, wie schon in Gai. 3. 107, 109 und auch an anderer Stelle,[873] wiedergibt. Die etwas unklare Formulierung „stipulari et promittere recte“ könnte verkürzt dargestellt worden sein und ganz zwanglos dahingehend aufgelöst werden, dass der Minderjährige (ohne tutor) „recte stipulari potest“ und (mit tutor) „recte promittere potest“. Festzuhalten bleibt, dass alle Auslegungsvarianten sinnvoll erklärbar sind, so dass jedenfalls eine nachträgliche Bearbeitung nicht zwingend anzunehmen ist.[874] Insgesamt dürften für Gaius die Vorteile der Entscheidung für die Minderjährigen (favor pupillorum) überwogen haben, da diese dadurch vorab zumindest teilweise zu mündigen römischen Bürgern wurden. Ein weiterer Vorteil besteht dann darin, dem tutor im Interesse des Mündels die Arbeit zu erleichtern. Vielleicht wollte er dies gerade durch das „ad hunc benignius“ gesondert herausstellen.

2. *Der favor libertatis*

Bei den Entscheidungen zugunsten von Minderjährigen wurde schon auf die zahlreichen wörtlichen Bezüge zu dem zugrunde liegenden Entscheidungskrite-

---

871 Gaius würde wohl kaum von einer als wohlwollend „anerkannten“ Entscheidung sprechen, wenn er selbst der erste wäre, der eine neue Ausnahme begründet. Ganz sicher spricht dies jedoch ebenfalls nicht für das passive Verständnis von stipulari (Deponens). Immerhin besteht die Möglichkeit der fehlenden Überlieferung weiterer gleich lautender Entscheidungen (nur Gaius wiederholt die Entscheidung noch einmal an anderer Stelle: (27 ad ed. prov.) D. 46. 6. 6.

872 Auch dieser Umstand hielt aber andere Juristen nicht davon ab, in vergleichbaren Situationen ebenfalls vom Grundsatz der Zustimmungsbedürftigkeit abzurücken. So war es beispielsweise auch umstritten, ob ein Unmündiger ohne Zustimmung seines tutor den Besitz an einer Sache aufnehmen konnte, vgl. Paul. (54 ad ed.) D. 41. 2. 1. 3. Auch der Besitzerwerb war in Rom aber nicht unbedingt ausschließlich vorteilhaft. Man denke beispielsweise nur an die möglichen Folgen des Gefahrübergangs bei Übergabe einer Sache (custodia-Haftung).

873 Am deutlichsten in Inst. 3. 19. 10. Auch hier soll der infanti proximus pupillus trotz fehlender Einsicht wirksam versprechen können (allerdings mit auctoritas tutoris, weil dies für ihn ungefährlich ist). Das ist benignus, weil eigentlich der Unverstand das maßgebliche Kriterium ist; vgl. zudem Gai. (27 ad ed. prov.) D. 46. 6. 6. und Paul. (2 ad Sab.) D. 50. 17. 5.

874 Gegen die pauschalen Interpolationsverdächtigungen in diesem Themenbereich wandte sich auch schon Kaser, SZ 70 (1953), S. 171 ff.; für Gai. 3, 109 sogar der den benignitas-Fragmenten ansonsten sehr kritisch gegenüber stehende Berger, in Atti Verona II, S. 205, Fn. 71.

rium favor pupillorum hingewiesen. Dies tritt in noch stärkerem Maße bei Entscheidungen auf, die im Ergebnis zur Freilassung eines Sklaven führen. Hier begründen Juristen schon seit der Hochklassik ihre Entscheidungen immer wieder wörtlich mit dem favor libertatis.[875] Die vielfache Präsenz des Ausdrucks in den Digesten verdeutlicht seine Entwicklung von einem Auslegungstopos zur Erzeugung von Einzelfallgerechtigkeit hin zu einem allgemeinen Rechtsgrundsatz.[876] Diese Entscheidung geht einher mit einer allgemeinen sozialen Besserstellung der Sklaven zum Ausgang des zweiten nachchristlichen Jahrhunderts. Auch wenn diese sozialen Verbesserungen wohl „nicht aus philantropischen Erwägungen der einzelnen Kaiser heraus erfolgten, sondern in ökonomischen Ursachen begründet lagen“[877], spiegelt die rechtswissenschaftliche Fortbildung des Grundsatzes den

875 Auch diese Fragmente enthalten, ähnlich wie die meisten Fragmente mit wörtlichem Bezug zum favor pupillorum, keine Entscheidungskorrekturen, sondern überwiegend Entscheidungen in Zweifelsfragen oder Auslegungsentscheidungen (dazu näher schon oben im ersten und besonders im dritten Teil unter § 9 IV.). Mitunter ist das ausdrückliche Berufen auf den favor libertatis als Interpolation Justinians anzusehen (vgl. dazu z.B. sogleich im Text die Analyse von Iul. (5 ex Minic.) D. 40. 12. 30). Der größte Teil der Entscheidungen mit wörtlichem Bezug dürfte aber klassischen Ursprungs sein, vgl. Gai. 4, 14; Iul. (39 dig.) D. 36. 1. 26. 2; Iul. (42 dig.) D. 40. 2. 4 pr.; Iul. (36 dig.) D. 40. 4. 16; Iul. (42 dig.) D. 40. 4. 17. 3; Iul. (5 ex Minic.) D. 40. 12. 30; Iav. (6 ex Cass.) D. 40. 7. 28 pr.; Gai. (5 ad ed. prov.) D. 50. 17. 122; Marcell. (12 dig.) D. 29. 5. 16; Scaev. (23 dig.) D. 40. 4. 29; Tryph. (4 disp.) D. 49. 15. 12. 9; Tryph. (18 disp.) D. 49. 17. 19. 5; Paul. (13 ad ed.) D. 4. 8. 32. 7; Paul. (5 quaest.) D. 18. 7. 9; Paul. (4 ad Vitell.) D. 31. 14 pr.; Paul. (4 ad Sab.) D. 40. 4. 10. 1; Paul. (5 ad Sab.) D. 40. 7. 4. 6; Paul. (16 ad Plaut.) D. 40. 7. 20. 3; Paul. (5 quaest.) D. 40. 8. 9; Paul. (15 resp.) D. 40. 12. 38. 1; Paul. (lib. sing. ad reg. Caton.) D. 49. 17. 20; Ulp. (61 ad ed.) D. 29. 2. 71 pr.; Ulp. (4 ad Sab.) D. 40. 4. 1; Ulp. (28 ad Sab.) D. 40. 7. 9. 3; Ulp. (14 ad ed.) D. 40. 7. 19; Marcian. (1 reg.) D. 40. 4. 26; so auch zuletzt: Starace, Lo statuliber, S. 55 ff.

876 Als allgemeine Regel erscheint er beispielsweise in Pomp. (7 ad Sab.) D. 50. 17. 20; Gai. (5 ad ed. prov.) D. 50. 17. 122; Paul. (16 ad Plaut.) D. 50. 17. 179; vgl. dazu Castello, SDHI 22 (1956), S. 350 ff.; Litewski, SZ 108 (1991), S. 465, Fn. 43; Robleda, diritto degli schiavi, S. 96 ff., insb. Fn. 433, mit zahlreichen Literaturhinweisen in Fn. 434.

877 So Härtel, Index 5 (1974/75), S. 281. Andere Autoren machen vor allem die zunehmende Ausbreitung des Christentums für die Entwicklung des Grundsatzes verantwortlich; vgl. dazu Castello, SDHI 22 (1956), S. 348 ff.

realen politischen Hintergrund dieser Zeit deutlich wieder.[878] Exemplarisch soll dies an Hand einiger Entscheidungen[879] deutlich gemacht werden.

a. Wirksamkeit einer manumissio durch unbestimmte Wertung (I) – Paul. (23 quaest.) D. 28. 5. 85 (84) pr.

Im ersten Fragment bedient sich Paulus noch zweier unbestimmter Wertungsbegriffe (humanius / aequitatis ratione), um die Korrektur in favorem libertatis zu rechtfertigen.

Paul. (23 quaest.) D. 28. 5. 85 (84) pr.
Si servo fideicommissa data sit libertas, heres hunc eundem servum cum libertate heredem reliquisset, quaesitum est, an necessarius fiat heres. et humanius est et magis aequitatis ratione subnixum non fieri necessarium: qui enim etiam invito defuncto poterat libertatem extorquere, is liber esse iussus non magnum videtur beneficium a defuncto consequi, immo nihil commodi sensisse, sed magis debitam sibi accepisse libertatem.

Ein Sklave wurde vom Erblasser durch Fideikommiss freigelassen. Der mit dem Fideikommiss beschwerte Erbe ließ den Sklaven aber nur testamentarisch frei und setzte ihn zu seinem Erben ein. Es stellt sich die Frage, ob der Sklave mit dem Tod des Erben nicht nur frei, sondern auch sein notwendiger Erbe[880] geworden ist. Paulus entscheidet, es sei humanius et magis aequitatis ratione subnixum, dass der Sklave nicht Erbe sei. Schließlich werde dem Sklaven keine besondere Wohltat (magnum beneficium) zuteil, wenn er etwas erhalte (die Freiheit), was er auch gegen den Willen des verstorbenen Erben (aufgrund des Fideikommisses) schon vorher hätte fordern können. Der Sklave bekomme nur das,

878 Eine ähnliche Entwicklung lässt sich auch in der Gesetzgebung beobachten. Während Augustus noch versuchte, die Freilassungen durch zwei Gesetze (lex Fufia Caninia, 2 v. Chr. und lex Aelia Sentia, 4 n. Chr.) zu beschränken, werden die Freilassungstatbestände in späterer Zeit stark erweitert. Die augusteischen Gesetze, deren Anwendungsbereich ohnehin auf Einzelfälle beschränkt war, werden seltener angewendet und durch Justinian schließlich aufgehoben; vgl. dazu Kaser, RPR I, S. 296 f.; II, S. 133 f.

879 Einen guten Überblick über im Zusammenhang mit dem favor libertatis relevanten Entscheidungen gibt Härtel, Index 5 (1974/75), S. 285 ff.; zum favor libertatis in den Konstitutionen der römischen Kaiser vgl. Ankum, in Symposium Wieling, S. 1 ff.; umfassend zuletzt: Starace, Lo statuliber, S. 21 ff.

880 Notwendige Erben (necessarii heredes) können es nach ius civile nicht verhindern, Erbe zu werden. Als necessarii heredes sind die Hauserben bestimmt. Hauserben sind in erster Linie die sui heredes, also die gewaltunterworfene Ehefrau und die gewaltunterworfenen Kinder, aber auch ein gleichzeitig mit der Erbeinsetzung freigelassener Sklave. Die Ehefrau und die Kinder können sich aber, anders als der eingesetzte Sklave, für den Fall der Überschuldung der Erbschaft von dieser befreien und somit die Haftung für die Nachlassverbindlichkeiten vermeiden; vgl. dazu Gai. 2, 152–156, 158–160; UE 22, 24; Gai. (23 ad ed. prov.) D. 29. 2. 57 pr.; Voci, DER I, S. 577 ff.; Kaser, RPR I, S. 714; allgemein zur necessitas iuris Mayer-Maly, SZ 83 (1966), S. 54 ff.; Giaro, Excusatio necessitatis, S. 41 ff.

was ihm ohnehin bereits zustehe.[881] Paulus setzt sich mit dieser Entscheidung über das Testament des verstorbenen Erben hinweg. Formal war der Sklave erst durch die manumissio testamento frei geworden, die ihrerseits mit der Stellung als heres necessarius verknüpft war. Zu einer Freilassung aufgrund des Fideikommisses war es bis zum Tod des Erben nicht mehr gekommen.[882] Dieser Umstand soll dem Sklaven aber nicht zum Nachteil werden.[883] Die Freiheit steht ihm unabhängig von einer möglicherweise belastenden Stellung[884] als heres necessarius des verstorbenen Erben zu. Besonders interessant ist die Verwendung der beiden unbestimmten Wertungsbegriffe humanius et magis aequitate ratione. Die Korrektur erfolgt einerseits humanius in favorem libertatis, weil die eigentlich relevante fideikommissarische Freilassung an keine weiteren Voraussetzungen geknüpft war. Andererseits wollte Paulus die aequitas der Entscheidung besonders hervorheben. Sie besteht hier, wie auch schon in anderen Fällen gezeigt wurde,[885] darin, dass dem Begünstigten etwas zugesprochen wird, was ihm als Ausgleich für einen erlittenen Rechtsnachteil[886] gerechterweise zusteht (suum cuique tribuere). Die mit der aequitas begründete Argumentation zeigt im Ansatz, dass der Sklave nicht mehr alleine auf die Humanitas des Entscheidungsträgers angewiesen war, um im Falle einer strittigen Rechtslage die Freiheit zu erlangen, sondern dass sich der favor libertatis in der Spätklassik von einem einfachen Argumentationstopos hin zu einer Entscheidungsgrundlage entwickelt haben könnte.

881 So fasst auch Härtel, Index 5 (1974/75), S. 296, Fn. 158 den Fall zusammen.

882 Was der Grund dafür war, lässt sich nicht genau klären. Aufgrund der testamentarischen Einsetzung des Sklaven durch den Erben liegt es aber nahe, dass der Erbe die Erfüllung des ihm aufgetragenen Fideikommisses vielleicht aufgrund seines baldigen Todes bewusst hinausgezögert hat.

883 So auch Palma, Humanior Interpretatio, S. 75 f.

884 Der Fall könnte insbesondere vor dem Hintergrund, dass der Nachlass des verstorbenen Erben überschuldet war, besondere Brisanz erhalten haben. Im Gegensatz zu den anderen Hauserben durfte ein Sklave, der gleichzeitig mit der Erbeinsetzung freigelassen wurde, sich als heres necessarius nicht der Erbschaft enthalten. Er musste für die Schulden mit seinem eigenen Vermögen aufkommen. Der Erbe hätte somit im vorliegenden Fall durch die Hinauszögerung der fideikommissarischen Freilassung erreicht, dass der Sklave sein Rechtsnachfolger wird; vgl. Gai. 2, 153–155.

885 Vgl. dazu vor allem die oben im zweiten Teil unter § 5 II aufgeführten Beispielsfälle sowie das im vierten Teil unter § 12 II. näher analysierte Fragment Ulp. (26 ad ed.) D. 12. 4. 3. 7.

886 Der erlittene Rechtsnachteil besteht hier darin, dass der Sklave trotz der eindeutigen fideikommissarischen Anordnung des Erblassers nicht unmittelbar freigelassen wurde, sondern erst durch die mit der Erbenstellung verknüpfte manumissio testamento des verstorbenen Erben frei werden sollte.

b. Wirksamkeit einer manumissio durch teilweise unbestimmte Wertung (II) – Maec. (9 fideic.) D. 35. 2. 32. 5

Im zweiten hier aufgeführten Fragment beruft sich der Hochklassiker Maecianus zur Entscheidungskorrektur auf den favor libertatis, der auch von anderen wohlwollend berücksichtigt wird (alias benigniores sententias).

> Maec. (9 fideic.) D. 35. 2. 32. 5
> § 4 Si Titio viginti legatis portio per legem Falcidiam detracta esset, cum ipse quoque quinque Seio rogatus esset restituere, Vindius noster tantum Seio pro portione ex quinque detrahendum ait, quantum Titio ex viginti detractum esset. quae sententia et aequitatem et rationem magis habet, quia exemplo heredis legatarius ad fideicommissa praestanda obligabitur: nec quia ex sua persona legatarius inducere legem Falcidiam non possit, idcirco quod passus esset non imputaturum: nisi forte testator ita fidei eius commisisset, ut totum, quidquid ex testamento cepisset, restitueret.
> § 5 Si autem manumittere servum vel suum vel alienum rogatus sit, omnimodo praestare debebit libertatem, nec hoc contrarium est superiori, quia favor libertatis saepe et alias benigniores sententias exprimit.

Die hier relevante Fallabwandlung in § 5 wird nur im Zusammenhang mit dem unter § 4 dargestellten Sachverhalt klar. Dort vermachte der Erblasser dem Titius ein Legat in Höhe von 20.000 Sesterzen, das allerdings fideikommissarisch durch eine Zahlung an Seius in Höhe von 5.000 Sesterzen beschwert war. Werde das Legat durch die lex Falcidia gekürzt,[887] so müsse Titius nach dem Urteil des Maecianus diesen Nachteil nicht alleine tragen, sondern könne die Kürzung anteilig auf Seius abwälzen, dessen fideikommissarischer Anspruch gleichfalls gekürzt werde.[888] Im folgenden § 5 ist der Legatar nunmehr mit der Freilassung eines eigenen oder fremden Sklaven beschwert.[889] Nach Maecianus müsse er dieses Fideikommiss anders als im Ausgangsfall auch dann vollständig erfüllen,

---

887 Die lex Falcidia war schon im Jahre 40 v. Chr. zum Schutze der Erben vor übermäßigen Legaten eingeführt worden. Sie erlaubte dem Erblasser lediglich über drei Viertel der gesamten Erbmasse per Legat zu verfügen. Beließ es der Erblasser nicht dabei, so wurden alle Legate verhältnismäßig gekürzt, damit dem Erben mindestens ein Viertel der Erbschaft (die quarta Falcidia) erhalten blieb; vgl. Gai. 2, 227; Inst. 2. 22; Paul. (lib. sing. ad leg. Falc.) D. 35. 2. 1 pr.; C. 6. 50; Biondi, Successione, S. 377 ff.; Bonifacio, Lex Falcidia, S. 5 ff.; Grosso, legati, S. 339 ff.; Kaser, RPR I, S. 756; Voci, DER II, S. 755; zur Entstehungsgeschichte sehr anschaulich zuletzt Henning, lex Falcidia, S. 20 ff. sowie Schanbacher, Ratio legis Falcidiae, S. 29 ff.

888 So auch Wieling, Testamentsauslegung, S. 152 f., im Anschluss an Gandolfi, atti negoziali, S. 31 f., die mit dieser Deutung die insbesondere durch Gradenwitz, Interpolationen, S. 180 erhobenen Verdächtigungen gegen die Originalität des Fragments vollständig ausgeräumt haben.

889 Man wird sich den Fall am ehesten so vorzustellen haben, dass der Wert des Sklaven deutlich unter dem hinterlassenen Betrag, aber über der quarta Falcidia lag. Ansonsten hätte der Legatar ausgeschlagen.

wenn ihm sein Legat infolge der lex Falcidia gekürzt werde.[890] Die mit dem favor libertatis begründete Entscheidung, die nach Auffassung des Juristen auch schon in anderen Fällen zu begrüßenswerten Ergebnissen geführt habe, wurde sogar von Wubbe[891] für interpoliert gehalten. Er wendet sich zwar nicht gegen die unbestimmte Wertung benignitas, hält aber allgemein den Hinweis auf den favor libertatis für überflüssig und falsch. Die Entscheidung wäre nach seiner Ansicht auch dann nicht anders getroffen worden, wenn der Legatar statt der Freilassung mit der Bestellung einer Servitut belastet worden wäre. Zudem könne der Legatar das Legat insgesamt ausschlagen. Diese Argumentation ist nach meiner Auffassung nicht zwingend. Sie basiert auf einer nicht zu klärenden Behauptung. Ob die Entscheidung genauso getroffen worden wäre, wenn der Legatar mit einer Servitut beschwert worden wäre, lässt sich gerade nicht mit Sicherheit sagen. Stattdessen ist es ebenso denkbar, dass Maecianus den Fall gerade deswegen aufführt, weil der favor libertatis die einzige Ausnahme von dem im Ausgangsfall beschriebenen Grundsatz bieten sollte, dass der Legatar seine Beschwerungen bei der Kürzung nach der lex Falcidia verhältnismäßig zulasten der durch einen Fideikommiss Begünstigten abziehen darf.[892] Die Ausnahme lässt sich damit erklären, dass bei strikter Einhaltung des Grundsatzes im Fall der fideikommissarischen Belastung mit einer Freilassung eine vom Erblasser nicht gewollte Rechtsfolge eintreten könnte. Würde nämlich der Sklave durch die anteilige Reduzierung des Fideikommisses indirekt an den Kosten für seine Freilassung beteiligt, so könnte dies dazu führen, dass die Freilassung ausbliebe, falls der Sklave mittellos wäre. Zwar kann diese Rechtsfolge im Fall der von Wubbe angesprochenen Servitutenbestellung in ähnlicher Weise drohen,[893] der vollständige Ausfall der Servitut hätte aber für den Betroffenen nicht die gleiche drastische Auswirkung wie das Ausbleiben der Freilassung.[894] Auch für den Fall des

890 Insofern trägt also der Legatar aus Begünstigung der Freiheit eine größere Last als wenn er durch ein anderes Fideikommiss beschwert worden wäre (obwohl es für ihn auf dasselbe herauskommt, ob er das Geld direkt oder über den Umweg der Kosten für die Freilassung durch Kauf, o.ä. verliert).

891 Wubbe, Symbolae David I, S. 260, Fn. 4; schon vorher pauschal Albertario, Bull. 33 (1923), S. 58, 70 und Gradenwitz, Interpolationen, S. 180, dessen formale Einwände auf einem ungenauen Sachverhaltsverständnis beruhen.

892 Für Originalität sogar schon Albanese, Le persone, S. 20 f., Fn. 7; Lenel, Palingenesia I, Sp. 584 f., Nr. 42; Palma, Benignior Interpretatio, S. 86.

893 So wäre es reine Spekulation, davon auszugehen, dass ein Fideikommissar, dem eine Servitut zukommen sollte, im Gegensatz zu einem mit der Freilassung bedachten Sklaven wahrscheinlich seltener zahlungsunfähig war. Zudem konnte man bei der fideikommissarischen Verpflichtung zur Bestellung einer Servitut die Klage auf Leistung des Zugewandten von einer Kostenbeteiligung abhängig machen.

894 Während in dem von Wubbe gebildeten Beispiel „lediglich“ der Verlust eines vermögenswerten Vorteils (Servitut) drohen würde, hätte der Ausfall der Freilassung für den Betroffenen ein weiteres Verbleiben in der Sklaverei (ohne konkrete Aussicht auf Beendigung) zur Folge.

Ausschlagens des gesamten Legats (auch dies ist ein anderer, hier nicht behandelter Fall), wäre eine Lösung zugunsten des Sklaven denkbar, indem beispielsweise der Fiskus mit den Kosten der Freilassung belastet bliebe. Die Entscheidung macht also durchaus in der vorliegenden Fassung Sinn. Hinzu kommt der Hinweis auf die alias benigniores sententias. Maecianus scheint also mit seiner Meinung nicht alleine gewesen zu sein. Da es auch hier[895] kaum vorstellbar erscheint, dass sich die Kompilatoren einen solchen Hinweis ausgedacht haben, darf man von seiner Urheberschaft ausgehen. Die Entscheidung kann damit als ein weiterer Beleg dafür angeführt werden, dass Juristen schon zu Zeiten der Hochklassik durch einen ausdrücklichen Verweis auf den allgemein als billigenswert empfundenen favor libertatis von geltenden Grundsätzen des ius civile abwichen. Da es sich um eine Wertung in favorem libertatis, also zugunsten einer Einzelperson handelt, wäre nach den bisherigen Ergebnissen eigentlich eine Begründung der Entscheidungskorrektur mit dem unbestimmten Wertungsbegriff „humanius" zu erwarten gewesen. Der Hinweis auf die „alias benigniores sententias" dient aber vorliegend eher der rhetorischen Unterstützung der auf den favor libertatis gestützten Entscheidungskorrektur. Die benignitas steht hier also nicht als Synonym für den favor libertatis, sondern dient nur als positive Bezeichnung für diejenigen Auffassungen, die an anderer Stelle zu einem vergleichbaren Ergebnis gekommen sind.

c. Wirksamkeit einer manumissio durch bestimmte Wertung (III) – Ulp. (5 fideic.) D. 40. 5. 24. 10

Ein weiterer deutlicher Beleg für die Klassizität der Äußerung Maecians in D. 35. 2. 32. 5 findet sich in dem folgenden Fragment Ulpians. Der Fall lässt zum einen nochmals den schon aus dem Erbrecht bekannten Gegensatz zwischen der wohlwollenden Entscheidungskorrektur und dem strengen ius civile (iure suptili / rigor iuris) deutlich hervortreten. Die Entscheidungskorrektur erfolgt hier zudem nicht mehr durch eine unbestimmte Wertung, sondern ausschließlich wörtlich aufgrund des favor libertatis.

> Ulp. (5 fideic.) D. 40. 5. 24. 10
> Si quis servo pignerato directam libertatem dederit, licet videtur iure suptili inutiliter reliquisse, attamen quasi et fideicommissaria libertate relicta servus petere potest, ut ex fideicommisso liber fiat: favor enim libertatis suadet, ut interpretemur et ad libertatis petitionem procedere testamenti verba, quasi ex fideicommisso fuerat servus liber esse iussus: nec enim ignotum est, quod multa contra iuris rigorem pro libertate sint constituta.

---

895 Weitere Fälle, in denen das Heranziehen einer anderen Autorität einen Beleg für die Klassizität der Entscheidungskorrektur darstellt, wurden bereits oben erwähnt; vgl. Ulp. (4 disp.) D. 28. 3. 12 pr.; Iul. (29 dig.) D. 28. 2. 13 pr.; Pap. (6 resp.) D. 29. 2. 86 pr.; Marcell. (29 dig.) D. 28. 4. 3 pr.; Ulp. (17 ad Sab.) D. 7. 8. 14. 1 und Paul. (2 ad ed. aedil. curul.) D. 21. 2. 56. 7.

Ein Erblasser hat seinen Sklaven durch eine direkte manumissio ex testamento[896] freigelassen. Der Sklave war aber zum Zeitpunkt des Erbfalles bereits verpfändet. Nach strengem ius civile ist damit die Freilassung wegen des bestehenden Pfandrechts unwirksam.[897] Auch ein späterer Eintritt der Voraussetzungen für die Freilassung durch ein nachträgliches Erlöschen des Pfandrechts kann eigentlich keine andere Rechtsfolge herbeiführen, da die Voraussetzungen für Legate und unmittelbare Freilassungen im Zeitpunkt des Erbfalles vorliegen müssen.[898] Ulpian rettet die vom Erblasser gewollte Freilassung dadurch, dass er die direkte manumissio ex testamento in eine fideikommissarische Freilassung[899] umdeutet.[900] Dies erfordere der favor libertatis, zu dessen Gunsten nach allgemeiner Auffassung auch in vielen anderen Fällen von strengen Rechtsgrundsätzen abgewichen werde[901] (quod multa contra iuris rigorem pro libertate sint constituta).[902] Die Formulierung im letzten Satz (multa constituta) macht deutlich, dass der favor libertatis zu diesem Zeitpunkt schon mehr als ein loser Topos zur Herbeiführung von Einzelfallgerechtigkeit war[903] und belegt deutlich, worauf Mae-

896 In diesem Fall wurde der Sklave unmittelbar mit Erbschaftsantritt eines Erben frei; vgl. Gai. 2, 267; UE 2, 7 f.; Paul. (1 fideic.) D. 40. 4. 56; Mod. (lib. sing. de manu.) D. 40. 5. 12. 2; Albanese, Le persone, S. 45 ff.; Kaser, RPR I, S. 294 f.

897 Der Grundsatz findet sich bei Ulp. (24 ad Sab.) D. 40. 9. 4: „servum pignori datum manumittere non possumus“; ähnlich Paul. (39 ad ed.) D. 40. 1. 3; nach Hermogen. (1 iur. epit.) D. 40. 9. 27. 1; Sev. Anton. C. 7. 8. 1 ist wenigstens die Zustimmung des Pfandgläubigers erforderlich, um die Freilassung wirksam werden zu lassen.

898 Diese Voraussetzung ist ausdrücklich nur für das Vindikationslegat überliefert, vgl. Gai. 2, 196; UE 24, 7, galt aber wohl ebenso für die dem Legat verwandte manumissio ex testamento; so im Ergebnis auch Wieling, Testamentsauslegung, S. 169; zur gemeinsamen Herkunft der beiden Rechtsinstitute aus den XII Tafeln Kaser, RPR I, S. 116.

899 Die fideikommissarische manumissio ex testamento (auch manumissio fideicommissaria) erfolgte indirekt durch einen im Testament vom Erblasser bestimmten manumissor, Erbe oder Legatar, der auch zum Patron des Freigelassenen werden sollte; vgl. Gai. 2, 263–266; UE 2, 7–12; D. 40. 5; Kaser, RPR I, S. 295.

900 So deuten auch Hausmaninger, in Iuris Professio, S. 68; ders., in Boston University Law Review 61 (1981), S. 1146, Fn. 37; Wieling, Testamentsauslegung, S. 169 und Zoz, SDHI 40 (1974), S. 316, insb. Fn. 39 den Fall.

901 Inhaltlich gleich Härtel, Index 5 (1974/75), S. 293, Fn. 128.

902 Die von Albertario, Bull. 33 (1923), S. 60; Beseler, Beiträge 1, S. 53; Ferrini, Bull. 14 (1901), S. 219 f. und Gradenwitz, SZ 26 (1905), S. 351 f. vermutete Interpolation wurde in der Literatur schon früh zurückgewiesen; zweifelnd schon Archi, SZ 87 (1970), S. 39, Fn. 54; Krüger, SZ 48 (1928), S. 195 f.; für Originalität Hausmaninger, in Iuris Professio, S. 68, Fn. 63; Impallomeni, manomissioni mortis causa, S. 163 f.; ebenso Wieling, Testamentsauslegung, S. 169, Fn. 24, der hinter dem „etwas breiten Stil“ eine Kaiserkonstitution vermutet, wobei der letzte Satz inhaltlich nur das besage, „was man allenthalben in den Quellen feststellen kann“; ähnlich Liebs, Bull. 83 (1980), S. 179, Fn. 168.

903 So auch Honoré, Ulpian, S. 86.

cianus mit seinem Hinweis in D. 35. 2. 32. 5 auf die „alias benigniores sententias“ anspielt.

d. Entscheidung im Fall zweier abweichender Urteile – Iul. (5 ex Minic.) D. 40. 12. 30

Die konsequente Durchführung des Grundsatzes kann zudem an Hand des folgenden Fragments des Hochklassikers Julian nachgewiesen werden.

> Iul. (5 ex Minic.) D. 40. 12. 30
> Duobus petentibus hominem in servitutem pro parte dimidia separatim, si uno iudicio liber, altero servus iudicatus est, commodissimum est eo usque cogi iudices, donec consentiant: si id non continget, Sabinum refertur existimasse duci servum debere ab eo qui vicisset: cuius sententiae Cassius quoque est et ego sum. et sane ridiculum est arbitrari eum pro parte dimidia duci, pro parte libertatem eius tueri. commodius autem est favore libertatis liberum quidem eum esse, compelli autem pretii sui partem viri boni arbitratu victori suo praestare.

Zwei Personen streiten unabhängig voneinander darum, einen Dritten in die Sklaverei führen zu können. Der potenzielle Sklave unterliegt in einem der beiden Prozesse, im anderen gewinnt er. Nach Auffassung von Julian (sowie den ebenfalls zitierten Sabinus und Cassius) führt dies zunächst dazu, dass die beiden Richter zu einem einheitlichen Urteil gebracht werden sollen.[904] Soweit dies nicht möglich sei, könne der Dritte von demjenigen, der seinen Prozess gewonnen habe, in die Sklaverei geführt werden. Zur Begründung seiner Entscheidung führt Julian an, dass es lächerlich sei, zu glauben, dass der Dritte zur Hälfte Sklave und zur anderen Hälfte frei sein könne.[905] Im letzten Satz enthält die Stel-

904 Wie Buckland, Slavery, S. 670 richtig feststellt, ist nicht erkennbar, auf welche Weise die Richter dazu gezwungen werden könnten, nach dem unterschiedlichen Urteilsspruch noch zu einem einheitlichen Urteil zu kommen; anders nur Wlassak, Judikationsbefehl, S.196, insb. Fn. 28, der die Passage aus der Verfassung des Zentumviralgerichtshofs begründen will; dagegen aber schon zu Recht Ehrhardt, Litis aestimatio, S. 50: Die Zentumviralrichter unterlagen auch nur bis zur Urteilsverkündung einem unmittelbaren Zwang. Die Passage „commodissimum...contingit“ wurde daher (vielleicht zu Recht) für interpoliert gehalten; vgl. dazu Ferrini, Bull. 13 (1900), S. 39 f.; Beseler, Beiträge 3, S. 153 f.; Biondi, APal. 12 (1929), S. 228, Fn. 2; Buckland, Slavery, S. 671. Andererseits könnte der Hinweis auch lediglich so verstanden werden, dass beide Richter, nachdem sie auf ihre unterschiedlich lautenden Urteile hingewiesen wurden, erneut unter Berücksichtigung des jeweils anderen Urteils entscheiden sollten. Auch im Falle einer Interpolation müsste man sich fragen, was die Kompilatoren mit dieser Äußerung bezweckt haben könnten.

905 Die Äußerung Julians darf allerdings nicht so verstanden werden, dass eine solche Lösung gänzlich undenkbar ist. Ein im Miteigentum stehender Sklave kann theoretisch schon bezüglich des einen Miteigentümers frei sein, während er bezüglich des anderen Sklave bleibt. Diese Aufspaltung hielt Julian aber für unmöglich. Auf den konstruktiv ähnlichen Fall zweier unterschiedlicher Richtersprüche wegen eines

le dann eine eindeutige Interpolation.[906] Julian soll demnach gesagt haben, es sei angemessener (commodius), wenn der Dritte aus Begünstigung der Freiheit (favor libertatis) frei sei, er aber die Hälfte seines Wertes an den Sieger des einen Prozesses zahlen müsse. Nach dieser Quellenlage würde Julian sich damit zu seiner zuvor geäußerten Rechtsmeinung in Widerspruch setzen. Es liegt daher nahe, dass die Kompilatoren durch die Ergänzung des letzten Satzes Julian eine Meinung zuschreiben wollten, die er nicht vertreten hat. Die Überarbeitung zeigt so noch einmal das nachklassische Bestreben, in allen strittigen Fällen zugunsten der Freiheit (favor libertatis) zu entscheiden.[907] Das Fragment belegt zudem indirekt durch die von Julian zur Bestätigung seiner Meinung herangezogenen Juristen Sabinus und Cassius, dass die Reichweite des favor libertatis-Grundsatzes in der Hochklassik noch umstritten war. Es könnte sogar sein, dass sich das nachträgliche Eingreifen Justinians darauf beschränkte, Julian eine Meinung unterzuschieben, die bereits vorher vertreten, von ihm im Fragment aber abgelehnt worden war.[908] Für diese These spricht, dass Julian ansonsten zu dieser Lösung (Freilassung gegen teilweise Entschädigung) überhaupt nicht Stellung bezogen hätte, obwohl er zuvor zumindest die vermittelnde Position (teilweise Sklaverei) als lächerlich abgetan hatte.

3. Entscheidung zugunsten einer mulier in concubinatu – Paul. (12 ad leg. Iul. et Pap.) D. 25. 7. 2

Einen weiteren Fall der Korrektur zugunsten einer Einzelperson im Familienrecht findet man bei Paulus in der folgenden Entscheidung. Betroffen ist hier die freigelassene Konkubine eines patronus.

---

pflichtwidrigen Testaments für den vermeintlich enterbten Hausssohn weist zu Recht Wieling, SZ 102 (1985), S. 297, Fn. 30 hin.

906 Vgl. dazu Arangio-Ruiz, Bull. 21 (1909), S. 244 f., insb. Fn. 1; Beseler, Beiträge 3, S. 153 f.; Biondi, APal. 12 (1929), S. 228, Fn. 3; Buckland, Slavery, S. 671; Ehrhardt, Litis aestimatio, S. 50 f.; Ferrini, Bull. 13 (1900), S. 39 f.; Franciosi, processo di libertà, S. 101 ff.; Perozzi, Istituzioni I, S. 245, Fn. 1; Riccobono, Bull. 7 (1894), S. 244 ff. sowie die zahlreichen Nachweise bei Levy/Rabel, Ind. itpl. III, 155 f.

907 Weitere Beispiele dafür finden sich im Codex bei Diocl./ Maxim. C. 4. 6. 9; Diocl./ Maxim. C. 7. 22. 2 sowie Iust. C. 3. 31. 12. 2; Iust. C. 6. 27. 5 pr.; Iust. C. 7. 4. 14. Diese Fragmente lassen die von Palma, Benignior Interpretatio, S. 86 im Zusammenhang mit Maecen. (9 fideic.) D. 35. 2. 32. 5 aufgestellte These, dass Justinian im Rahmen seiner Gesetzgebung den Begriff des favor libertatis nicht mehr regelmäßig verwendet, unglaubwürdig erscheinen. Auch Riccobono, Atti Verona II, S. 212 bezeichnet den favor libertatis als ein Entscheidungsmotiv der nachklassischen Periode. Die gleiche Tendenz zeigt sich auch bei Paul. (13 ad ed.) D. 4. 8. 32. 7.

908 Ähnlich Ehrhardt, Litis aestimatio, S. 51 ff., der ebenfalls davon ausgeht, dass bereits Julian sich mit der Lösungsvariante „Freilassung gegen Zahlung eines Geldbetrages“ beschäftigt hat.

Paul. (12 ad leg. Iul. et Pap.) D. 25. 7. 2
Si patronus libertam concubinam habens furere coeperit, in concubinatu eam esse humanius dicitur.

Ein Patron hat seine Freigelassene zur Konkubine genommen. Nach Paulus sei es menschlicher, wenn die Frau trotz einer später eingetretenen Geisteskrankeit des Patrons in concubinatu verbleibe. Die Vorteile des Konkubinatsstatus waren mehr gesellschaftlicher denn rechtlicher Natur.[909] So brachte die Stellung als concubina zwar keinerlei Ehewirkungen mit sich, auch erhielt die betreffende Frau nicht die gleiche soziale Anerkennung wie eine Ehefrau (honor maritalis). Dennoch ermöglichte die Rechtsform dauerhaft anerkannte Lebensgemeinschaften für diejenigen Personen, die sich aufgrund der rigiden Ehegesetzgebung seit Augustus im rechtsfreien Raum befanden[910] und gewährte damit vor allem den betroffenen Frauen ein Mindestmaß an gesellschaftlicher Duldung. Dabei kam dem auch hier behandelten Fall des Konkubinats zwischen einem Patron und seiner Freigelassenen, wohl auch aufgrund der Vielzahl der Fälle, eine besondere Stellung zu, die solche Verbindungen der Ehe zumindest gesellschaftlich nahezu gleichstellte.[911] Aufgrund der rein faktischen Konsensbindung zwischen den Partnern hätte der Konkubinat zwangsläufig automatisch mit der Geisteskrankheit des Mannes aufgelöst werden müssen.[912] Von dieser Rechtsfolge will sich Paulus aber aus humanen Erwägungen zumindest für den Fall der Verbindung

909 Vgl. zusammenfassend Bonfante, Corso I, S. 317 ff.; Friedlaender/Wissowa, Sittengeschichte Roms I, S. 278 f.; Gaudemet, IURA 40 (1989), S. 2 ff.; Kaser, RPR I, S. 328 f.; Perozzi, Istituzioni I, S. 371 ff.; zur weiteren Rechtsentwicklung, die unter Justinian sogar dazu führte, dass der Konkubine sowie ihren Kindern unter bestimmten Voraussetzungen ein Intestaterbrecht zukommen konnte, vgl. Kaser/Knütel, RPR, S. 366 f., insb. Rz. 53.

910 Betroffen waren insbesondere Ehebrecherinnen, vgl. Pap. (32 quaest.) D. 34. 9. 13 sowie andere Frauen von verächtlicher Stellung, vielleicht auch, wie die Aufzählung bei Marcianus in (12 inst.) D. 25. 7. 3 pr. zeigt, Frauen von niedriger Herkunft; zu diesen sog. feminae probrosae Astolfi, Lex Iulia et Papia, S. 49 ff. Ausserdem war der Konkubinat die einzige Möglichkeit für bestimmte Soldatengruppen und sich in der Provinz aufhaltende Funktionäre, eine eheähnliche Beziehung zu führen, da für sie ebenfalls ein Eheverbot galt; vgl. dazu Pap. (1 def.) D. 23. 2. 63; Paul. (2 sent.) D. 23. 2. 38 pr., 65; Ulp. (32 ad Sab.) D. 24. 1. 3. 1; Marcian. (2 inst.) D. 23. 2. 57; Gord. C. 5. 6. 4; für das in seiner Reichweite umstrittene Eheverbot für Soldaten P. Cattaoui, BGU I. 114; I. 140; ausführlich zu den einzelnen Eheverboten Meyer, Konkubinat, S. 23 f., 93 ff.

911 Vgl. zu dieser Sonderstellung Marcell. (26 dig.) D. 23. 2. 41. 1; Ulp. (2 ad leg. Iul. et Pap.) D. 25. 7. 1 pr.; Ulp. (2 de adult.) D. 48. 5. 14 (13) pr.; Bonfante, Corso I, S. 317 f.; Meyer, Konkubinat, S. 82 ff.

912 Meyer, Konkubinat, S. 81 f.

zwischen liberta und patronus lösen.[913] Er erzielt damit zugunsten der freigelassenen Konkubine eine Rechtswirkung, die ansonsten nur der rechtmäßigen Ehefrau eines römischen Bürgers zukam.[914] Die gesellschaftliche Anerkennung der Frau, die schon zu Lebzeiten ihres Lebensgefährten keine andere als die einer Ehefrau war, wurde somit auch über den Zeitpunkt der Geisteskrankheit des Lebensgefährten und Patrons hinaus sichergestellt.

III. Zwischenergebnisse

Die Motive der römischen Juristen für Entscheidungskorrekturen im Bereich des Personen- und Familienrechts sind sehr vielschichtig. Das liegt in erster Linie daran, dass dieses Rechtsgebiet nicht von einem einzelnen Hauptmotiv beherrscht wird, wie es im Erbrecht etwa durch den Willen des Erblassers der Fall ist. Die einzelnen hier vorgestellten Korrekturkriterien beruhen zudem oft auf bestimmten gesellschaftspolitischen Grundhaltungen der Römer. Rein juristische Erwägungen treten somit zum Teil in den Hintergrund. Die Bevorzugung der Mitgift (favor dotis) oder der Ehe allgemein (favor matrimonii) sowie die Begünstigung von Minderjährigen (favor pupillorum), Freizulassenden (favor libertatis) oder Konkubinen sind alle nur aus ihrer Zeit heraus verständlich und belegen damit eindrucksvoll die Einflussmöglichkeiten gesellschaftlicher Wertüberzeugungen auf eine bestehende Rechtsordnung. Formal ist anzumerken, dass sich die Juristen mit zunehmender Verfestigung der Korrekturkriterien in stärkerem Maße wörtlich auf neu geschaffene Grundsätze, wie etwa den favor dotis,[915] favor pupillorum[916] oder favor libertatis[917] stützen. Die Bedeutung der unbestimmten Wertungsbegriffe nimmt im Zuge dieser Entwicklung zwangsläufig ab.[918] Dennoch ist auch für dieses Rechtsgebiet die schon im Erbrecht sowie im Obligationen- und Sachenrecht beobachtete Tendenz auffällig, dass es einerseits Korrekturen gibt, die sich in erster Linie am Willen der im Rechtsverkehr

---

913 Ebenso Volterra, Bull. 75 (1972), S. 332, insb. Fn. 14, der sich auch ausdrücklich für die Klassiziät der Entscheidung des Paulus ausspricht; sich anschließend Palma, Humanior Interpretatio, S. 90.

914 Die Vorteile dieses Status brachten es allerdings mit sich, dass die Konkubine sich von ihrem Patron, sobald er geisteskrank geworden war, nicht mehr formlos trennen konnte; vgl. hierzu für den Fall eines geisteskranken Ehemannes: Ulp. (3 ad leg. Iul. et Pap.) D. 23. 2. 45. 5; dazu Palma, Humanior Interpretatio, S. 90 f.; allg. zum divortium des furiosus Huber, Ehekonsens, S. 39 ff.

915 Ulp. (31 ad Sab.) D. 23. 3. 9. 1.

916 Siehe dazu die zahlreichen Nachweise oben in Fn. 858 f.

917 Siehe dazu die zahlreichen Nachweise oben in Fn. 875.

918 Dies wird insbesondere bei den Entscheidungen zugunsten Minderjähriger, vgl. Gai. (2 aur.) D. 44. 7. 1. 13 sowie Freizulassender, vgl. z. B. Maec. (9 fideic.) D. 35. 2. 32. 5; Ulp. (5 fideic.) D. 40. 5. 24. 10 deutlich.

handelnden Personen orientieren[919] und dann vorzugsweise mit dem Wertungsbegriff benignitas begründet werden.[920] Andererseits werden Korrekturen, die aus rein menschenfreundlichen Erwägungen zugunsten von ansonsten benachteiligten Einzelpersonen getroffen werden, als humanius bezeichnet.[921]

919 Zumindest den favor matrimonii könnte man damit sogar als speziellen Anwendungsfall des allgemeineren favor negotii auffassen.

920 So in Ulp. (31 ad Sab.) D. 23. 3. 9. 1; Ulp. (43 ad Sab.) D. 24. 1. 34; Ulp. (2 de adult.) D. 48. 5. 14 (13). 7.

921 So in Paul. (12 ad leg. Iul. et Pap.) D. 25. 7. 2; Paul. (23 quaest.) D. 28. 5. 85 (84) pr.

FÜNFTER TEIL: ERGEBNISSE

§ 14 Zusammenfassung der Zwischenergebnisse

I. Erster Teil: Die Entscheidung kontrovers diskutierter Zweifelsfragen durch unbestimmte Wertung

Um eine Entscheidung in einer Zweifelsfrage herbeizuführen, bedienen sich die Juristen der römischen Klassik verschiedener unbestimmter Wertungsbegriffe.[922]

Die Begriffe haben in diesem Zusammenhang meist nur die, je nach Bedeutungsgehalt,[923] unterschiedlich große rhetorische Funktion, den Vorrang einer bestimmten Rechtsauffassung im Vergleich zu einer oder mehreren anderen Lösungen für die betreffende Zweifelsfrage herauszustellen.

Mit Hilfe von Fragmenten, in denen mehrere unbestimmte Wertungsbegriffe nebeneinander benutzt werden, kann zudem nachgewiesen werden, dass den einzelnen unbestimmten Wertungsbegriffen ein unterschiedlicher Funktionsgehalt zugeordnet werden kann.[924]

---

922 Am meisten werden die Komparativformen der Begriffe verus, iustus und bonus verwendet. Seltener dienen benignus, humanus, utilis und suptilis als Attribute einer bestimmten Person oder Gruppe; vgl. dazu oben im ersten Teil, § 3.

923 Der geringste Bedeutungsgehalt kommt bonus und verus zu, die lediglich die Richtigkeit einer bestimmten Lösung betonen. Etwas stärker ist iustus einzustufen, weil hier schon ein – wenn auch abstrakter – Bezug zur Gerechtigkeit hergestellt wird.

924 So diente beispielsweise der unbestimmte Wertungsbegriff melius in den beiden Fragmenten Iul. (2 ad Urs. Fer.) D. 40. 4. 18. 1 und Iust. C. 7. 4. 14. 1 nur als Einleitung für die mit den unbestimmten Wertungsbegriffen benignus und humanus begründeten Korrekturentscheidungen; vgl. dazu oben im ersten Teil, § 4.

II. Zweiter Teil: Korrektur der Unvollständigkeit – Rechtsfortbildung durch unbestimmte Wertung

Bei der näheren Ausgestaltung und Erweiterung bereits bestehender Rechtsgrundsätze stützen die römischen Juristen ihre Argumentation rhetorisch durch die Verwendung von unbestimmten Wertungsbegriffen.[925]

Auffällig ist die Bedeutung der aequitas zur Betonung der ausgleichenden Gerechtigkeit zwischen den einzelnen Parteiinteressen. Sie wird sowohl beim Vergleich einzelner Sachverhaltsvarianten oder Rechtsfolgen als auch bei der Bildung von Analogien[926] deutlich.

Auf einer noch höheren Entwicklungsstufe der Rechtsfortbildung stehen diejenigen Fragmente, die den vorhandenen Aktionenkatalog durch neue Klagearten ergänzen. In den bonae fidei iudicia und den actiones ex bono et aequo kommt damit weniger die rechtskritische als vielmehr die rechtsschöpfende Funktion der unbestimmten Wertungsbegriffe zum Ausdruck.[927]

III. Dritter Teil: Die Vermeidung von Entscheidungskorrekturen durch Auslegung mit unbestimmter Wertung

In zahlreichen Fällen versuchen römische Juristen die drohende Korrektur eines Rechtsgrundsatzes mit Hilfe eines unbestimmten Wertungsbegriffes durch Auslegung zu vermeiden. Die Auslegung kann dabei unterschiedliche Ziele verfolgen. Besonders interessant ist, dass die Juristen zur Verwirklichung eines bestimmten Zieles immer wieder die gleichen unbestimmten Wertungsbegriffe verwenden.

Auslegungsentscheidungen, mit denen der Jurist entweder das Ziel verfolgt, den in einer rechtserheblichen Äußerung zum Ausdruck kommenden Willen einer Person zur Geltung zu bringen[928] oder eine zu formalistische Anwendung

---

925 Zur Darstellung eines eigenen Begründungsweges taucht beispielsweise häufiger die Wortfolge „magis dicendum est“ auf, wobei mehrere dieser Fälle einen Erst-Recht-Schluss enthalten. Um zwei Sachverhaltskonstellationen oder Rechtsfolgen eines Grundsatzes miteinander zu vergleichen, werden die Komparativformen der Begriffe aequus und iustus herangezogen; vgl. dazu oben im zweiten Teil, § 5.

926 Vgl. dazu oben im zweiten Teil, § 6.

927 Vgl. dazu oben im zweiten Teil, § 7.

928 Hier sind vor allem die Fälle der Berücksichtigung des in einer letztwilligen Verfügung zum Ausdruck kommenden Erblasserwillens oder die Berücksichtigung einer Willensänderung eines emacipatus zu nennen; vgl. dazu oben im dritten Teil unter § 8 I. und II. (Paul. (2 ad ed. aedil. curul.) D. 35. 2. 48 und Pap. (3 quaest.) D. 37. 6. 8). In anderen Fällen, vgl. z.B. Ulp. (7 ad lex Iul. et Pap.) D. 24. 3. 64. 10 und Ulp. (45

eines bestimmten Rechtsgrundsatzes zu vermeiden,[929] werden in mehreren Fällen mit dem unbestimmten Wertungsbegriff benignus begründet.

Wird eine Auslegungsentscheidung zugunsten einer bestimmten Einzelperson getroffen, verwenden die Juristen häufig den unbestimmten Wertungsbegriff humanus.[930]

Die Auslegung steht in all diesen Fällen niemals im Widerspruch mit dem zugrunde liegenden Rechtsgrundsatz. Es findet also keine Korrektur statt. Die unbestimmten Wertungsbegriffe enthalten keinerlei Rechtskritik, sondern bringen lediglich die vermeintlich nicht passende Sachverhaltskonstellation mit den feststehenden Voraussetzungen des Rechtsgrundsatzes in Einklang.

IV. Vierter Teil: Entscheidungskorrekturen mit unbestimmter Wertung

Entscheidungskorrekturen mit unbestimmten Wertungsbegriffen kommen in allen Rechtsgebieten vor. Auffällig ist, dass unabhängig vom Rechtsgebiet insbesondere zwei abstrakte Korrekturkriterien auftauchen, die zudem regelmäßig mit demselben unbestimmten Wertungsbegriff begründet werden.

So dienen die meisten Korrekturentscheidungen mit einer Wortform des unbestimmten Wertungsbegriffs benignus dem Erhalt einer im Rechtsverkehr verbindlich getroffenen Willensäußerung. Im Erbrecht dominieren hier die Korrekturen zum Erhalt des im Testament eindeutig feststellbaren Erblasserwillens (favor voluntatis testatoris).[931] Im Sachen- und Obligationenrecht steht der Erhalt von im Rechtsverkehr getätigten verbindlichen Willensäußerungen der handelnden Parteien im Vordergrund (favor negotii).[932] Im Personen- und Familienrecht kön-

---

ad ed.) D. 38. 2. 14. 8, setzt die Auslegung direkt am Wortlaut eines bestimmten Rechtsbegriffes oder -grundsatzes an. Ziel der Auslegung ist es dann, den darin enthaltenen „Regelungswillen" zu verdeutlichen.

929 Die zu formalistische Anwendung kann sich dabei entweder aus der formalen Struktur oder aber aus dem Inhalt des in Frage stehenden Rechtsgrundsatzes ergeben; vgl. dazu oben im dritten Teil, § 10.

930 Solche Entscheidungen kommen in den unterschiedlichsten Rechtsgebieten vor, vgl. Pap. (10 resp.) D. 2. 14. 8; Pap. (3 quaest.) D. 16. 2. 16. 1; Pap. (9 quaest.) D. 46. 1. 47. 1; Pomp. (33 ad Sab.) D. 8. 2. 23 pr.; Marcell. (lib. sing. resp.) D. 13. 5. 24; Paul. (6 ad Plaut.) D. 24. 3. 56; Paul. (2 decr.) D. 32. 27. 1; Ulp. (7 ad Sab.) D. 29. 4. 2. 1; vgl. ausführlich zu diesen Fragmenten oben im dritten Teil unter § 9.

931 So jedenfalls in Pomp. (12 epist.) D. 35. 1. 112. 1; Scaev. (19 dig.) D. 36. 1. 78 (76). In Ulp. (23 ad Sab.) D. 35. 1. 10 pr. und Iul. (2 ad Urs. Fer.) D. 40. 4. 18. 1 könnten daneben noch andere Kriterien eine Rolle gespielt haben; vgl. dazu ausführlich oben im vierten Teil unter § 11 I. und IV.

932 Ulp. (17 ad Sab.) D. 7. 8. 14. 1; Cels. (27 dig.) D. 8. 3. 11; Iul. (18 dig.) D. 12. 1. 20.; Afr. (8 quaest.) D. 17. 1. 34 pr.; Paul. (2 ad ed. aedil. curul.) D. 21. 2. 56. 7; Pomp.

nen in diesem Zusammenhang die Aufrechterhaltung des Willens der Ehepartner auf Fortsetzung der Ehe (favor matrimonii)[933] oder der Erhalt der zugesagten Mitgift (favor dotis)[934] genannt werden.

Dagegen werden Entscheidungskorrekturen, die zugunsten bestimmter Einzelpersonen getroffen werden, nahezu durchgängig mit dem unbestimmten Wertungsbegriff humanus begründet. Bevorzugt werden so beispielsweise im Erbrecht die männlichen gesetzlichen Erben (favor heredis legitimi)[935] oder Legatare (favor legatarii)[936] des Erblassers und im Sachen- und Obligationenrecht ein Mandatar,[937] einer von mehreren Mitbürgen[938] oder ein verurteilter Pfandschuldner[939]. Im Personen- und Familienrecht sind es vor allem Sklaven (favor libertatis)[940] aber zum Beispiel auch eine mulier in concubinatu,[941] die aus der menschenfreundlichen Korrektur eines bestimmten Rechtsgrundsatzes unmittelbar profitieren. Nur dort, wo sich die Bevorzugung einer bestimmten Personengruppe nach einiger Zeit grundsatzartig durchgesetzt hat, erfolgt die Korrektur unter Umständen ohne weiteres Heranziehen eines unbestimmten Wertungsbegriffes.[942]

Unabhängig von diesen beiden übergeordneten Korrekturkriterien, die sich in allen Rechtsgebieten wiederfinden, gibt es speziell im Erbrecht Entscheidungen, in denen Juristen eine Korrektur zur Vermeidung einer zu formalistischen Anwendung von Rechtsgrundsätzen auf die benignitas stützen.[943]

(16 ad Sab.) D. 23. 4. 9; Iav. (6 epist.) D. 39. 5. 25; vgl. dazu ausführlich oben im vierten Teil unter § 12 I.

933 Vgl. dazu die oben im vierten Teil unter § 13 I. 2. besprochene Entscheidung Ulp. (2 de adult.) D. 48. 5. 14 (13). 7.

934 Vgl. dazu die oben im vierten Teil unter § 13 I. 1. näher besprochenen Fragmente Ulp. (31 ad Sab.) D. 23. 3. 9. 1 und Ulp. (43 ad Sab.) D. 24. 1. 34.

935 Vgl. zu Ulp. (39 ad ed.) D. 37. 4. 3. 9; Pap. (6 resp.) D. 29. 2. 86 pr. oben im vierten Teil unter § 11 III. 2.

936 Vgl. zu Pomp. (6 ad Sab.) D. 33. 5. 8. 2; Pomp. (12 epist.) D. 35. 1. 112. 2; Pomp. (2 ad Sab.) D. 40. 4. 4. 2. oben im vierten Teil unter § 11 III. 1.

937 Zu Paul. (5 ad Plaut.) D. 17. 1. 45. 4 vgl. oben im vierten Teil unter § 12 III. 1.

938 Zu Pap. (3 resp.) D. 46. 1. 51. 1 vgl. oben im vierten Teil unter § 12 III. 2.

939 Zu Marcian. (ad form. hypoth.) D. 20. 1. 16. 6 vgl. oben im vierten Teil unter § 12 III. 4.

940 Zu Paul. (23 quaest.) D. 28. 5. 85 (84) pr. vgl. oben im vierten Teil unter § 13 II. 2. a.

941 Zu Paul. (12 ad leg. Iul. et Pap.) D. 25. 7. 2. vgl. oben im vierten Teil unter § 13 II. 3.

942 Dies wird insbesondere bei den Entscheidungen zugunsten Minderjähriger, vgl. Gai. (2 aur.) D. 44. 7. 1. 13 sowie Freizulassender, vgl. z. B. Maec. (9 fideic.) D. 35. 2. 32. 5; Ulp. (5 fideic.) D. 40. 5. 24. 10 deutlich; vgl. dazu oben im vierten Teil unter § 13 II. 1. und 2.

943 So in Pap. (5 resp.) D. 28. 3. 17; Ulp. (4 disp.) D. 28. 3. 12 pr. Beide Juristen kritisieren in diesem Zusammenhang das ius civile als zu spitzfindig; vgl. dazu oben im vierten Teil unter § 11 II.

Einen weiteren Sonderfall stellt eine von Ulpian wiedergegebene Entscheidung des Celsus dar, in der eine ungerechtfertigte Bereicherung entgegen der überlieferten Grundsätze des ius civile unter Berufung auf die aequitas naturalis rückabgewickelt wird.[944]

§ 15 Allgemein ableitbare Tendenzen

Nach Abschluss der Untersuchung können nun mehrere Aussagen über bestimmte Tendenzen getroffen werden, die sich für den Anwendungsbereich sowie die Funktion und Zielsetzung der unbestimmten Wertungsbegriffe abzeichnen.

I. Die Klassizität der unbestimmten Wertungsbegriffe

Zunächst ist festzuhalten, dass die insbesondere von Wubbe aufgestellten Thesen zur Klassizität der unbestimmten Wertungsbegriffe bestätigt werden konnten. In nahezu allen Fällen sind die textkritischen Einwände gegen die Fragmente Ausdruck der veralteten Auffassung, dass wegen der uferlosen Anwendbarkeit der unbestimmten Wertungsbegriffe diese noch nicht Teil des in einem festen Aktionensystem verwurzelten klassischen Rechts sein könnten und stattdessen die Kompilatoren Justinians immer dann einen solchen Begriff ergänzt hätten, wenn ihnen das klassische ius civile als zu formstreng erschienen sei. Stattdessen kann man es als gesichert ansehen, dass römische Juristen schon während der gesamten Klassik unbestimmte Wertungsbegriffe verwenden, um problematische Fallkonstellationen einer aus ihrer Sicht richtigen Lösung zuzuführen.[945]

Aus der Vielzahl der Gründe, welche die Klassizität der Entscheidungen im Einzelfall belegen, können einige ständig wiederkehrende Argumentationsmuster benannt werden.

So deutet beispielsweise bei einigen Textstellen[946] der Hinweis des Entscheidungsträgers auf die Autorität eines anderen klassischen Juristen oder die eines kaiserlichen Reskripts aus der Zeit des Prinzipats als Beleg für die Verwendung eines unbestimmten Wertungsbegriffs darauf hin, dass der Jurist mit seiner Auffassung nicht alleine war. Hier erscheint es nahezu ausgeschlossen, dass sich die Kompilatoren eine solche tatsächlich nicht existierende unterstützende Meinung ausgedacht und in den Text aufgenommen haben.

---

944 Zu. Ulp./Cels. (26 ad ed.) D. 12. 4. 3. 7 oben im vierten Teil unter § 12 II.

945 Ähnlich im Grundsatz auch schon Wieacker, SZ 94 (1977), S. 12.

946 Vgl. Pap. (10 resp.) D. 2. 14. 8; Ulp. (4 disp.) D. 28. 3. 12 pr.; Iul. (29 dig.) D. 28. 2. 13 pr.; Pap. (6 resp.) D. 29. 2. 86 pr.; Marcell. (29 dig.) D. 28. 4. 3 pr.; Ulp. (17 ad Sab.) D. 7. 8. 14. 1 und Paul. (2 ad ed. aedil. curul.) D. 21. 2. 56. 7; Maec. (9 fideic.) D. 35. 2. 32. 5.

Ein ähnliches Argument für die Klassizität einer unbestimmmten Wertung kann sich aus dem Vorhandensein einer Parallelstelle ergeben, in welcher das gleiche Ergebnis ohne eine unbestimmte Wertung erzielt wird.[947] Auch hier spricht vieles dafür, dass auch die Entscheidung mit unbestimmter Wertung aus klassischer Zeit stammt. Es liegt dann sogar nahe, dass derjenige Jurist, der den unbestimmten Wertungsbegriff verwendet, der eigentliche Initiator der Rechtsfortbildung ist.

Gute Gründe für die Klassizität eines unbestimmten Wertungsbegriffes lassen sich mitunter auch aus dem Textfluss des jeweiligen Fragments ableiten.[948] Jedesmal, wenn sich der Wertungsbegriff so nahtlos in den überlieferten Text einfügt, dass ein nachträglicher Texteingriff unwahrscheinlich erscheint, weil er in der bekannt kurzen Zeit, die den Kompilatoren für das aufwändige Schreiben der Digesten zur Verfügung stand, eigentlich nicht zu bewerkstelligen war, spricht vieles dafür, dass die Textstelle in Originalform überliefert ist.

Dies gilt erst recht für solche Fragmente, in welchen der vorangegangene Gedankengang die Korrekturentscheidung inhaltlich schon vorbereitet.[949]

Ebenfalls inhaltlich deutet in zwei Fällen die Gewährung einer exceptio an den Schuldner auf die Klassizität der Entscheidung hin, weil dies besser zum klassischen Formularprozess als in die Zeit Justinians passt.[950]

---

947 Beispielhaft können hier aufgeführt werden: Pap. (5 resp.) D. 28. 3. 17 und Frag. Berol. 4. 14; Tryph. (4 disp.) D. 49. 15. 12. 5 und Ulp. (2 de adult.) D. 48. 5. 14. 7; Ulp. (23 ad Sab.) D. 35. 1. 10 pr. und Pap. (18 quaest.) D. 35. 1. 72. 4; Pomp. (16 ad Sab.) D. 23. 4. 9 und Afr. (7 quaest.) D. 23. 4. 23; sehr deutlich Afr. (8 quaest.) D. 17. 1. 34 pr. und Ulp. (31 ad ed.) D. 12. 1. 15; Marcian. (ad form. hypoth.) D. 20. 1. 16. 6 und Ulp. (23 ad ed.) D. 20. 1. 21. 3 sowie Gai. (2 aur.) D. 44. 7. 1. 13 und Gai. 3, 107 ff. und Inst. 3. 19. 9 f.; ähnlich auch die Parallele im Ergebnis trotz unterschiedlicher Begründung bei Pomponius in (12 epist.) D. 35. 1. 112. 1 und D. 35. 1. 112. 2; schließlich auch die Zweifel Ulpians am Eigentumsübergang bei fehlender causa sowohl in (31 ad Sab.) D. 23. 3. 9. 1 als auch in (7 disp.) D. 12. 1. 18 pr., umgekehrt die fehlenden Zweifel bei Julian in (6 epist.) D. 39. 5. 2. 5.

948 So in Scaev. (19 dig.) D. 36. 1. 78; Iul. (2 ad Urs. Fer.) D. 40. 4. 18. 1; Paul. (1 ad Vitell.) D. 28. 2. 19; Ulp. (39 ad ed.) D. 37. 4. 3. 9; Ulp. (25 ad ed.) D. 11. 7. 6 pr.; Paul. (8 quaest.) D. 29. 1. 38. 1; Ulp. (43 ad Sab.) D. 24. 1. 34; Paul. (23 quaest.) D. 28. 5. 85 pr.

949 So etwa in Pomp. (12 epist.) D. 35. 1. 112. 1, wo es dem Erblasser auf Zahlung zu Lebzeiten der Empfänger ankommt und es daher eine strikte Lösung (Unwirksamkeit des Legats) und eine wohlwollende (Teilwirksamkeit des Legats) gibt; sehr gut auch Iul. (2 ad Urs. Fer.) D. 40. 4. 18. 1 oder Pomp. (2 ad Sab.) D. 40. 4. 4. 2, wo jeweils die nicht wohlwollende Lösung eine sinnlose Förmelei wäre; ähnlich auch Ulp. (39 ad ed.) D. 37. 4. 9. 3; Ulp. (25 ad ed.) D. 11. 7. 6 pr.; Iul. (18 dig.) D. 12. 1. 20; Cels. (27 dig.) D. 8. 3. 11 pr.; Ulp. (26 ad ed.) D. 12. 4. 3. 7; Paul. (5 ad Plaut.) D. 17. 1. 45. 4.

950 Iav. (6 epist.) D. 39. 5. 25; Pap. (3 resp.) D. 46. 1. 51. 1.

II. Die verschiedenen Funktionsbereiche der unbestimmten Wertungsbegriffe

Das zweite wichtige Ergebnis der Untersuchung ist, dass das Anwendungs- und Bedeutungsspektrum der unbestimmten Wertungsbegriffe sich als äußerst vielschichtig darstellt. Die Begriffe kommen praktisch in allen Rechtsgebieten vor, und ihre Funktion reicht von der einfachen Verwendung als rhetorisches Mittel zur Entscheidung in einer Zweifelsfrage oder Positionierung innerhalb einer Meinungsstreitigkeit über die Rechtsfortbildung und Auslegung bestehender Rechtsgrundsätze bis hin zur Begründung von Korrekturen am als unbillig empfundenen ius civile.[951]

Auch wenn es aufgrund dieser Vielgestaltigkeit unmöglich ist, eine irgendwie geartete allgemein gültige Theorie der Anwendung unbestimmter Wertungsbegriffe durch die klassische römische Jurisprudenz aufzustellen, so lassen sich doch, jedenfalls soweit die Begriffe zur Rechtsfortbildung, Auslegung oder Korrektur bestehender Grundsätze des ius civile herangezogen werden, tendenziell einzelnen unbestimmten Wertungsbegriffen funktions- und rechtsgebietsübergreifend ähnliche Entscheidungskriterien zuweisen.[952]

1. Die willensorientierten Wertungskriterien (benignitas)

So kann man als maßgebliches Wertungskriterium für Fragmente aus allen Rechtsgebieten, in denen die Juristen mit der benignitas argumentieren, immer wieder die Berücksichtigung oder Durchsetzung eines im Rechtsverkehr verbindlich geäußerten Willens vermuten.

So wurden als willensorientierte Wertungskriterien im Erbrecht der favor voluntatis testatoris (Wille des Erblassers), der zur Aufrechterhaltung des Testaments führte (favor testamenti), im Obligationen- und Sachenrecht der favor negotii (Wille der handelnden Parteien) und im Personen- und Familienrecht der favor dotis (Wille des Mitgiftgebers) und der favor matrimonii (Wille der Eheleute) herausgearbeitet. Zwar wäre es – systematisch betrachtet – wohl zu weit gegriffen, favor testamenti, matrimonii und dotis als spezielle Anwendungsfälle des allgemeineren favor negotii aufzufassen. Dennoch ist die Verwandtschaft der Entscheidungsmotive unverkennbar. So zeigt sich die Parallelität der Wertungskriterien insbesondere, wenn man die Fragmente in den Blick nimmt, in denen

951 Nicht haltbar ist daher die von Zülch, liber singularis, S. 58 mit Hilfe einer einzigen näher analysierten Entscheidung (Marcell. (lib. sing. resp.) D. 13. 5. 24; kritisch dazu Liebs, SZ 120 (2003), S. 250) aufgestellte Behauptung, dass „überpositive Wertungen wie humanitas und utilitas“ nur zur Durchbrechung (also Korrektur) anerkannter Regeln verwendet wurden, nicht aber, um eine vernünftige Auslegungsentscheidung im Rahmen der vorhandenen Rechtsgrundsätze zu treffen.

952 Vgl. zum Verhältnis der unterschiedlichen Wertungskriterien schon oben im vierten Teil unter § 11 V. bei der Analyse von Marcell. (29 dig.) D. 28. 4. 3 pr.

einseitige Rechtsgeschäfte behandelt werden.[953] Hier hat die Durchsetzung des von einer Person im Rechtsverkehr geäußerten Willens immer zugleich die Aufrechterhaltung eines Rechtsgeschäftes zur Folge.[954] Unterschiede ergeben sich nur aus den spezifischen Besonderheiten der einzelnen Rechtsgebiete:

So führt im Erbrecht die Durchsetzung des Erblasserwillens (favor voluntatis testatoris) regelmäßig zur Aufrechterhaltung eines Testamentes (favor testamenti). Problematisch kann hier nur die Feststellung des Erblasserwillens nach dessen Tod für den Fall einer oder mehrerer widersprüchlicher testamentarischer Verfügungen werden, weil dann eine eindeutige am Willen des Erblassers orientierte Entscheidung nicht in Betracht kommt.

Diese Problematik stellt sich bei Verfügungen unter Lebenden nicht. Hier steht einer Feststellung und Durchsetzung des aktuellen Willens der betroffenen Personen und damit einer Aufrechterhaltung des Rechtsgeschäftes nichts im Wege. Die römischen Juristen hätten sich daher durchaus für die Fälle der Entscheidungen in favorem negotii auf den Standpunkt stellen können, dass allein die zuletzt geäußerte Willensäußerung relevant sein soll. Dies hätte aber fatale Folgen für den Rechtsverkehr gehabt, weil sich niemand mehr auf die einmal geäußerte Willensentscheidung seines Gegenübers hätte verlassen können. Um dieser Unsicherheit Abhilfe zu schaffen, versuchte man wohl, alle verbindlich im Rechtsverkehr getroffenen Willensentscheidungen möglichst umfassend aufrecht zu erhalten. Ein formloser Widerruf sollte nicht möglich werden. Dieser Überlegung trägt der favor negotii Rechnung. Schon die Juristen der klassischen Periode konnten mit Hilfe dieses Entscheidungskriteriums auch solche Willensäußerungen aufrecht erhalten, denen formale Einwände des ius civile entgegenstanden.[955]

Wahrscheinlich Marcellus wollte die benignior interpretatio auch im Erbrecht dahingehend erweiternd anwenden, dass im Falle der nicht eindeutigen Feststellbarkeit des Erblasserwillens ebenfalls zugunsten der Aufrechterhaltung des Testaments entschieden werden sollte (in re dubia benigniorem interpretationem

---

953 Den Zusammenhang zwischen der benignitas und dem Erhalt rechtsgeschäftlicher Regelungen erkannte schon Gandolfi, atti negoziali, 367 ff.; sich anschließend Mayer-Maly, TR 37 (1969), S. 596 und Baldus, Auslegung nach Parteirollen, S. 592, 622, der überzeugend darlegt, dass die beniginats kein tragendes Prinzip römischer Vertragsauslegung nach Parteirollen ist.

954 Aufgrund dieses Ergebnisses findet man in der Literatur auch die Auffassung, dass die benigna interpretatio tendenziell die Aufrechterhaltung rechtsgeschäftlicher Regelungen bezwecke; vgl. dazu Gandolfi, atti negoziali, S. 376 ff.; sich anschließend Mayer-Maly, TR 37 (1969), S. 596. Meiner Meinung nach steht aber der Erhalt des in der Regelung zum Ausdruck kommenden Parteiwillens im Vordergrund. Die Aufrechterhaltung des Rechtsgeschäftes ist nur die logische Folge davon.

955 So können vielleicht auch die von Mayer-Maly, TR 37 (1969), S. 596 geäußerten Bedenken gegen eine ursprüngliche Anwendung der benigna interpretatio im Bereich rechtsgeschäftlicher Regelungen etwas relativiert werden. Auch wenn es hier zu Interessenkonflikten kommen kann, ist der Jurist mittels benigna interpretatio dazu in der Lage, die Parteien an dem festzuhalten, was sie vorab vereinbart haben.

sequi non minus iustius est quam tutius).[956] Dies verdeutlicht die schon oben ausführlich besprochene Entscheidung Marcell. (29 dig.) D. 28. 4. 3 pr.[957] Eine am eindeutigen Willen des Erblassers zum Todeszeitpunkt orientierte Entscheidung (favor voluntatis testatoris) kam für Marcellus und Mark Aurel, wie gezeigt, nicht in Betracht, weil die nachträgliche Testamentsänderung doppeldeutig war. Der wirkliche Wille des Erblassers war also nicht feststellbar. Aber auch eine Entscheidung in favorem negotii für die Aufrechterhaltung der ursprünglich eindeutigen Verfügung des Erblassers war unmöglich, weil in der ersten Verfügung zwar insofern ein eindeutig belegbarer Wille zum Ausdruck kam, als der Erblasser zumindest damals eine für den Rechtsverkehr erhebliche Willensäußerung abgegeben hatte. Diese Willensentscheidung war auch im Gegensatz zu dem für die Wertung in favorem voluntatis testatoris erforderlichen Erblasserwillen zum Zeitpunkt des Todes eindeutig feststellbar. Es bestand jedoch kein relevantes Vertrauensschutzinteresse, welches ein nachträgliches Berufen auf den Erblasserwillen zum Zeitpunkt der Errichtung des Testaments hätte begründen können. Der Erblasser hatte seinen Willen eben zwischenzeitlich möglicherweise geändert, wozu er aufgrund der umfassenden Verfügungsbefugnis über die in seinem Eigentum stehenden Vermögensgegenstände auch ohne Weiteres in der Lage war. Diese Erweiterung der benignior interpretatio wurde daher nicht von allen Juristen mitgetragen (Mark Aurel entschied sich wahrscheinlich deshalb für eine Korrektur aus humanen Erwägungen). Später unter Justinian wurde die Erweiterung dann wahrscheinlich, weil sie eine Vereinfachung gegenüber der aufwändigen Prüfung zur Klärung des Inhalts einer mehrdeutigen Willensäußerung darstellte, noch einmal zusätzlich als allgemeine Rechtsregel in den Digesten aufgeführt.[958]

Diese Überlegungen verdeutlichen aber auch, dass die Aufrechterhaltung der im Rechtsverkehr getätigten Willensäußerung für die römischen Juristen niemals der alleinige Selbstzweck der Entscheidung ist. Im Sachen- und Obligationenrecht hat die Aufrechterhaltung der betroffenen Willensentscheidung ihren Grund entweder im Respekt vor der privatautonomen Entscheidung der beteiligten Personen oder darin, dass Vertrauensschutz im Rechtsverkehr erzeugt werden soll. Im Erbrecht beruht die überragende Stellung des Erblasserwillens letztlich auf der umfassenden Verfügungsmacht des Erblassers über die in seinem Eigentum stehenden Vermögensgegenstände. Und auch im Personen- und Familienrecht stehen spezifische gesellschaftspolitische Ziele (Mitgiftbestellung für alle Frauen, Schutz der Ehe) hinter der Berücksichtigung der in diesem Sinne getroffenen Willensentscheidungen.

---

956 Etwas anders Wieling, Testamentsauslegung, S. 251, der darin bereits „den Grundsatz der benigna interpretatio" sieht, „der auf den römischen favor testamenti zurückgeht".

957 Vgl. dazu oben im vierten Teil unter § 11 V.

958 Marcell. (29 dig.) D. 50. 17. 192. 1.

2. *Die personenorientierten Wertungskriterien (humanitas)*

In allen Rechtsgebieten können zudem Fragmente gefunden werden, in denen Juristen bestimmte Rechtsgrundsätze zugunsten von Einzelpersonen auslegen, weiterentwickeln oder korrigieren. Die Argumentation wird in diesen Fällen oftmals, soweit sich die Grundsätze noch nicht verselbständigt haben, auf die humanitas gestützt. Zu nennen sind etwa im Erbrecht die Bevorzugung von Legataren (favor legatarii) oder männlichen Hauserben (favor heredis legitimi), im Obligationen- und Sachenrecht die Bevorzugung einzelner Beteiligter an bestimmten Rechtsgeschäften (Mitbürge, Mandatar, Pfandschuldner) und im Personen- und Familienrecht vor allem die Bevorzugung von Sklaven (favor libertatis)[959] und Minderjährigen (favor pupillorum). Gerade die beiden letztgenannten Entscheidungskriterien verstärken sich im Laufe der Zeit immer mehr zu eigenständigen Grundsätzen. Entscheidungen werden dann ausdrücklich in favorem libertatis oder pupillorum getroffen, ohne einen unbestimmten Wertungsbegriff heranzuziehen. Der Zusammenhang zwischen der angestrebten Bevorzugung bestimmter Personen und dem unbestimmten Wertungsbegriff humanitas kann an dieser Stelle noch einmal durch eine Entscheidung des Marcellus verdeutlicht werden.

> Marcell. (3 dig.) D. 5. 2. 10 pr.
> Si pars iudicantium de inofficioso testamento contra testamentum, pars secundum id sententiam dederit, quod interdum fieri solet, humanius erit sequi eius partis sententiam quae secundum testamentum spectavit: nisi si aperte iudices inique secundum scriptum heredem pronuntiasse apparebit.

Marcellus behandelt hier abstrakt die Frage, wie bei Uneinigkeit zweier Richterbänke[960] über die Wirksamkeit eines Testaments entschieden werden soll. Er spricht sich für eine an der humanitas orientierte Entscheidung aus, die im Ergebnis zur Aufrechterhaltung des Testaments führt. Entscheidend für die Frage nach dem Motiv des Marcellus ist hier aus meiner Sicht nicht etwa das auf den ersten Blick eindeutige Ergebnis der Testamentserhaltung, sondern die im Anschluss an den Ergebnissatz formulierte Einschränkung, dass die Aufrechterhaltung des Testaments nur dann in Frage kommen kann, wenn nicht in ungerechter Weise (inique)[961] zugunsten des eingesetzten Erben entschieden wird (nisi si a-

---

959 Den Zusammenhang zwischen der humanitas und der Bevorzugung von Sklaven betont auch Bretone, Geschichte, S. 165.

960 Mayer-Maly, in FG für von Lübtow, S. 350, Fn. 46 unter Berufung auf Marrone, APal. 24 (1955), S. 38 sowie Palma, Humanior Interpretatio, S. 39, Fn. 33 (m. w. N.) weisen zutreffend darauf hin, dass Marcellus offenbar eine Entscheidung vor dem Zentumviralgericht behandelt.

961 Wieling, in Behrends/Knütel/Kupisch/Seiler, C.I.C. II, S. 499 übersetzt „inique" recht deutlich mit „parteiisch". Vielleicht wollte Marcellus mit seiner Wortwahl aber gerade den Unterschied iniquus/aequus hervorheben. Dies könnte dann etwas abgeschwächter so zu verstehen sein, dass die Entscheidung jedenfalls nicht ungerecht

perte iudices inique secundum scriptum heredum pronuntiasse apparebit).[962] Im Umkehrschluss bedeutet dies nämlich, dass jede Entscheidung, die den Erben nicht in ungerechtfertigter Weise bevorzugt, als humanius bezeichnet werden kann. Es geht für Marcellus hier also nicht um den Erhalt einer Willensentscheidung des Erblassers (favor voluntatis testatoris),[963] sondern ganz grundsätzlich um eine Entscheidung zugunsten des Erben, die immer dann human ist, wenn sie nicht offensichtlich ungerecht (aperte inique) ist. Diese in zahlreichen Entscheidungen zum Ausdruck kommende Menschenfreundlichkeit stellt sich somit als offenkundige Auswirkung[964] eines umfassenden Gesamtkonzepts,[965] und nicht lediglich als die launische Folge einer kaiserlichen Mildtätigkeitentscheidung zum Wohle einzelner Untertanen dar.

3. Die ausgleichsorientierten Wertungsentscheidungen (aequitas)

Anders als bei den willens- und personenorientierten Wertungsentscheidungen existieren bei den mit der aequitas begründeten ausgleichsorientierten Wertungsentscheidungen keine spezifischen Wertungskriterien innerhalb der einzelnen Rechtsgebiete. Die aequitas wird stattdessen rechtsgebietsübergreifend immer wieder zur Auslegung oder Korrektur bestimmter Rechtsgrundsätze herangezogen, wenn eine strikte Anwendung der betroffenen Regeln zu einer ungerechten Verteilung bestimmter Rechte oder vermögenswerter Vorteile führen würde.[966]

---

gefällt werden sollte; ähnlich Mayer-Maly, in FS für von Lübtow, S. 351, der inique als etwas „juristisch Falsches" verstehen will.

962 Der Nachsatz nisi si aperte...apparebit wird überwiegend für nachklassisch gehalten; vgl. insb. Mayer-Maly, in FS für von Lübtow, S. 351, unter Berufung auf Eisele, SZ 15 (1894), S. 271 f., Fn. 3. Die vorgebrachten Argumente sind aber meiner Meinung nach nicht zwingend. Die Rechtsfolge für den Fall der Unwirksamkeit könnte deshalb nicht eindeutig zu bestimmen sein, weil Marcellus vielleicht gar keinen konkreten Fall vor Augen hatte, sondern eine allgemeine Aussage treffen wollte. Das sprachliche Unbehagen gegenüber der Verstärkung „aperte" für das ansonsten neutrale „apparebit" im Sinne von „wenn es sich als offenkundig erweist", kann ich nicht teilen.

963 So aber Zülch, liber singularis, S. 57, Fn. 44.

964 In einem solchen „vereinfachten" Verständnis der humanitas wurzelt wohl auch die offensichtliche Kritik des Gellius, Noc. Att. 13. 17. 1 am allgemeinen Sprachgebrauch der Römer.

965 Dazu ausführlich Christes, Cicero und der römische Humanismus, S. 11 f., nach dessen zutreffender Auffassung sich im Begriff der humanitas sowohl griechische als auch urrömische Wertvorstellungen verbinden; ähnlich auch Baldus, Auslegung nach Parteirollen, S. 623 f.; Bauman, Human Rights, S. 20 ff.; Crifò, in FS für Waldstein, S. 90 f. und schon Schulz, Prinzipien, S. 128.

966 Vgl. dazu die oben im zweiten Teil unter § 5 II. näher analysierten Fragmente Ulp. (71 ad ed.) D. 43. 24. 7. 3; Ulp. (32 ad ed.) D. 19. 1. 13. 20; Ulp. (32 ad ed.) D. 19. 2. 9 pr./1; Ulp. (7 disp.) D. 17. 1. 29. 6; Ulp. (79 ad ed.) D. 36. 3. 1. 19; Ulp. (64 ad ed.)

Das mit der aequitas begründete Ergebnis stellt also meist eine „Gegenleistung“ (Ausgleich) für einen zuvor erlittenen Nachteil oder eine von dem Betroffenen erbrachte Leistung dar. Darin spiegelt sich nicht nur der Grundsatz wieder, dass niemand sich auf Kosten eines anderen in ungerechtfertigter Weise bereichern soll, sondern ganz allgemein der auch dem römischen Recht durch den Einfluss der griechischen Philosophie nicht unbekannte Begriff der ausgleichenden Gerechtigkeit (iustitia commutativa) als constans et perpetua voluntas ius suum cuique tribuendi.[967]

4. Die Funktion der suptilitas iuris

In mehreren Fragmenten verwenden römische Juristen den unbestimmten Wertungsbegriff suptilitas, um entweder ihren eigenen Standpunkt zu einer bestimmten Rechtsmeinung darzulegen[968] oder aber, um einen Rechtsgrundsatz des ius civile als spitzfindig zu kritisieren.[969] Besonders interessant sind die Fälle, die Rechtskritik enthalten, weil dort oftmals der formal richtigen Lösung des ius civile eine wohlwollendere Korrektur gegenüber gestellt wird, die der Jurist ebenfalls mit einem unbestimmten Wertungsbegriff begründet.

Zwar kann es aufgrund der wenigen Stellen, in denen ein solcher Gegensatz suptilitas – benignitas / humanitas überliefert ist, nicht mit letzter Sicherheit geklärt werden, ob es, um die wohlwollende Rechtsfortbildung zu ermöglichen, wie Hausmaninger[970] vermutet, des „subtilitas-Vorwurfes gegen das ius civile bedurfte, um der benignitas den Weg zu ebnen“. Die zahlreichen Stellen, in denen Juristen eine Korrektur mit unbestimmter Wertung ohne vorherigen ausdrücklichen Bezug auf die suptilitas vornehmen, lassen jedoch eher vermuten, dass sich die Juristen der suptilitas als rhetorischem Mittel bedienen, um die Mängel des ius civile besonders prägnant hervorheben zu können.[971] Die Kritik der Klassiker am ius civile erfolgt in diesen wie in allen anderen Fällen ohne

---

D. 42. 6. 1. 1 sowie im vierten Teil unter § 12 II besprochene Entscheidung Ulp. (26 ad ed.) D. 12. 4. 3. 7; ausführlich dazu auch Vacca, in Studi d`Amelio I, S. 397 ff.

967 Ausführlich dazu schon oben im zweiten Teil unter § 5 II.

968 Vgl. dazu die oben im ersten Teil unter § 3 IV. 3. besprochenen Fragmente.

969 Dies geschieht in Iav. (6 epist.) D. 39. 5. 25; Cels. (27 dig.) D. 8. 3. 11; Iul. (18 dig.) D. 12. 1. 20; Iul. (29 dig.) D. 28. 2. 13 pr.; Pomp. (2 ad Sab.) D. 40. 4. 4. 2; Pap. (5 resp.) D. 28. 3. 17; Tryph. (4 disp.) D. 49. 15. 12. 5; Ulp. (4 disp.) D. 28. 3. 12 pr.; Ulp. (5 fideic.) D. 40. 5. 24. 10; Ulp. (48 ad Sab.) D. 45. 1. 36; Marcian. (ad form. hypoth.) D. 20. 1. 16. 6.

970 So in Iuris Professio, S. 71.

971 Ähnlich auch Nörr, Rechtskritik, S. 115; noch allgemeiner Cerami, APal. 38 (1985), S. 95, der für seine mangelnde Differenzierung daher auch völlig zu Recht von Hausmaninger, IURA 36 (1985), S. 166 kritisiert wird. Für eine einheitliche Bedeutung der unbestimmten Rechtsbegriffe bei Rechtsgeschäften und Gesetzen spricht sich auch Horak, Labeo 29 (1983), S. 188 aus.

ausdrücklichen suptilitas-Vorwurf – insofern stimme ich Hausmaninger[972] zu – stets ausgewogen und beschränkt sich auf ausdrücklich benannte Ausnahmekonstellationen. Die grundsätzliche Übereinstimmung mit den strengen Regeln des ius civile steht also zumindest für die Klassiker außer Frage und wird nur dort relativiert, wo strenge Gerechtigkeit in Wortklauberei und mangelnde Flexibilität ausartet.[973] Überdies ist die Kritik immer konstruktiv. Die Juristen beschränken sich also nicht darauf, mögliche Fehler aufzudecken, sondern bieten regelmäßig auch einen aus ihrer Sicht besser gangbaren Lösungsweg an. Die Rechtssicherheit hat damit oberste Priorität.[974]

Eine andere Deutungsmöglichkeit des Bedeutungsspielraums dieser unbestimmten Wertungsbegriffe, die zuletzt von Harke[975] dargelegt worden ist, scheint mir hingegen nur einen Teilaspekt abzudecken. Demnach deute die Gegenüberstellung von suptilitas und benignitas auf einen Gegensatz zwischen ius civile und ius honorarium hin. Dies mag für die beiden von Harke untersuchten Fragmente richtig beobachtet sein.[976] In diesen Fällen stellt aber die Zuhilfenahme von prätorischem Rechtsschutz nur das Mittel für den eigentlich verfolgten Zweck der Korrektur des ius civile dar. Das Heranziehen von Honorarrecht ist jedoch nicht die einzige Möglichkeit, um die Schwächen des ius civile abzumildern. So werden in anderen Fällen, in denen Juristen ebenfalls unter Berufung

---

972 Ausführlich dazu, in Iuris Professio, S. 71 f.

973 Zu einem ähnlichen Ergebnis kommt auch Leptien für die Fragmente, in denen Juristen aus praktischen Erwägungen (utilitatis causa) von bestimmten Rechtsgrundsätzen abweichen; vgl. Leptien, Utilitatis causa, S. 239 ff.

974 Der vornehmen Zurückhaltung der Klassiker stehen die umfassenden Billigkeitswertungen Justinians gegenüber. Der ausufernde Anwendungsbereich der unbestimmten Wertungsbegriffe in den Konstitutionen ist Beleg für die zunehmende Aufweichung der klassischen Rechtsinstitute und den damit verbundenen Verlust an Rechtssicherheit. Auf diesen Gegensatz haben mehrere Autoren zu Recht hingewiesen. Vgl. Hausmaninger, in Iuris Professio, S. 72; Pringsheim, Römische aequitas, S. 244 ff.

975 Argumenta Iuventiana, S. 115 ff.; ähnlich auch Fildhaut, libri disputationum, S. 185.

976 Harke, Argumenta Iuventiana, S. 114 ff. beschränkt sich naturgemäß auf diejenigen Fragmente, die für Celsus überliefert sind. Der Gegensatz suptilitas – benignitas tritt bei ihm aber nur in (27 dig.) D. 8. 3. 11 auf. Der Umstand, dass sich Harke bei seinem Vergleich auf lediglich eine weitere Stelle mit diesem Wortpaar (Iav. (6 epist.) D. 39. 5. 25) bezieht, versetzt ihn eigentlich nicht in die Lage, eine allgemeine Aussage über den Anwendungsbereich der Begriffe treffen zu können. Dies gilt in noch stärkerem Maße für Fildhaut, libri disputationum, S. 185, die ihre Verdächtigung gegen die Originalität von Tryph. (4 disp.) D. 49. 15. 12. 5 (vgl. dazu schon oben im vierten Teil unter § 11 IV. 3. b.) ebenfalls mit einer einzigen Stelle (Ulp. (48 ad Sab.) D. 45. 1. 36) begründen will, in der die Anwendung des ius civile als subtil im Vergleich zum ius honorarium bezeichnet wird. Einer solchen allein ergebnisorientierten Vorgehensweise, nach der nur diejenigen Fragmente, die zur Argumentation passen, als klassisch eingestuft werden, müssen dieselben Vorwürfe entgegen gehalten werden, wie allen pauschalen Verdächtigungen gegenüber der Klassizität der unbestimmten Wertungsbegriffe.

auf suptilitas und benignitas entscheiden, andere als honorarrechtliche Lösungen vorgeschlagen.[977] Es liegt daher nahe, der benignitas auch dann, wenn sie ausdrücklich im Gegensatz zur suptilitas iuris herangezogen wird, keine andere Funktion als diejenige zuzuweisen, die sich aus der Analyse der übrigen Fragmente ohne Bezug zur suptilitas ergeben hat.[978] Das gleiche gilt für die humanitas[979] und alle anderen unbestimmten Wertungsbegriffe, die zur Begründung einer Entscheidung entgegen der suptilitas iuris (civilis) herangezogen wurden. Es erscheint daher nicht einmal ausgeschlossen, dass der Vorwurf der suptilitas mitunter auch gegen andere Rechtsgrundsätze als die des ius civile – also etwa gegen einen Grundsatz des ius honorarium[980] – gerichtet wurde.[981] Der Anwendungsbereich der suptilitas in Verbindung mit einem anderen unbestimmten Wertungsbegriff kann also nicht auf die Gegenüberstellung zweier unterschiedlicher Rechtsmassen (ius civile / ius honorarium) reduziert werden, sondern ist allgemein in einer besonders pointiert hervorgebrachten Kritik am allzu spitzfindigen Recht zu sehen, die der jeweilige Jurist mit Hilfe eines wie auch immer gearteten Rechtsmittels beseitigt.

III. Der unterschiedliche Bedeutungsgehalt einzelner unbestimmter Wertungsbegriffe

Insgesamt kann man aufgrund dieser Ergebnisse die in der Literatur bislang weit verbreitete Auffassung, dass die unbestimmten Wertungsbegriffe benignitas, hu-

---

977 Beispielhaft seien hier nur die Fälle der Wirksamkeit einer Schenkung mit Darlehensauflage bei Julian (18 dig.) D. 12. 1. 20, der zweckorientierten Einschränkung erbrechtlicher Nichtigkeitsgrundsätze bei Ulpian (4 disp.) D. 28. 3. 12 pr. und Papinian (5 resp.) D. 28. 3. 17 oder aber der Befreiung einer Sache von der Pfandhaftung trotz eines anders lautenden Urteils bei Marcianus (ad form. hypoth.) D. 20. 1. 16. 6 aufgeführt.

978 Diese Funktion der benignitas, die in der möglichst umfassenden Aufrechterhaltung einer im Rechtsverkehr verbindlich geäußerten Willensentscheidung zu sehen ist, wird von Harke, Argumenta Iuventiana, S. 117 f. für eine Entscheidung des Celsus (29 dig.) D. 1. 3. 18 sogar indirekt anerkannt, wenn er in der dort getätigten benignior interpretatio den Vorrang der Auslegung zugunsten des gesetzgeberischen Willens vor dem Wortlaut der Norm zum Ausdruck kommen sieht; vgl. dazu schon oben im dritten Teil unter § 8 II. 3.

979 Auch hier konnten die wenigen Entscheidungen mit einer Gegenüberstellung von humanitas und suptilitas z. B. bei Julian (29 dig.) D. 28. 2. 13 pr., bei Pomponius (2 ad Sab.) D. 40. 4. 4. 2 und Tryphoninus (4 disp.) D. 49. 15. 12. 5 im Prinzip nicht anders gedeutet werden als die Entscheidungen, in denen Juristen ohne einen Hinweis auf die suptilitas (iuris civilis) human interpretierten.

980 Darauf hat auch schon Vacca, in Studi d`Amelio I, S. 423 f. für den Gegensatz ius strictum – aequitas hingewiesen.

981 Dafür spricht auch die Verwendung der suptilitas als Wertungsbegriff für die einfache Kritik an einer Juristenmeinung; vgl. dazu ausführlich schon oben im ersten Teil unter § 3 IV. 3.

manitas, aequitas und utilitas schon in der klassischen Periode mehr oder weniger synonym zur Berücksichtigung allgemeiner Billigkeitskriterien gebraucht wurden,[982] begründet hinterfragen.[983] Zudem erscheint mir eine Beschränkung einzelner Begriffe auf bestimmte Benutzergruppen, wie etwa die Einordnung der benignitas als Billigkeitsformel der römischen Juristen im Gegensatz zur humanitas als Tugend der römischen Kaiser zumindest unwahrscheinlich.[984] Auch diese Auffassung vernachlässigt, dass man – wie es die Fälle belegen – auch inhaltlich zwischen den einzelnen unbestimmten Wertungsbegriffen differenzieren kann. Die Überlieferung von humanitas-Entscheidungen einzelner Juristen[985] sowie von benignitas-Wertungen durch römische Kaiser[986] bestätigen dies nachdrücklich.

Man würde den Juristen der römischen Klassik daher Unrecht tun, wenn man die Verwässerung der Begriffe hin zu einer allgemein moralisierenden Ideologie der Berücksichtigung bestimmter rechtspolitischer Ziele, wie sie vor allem durch die Gesetzgebungskommission Justinians in nachklassischer Zeit vorangetrieben

---

982 So noch Casavola, in ANRW II. 15 (1976), S. 156 f., 159; Lanfranchi, diritto nei retori, S. 105 ff.; Scarano Ussani, Valori e storia, S. 193, 194 f.; Schulz, Geschichte, S. 90 f. (für aequus und iustus); Voci, DER II, S. 919, Fn. 13; Wieacker, SZ 94 (1977), S. 32 ff.; Wubbe, in Symbolae David I, S. 244; ders., in FS für Verdam, S. 222 sowie noch einmal in TR 58 (1990), S. 251, Fn. 12; zuletzt im Ansatz auch Crifò, in FS für Waldstein, S. 79 (für humanitas und aequitas) und Zülch, liber singularis, S. 56 f., insb. Fn. 43, der allerdings zwischen utilitas einerseits und humanitas/benignitas andererseits unterscheiden will.

983 Insofern kritisch im Ansatz auch Harke, Argumenta Iuventiana, S. 117 f.

984 So mehrfach Hausmaninger, in Iuris Professio, S. 67 und ders., in Boston University Law Review 61 (1981), S. 1151; Wubbe, in FS für Verdam, S. 222; ders., TR 58 (1990), S. 251; zustimmend Wieacker, SZ 94 (1977), S. 31; etwas abgeschwächt beschreibt Zülch, liber singularis, S. 56 „humanitas und benignitas“ allgemein als „Herrschertugenden, die die Kaiser häufig betont haben“; deutlicher aber auf S. 57 zur Unterscheidung humanitas (Kaiser) und utilitas (Juristen); ähnlich auch Bretone, Geschichte, S. 163 ff. zur kaiserlichen Normensetzung: „Leitbegriffe wie benignitas, benevolentia, humanitas [...] gewannen große Bedeutung“. In diesem Sinne für benignitas und humanitas auch schon Wieacker, SZ 94 (1977), S. 31 der sich darauf beschränkt, den Ursprung der unbestimmten Wertungen in der kaiserlichen Rechtspflege zu suchen; ähnlich Baldus, Auslegung nach Parteirollen, S. 592 f.; für die aequitas als „Werkzeug des prätorischen Rechts“: Pringsheim, Aequitas und bona fides, S. 159.

985 Vgl. dazu nur beispielhaft die oben näher analysierten Fragmente Iul. (29 dig.) D. 28. 2. 13 pr.; Pomp. (6 ad Sab.) D. 33. 5. 8. 2; Pomp. (12 epist.) D. 35. 1. 112. 2 und Pomp. (2 ad Sab.) D. 40. 4. 4. 2 sowie Pap. (6 resp.) D. 29. 2. 86 pr.; Tryph. (4 disp.) D. 49. 15. 12. 5 ; Paul. (8 quaest.) D. 29. 1. 38. 1; Ulp. (25 ad ed.) D. 11. 7. 6 pr.; Ulp. (39 ad ed.) D. 37. 4. 3. 9.

986 So etwa Pap. (15 resp.) D. 34. 9. 18 pr.: „divus Severus benigne decrevit“; Pap. (5 inst.) D. 37. 14. 4: „divi Severus et Antoninus benignissime rescripserunt“ oder auch Mark Aurel C. 6. 27. 1.

wurde,[987] bereits für ihre Entscheidungen propagierte.[988] Viel näher liegt es, stattdessen davon auszugehen, dass gerade die methodisch und philosophisch hervorragend geschulten Köpfe der ausgehenden Republik und des Prinzipats genau wussten, in welcher Fallkonstellation eine vorsichtige Kritik an den Grundsätzen des ius civile geboten schien und vor allem auch, wie diese Kritik sprachlich zu fassen war.[989] Die vor allem bei den Spätklassikern ausgeprägte Fähigkeit, die allgemeinen Wertungskriterien in Rechtsgrundsätze des ius civile zu verwandeln, war also bereits während der hochklassischen Periode angelegt.[990] Die zahlreichen Entscheidungskorrekturen mit unbestimmter Wertung in dieser Zeit deuten darauf hin, dass der Versuch, übergeordnete Prinzipien in die vorhandenen Rechtsinstitute des ius civile zu integrieren, schon damals fester Bestandteil der methodischen Arbeitsweise römischer Juristen war.

Dabei erscheint es möglich, verbindliche Aussagen über den Ursprung und Bedeutungsgehalt der unbestimmten Wertungsbegriffe treffen zu können. Auch wenn den in heutiger Zeit unternommenen Rekonstruktionsversuchen für die bestimmenden Entscheidungsmotive aufgrund der vielfach überlagerten Quellen immer hypothetische Elemente innewohnen, wird der unterschiedliche Bedeutungsgehalt einzelner unbestimmter Wertungsbegriffe besonders gut an solchen Stellen verdeutlicht, an denen mehrere der Begriffe in unmittelbarem Zusammenhang verwendet werden. Zu diesen Stellen kann man beispielsweise die schon oben mehrfach erwähnte Entscheidung Marcell. (29 dig.) D. 28. 4. 3 pr. zählen. Obwohl sich hier mit Marcellus einerseits und Mark Aurel andererseits unterschiedliche Entscheidungsträger der verschiedenen Begriffe bedienen, so dass sich die Verwendung eines bestimmten Begriffes theoretisch auch durch eine irgendwie geartete stilistische Präferenz deuten ließe, spricht einiges für einen unterschiedlichen Bedeutungsgehalt der beiden unbestimmten Wertungsbegriffe.[991] Das beste Beispiel für den inhaltlich unterschiedlichen Anwendungsbereich von benignus und humanus ist aber von Pomponius überliefert. So ergab die Analyse von Pomp. (12 epist.) D. 35. 1. 112. 1[992] und 2[993], dass die in beiden

---

987 Vgl dazu beispielsweise Albertario, Studi 5, S. 108 ff.; Iglesias, Der. Rom., S. 92 f.; Pringsheim, Römische aequitas, S. 245 und Beck, in FG für Simonius, S. 24: „Die Aequitas wird der bona fides gleichgesetzt und bildet mit humanitas, benignitas usw. eines der hervorragenden ethisch-juristischen Prinzipien der byzantinischen Ordnung".

988 So aber wohl Behrends, in Nomos und Gesetz, S. 138 ff., insb. S. 211, wenn er feststellt, dass „die unbestimmten Wertbegriffe dieser Jurisprudenz kein Recht", sondern „eine in der Philosophie gegründete Sozialmoral" seien.

989 Im Ergebnis ähnlich auch Baldus, Auslegung nach Parteirollen, S. 679 ff.

990 So zutreffend Behrends, SZ 95 (1978), S. 193, wenn er ihnen die Fähigkeit zur Einarbeitung von Prinzipien in institutionelle Lösungen zuspricht.

991 Vgl. dazu ausführlich oben im vierten Teil unter § 11 V.

992 Vgl. dazu oben im vierten Teil unter § 11 I. 1.

993 Vgl. dazu oben im vierten Teil unter § 11 III. 1. a.

Fällen im Ergebnis erreichte Wirksamkeit der Legatsbedingung auf unterschiedlichen Motiven beruht. Während Pomponius sich bei der ersten durch benigna interpretatio gelösten Entscheidung am Willen des Erblassers orientiert, steht im Fall von Pomp. (12 epist.) D. 35. 1. 112. 2, zu dessen Lösung er humanior interpretieren will, die Bevorzugung des betroffenen Legatars im Vordergrund. Die unterschiedliche Wortwahl eines einzelnen Juristen in zwei so ähnlichen Sachverhaltskonstellationen, die zudem unmittelbar aufeinander folgen, belegt die auch durch die zahlreichen anderen Fälle nachweisbare These vom sprachlich-sachlichen Zusammenhang bestimmter Entscheidungsmotive mit einzelnen unbestimmten Wertungsbegriffen besonders überzeugend.

Versucht man, einen Bezug zwischen den verschiedenen Entscheidungsmotiven der unbestimmten Wertungsbegriffe herzustellen, so fällt auf, dass die mit der benignitas begründeten Fälle der Berücksichtigung von verbindlich getroffenen Willensentscheidungen im Rechtsverkehr ebenso wie die mit der humanitas bezweckte Bevorzugung bestimmter Einzelpersonen und die durch die aequitas auf einen gerechten Ausgleich des Rechtsstreits abzielenden Fälle alle das Ziel verfolgen, den jeweils beteiligten Personen zu der Gerechtigkeit zu verhelfen, die ihnen zusteht. In dieser Einsicht spiegelt sich deutlich die schon an anderer Stelle[994] erörterte Definition der Gerechtigkeit und damit auch der prägende Einfluss philosophischen Gedankengutes für die Entscheidungen der Juristen in der klassischen Periode wider. Die untersuchten Fragmente belegen damit eindrucksvoll, dass es sich bei den in dieser Definition zum Ausdruck kommenden Wertungsmotiven nicht lediglich um allgemeine Programmsätze handelte, die in der praktischen Rechtsanwendung nur die Rolle von übergeordneten Leitzielen im Sinne einer allgemeinen „Sozialmoral" gespielt hätten,[995] sondern vielmehr um im konkreten Einzelfall erfahrbare Wertungskriterien mit rechtlichem Gehalt. Alle Entscheidungen – und die zur Korrektur von verbindlichen Rechtsgrundsätzen verwendeten in besonderem Maße –, in denen sich römische Juristen der klassischen Periode zur Begründung eines unbestimmten Wertungsbegriffes bedienen, sind somit ein weiteres beredtes Zeugnis dafür, dass „die ganze Arbeit der römischen Rechtswissenschaft in Wahrheit nur aus dem Bemühen zu begreifen ist, in jedem Fall herauszufinden, was das Recht eines jeden ist".[996]

994 Vgl. dazu oben im zweiten Teil unter § 5 II.
995 So aber zuletzt Behrends, in Nomos und Gesetz, S. 211.
996 So treffend Waldstein, in FS für Flume I, S. 231.

LITERATURVERZEICHNIS

Albanese, Bernardo, La nozione del furtum fino a Nerazio, in APal. 23 (1953), S. 5–210
– Le persone nel diritto privato romano, Palermo 1979 (zit.: Albanese, Le persone)
Albertario, Emilio, Conceptus pro iam nato habetur, in Bull. 33 (1923), S. 1–77
– Rezension zu Tumedei, Cesare, Distinzioni postclassiche riguardo all`età: "infanti proximus" e "pubertati proximus", Bologna 1922, in AG 89 (1923), S. 252–264
– Delictum e crimen nel diritto romano – classico e nella legislazione Giustinianea, Milano 1924 (zit.: Albertario, delictum e crimen)
– Studi di diritto romano, Volume Secondo: Cose – Diritti Reali – Possesso, Milano 1941, Volume Quinto: Storia – Metodologia – Esegesi, Milano 1937 (zit.: Albertario, Studi)
Amaya Calero, Manuel, Un famoso pleito sucesorio que dedice Marco Aurelio, in Labeo 34 (1988), S. 18–42
Amelotti, Mario, Il testamento romano attraverso la prassi documentale. I. le forme classiche di testamento, Firenze 1966 (zit.: Amelotti, testamento romano I)
Amirante, Luigi, Captivitas e postliminium, Napoli 1950 (zit.: Amirante, captivitas e postliminium)
Ankum, Hans, „Utilitatis causa receptum" – On the pragmatical methods of the Roman lawyers, in Symbolae iuridicae et historicae Martino David dedicatae, Ankum, J. A. et al. (Hrsg.), Tomus Primus, Ius Romanum, Leiden 1968, S. 1–31 (zit.: Ankum, in Symbolae David I)
– La captiva adultera. Problèmes concernant l`accusatio adulterii en droit romain classique, in RIDA 32 (1985), S. 153–205
– Pomp. D. 41, 7, 5 pr.: Die occupatio einer res mancipi derelicta und der Ausdruck in bonis alicuius esse in den klassischen römischen Rechtsquellen, in SZ 103 (1986), S. 248–274
– Pomponio, Juliano y la responsabilidad del vendedor por evicción con la *actio empti,* in RIDA 39 (1992), S. 57–84
– Der Ausdruck *favor libertatis* in den Konstitutionen der römischen Kaiser, in

Ankum, Hans / van Gessel-de Roo, Marjolijn / Pool, Eric, Die verschiedenen Bedeutungen des Ausdrucks in bonis alicuius esse / in bonis habere im klassischen römischen Recht, Teil 1, in SZ 104 (1987), S. 238–436, Teil 2, in SZ 105 (1988), S. 334–435, Teil 3, in SZ 107 (1990), S. 155–215
Apathy, Peter, Procurator und solutio, in SZ 96 (1979), S. 65–88
Appleton, Charles, Les risques dans la vente et les fausses interpolations, Chapittre III, in RH 6 (1927), S. 195–253
Arangio-Ruiz, Vincenzo, Rezension zu Redenti, Enrico, Pluralità di parti nel processo civile. Estratto dall` Archivio giuridico F. Serafini 79 (1907), in Bull. 21 (1909), S. 236–249
– La compravendita in diritto romano, Vol. I, Napoli 1956 (zit.: Arangio-Ruiz, La compravendita)
Archi, Gian Gualberto, La donazione – corso di diritto romano, Milano 1960 (zit.: Archi, donazione)
– Il negozio sotto condizione sospensiva nella compilazione di Giustiniano, in Studi in onore di Emilio Betti, Volume Secondo, Milano 1962, S. 31–69 (zit.: Archi, in Studi Betti II)
– Interpretatio iuris – interpretatio legis – interpretatio legum., in SZ 87 (1970), S. 1–49
– „Lex“ e „natura“ nelle Istituzioni di Gaio, in Ballerstedt, Kurt et al. (Hrsg.), Festschrift für Werner Flume zum 70. Geburtstag, 12. September 1978, Band I, Köln 1978, S. 3–23 (zit.: Archi, in FS für Flume I)
Artner, Michael, Agere praescriptis verbis, Atypische Geschäftsinhalte und klassisches Formularverfahren, Berlin 2002 (zit.: Artner, Agere praescriptis verbis)
Astolfi, Riccardo, La Lex Iulia et Papia, Quarta Edizione, Padova 1996 (zit.: Astolfi, Lex Iulia et Papia)
Babusiaux, Ulrike, Zur Funktion der aequitas naturalis in Ulpians Ediktslaudationen, Mantovani, Dario / Schiavone, Aldo, Testi e problemi del giusnaturalismo romano, Pavia 2007, S. 603–644 (zit.: Babusiaux, in giusnaturalismo)
Backhaus, Ralph, Casus perplexus – Die Lösung in sich widersprüchlicher Rechtsfälle durch die klassische römische Jurisprudenz, München 1981 (zit.: Backhaus, Casus perplexus)
– Rezension zu Bürge, Alfons, Retentio im römischen Sachen- und Obligationenrecht, Zürich 1979, in SZ 98 (1981), S. 500–514
– In maiore minus inest – Eine justinianische „regula iuris“ in den klassischen Rechtsquellen: Herkunft, Anwendungsbereich und Funktion, in SZ 100 (1983), S. 136–184
– Rezension zu Manthe, Ulrich, Die libri ex Cassio des Iavolenus Priscus, Berlin 1982, in SZ 100 (1983), S. 613–629
– Rezension zu Rastätter, Jürgen, Marcelli notae ad Iuliani digesta, Freiburg 1981, in SZ 101 (1984), S. 367–383
– Das Problem der „ungerechten Rechtsnorm“ in der Antike – zugleich ein Beitrag zum Stellenwert des Naturrechts in der alten Welt, in Pfeiffer, Gerd

(Hrsg.), Der verfasste Rechtsstaat, Festgabe für Karin Graßhof, Heidelberg 1998, S. 27–49 (zit.: Backhaus, in FG für Graßhof)
– Ethik und Recht in Cicero, de officiis 3. 12. 50 ff., in Kern, Bernd-Rüdiger et al. (Hrsg.), HUMANIORA, Medizin – Recht – Geschichte, Festschrift für Adolf Laufs zum 70. Geburtstag, Berlin 2006, S. 3–23 (zit.: Backhaus, in FS für Laufs)
Baldus, Christian, Regelhafte Auslegung nach Parteirollen im klassischen römischen Recht und in der modernen Völkerrechtswissenschaft, Zur Rezeptionsfähigkeit des römischen Rechtsdenkens, Frankfurt am Main 1998 (zit.: Baldus, Auslegung nach Parteirollen)
Bandini, Vincenzo, Appunti in tema di reato di adulterio, in Studi in memoria di Umberto Ratti, a cura e con prefazione di Emilio Albertario, Milano 1934, S. 499–507 (zit.: Bandini, in Studi Ratti)
Barbero, Fernando Reinoso, 'Definitio pericolosa': ¿Javoleno o Labeon?, in Bull. 90 (1987), S. 285–353
Bartošek, Milan, Sulla concezione "naturalistica" e materialistica dei giuristi classici, in Studi in memoria di Emilio Albertario, Volume Secondo, Milano 1953, S. 463–514 (zit.: Bartošek, in Studi Albertario II)
Bauman, Richard A., Lawyers and politics in the early Roman empire. A study of relations between the Roman jurists and the emperors from Augustus to Hadrian, München 1989 (zit.: Bauman, Lawyers and politics)
– Human Rights in Ancient Rome, London and New York 2000 (zit.: Bauman, Human Rights)
Bechmann, August, Das ius postliminii und die Lex Cornelia. Ein Beitrag zur Dogmatik des römischen Rechts, Erlangen 1872 (zit.: Bechmann, ius postliminii)
Beck, Alexander, Zu den Grundprinzipien der bona fides im römischen Vertragsrecht, in Aequitas und Bona Fides, Festgabe zum 70. Geburtstag von August Simonius, Basel 1955, S. 9–27 (zit.: Beck, in FG für Simonius)
– Ueberlegungen zum klassischen Vergleichsrecht, in Studi in onore di Pietro de Francisci, Volume Quarto, Milano 1956, S. 2–16 (zit.: Beck, in Studi de Francisci IV)
– Gedanken zum rechtsstaatlichen Aufbau vornehmlich des ausgehenden Prinzipats, in Mélanges Philippe Meylan – Recueil de travaux publiés par la Faculté de droit, Volume I: Droit Romain, Lausanne 1963, S. 19–42 (zit.: Beck, in Mélanges Meylan I)
Behrends, Okko, Die Prokuratur des klassischen römischen Zivilrechts, in SZ 88 (1971), S. 215–299
– Institutionelles und prinzipielles Denken im römischen Privatrecht, in SZ 95 (1978), S. 187–231
– Rezension zu Festschrift für Werner Flume zum 70. Geburtstag, 12. September 1978, Ballerstedt, Kurt, et al. (Hrsg.), Köln 1978, in SZ 97 (1980), S. 451–486

– Das Werk Otto Lenels und die Kontinuität der romanistischen Fragestellungen. Zugleich ein Beitrag zur grundsätzlichen Überwindung der interpolationischen Methode, in Index 19 (1991), S. 168–213
– Gesetz und Sprache. Das römische Gesetz unter dem Einfluß der hellenistischen Philosophie, in Behrends, Okko / Sellert, Wolfgang (Hrsg.), Nomos und Gesetz – Ursprünge und Wirkungen des griechischen Gesetzesdenkens, Göttingen 1995, S. 135–249 (zit.: Behrends, in Nomos und Gesetz)
– Die Grundbegriffe der Romanistik. Zugleich eine Warnung vor dem l`art pour l`art, in Index 24 (1996), S.1–69
– Die Gewohnheit des Rechts und das Gewohnheitsrecht – Die geistigen Grundlagen des klassischen römischen Rechts mit einem vergleichenden Blick auf die Gewohnheitsrechtslehre der Historischen Rechtsschule und der Gegenwart, in Willoweit, Dietmar (Hrsg.), Die Begründung des Rechts als historisches Problem, München 2000, S. 19–135 (zit.: Behrends, in Begründung des Rechts)
– Die condictio causa data causa non secuta. Ihr familienrechtlicher Tatbestand im klassischen Bereicherungsrecht und ihre Erweiterung zur Kondiktion wegen Zweckverfehlung unter vorklassischem Einfluß, in Knothe, Hans-Georg / Kohler, Jürgen (Hrsg.), Status Familiae, Festschrift für Andreas Wacke zum 65. Geburtstag am 28. April 2001, München 2001, S. 15–64 (zit.: Behrends, in FS für Wacke)

Behrends, Okko / Knütel, Rolf / Kupisch, Berthold / Seiler, Hans Hermann (Hrsg.), Corpus Iuris Civilis, Text und Übersetzung, II, Digesten 1–10, Heidelberg 1995, III, Digesten 11–20, Heidelberg 1999 (zit.: Bearbeiter, in Behrends/Knütel/Kupisch/Seiler, C.I.C.)

Below, Karl-Heinz, Die Haftung für lucrum cessans im römischen Recht, München 1964 (zit.: Below, lucrum cessans)

Benke, Nikolaus, Exemplum contra legem, in TR 57 (1989), S. 275–312

Benöhr, Hans-Peter, Zur Haftung für Sklavendelikte, in SZ 97 (1980), S. 273–287

Berger, Adolf, Zur Entwicklungsgeschichte der Teilungsklagen im klassischen römischen Recht, Weimar 1912 (zit.: Berger, Teilungsklagen)
– In dubiis benigniora (D. 50. 17. 56) – considerazioni interpolazionistiche, in Atti del congresso internazionale di diritto romano e di storia del diritto, Verona 27.–29.09.1948, Volume Secondo, Milano 1951, S. 185–205 (zit.: Berger, in Atti Verona II)

Bergman, Gunnar, Beiträge zum römischen Adoptionsrecht, Lund 1912 (zit.: Bergman, Adoptionsrecht)

Bergsma-van Krimpen, Bertha, The complications of a double role, in RIDA 20 (1973), S. 275–284

Beseler, Gerhard von, Beiträge zur Kritik der römischen Rechtsquellen, Tübingen 1910, Zweites Heft, Tübingen 1911, Drittes Heft, Tübingen 1913 (zit.: Beseler, Beiträge)

– Miscellanea critica., in SZ 43 (1922), S. 415–438
– Miscellanea, in SZ 45 (1925), S. 188–265
– Aequitas, Aequissimus, in SZ 45 (1925), S. 453–456
– Miscellanea Graecoromana, in Studi in onore di Pietro Bonfante nel XL anno d`insegnamento, Volume Secondo, Milano 1930, S. 51–83 (zit.: Beseler, in Studi Bonfante II)
– Unklassische Wörter, in SZ 56 (1936), S. 26–98
– Beiträge zur Kritik der römischen Rechtsquellen, in SZ 66 (1948), S. 265–393
– Digestenkritik, in Bull. 53/54 (1948), S. 349–352
– Fruges et Paleae II, Romanistische Untersuchungen, in Festschrift Fritz Schulz, Erster Band, Weimar 1951, S. 3–51 (zit.: Beseler, in FS für Schulz I)

Betti, Emilio, Bewußte Abweichung der Parteiabsicht von der typischen Zweckbestimmung (causa) des Rechtsgeschäfts, in Festschrift Paul Koschaker zum 60. Geburtstag, I. Band, Weimar 1939, S. 296–333 (zit.: Betti, in FS für Koschaker I)
– La retroattività della *condicio* (facti o iuris) in diritto giustinianeo, in Scritti di diritto romano in onore di Contardo Ferrini, Archi, Gian Gualberto (Hrsg.), Milano 1946, S. 477–502 (zit.: Betti, in Scritti Ferrini)
– Istituzioni di diritto romano, Volume Primo, 2. Auflage, Padova 1947 (zit.: Betti, Istituzioni I)

Biondi, Biondo, La compensazione nel diritto romano, in APal. 12 (1929), S. 161–476
– Appunti intorno alla sentenza nel processo civile romano, in Studi in onore di Pietro Bonfante nel XL anno d`insegnamento, Volume Quarto, Milano 1930, S. 29–102 (zit.: Biondi, in Studi Bonfante IV)
– Diritto ereditario romano – Parte generale (corso di lezioni), Milano 1954 (zit.: Biondi, DER)
– Le servitù prediali nel diritto romano (corso di lezioni), Milano 1954 (zit.: Biondi, servitù prediali)
– Successione testamentaria e donazioni, Seconda edizione, Milano 1955 (zit.: Biondi, Successione)

Blühdorn, Jürgen, Kritische Bemerkungen zu Theodor Viehwegs Schrift: Topik und Jurisprudenz, in TR 38 (1970), S. 269–314

Bohàcek, Miroslav, Note esegetiche, in APal. 11 (1923), S. 329–384

Bonfante, Pietro, Corso di Diritto Romano, Volume Primo – Diritto di Famiglia, Milano 1963, Volume Secondo – La Proprietà, Parte I, Milano 1966 (zit.: Bonfante, Corso)

Bonifacio, Franco, Ricerche sulla Lex Falcidia de legatis, Napoli 1948 (zit.: Bonifacio, Lex Falcidia)

Bortolucci, Giovanni, Note sul contratto romano, in Acta concressus iuridici internationalis, Volumen primum, S. 243–276, Romae 1935 (zit.: Bortolucci, ACJI, Bd.1)

Boyer, Laurent, La fonction sociale des legs d`après la jurisprudence classique, in RH 43 (1965), S. 333–408

Bretone, Mario, Servus communis – Contributo alla storia della comproprietà romana in età classica, Napoli 1958 (zit.: Bretone, Servus communis)

– Rezension zu Eckardt, Bernd, Iavoleni Epistulae, Berlin 1978, in IURA 29 (1978), S. 235–242

– Geschichte des römischen Rechts, Von den Anfängen bis zu Justinian, Übersetzung der 3. Auflage 1989 von Brigitte Galsterer, München 1992 (zit.: Bretone, Geschichte)

Broggini, Gerardo, Iudex arbiterve, Prolegomena zum Officium des römischen Privatrichters, Köln, Graz 1957 (zit.: Broggini, Iudex arbiterve)

Broise, Sergio, Animus donandi – concetto romano e suoi riflessi sulla dogmatica odierna. Parte generale I, Pisa 1975 (zit.: Broise, Animus donandi)

Brutti, Massimo, La problematica del dolo processuale nell`esperienza romana II, Milano 1973 (zit.: Brutti, problematica del dolo II)

Buckland, William W., The Roman Law of Slavery – the condition of the slave in private law from Augustus to Justinian, Cambridge 1908 (zit.: Buckland, Slavery)

Bund, Elmar, Untersuchungen zur Methode Julians, Köln, Graz 1965 (zit.: Bund, Methode Julians)

– Die Fiktion „pro non scripto habetur" als Beispiel fiktionsbewirkter interpretatio, in Becker, Walter G. / Schnorr von Carolsfeld, Ludwig (Hrsg.), Sein und Werden im Recht, Festgabe für Ulrich von Lübtow zum 70. Geburtstag am 21. August 1970, Berlin 1970, S. 353–380 (zit.: Bund, in FG für von Lübtow)

– Rezension zu Horak, Franz, Rationes decidendi. Entscheidungsbegründungen bei den älteren römischen Juristen bis Labeo, I. Band, Aalen 1969, in IURA 21 (1970), S. 200–209

– Zur Argumentation der römischen Juristen, in Studi in onore di Edoardo Volterra, Volume Primo, S. 571–587, Milano 1971 (zit.: Bund, in Studi Volterra I)

– Il "sapere" di Salvio Giuliano. Rezension zu Scarano Ussani, Vincenzo, L`utilità e la certezza. Compiti e modelli del sapere giuridico in Salvio Giuliano, Milano 1987, in Labeo 35 (1989), S. 105–114

Bürge, Alfons, Retentio im römischen Sachen- und Obligationenrecht, Zürich 1979 (zit.: Bürge, Retentio)

– Römisches Privatrecht, Rechtsdenken und gesellschaftliche Verankerung, Eine Einführung, Darmstadt 1999 (zit.: Bürge, RPR)

Burdese, Alberto, Lex commissoria e ius vendendi nella fiducia e nel pignus, Torino 1949 (zit.: Burdese, Lex commissoria)

– Autorizzazione ad alienare in diritto romano, Torino 1950 (zit.: Burdese, Autorizzazione)

– Sulla capacità intelletuale degli impuberes in diritto classico, in AG 150 (1956), S. 10–66

Bussmann, Marianne, L`obligation de délivrance du vendeur en droit romain classique, Lausanne 1933 (zit.: Bussmann, L`obligation de délivrance)
Buti, Ignazio, Studi sulla capacità patrimoniale dei "servi", Napoli 1976 (zit.: Buti, Studi sulla capacità)
Campolunghi, Maria, Gli effetti sospensivi dell`appello in materia penale a proposito di Scaev. D. 26, 7, 57, 1, in Bull. 75 (1972), S. 151–209
Capogrossi Colognesi, Luigi, La struttura della proprietà e la formazione dei "iura praediorum" nell`età repubblicana, Volume II, Milano 1976 (zit.: Capogrossi Colognesi, struttura della proprietà II)
Carcaterra, Antonio, Intorno ai bonae fidei iudicia, Napoli 1964 (zit.: Carcaterra, bonae fidei iudicia)
– L`analisi del "ius" e della "lex" in elementi primi (Celso, Ulpiano, Modestino), in SDHI 46 (1980), S. 248–281
– "Ius finitum" e "facti interpretatio" nella epistemologia di Nerazio Prisco (D. 22, 6, 2), in Studi in onore di Arnaldo Biscardi V, Milano 1984, S. 405–436 (zit.: Carcaterra, in Studi Biscardi V)
– Rezension zu Scarano Ussani, Vincenzo, L`utilità e la certezza. Compiti e modelli del sapere giuridico in Salvio Giuliano, Milano 1987, in SDHI 54 (1988), S. 440–447
Carrelli, Edoardo, Sul "beneficium restitutionis,,., in SDHI 4 (1938),
S. 5–67
Casavola, Franco, Lex Cincia – contributo alla storia delle origini della donazione romana, Napoli 1960 (zit.: Casavola, Lex Cincia)
– Cultura e scienza giuridica nel secondo secolo d. C.: il senso del passato, in ANRW II. 15 (1976), S. 131–175
– Giuristi Adrianei, Napoli 1980 (zit.: Casavola, Giuristi Adrianei)
Castelli, Guglielmo, Intorno all`origine dell`obbligo di dotare, in Bull. 26 (1913), S. 164–174
Castello, Carlo, In tema di "favor libertatis", in SDHI 22 (1956), S. 348–361
– Rezension zu Robleda, Olis, Il diritto degli schiavi nell`antica Roma, in SDHI 42 (1976), S. 576–590
Cerami, Pietro, Considerazioni sulla cultura e sulla logica di Cecilio Africano (A proposito di D. 35. 2. 88 pr.), in IURA 22 (1971), S. 127–137
– La concezione Celsina del ius – presupposti culturali ed implicazioni metodologiche, in APal. 38 (1985), S. 5–250
– Giuliano nel suo tempo. Rezension zu Scarano Ussani, Vincenzo, L`utilità e la certezza. Compiti e modelli del sapere giuridico in Salvio Giuliano, Milano 1987, in Labeo 35 (1989), S. 114–121
Cervenca, Giuliano, Studi vari sulla "restitutio in integrum", Milano 1965 (zit.: Cervenca, restitutio in integrum)
– Contributo allo studio delle "usurae" c.d. legali nel diritto romano, Milano 1969 (zit.: Cervenca, Studio delle usurae)

Chiazzese, Lauro, Confronti testuali – Contributo alla dottrina delle interpolazioni giustinianee, APal. 16 (1931)
Christes, Johannes, Cicero und der römische Humanismus, Antrittsvorlesung 24. Januar 1995 Humboldt-Universität Berlin, Philosophische Fakultät 2, Institut für Klassische Philologie, Heft 56, Berlin 1995 (zit.: Christes, Cicero und der römische Humanismus)
Corbett, Percy Ellwood, The Roman Law of marriage, Second reprint of the edition Oxford 1930, Aalen 1979 (zit.: Corbett, Law of marriage)
Cosentini, Cristoforo, Condicio impossibilis, Milano 1952 (zit.: Cosentini, Condicio)
Crifó, Giuliano, Lo schema dialettico uti frui ed una congettura sul fructus sine usu, in Études offertes à Jean Macqueron, Aix-en-Provence 1970, S. 209–214 (zit.: Crifó, in Études Macqueron)
– Rezension zu Honoré, Tony, Ulpian, Oxford 1982, in SZ 102 (1985), S. 601–612
– A proposito di humanitas, in Schermaier, Martin Josef / Végh, Zoltán (Hrsg.), Ars boni et aequi, Festschrift für Wolfgang Waldstein zum 65. Geburtstag, Stuttgart 1993, S. 79–91 (zit.: Crifò, in FS für Waldstein)
Crook, John A., Law and Life of Rome, London 1967, Nachdruck 1984 (zit.: Crook, Law and Life of Rome)
d`Agostino, Francesco, Epieikeia, Il tema dell`equità nell`antichità greca, Milano 1973 (zit.: d`Agostino, Epieikeia)
d`Amati, Laura, Note e discussioni – I "Nova Negozia" nella riflessione romana (brevi considerazioni), in Bull. 90 (1987), S. 569–577
Daube, David, Roman Law, linguistic, social and philosophical aspects, Edinburgh 1969 (zit.: Daube, Roman Law)
– Historical Aspects of Informal Marriage, in RIDA 25 (1978), S. 95–107
Daubermann, Erich A., Die Sachgesamtheit als Gegenstand des klassischen römischen Rechts, Frankfurt am Main et al. 1993 (zit.: Daubermann, Sachgesamtheit)
Daza, Jesus, „Aequitas et Humanitas", in Estudios en homenaje al Profesor Juan Iglesias, Tomo III, Madrid 1988, S. 1211–1231 (zit.: Daza, in Estudios Iglesias III)
de Churruca, Juan, Die Gerichtsbarkeit des praefectus urbi über die argentarii im klassischen römischen Recht, in SZ 108 (1991), S. 304–324
de Dominicis, Mario, Il "ius sepulchri" nel diritto successorio romano, in RIDA 13 (1966), S. 177–204
Degenkolb, Heinrich, Neue Beiträge zur Lehre vom Vorvertrag, in AcP 71 (1887), S. 52–92
Dernburg, Heinrich, Das Pfandrecht nach Grundsätzen des heutigen römischen Rechts, Zweiter Band, Leipzig 1864 (zit.: Dernburg, Pfandrecht)
de Ruggiero, Roberto, Il "dies impossibilis" nei contratti e nei testamenti. Saggio sulla teoria del "dies" in diritto romano, in Bull. 15 (1903), S. 5–65

de Neeve, Pieter Willem, Remissio Mercedis, in SZ 100 (1983), S. 296–339
de Visscher, Fernand, Le droit des tombeaux romains, Milano 1963 (zit.: de Visscher, droit de tombeaux)
Dobbertin, Malte, Zur Auslegung der Stipulation im klassischen römischen Recht, Zürich 1987 (zit.: Dobbertin, Auslegung der Stipulation)
Donatuti, Guido, Lo statulibero, Milano 1940 (zit.: Donatuti, statulibero)
– Iustus, iuste, iustitia nel linguaggio dei giuristi classici, Estratto dagli Annali Perugia 33 (1921), S. 375–437, hier zitiert nach: Grosso, Giuseppe / Reggi, Roberto (Hrsg.), Guido Donatuti, Studi di diritto romano, Volume Primo, Milano 1976, S. 35–85 (zit.: Donatuti, Studi 1)
d`Ors, Alvaro, Creditum und contractum, in SZ 74 (1957), S. 73–99
– Replicas Panormitanas IV. Sobre la supuesta "condictio" sin "datio", in IURA 25 (1974), S. 1–45
– Una nueva conjetura sobre CI. 7. 12. 1 – D. 48. 19. 33, in Labeo 24 (1978), S. 42–51
– Las Questiones de Africano, Mursia 1997 (zit.: d`Ors, Questiones)
Düll, Rudolf, Bruchstücke verschollener römischer Gesetze und Rechtssätze, in Studi in onore di Edoardo Volterra, Volume Primo, Milano 1971, S. 113–139 (zit.: Düll, in Studi Volterra I)
Dulckeit, Gerhard, Zur Lehre vom Rechtsgeschäft im klassischen römischen Recht, in Festschrift Fritz Schulz, Erster Band, Weimar 1951, S. 148–190 (zit.: Dulckeit, in FS für Schulz I)
– Plus nuncupatum minus scriptum. Ein Beitrag zur Entwicklung des römischen Testamentsrechts, in SZ 70 (1953), S. 179–213
Dworkin, Ronald, Taking Rights Seriously, 12. Auflage, Cambridge 1978 (zit.: Dworkin, Taking Rights Seriously)
– Pragmatism, Right Answers, and True Banality, in Brint/Weaver, Pragmatism in Law and Society, Boulder/San Francisco/Oxford 1991, S. 359 ff. (zit.: Dworkin, Pragmatism, Right Answers, and True Banality)
Eckardt, Bernd, Iavoleni Epistulae, Berlin 1978 (zit.: Eckardt, Iav. Epist.)
Ehrhardt, Arnold, Litis aestimatio im römischen Formularprozess. Eine Untersuchung der materiellrechtlichen Folgen der Geldverurteilung, München und Berlin 1934 (Ehrhardt, Litis aestimatio)
Eisele, Fridolin, Zur Querela inofficiosi, in SZ 15 (1894), S. 256–306
– Weitere Studien zum Texte der Digesten., in SZ 30 (1909), S. 99–154
Esser, Josef, Möglichkeiten und Grenzen des dogmatischen Denkens im modernen Zivilrecht, in AcP 172 (1972), S. 97–130
– Grundsatz und Norm in der richterlichen Fortbildung des Privatrechts, Rechtsvergleichende Beiträge zur Rechtsquellen- und Interpretationslehre, Nachdruck von 1956, 4. Auflage, Tübingen 1990 (zit.: Esser, Grundsatz und Norm)
Fadda, Carlo, Concetti fondamentali di diritto ereditario romano, Volume I / II, Milano 1949 (zit.: Fadda, DER I / II)

Fargnoli, Iole, Studi sulla legittimazione attiva all`interdetto *quod vi aut clam*, Milano 1998 (zit.: Fargnoli, interdetto quod vi aut clam)
– "Alius solvit alius repetit", Studi in tema di indebitum condicere, Milano 2001 (zit.: Fargnoli, indebitum condicere)
Feenstra, R., Duplex dominium, in Symbolae iuridicae et historicae Martino David dedicatae, Ankum, J. A. et al. (Hrsg.), Tomus Primus, Ius Romanum, Leiden 1968, S. 55–71 (zit.: Feenstra, in Symbolae David I)
Ferrini, Contardo, Intorno alla "separatio bonorum", in Bull. 13 (1900), S. 32–40
– Note critiche ed esegetiche. Licet…attamen…, in Bull. 14 (1901), S. 213–223
– Teoria generale dei legati e dei fedecommessi secondo il diritto romano con riguardo all`attuale giurisprudenza, Roma 1976 (zit.: Ferrini, legati e fedecommessi)
Fildhaut, Kathrin, Die libri disputationum des Claudius Tryphoninus – Eine spätklassische Juristenschrift, Berlin 2004 (zit.: Fildhaut, libri disputationum)
Fitting, Hermann, Alter und Folge der Schriften römischer Juristen von Hadrian bis Alexander, 2. Bearbeitung, Osnabrück 1965 (zit.: Fitting, Alter und Folge)
Flume, Werner, Die Vererblichkeit der suspensiv bedingten Obligation nach klassischem römischem Recht, in TR 14 (1936), S. 19–85
– Irrtum und Rechtsgeschäft im römischen Recht, in Festschrift Fritz Schulz, Erster Band, Weimar 1951, S. 209–252 (zit.: Flume, in FS für Schulz I)
– Allgemeiner Teil des Bürgerlichen Rechts, Zweiter Band: Das Rechtsgeschäft, 4. Auflage, Berlin, et al. 1992 (zit.: Flume, AT II)
Franciosi, Gennaro, Il processo di libertà in diritto romano, Napoli 1961 (zit.: Franciosi, processo di libertà)
Frezza, Paolo, Ius Gentium, in Mélanges Fernand de Visscher I = RIDA 2 (1949), S. 259–308
– Le garanzie delle obbligazioni (Corso di Diritto Romano), Volume Primo: Le garanzie personali, Padova 1962, Volume Secondo: Garanzie reali, Padova 1963 (zit.: Frezza, Le garanzie delle obbligazioni)
Friedlaender, Ludwig / Wissowa, Georg, Darstellungen aus der Sittengeschichte Roms in der Zeit von Augustus bis zum Ausgang der Antonine, Erster Band, 9. Auflage, Leipzig 1919 (zit.: Friedlaender/Wissowa, Sittengeschichte Roms)
Frier, Bruce W., Law, technology, and social change: The equipping of Italian farm tenancies, in SZ 96 (1979), S. 204–228
– Landlords and tenants in imperial Rome, New Jersey 1980 (zit.: Frier, Landlords and tenants)
– Law, economics, and disasters down on the farm: "remissio mercedis" revisited, in Bull. 92–93 (1989–1990), S. 237–270
Fuchs, Johannes Georg, Iusta causa traditionis in der Romanistischen Wissenschaft, Basel 1952 (zit.: Fuchs, Iusta causa traditionis)
Gade, Gunther Dietrich, Donationes inter virum et uxorem, Berlin 2001 (zit.: Gade, Donationes inter virum et uxorem)
Gallo, Filippo, Sul potere normativo imperiale, in SDHI 48 (1982), S. 413–454

– Sulla definizione celsina del diritto, in SDHI 53 (1987), S. 7–52
Gandolfi, Giuseppe, Studi sull`interpretatione degli atti negoziali in diritto romano, Milano 1966 (zit.: Gandolfi, atti negoziali)
Gaudemet, Jean, Des « droits de l`homme » ont-ils été reconnus dans L`Empire Romain?, in Labeo 33 (1987), S. 7–23
– Union libre et mariage dans la Rome impériale, in IURA 40 (1989), S. 1–23
Giaro, Tomasz, Excusatio necessitatis nel diritto romano, Studia Antiqua, Warschau 1982 (zit.: Giaro, Excusatio necessetatis)
– Echtheitsindizien. Eine Fallstudie zu verus, verius, verissimus, in OIR 1 (1995), S. 78–109
– Römische Rechtswahrheiten, Ein Gedankenexperiment, Frankfurt am Main 2007 (zit.: Giaro, Rechtswahrheiten)
Giodice-Sabbatelli, Venanzia, "Constituere": dato semantico e valore giuridico, in Labeo 27 (1981), S. 338–357
Gradenwitz, Otto, Interpolationen in den Pandekten, Berlin 1887 (zit.: Gradenwitz, Interpolationen)
– Licet enim legibus soluti sumus attamen legibus vivimus, in SZ 26 (1905), S. 347–366
– Selbstinterpolationen, in Acta concressus iuridici internationalis, Volumen primum, S. 497–509, Romae 1935 (zit.: Gradenwitz, ACJI, Bd.1)
Gröschler, Peter, Actiones in factum, Eine Untersuchung zur Klage-Neuschöpfung im nichtvertraglichen Bereich, Berlin 2002 (zit.: Gröschler, Actiones in factum)
Grosso, Giuseppe, Usufrutto e figure affini nel diritto romano, 2. Auflage, Torino 1958 (zit.: Grosso, usufrutto)
– I legati nel diritto romano – Parte Generale, 2. Auflage, Torino 1962 (zit.: Grosso, legati)
– Le servitu` prediali nel diritto romano, Torino 1969 (zit.: Grosso, servitu` prediali)
Guarino, Antonio, Rezension zu Masiello, Tommaso, La donna tutrice – modelli culturali e prassi giuridica fra gli Antonini e i Severi, Napoli 1979, in Labeo 25 (1979), S. 345–346
Guarneri Citati, Andrea, Legato condizionale e costituzione di servitù pendente condizione, in Studi in onore di Pietro Bonfante nel XL anno d`insegnamento, Volume Terzo, Milano 1930, S. 437–466 (zit.: Guarneri Citati, in Studi Bonfante III)
Hackl, Karl, Rezension zu Serangeli, Sandro, Studi sulla revoca del testamento in diritto romano. Contributo allo studio delle forme testamentarie, Milano 1982, in SZ 102 (1985), S. 665–678
Hammerstein, Jürgen, Die Herde im römischen Recht – Grex als rechtliche Sachgesamtheit und Wirtschaftseinheit, Göttingen et al. 1975 (zit.: Hammerstein, Die Herde im röm. Recht)

Härtel, Gottfried, Der "favor libertatis" im Imperium Romanum und sein gesellschaftlicher Zusammenhang nach den Digesten im 2.–3. Jahrhundert u.Z., in Index 5 (1974/75), S. 281–302

Hart, H.L.A., American Jurisprudence through English Eyes: the nightmare and the noble dream, 11 Georgia Law Review (1977), S. 969 ff. (zit.: Hart, 11 GLR 1977)

Harke, Jan Dirk, Argumenta Iuventiana – Entscheidungsbegründungen eines hochklassischen Juristen, Berlin 1999 (zit.: Harke, Argumenta Iuventiana)

Häuser, Franz, Unbestimmte „Maßstäbe" als Begründungselement richterlicher Entscheidungen dargestellt anhand von Entscheidungen des II. Zivilsenats des Bundesgerichtshofes zum Recht der Personengesellschaften, Berlin 1981 (zit.: Häuser, Unbestimmte Maßstäbe)

Hausmaninger, Herbert, Rezension zu Masi, Antonio, Studi sulla condizione nel diritto romano, Milano 1966, in TR 36 (1968), S. 571–577

– Rezension zu Vonglis, Bernard, La lettre et l'esprit de la loi dans la jurisprudence classique et la rhétorique, Paris 1968, in SZ 85 (1968), S. 477–489

– Zur Gesetzesinterpretation des Celsus, in Studi in onore di Giuseppe Grosso, Volume Quinto, Torino 1972, S. 244–277 (zit.: Hausmaninger, in Studi Grosso V)

– Subtilitas als juristische Wertung in den Codex-Konstitutionen Justinians, in Strasser, Rudolf et al. (Hrsg.), Festschrift Fritz Schwind zum 65. Geburtstag, Rechtsgeschichte, Rechtsvergleichung – Rechtspolitik, Wien 1978, S. 71–77 (zit.: Hausmaninger, in FS für Schwind)

– "Benevolent" and "Humane" Opinions of Classical Roman Jurists, in Boston University Law Review, Volume 61, Number 5, Nov. 1981, S. 1139–1156

– Rezension zu Cerami, Pietro, La concezione Celsina del "ius". Presupposti culturali e implicazioni metodologiche, (APal. 38 (1985), S. 5–250), in IURA 36 (1985), S. 162–171

– Subtilitas iuris, in Benöhr, Hans-Peter, et al. (Hrsg.), Iuris Professio, Festgabe für Max Kaser zum 80. Geburtstag, Wien, et al. 1986, S. 59–72 (zit.: Hausmaninger, in Iuris Professio)

– Celsus *filius – naturali aequitate motus –* gegen Celsus *pater* (Ulp. D. 12,4,3,7), in Schermaier, Martin J. et al. (Hrsg.), Iurisprudentia universalis, Festschrift für Theo Mayer-Maly zum 70. Geburtstag, Köln et al. 2002, S. 271–285 (zit.: Hausmaninger, in Iurisprudentia universalis)

Haymann, Franz, Die Schenkung unter einer Auflage nach römischem und deutschem bürgerlichen Recht, Berlin 1905 (zit.: Haymann, Schenkung unter Auflage)

– Textkritische Studien zum römischen Obligationenrecht, in SZ 41 (1920), S. 44–185

– Zuwendung aus fremdem Vermögen, in Jher. Jahrb. 77 (1927), S. 188–233

– Zur Klassizität des periculum emptoris, in SZ 48 (1928), S. 314–418

– Früchte und Zinsen beim Kauf, in AcP 130 (1929), S. 129–168

– Haftung für unmittelbaren und mittelbaren Schaden beim Kauf, in Studi in onore di Pietro Bonfante nel XL anno d`insegnamento, Volume Secondo, Milano 1930, S. 441–462 (zit.: Haymann, in Studi Bonfante II)

Henning, Michael, Die lex Falcidia und das Erbrecht des BGB – Eine kritische Würdigung der Entscheidung des historischen Gesetzgebers, das Rechtsinstitut der falcidischen Quart aufzugeben, Berlin 1999 (zit.: Henning, lex Falcidia)

Herzog, Reinhart / Schmidt, Peter (Hrsg.), Handbuch der lateinischen Literatur der Antike, Fünfter Band, München 1989 (zit.: Verfasser, in HLL)

Heumann H. / Seckel, Emil, Handlexikon zu den Quellen des römischen Rechts, 10. Auflage, Graz 1958 (zit.: Heumann/Seckel, Handlexikon)

Hiltbrunner, Otto, Prisce, iubes..., in SZ 96 (1979), S. 31–42

Honig, Richard M., Humanitas und Rhetorik in spätrömischen Kaisergesetzen (Studien zur Gesinnungsgrundlage des Dominats), Göttingen 1960 (zit.: Honig, Humanität und Rhetorik)

Honoré, Tony, Some suggestions for the study of interpolations, in TR 49 (1981), S. 225–249

– Emperors and Lawyers, London 1981 (zit.: Honoré, Emperors and Lawyers)

– The authorship of interpolations in the Digest: a study of „licet...attamen", in Bagnall, Roger S., Harris, William V. (Edit.), Studies in Roman law in memory of A. Arthur Schiller, Leiden 1986, S. 97–117 (zit.: Honoré, in FS für Schiller)

– Ulpian – Pioneer of Human Rights, Second Edition, Oxford 2002 (zit.: Honoré, Ulpian)

Honsell, Heinrich, Das periculum nominis im Dotalrecht, in SZ 83 (1966), S. 365–373

– Quod interest im bonae-fidei-iudicium – Studien zum römischen Schadensersatzrecht, München 1969 (zit.: Honsell, Quod interest)

Horak, Franz, Rationes decidendi – Entscheidungsbegründungen bei den älteren römischen Juristen bis Labeo, I. Band, Aalen 1969 (zit.: Horak, Rationes decidendi I)

– Letture: La cultura giuridica fra Nerva e Adriano (Rezension zu Scarano Ussani, Vincenzo, Valori e storia nella cultura giuridica fra Nerva e Adriano. Studi su Nerazio e Celso, Napoli 1979), in Labeo 29 (1983), S. 181–191

– Rezension zu Backhaus, Ralph, Casus perplexus – Die Lösung in sich widersprüchlicher Rechtsfälle durch die klassische römische Jurisprudenz, München 1981, in SZ 101 (1984), S. 383–393

Horvat, Marijan, Osservazioni sulla „bona fides" nel diritto romano obbligatorio, in Studi in onore di Vincenzo Arangio-Ruiz nel XLV anno del suo insegnamento, Volume I, Napoli 1951, S. 423–443 (zit.: Horvat, in Studi Arangio-Ruiz I)

Huber, Josef, Der Ehekonsens im römischen Recht – Studien zu seinem Begriffsinhalt in der Klassik und zur Frage seines Wandels in der Nachklassik, Roma 1977 (zit.: Huber, Ehekonsens)

Huschke, Philipp E., Die Lehre des Römischen Rechts vom Darlehn und den dazu gehörigen Materien. Eine civilistische Monographie, Stuttgart 1882 (zit.: Huschke, Darlehen)

Huwiler, Bruno, Rezension zu Hammerstein, Jürgen, Die Herde im römischen Recht. Grex als rechtliche Sachgesamtheit und Wirtschaftseinheit, Göttingen et al. 1975, in SZ 98 (1981), S. 514–520

Iglesias, Juan, Derecho Romano, Instituciones de derecho privado, 6. Auflage, Barcelona 1972 (zit.: Iglesias, Der. Rom.)

Impallomeni, Giambattista, Le manomissioni mortis causa – Studi sulle fonti autoritative romane, Padova 1963 (zit.: Impallomeni, manomissioni mortis causa)

Jhering, Rudolph von, Geist des römischen Rechts auf den verschiedenen Stufen seiner Entwicklung, Dritter Teil, erste Abteilung, 8. Auflage, Basel 1954 (zit.: von Jhering, Geist des römischen Rechts 3. 1)

Kaden, Erich-Hans, Rezension zu von Lübtow, Ulrich, Die Entwicklung des Darlehensbegriffs im römischen und im geltenden Recht mit Beiträgen zur Delegation und Novation, Berlin 1965, in SZ 83 (1966), S. 477–481

Kant, Immanuel, Die Metaphysik der Sitten, Unveränderter Abdruck der 4. Auflage 1922, Leipzig 1945 (zit.: Kant, Metaphysik)

Karabélias, Evanghelos, Monde byzantin, in RH 65 (1987), S. 445–476

Kaser, Max, Quanti ea res est. Studien zur Methode der Litisästimation im klassischen römischen Recht, München 1935 (zit.: Kaser, Quanti ea res est)

– Zum heutigen Stand der Interpolationenforschung, in SZ 69 (1952), S. 60–101

– Gaius und die Klassiker, in SZ 70 (1953), S. 127–178

– Rezension zu Magdelain, André, Les actions civiles, Paris 1954, in SZ 71 (1954), S. 430–438

– Periculum locatoris, in SZ 74 (1957), S. 155–200

– Das Geld im römischen Sachenrecht, in TR 29 (1961), S. 169–229

– In bonis esse, in SZ 78 (1961), S. 173–220

– Zur Methode der römischen Rechtsfindung, in Nachrichten der Akademie der Wissenschaften in Göttingen aus dem Jahre 1962, Philologisch-Historische Klasse, Göttingen 1962, S. 47–78 (zit.: Kaser, Methode der römischen Rechtsfindung)

– Die Verteilung der Gefahr beim sogenannten „contractus mohatrae“, in Synteleia Vincenzo Arangio-Ruiz, Napoli 1964, Band 1, S. 74–82 (zit.: Kaser, in Synteleia Arangio-Ruiz I)

– Rezension zu Carcaterra, Antonio, Intorno ai bonae fidei iudicia, Napoli 1964, in SZ 82 (1965), S. 416–425

– Oportere und ius civile, in SZ 83 (1966), S. 1–46

– Rezension zu Cornioley, Pierre, Naturalis obligatio, Essai sur l`origine et l`évolution de la notion en droit romain, Geneve 1964, in SZ 83 (1966), S. 461–472

– Die Interessenberechnung bei der „vindicatio pignoris“, in IURA 18 (1967), S. 1–19
– Das Römische Privatrecht, Erster Abschnitt: Das altrömische, das vorklassische und klassische Recht, 1. Auflage, München 1955, 2. Auflage, München 1971, Zweiter Abschnitt: Die nachklassischen Entwicklungen, 2. Auflage, München 1975 (zit.: Kaser, RPR)
– Zur Problematik der römischen Rechtsquellenlehre, in Ballerstedt, Kurt et al. (Hrsg.), Festschrift für Werner Flume zum 70. Geburtstag, 12. September 1978, Band I, Köln 1978, S. 101–123 (zit.: Kaser, in FS für Flume I)
– Besitzpfand und „besitzloses“ Pfand (Studien zum römischen Pfandrecht III), in SDHI 45 (1979), S. 1–92
– „Ius honorarium“ und „ius civile“, in SZ 101 (1984), S. 1–114
– Zum „ius honorarium“, in Römische Rechtsquellen und angewandte Juristenmethode, Ausgewählte zum Teil grundlegend erneuerte Abhandlungen, Wien et al. 1986, S. 84–111 (zit.: Kaser, in Römische Rechtsquellen)
Kaser, Max / Knütel, Rolf, Römisches Privatrecht, 17. Auflage, München 2003 (zit.: Kaser/Knütel, RPR)
Kerber, Wolfram, Die Quasi-Institute als Methode der römischen Rechtsfindung, Dissertation, Würzburg 1970 (zit.: Kerber, Quasi-Institute)
Klingenberg, Georg, Das Edictum divi Marci de rebus a fisco distractis, in RIDA 34 (1987), S. 181–220
Knobbe-Keuk, Brigitte, „Verunglückte“ Schenkungen, in Jakobs, Horst Heinrich, et al. (Hrsg.), Festschrift für Werner Flume zum 70. Geburtstag, Band II, S. 149–172, Köln 1978 (zit.: Knobbe-Keuk, in FS für Flume II)
Knothe, Hans-Georg, Zur 7-Jahresgrenze der „infantia“ im antiken römischen Recht, in SDHI 48 (1982), S. 239–256
Knütel, Rolf, Rezension zu Broise, Sergio, Animus donandi, Concetto romano e suoi riflessi sulla dogmatica odierna, Pisa 1975, 2 Bde., in SZ 95 (1978), S. 486–490
– Stipulatio poenae – Studien zur römischen Vertragsstrafe, Köln, Wien 1976 (zit.: Knütel, stipulatio poenae)
– Zum Nutzungszins, in SZ 105 (1988), S. 514–540
König, Hans-Herbert, Die vor der Ehe bestellte dos nach klassischem römischem Recht, in SDHI 29 (1963), S. 151–237
Koschaker, Paul, L´alienazione della cosa legata, in Conferenze romanistiche nella R. Università di Pavia nell` anno 1939 a ricordo di Guglielmo Castelli, Milano 1940, S. 88 ff. (zit.: Koschaker, in Atti Conferenze Pavia)
– Fr. 4. 32 D. 44.4 Contributo alla storia ed alla dottrina della convalida nel diritto romano, in IURA 4 (1953), S. 1–89
Kouwenberg, P. J., Servitude et copropriété, in RIDA 24 (1977), S. 273–296
Kramer, Ernst A., Juristische Methodenlehre, Bern 1998 (zit.: Kramer, Methodenlehre)

Krampe, Christoph, Proculi Epistulae, Eine frühklassische Juristenschrift, Karlsruhe 1970 (zit.: Krampe, Proculi Epistulae)
– Rezension zu Scarano Ussani, Vincenzo, Valori e storia nella cultura giuridica fra Nerva e Adriano. Studi su Nerazio e Celso, Napoli 1979, in SZ 102 (1985), S. 586–598
Krebs, Peter et al. (Hrsg.), Jahrbuch junger Zivilrechtswissenschaftler 1994, Summum ius, summa inuria, Zivilrecht zwischen Rechtssicherheit und Einzelfallgerechtigkeit, Kölner Tagung 14.–17. September 1994, Stuttgart et al. 1995 (zit.: Krebs, Jahrbuch junger Zivilrechtswissenschaftler (1994))
Kreller, Hans, Kritische Digestenexegesen zur Frage des Drittschadensersatzes, in SZ 66 (1948), S. 45–90
– Rezension zu Burdese, Alberto, Autorizzazione ad alienare in diritto romano, Torino 1950, in IURA 2 (1951), S. 275–281
Krüger, Antje, Die Drittwirkung des Vergleichs im klassischen römischen Recht, Frankfurt am Main et al. 1993 (zit.: Krüger, Drittwirkung des Vergleichs)
Krüger, Hugo, Die humanitas und die pietas nach den Quellen des römischen Rechts, in SZ 19 (1898), S. 6–57
– Die Herstellung der Digesten Justinians und der Gang der Exzerption, Münster 1922 (zit.: Krüger, Herstellung der Digesten)
– Das Versäumnisverfahren um die libertas fideicommissa, in SZ 48 (1928), S. 170–196
– Römische Juristen und ihre Werke, in Studi in onore di Pietro Bonfante nel XL anno d`insegnamento, Volume Secondo, Milano 1930 (zit.: Krüger, in Studi Bonfante II)
– Erwerb und Ausschlagung der Erbschaft und der bonorum possessio durch das Hauskind, den pupillus und den furiosus., in SZ 64 (1944), S. 394–416
Kunkel, Wolfgang, Fides als schöpferisches Element im römischen Schuldrecht, in Festschrift Paul Koschaker zum 60. Geburtstag, II. Band, Weimar 1939, S. 1–15 (zit.: Kunkel, in FS für Koschaker II)
– Herkunft und soziale Stellung der römischen Juristen, 2. Auflage, Graz et al. 1967 (zit.: Kunkel, Herkunft und soziale Stellung)
– Die Funktion des Konsiliums in der magistratischen Strafjustiz und im Kaisergericht, in SZ 85 (1968), S. 253–329
Kunkel, Wolfgang / Honsell, Heinrich / Mayer-Maly, Theo / Selb, Walter , Römisches Recht, begr. von Jörs, Paul / Kunkel, Wolfgang / Wenger, Leopold, 4. Auflage, Berlin, Heidelberg, et al. 1987 (zit.: Kunkel/Bearbeiter, RöRe)
Lambertini, Renzo, La problematica della commorienza nell`elaborazione giuridica romana, Milano 1984 (zit.: Lambertini, La problematica della commorienza)
Landucci, Lando, Inopportunità della distinzione della dote in necessaria e voluntaria nel diritto romano, in Studi in onore di Pietro Bonfante nel XL anno d`insegnamento, Volume Quarto, Milano 1930, S. 599–621 (zit.: Landucci, in Studi Bonfante IV)

Lanfranchi, Fabio, Il diritto nei retori romani – contributo alla storia dello sviluppo del diritto romano, Milano 1938 (zit.: Lanfranchi, diritto nei retori)

Lange, H., Die Wörter AEQVITAS und IVSTITIA auf römischen Münzen, in SZ 52 (1932), S. 296–314

Langenbucher, Katja, Die Entwicklung und Auslegung von Richterrecht – Eine methodologische Untersuchung zur richterlichen Rechtsfortbildung im deutschen Zivilrecht, München 1996 (zit.: Langenbucher, RichterR)

La Pira, Giorgio, La successione ereditaria intestata e contro il testamento in diritto romano, Milano 1930 (zit.: La Pira, successione ereditaria)

– La sostituzione pupillare, in Studi in onore di Pietro Bonfante nel XL anno d`insegnamento, Volume Terzo, Milano 1930, S. 271–347 (zit.: La Pira, in Studi Bonfante III)

– La genesi del sistema nella giurisprudenza romana. Il metodo, in SDHI 1 (1935), S. 319–348

Larenz, Karl, Methodenlehre der Rechtswissenschaft, 1. Auflage, Berlin et al. 1960, 4. Auflage, Berlin et al. 1979 (zit.: Larenz, Methodenlehre)

Lausberg, Heinrich, Handbuch der literarischen Rhetorik, Ene Grundlegung der Literaturwissenschaft, 3. Auflage 1990 (zit.: Lausberg, Handbuch Rhetorik)

Lavaggi, Giuseppe, Una riforma ignorata di Giustiniano – adrogatio plena e minus plena, in SDHI 12 (1946), S. 45–68

Lazzaroni, Sergio, Sepulcra familiaria, un`indagine epigrafico-giuridica, Padova 1991 (zit.: Lazzaroni, sepulcra familiaria)

Legier, Henri-Jacques, Testament et Condicio, in RH 38 (1960), S. 353–384

Lenel, Otto, Palingenesia Iuris Civilis, Neuauflage des Originals von 1889, Graz 1960 (zit.: Lenel, Palingenesia)

– Afrikans Quästionen. Versuch einer kritischen Palingenesie, in SZ 51 (1931), S. 1–53

– Das Edictum perpetuum – ein Versuch zu seiner Wiederherstellung, 3. Auflage, Leipzig 1927, Nachdruck, Aalen 1956 (zit.: Lenel, Edictum perpetuum)

Leptien, Ulrich, Utilitatis causa – Zweckmäßigkeitsentscheidungen im römischen Recht, Dissertation Freiburg 1967 (zit.: Leptien, Utilitatis causa)

– „Utilitatis causa" – Zweckmäßigkeitsentscheidungen im römischen Recht, in SDHI 35 (1969), S. 51–72

Levy, Ernst / Rabel, Ernst, Index interpolationum quae in Iustiniani digestis inesse dicuntur, Tomus I–III, Suplementum I, Weimar 1929–1935 (zit.: Levy/Rabel, Ind. itpl.)

Liebs, Detlef, Hermogenians iuris epitomae – Zum Stand der römischen Jurisprudenz im Zeitalter Diokletians, Göttingen 1964 (zit.: Liebs, Hermogenian)

– Der Schutz der Privatsfäre in einer Sklavenhaltergesellschaft: Aussagen von Sklaven gegen ihre Herren nach römischem Recht, in Bull. 83 (1980), S. 147–189

– The History of the Roman Condictio up to Justinian, in MacCormick, Neil (ed.), The legal mind: essays for Tony Honoré, Oxford 1986, S. 163–183 (zit.: Liebs, in Ess. for Honoré)
– Lateinische Rechtsregeln und Rechtssprichwörter, 6. Auflage, München 1998 (zit.: Liebs, Lateinische Rechtsregeln)
– Römisches Recht, 6. Auflage, Göttingen 2004 (zit.: Liebs, RöRe)
– Rezension zu Zülch, Carsten, Der liber singularis responsorum des Ulpius Marcellus, Berlin 2001, in SZ 120 (2003), S. 243–262
– Reichskummerkasten: Die Arbeit der kaiserlichen Libellkanzlei, in Kolb, Anne (Hrsg.), Herrschaftsstrukturen und Herrschaftspraxis – Konzepte, Prinzipien und Strategien der Administration im römischen Kaiserreich (Akten der Tagung n der Universität Zürich 18.–20.10.2004), Berlin 2006, S. 137–152 (zit.: Liebs, Reichskummerkasten)
Litewski, Wieslaw, Die römische Appellation in Zivilsachen (IV), in RIDA 15 (1968), S. 143–351
– Rezension zu Stanojevic, Obrad, Gaius noster, Plaidoyer pour Gaius, Amsterdam 1989, in SZ 108 (1991), S. 456–467
Lombardi, Luigi, Dalla "fides" alla "bona fides", Milano 1961 (zit.: Lombardi, bona fides)
– Apercus sur la compensation chez les jurists classiques, in Bull. 66 (1963), S. 35–91
Longo, Giannetto, Sul regime delle obbligazioni corrispettive nella "locatio – conductio rei", in Studi in onore di Vincenzo Arangio-Ruiz nel XLV anno del suo insegnamento, Volume II, Napoli 1951, S. 379–403 (zit.: Longo, in Studi Arangio-Ruiz II)
– Rezension zu Brutti, Massimo, La problematica del dolo processuale nell`esperienza romana, Voll. I–II, Milano 1973, in IURA 24 (1973), S. 287–303
– Delictum e crimen, Milano 1976 (zit.: Longo, delictum e crimen)
Looschelders, Dirk / Roth, Wolfgang, Juristische Methodik im Prozeß der Rechtsanwendung – Zugleich ein Beitrag zu den verfassungsrechtlichen Grundlagen von Gesetzesauslegung und Rechtsfortbildung, Berlin 1996 (zit.: Looschelders/Roth, Jur. Methodik)
Lovato, Andrea, Studi sulla disputationes di Ulpiano, Bari 2003 (zit.: Lovato, disputationes di Ulpiano)
Lübtow, Ulrich von, Beiträge zur Lehre von der Condictio nach römischem und geltendem Recht, Berlin 1952 (zit.: von Lübtow, Condictio)
– Rezension zu Niederländer, Hubert, Die Bereicherungshaftung im klassischen römischen Recht, Weimar 1953, in IURA 5 (1954), S. 262–288
– Das römische Volk. Sein Staat und sein Recht, Frankfurt am Main 1955 (zit.: von Lübtow, Volk)

– Catos leges venditioni et locationi dictae, in Symbolae Raphaeli Taubenschlag dedicatae III, Vratislaviae et al. 1957, S. 227–441 (zit.: von Lübtow, in Symbolae Taubenschlag III)
– Ulpians Konstruktion des sogenannten Vereinbarungsdarlehens, in Synteleia Vincenzo Arangio-Ruiz, Napoli 1964, Band 2, S. 1212–1224 (zit.: von Lübtow, in Synteleia Arangio-Ruiz II)
– Die Entwicklung des Darlehensbegriffs im römischen und im geltenden Recht mit Beiträgen zur Delegation und Novation, Berlin 1965 (zit.: von Lübtow, Entwicklung des Darlehensbegriffs)
MacCormack, Geoffrey, Custodia and culpa, in SZ 89 (1972), S. 149–219
– Dolus in the law of the early classical period (Labeo – Celsus), in SDHI 52 (1986), S. 236–285
Mader, Peter, Mortuus redhibetur? Eine Untersuchung zum aedilizischen Sachmängelrecht, in SZ 101 (1984), S. 206–233
Magdelain, André, Les actions civiles, Paris 1954 (zit.: Magdelain, Actions civiles)
– Le consensualisme dans l`édit du préteur, Paris 1958 (zit.: Magdelain, Le consensualisme)
Maifeld, Jan, Die aequitas bei L. Neratius Priscus, Trier 1991 (zit.: Maifeld, Aequitas bei Neraz)
Mandry, Gustav, Zur Lehre vom Gegenstande der Condiktionen, in AcP 48 (1865), S. 220–246
Mantello, Antonio, "Beneficium" servile – "debitum" naturale, Sen., de ben. 3. 18. 1 ss. – D. 35. 1. 40. 3 (Iav., 2 ex post. Lab.), Milano 1979 (zit.: Mantello, Beneficium servile)
Manthe, Ulrich, Die libri ex Cassio des Iavolenus Priscus, Berlin 1982 (zit.: Manthe, libri ex Cassio)
– Beiträge zur Entwicklung des antiken Gerechtigkeitsbegriffs I: Die Mathematisierung durch Pythagoras und Aristoteles, in SZ 113 (1996), S. 1–31
– Beiträge zur Entwicklung des antiken Gerechtigkeitsbegriffs II: Stoische Würdigkeit und die iuris praecepta Ulpians, in SZ 114 (1997), S. 1–26
Marotta, Valerio, Multa de iure sanxit – Aspetti della politica del diritto di Antonino Pio, Milano 1988 (zit.: Marotta, Multa de iure sanxit)
Marrone, Matteo, L`efficacia pregiudiziale della sentenza nel processo civile romano, in APal. 24 (1955)
Maschi, Carlo Alberto, La concezione naturalistica del diritto e degli istituti giuridici romani, Milano 1937 (zit.: Maschi, concezione naturalistica)
– Studi sull`interpretazione dei legati, verba e voluntas, Milano 1938 (zit.: Maschi, interpretazione dei legati)
– Contributi allo studio delle servitù pretorie, in Bull. 5 (1939), S. 274–327
Masi, Antonio, Studi sulla condizione nel diritto romano, Milano 1966 (zit.: Masi, Studi sulla condizione)

Masi Doria, Carla, Rezension zu Lambertini, Renzo, La problematica della commorienza nell`elaborazione giuridica romana, Milano 1984, in Index 16 (1988), S. 411–416

Masiello, Tommaso, La donna tutrice – modelli culturali e prassi giuridica fra gli Antonini e I Severi, Napoli 1979 (zit.: Masiello, donna tutrice)

Mayer-Maly, Theo, Locatio conductio, Eine Untersuchung zum klassischen römischen Recht, Wien, München 1956 (zit.: Mayer-Maly, Locatio conductio)

– Rezension zu Liebs, Detlef, Hermogenians iuris epitomae, Zum Stand der römischen Jurisprudenz im Zeitalter Diokletians, Göttingen 1964, in SZ 82 (1965), S. 440–445

– Obligamur necessitate, in SZ 83 (1966), S. 47–67

– Probleme der negotiorum gestio, in SZ 86 (1969), S. 416–435

– Rezension zu Gandolfi, Giuseppe, Studi sull`interpretatione degli atti negoziali in diritto romano, Milano 1966, in TR 37 (1969), S. 590–597

– Topik der necessitas, in Études offertes à Jean Macqueron, Faculté de droit et des sciences économiques d`Aix-en-Provence 1970 (zit.: Mayer-Maly, in Études Macqueron)

– Aequitas evidens, in Becker, Walter G. / Schnorr von Carolsfeld, Ludwig (Hrsg.), Sein und Werden im Recht, Festgabe für Ulrich von Lübtow zum 70. Geburtstag am 21. August 1970, Berlin 1970, S. 339–352 (zit.: Mayer-Maly, in FG für von Lübtow)

– Römisches Recht, 2. Auflage, Wien, et al. 1999 (zit.: Mayer-Maly, RöRe)

Medicus, Dieter, Id quod interest – Studien zum römischen Recht des Schadensersatzes, Köln, Graz 1962 (zit.: Medicus, Id quod interest)

– Rezension zu Carcaterra, Antonio, Intorno ai bonae fidei iudicia, Napoli 1964, in TR 34 (1966), S. 116–121

Meinhart, Marianne, Ulp. D. 38, 17, 1, 6. Ein Zeugnis für „humana interpretatio“, in TR 33 (1965), S. 230–265

Metro, Antonino, Studi cui codicilli I, Milano 1979 (zit.: Metro, Studi sui codicilli)

Mette-Dittmann, Angelika, Die Ehegesetze des Augustus – Eine Untersuchung im Rahmen der Gesellschaftspolitik des Princeps, Stuttgart 1991 (zit.: Mette-Dittmann, Die Ehegesetze des Augustus)

Meyer, Paul Martin, Der römische Konkubinat nach den Rechtsquellen und den Inschriften, Neudruck der Ausgabe Leipzig 1895, Aalen 1966 (zit.: Meyer, Konkubinat)

Meylan, Philippe, “fructus sine usu” et “actus sine itinere”, in Studi in memoria di Aldo Albertoni, Vol. I, Padova 1932 (zit.: Meylan, in Studi Albertoni I)

Miquel, Juan, Stoische Logik und römische Jurisprudenz, in SZ 87 (1970), S. 85–122

Misera, Karlheinz, Gebrauchsüberlassung und Schenkungsverbot unter Ehegatten, in Index 3 (1972), S. 397–420

– Der Bereicherungsgedanke bei der Schenkung unter Ehegatten, Köln, Wien 1974 (zit.: Misera, Bereicherungsgedanke)
– Rezension zu Eckardt, Bernd, Iavoleni Epistulae, Berlin 1978, in SZ 98 (1981), S. 457–468
– Julian – Afrikan D. 19. 5. 24. Ein Beitrag zu „Agere praescriptis verbis", in Sodalitas, Scritti in onore di Antonio Guarino 6, Napoli 1984 (zit.: Misera, in Scritti Guarino VI)
Mitteis, Ludwig, Römisches Privatrecht bis auf die Zeit Diokletians, Erster Band, Grundbegriffe und Lehre von den Juristischen Personen, Leipzig 1908 (zit.: Mitteis, RPR I)
Molnár, Imre, Rechte und Pflichten der Parteien bei der „locatio conductio rei", in Index 12 (1983–84), S. 157–188
– Das adulterium als ein das Ansehen der römischen Familie verletzendes Verbrechen, in Knothe, Hans-Georg / Kohler, Jürgen (Hrsg.), Status Familiae, Festschrift für Andreas Wacke zum 65. Geburtstag am 28. April 2001, München 2001, S. 345–364 (zit.: Molnár, in FS für Wacke)
Mommsen, Theodor, Zum römischen Grabrecht, in SZ 16 (1895), S. 203–220
Morabito, Marcel, Les esclaves privilégiés à travers le Digeste témoins et acteurs d`une société en crise, in Index 13 (1985), S. 477–490
Müller, Markus, Die Bestätigung nichtiger Rechtsgeschäfte nach § 141 BGB, Berlin 1989 (zit.: Müller, Bestätigung nichtiger Rechtsgeschäfte)
Müller-Eiselt, Klaus Peter, Divus Pius constituit – Kaiserliches Erbrecht, Berlin 1982 (zit.: Müller-Eiselt, Divus Pius)
Niederländer, Hubert, Rezension zu Albanese, Bernardo „La nozione del furtum fino a Nerazio", APal. 23 (1953), S. 5–210, in IURA 5 (1954), S. 344–355
Nörr, Dieter, Spruchregel und Generalisierung, in SZ 89 (1972), S. 18–93
– Rechtskritik in der römischen Antike, München 1974 (zit.: Nörr, Rechtskritik)
– Mandatum, fides, amicitia, in Nörr, Dieter / Nishimura, Shigeo (Hrsg.), Mandatum und Verwandtes, Beiträge zum römischen und modernen Recht, Berlin et al. 1993, S. 13–37 (zit.: Nörr, in Mandatum)
– Paulus (32 ad ed.) D. 17.1.3, 5: ein Traktat zum Mandatsprozeß, in Mélanges Felix Wubbe offerts par ses collègues et ses amis à l`occasion de son soixante-dixième anniversaire, Ankum, Feenstra et al., Fribourg 1993, S. 355–388 (zit.: Nörr, in Mélanges Wubbe)
– Römisches Recht: Geschichte und Geschichten, Der Fall Arescusa et alii (Dig. 19.1.43 sq), in Bayerische Akademie der Wissenschaften, Sitzungsberichte Jahrgang 2005, Heft 1, München 2005 (zit.: Nörr, Der Fall Arescusa)
– Alla ricerca della vera filosofia, Valori etico-sociali in Giulio Paolo, in Mantovani, Dario / Schiavone, Aldo, Testi e problemi del giusnaturalismo romano, Pavia 2007, S. 521–561 (zit.: Nörr, in giusnaturalismo)
Olde Kalter, Antonius Louisius, Condictio ex causa furtiva und dominium, in TR 38 (1970), S. 107–134

Orestano, Riccardo, La struttura giuridica del Matrimonio Romano dal diritto classico al diritto giustinianeo, in Bull. 47 (1940), S. 154–402

– La struttura giuridica del matrimonio romano dal diritto classico al diritto giustinianeo, in Bull. 55–56 (1952), S. 185–395

Otto, Carl Eduard / Schilling, Bruno / Sintenis Carl Friedrich Ferdinand, Das corpus juris civilis in`s Deutsche übersetzt von einem Vereine Rechtsgelehrter, Sieben Bände, Leipzig 1831–1839 (zit.: Otto/Schilling/Sintenis, C.I.C.)

Palazzolo, Nicola, Evizione della cosa locata e responsabilità del locatore, in Bull. 68 (1965), S. 275–321

Palma, Antonio, Humanior Interpretatio – "Humanitas" nell`interpretazione e nella normazione da Adriano ai Severi, Torino 1992 (zit.: Palma, Humanior Interpretatio)

– Benignior Interpretatio – Benignitas nella giurisprudenza e nella normazione da Adriano ai Severi, Torino 1997 (zit.: Palma, Benignior Interpretatio)

Paulus, Christoph, Rezension zu Müller-Eiselt, Klaus Peter, Divus Pius constituit – Kaiserliches Erbrecht, Berlin 1982, in SZ 102 (1985), S. 627–637

Paulys Realencyclopädie der classischen Altertumswissenschaft, Ziegler, Konrad / John, Walter (Hrsg.), Zweite Reihe, Siebzehnter Band, Stuttgart 1961 (zit.: Bearbeiter, in Pauly RE)

Pelecchi, Luigi, L`azione in ripetizione e le qualificazioni del *dare* in Paul. *ad Plaut.* D. 12.6.65. Contributo allo studio della *condictio*, in SDHI 64 (1998), S. 69–160

Perozzi, Silvio, Istituzioni di Diritto Romano, Volume I–II, 2. Auflage, Roma 1928 (zit.: Perozzi, Istituzioni)

Peters, Frank, Das „patientam praestare" im klassischen römischen Nachbarrecht, in SDHI 35 (1969), S. 135–214

– Die Rücktrittsvorbehalte des römischen Kaufrechts, Köln, Wien 1973 (zit.: Peters, Rücktrittsvorbehalte)

Peters, Hans, Generelle und spezielle Aktionen, in SZ 32 (1911), S. 179–307

Pflüger, H. H., Zur Lehre vom Erwerbe des Eigentums nach römischem Recht, München und Leipzig 1937 (zit.: Pflüger, Lehre vom Erwerbe)

Pinna Parpaglia, Paolo, Aequitas in libera republica, Milano 1973 (zit.: Pinna Parpaglia, Aequitas)

Plescia, Joseph, The Development of the Doctrine of Boni Mores in Roman Law, in RIDA 34 (1987), S. 265–310

Pool, Eric, Lateinische Syntax und juristische Begriffsbildung: in bonis „alicuius" esse und bonitarisches Eigentum im klassischen römischen Recht, in SZ 102 (1985), S. 470–481

Pringsheim, Fritz, Animus donandi, in SZ 42 (1921), S. 273–327

– Miszelle jus aequum und jus strictum, in SZ 42 (1921), S. 643–668

– Aequitas und bona fides (1930), in Gesammelte Abhandlungen, Erster Band, Heidelberg 1961, S. 154–172 (zit.: Pringsheim, Aequitas und bona fides)

– Bonum et aequum, in SZ 52 (1932), S. 78–155

– Animus in Roman Law (1933), in Gesammelte Abhandlungen, Erster Band, Heidelberg 1961, S. 300–338 (zit.: Pringsheim, Animus)
– Römische aequitas der christlichen Kaiser, in Gesammelte Abhandlungen, Erster Band, Heidelberg 1961, S. 224–246 (zit.: Pringsheim, Römische aequitas)
– Zur Schadensersatzpflicht des Verkäufers und des Käufers, in Studi in onore di Salvatore Riccobono nel XL anno del suo insegnamento, IV., Palermo 1936, S. 313–339 (zit.: Pringsheim, in Studi Riccobono IV)
– Id quod actum est, in SZ 78 (1961), S. 1–91

Provera, Giuseppe, La vindicatio caducorum – Contributo allo studio del processo fiscale romano, Torino 1964 (zit.: Provera, vindicatio caducorum)

Rabel, Ernst, Nachgeformte Geschäfte. Mit Beiträgen zu den Lehren von der Injurezession und vom Pfandrecht, in SZ 28 (1907), S. 311–379
– Grundzüge des römischen Privatrechts, 2. Auflage, Basel 1955 (zit.: Rabel, Grundzüge)

Raber, Fritz, Rezension zu Simon, Dietrich V., Konstantinisches Kaiserrecht. Studien an Hand der Reskriptenpraxis und des Schenkungsrechts, Frankfurt am Main 1977, in SZ 95 (1978), S. 435–448

Raggi, Luigi, La restitutio in integrum nella cognitio extra ordinem, contributo allo studio dei rapporti tra diritto pretorio e diritto imperiale in età classica, Milano 1965 (zit.: Raggi, restitutio in integrum)

Ratti, Umberto, Studi sulla captivitas (II) Patria potestà – Tutela – Matrimonio, in Bull. 35 (1927), S. 105–167
– Il risarcimento del danno nel diritto Giustinianeo, in Bull. 40 (1932), S. 169–199

Rechnitz, Wilhelm, Studien zu Salvius Julianus, Weimar 1925 (zit.: Rechnitz, Julianus)

Reggi, Roberto, L` "error in dominio" nella "traditio", in SDHI 18 (1952), S. 88–114

Riccobono, Salvatore, Studi critici sulle fonti del diritto romano – Βιβλια εξ Julianus ad Minicium, in Bull. 7 (1894), S. 225–268
– Die Vererblichkeit der Strafklagen und die Fiktion der Litiskontestation nach klassischem und justinianischem Rechte [fr. 10 § 2 D. 2, 11 und fr. 33 D. 44, 7], in SZ 47 (1927), S. 75–116
– Appendice II – L`exceptio doli mezzo di formazione di nuovo diritto e d`attuazione del domma della "voluntas", in APal. 14 (1930), S. 437–447
– Amicus Plato sed magis amica veritas, Annotazione all`ultimo scritto "Digestenkritik" di v. Beseler, in Bull. 53/54 (1948), S. 353–368
– Humanitas, in Atti del congresso internazionale di diritto romano e di storia del diritto, Verona 27.–29.09.1948, Volume Secondo, Milano 1951, S. 207–230 (zit.: Riccobono, in Atti Verona II)
– Scritti di diritto romano II (Dal diritto romano classico al diritto moderno. A proposito di D. 10, 3, 14 [Paul. 3 ad Plautium]), Palermo 1964 (zit.: Riccobono, Scritti II)

– L`idea di *Humanitas* come fonte di progresso del diritto, in Studi in onore di Biondo Biondi II, Milano 1965, S. 583–614 (zit.: Riccobono, in Studi Biondi II)

Riezler, Erwin, Venire contra factum proprium, Studien im römischen, englischen und deutschen Civilrecht, Leipzig 1912 (zit.: Riezler, Venire contra factum proprium)

Rizzelli, Giunio, Alcuni aspetti dell`accusa privilegiata in materia di adulterio, in Bull. 89 (1986), S. 411–441

Robbe, Ubaldo, I postumi nella successione testamentaria romana, Milano 1937 (zit.: Robbe, postumi nella successione)

Robinson, Olivia F., Slaves and the Criminal Law, in SZ 98 (1981), S. 213–254

– An aspect of falsum, in TR 60 (1992), S. 29–38

Robleda, Olis, Il diritto degli schiavi nell`antica Roma, Roma 1976 (zit.: Robleda, diritto degli schiavi)

Röhle, Robert, Zur Frage der sogenannten verdrängenden Verursachung im Römischen Recht, in SDHI 31 (1965), S. 305–311

Rüthers, Bernd, Rechtstheorie – Begriff, Geltung und Anwendung des Rechts, 2. Auflage, München 2005 (zit.: Rüthers, Rechtstheorie)

Saccoccio, Antonio, Si certum petetur – dalla condictio dei veteres alle condictiones giustianee, Milano 2002 (zit.: Saccoccio, Si certum petetur)

Samter, Richard, Nichtförmliches Gerichtsverfahren, Weimar 1911 (zit.: Samter, Nichtförmliches Gerichtsverfahren)

Sanfilippo, Cesare, Pauli decretorum libri tres, Milano 1938 (zit.: Sanfilippo, Pauli decretorum)

Santoro, Raimondo, Studi sulla condictio, in APal. 32 (1971), S. 181–512

Sargenti, Manlio, "Usucapio pro suo" e costituzione di dote, in SDHI 19 (1953), S. 235–250

Savigny, Friedrich Carl von, Vom Beruf unserer Zeit für Gesetzgebung und Rechtswissenschaft, Nachdruck der Ausgabe Heidelberg 1814, Goldbach 1997 (zit.: Savigny, Vom Beruf unserer Zeit)

Scarano Ussani, Vincenzo, Valori e storia nella cultura giuridica fra Nerva e Adriano. Studi su Nerazio e Celso, Napoli 1979 (zit.: Scarano Ussani, Valori e storia)

– Il "testamentum militis" nell`età di Nerva e Traiano, in Sodalitas. Scritti in onore di Antonio Guarino 3, Napoli 1984 (zit.: Scarano Ussani, in Sodalitas 3)

– L`utilità e la certezza. Compiti e modelli del sapere giuridico in Salvio Giuliano, Milano 1987 (zit.: Scarano Ussani, L`utilità e la certezza)

– Empiria e dogmi. La scuola proculiana fra Nerva e Adriano, Torino 1989 (zit.: Scarano Ussani, Empiria e dogmi)

Scarlata Fazio, Mariano, La successione codicillare, Milano 1939 (zit.: Scarlata Fazio, successione codicillare)

Schadewaldt, Wolfgang, Humanitas Romana, in ANRW I. 4 (1973), S. 43–62

Schanbacher, Dietmar, Zur Bedeutung der Leistungszweckbestimmung bei der Übereignung durch traditio und beim Leistungsversprechen durch stipulatio, in TR 60 (1992), S. 1–27
– Ratio legis Falcidiae – Die falzidische Rechnung bei Zusammentreffen mehrerer Erbschaften in einer Hand, Berlin 1995
Schermaier, Martin Josef, Rezension zu Palma, Antonio, Humanior Interpretatio – "Humanitas" nell`interpretazione e nella normazione da Adriano ai Severi, Torino 1992, in IURA 45 (1993), S. 343–351
– Bona fides im römischen Vertragsrecht, in Il ruolo della buona fede oggettiva nell`esperienza giuridica storica e contemporanea, Atti del Convegno internazionale di studi in onore di Alberto Burdese (Padova, Venezia, Treviso, 14–15–16 giungno 2001), Volume III, Milano 2003, S. 387–416 (zit.: Schermaier, in Atti Burdese III)
Schiemann, Gottfried, Pendenz und Rückwirkung der Bedingung – Eine dogmengeschichtliche Untersuchung, Köln et al. 1973 (zit.: Schiemann, Pendenz und Rückwirkung)
– Der 21. Rechtshistorikertag in Linz a. D., in SZ 94 (1977), S. 541–550
Schiller, A. Arthur, „Alimenta" in the „sententiae Hadriani", in Studi in onore di Giuseppe Grosso, Volume Quarto, Torino 1971, S. 399–415 (zit.: Schiller, in Studi Grosso IV)
Schindler, Karl-Heinz, Ein Streit zwischen Julian und Celsus. Zum Problem der überholenden Kausalität, in SZ 74 (1957), S. 201–233
– Justinians Haltung zur Klassik – Versuch einer Darstellung an Hand seiner Kontroversen entscheidenden Konstitutionen, Köln, Graz 1966 (zit.: Schindler, Justinians Haltung zur Klassik)
Schloßmann, Siegmund, Zu 1. 20 D. de rebus creditis 12, 1. Ein Beitrag zur Lehre von den Scheingeschäften, in Jher. Jahrb. 44 (1901), S. 377–392
– Willenserklärung und Rechtsgeschäft. Kritisches und Dogmengeschichtliches, in Festgabe der Kieler Juristen-Fakultät ihrem hochverehrten Senior Dr. Albert Hänel zum 50jährigen Doktor-Jubiläum am 28.12.1907, Kiel und Leipzig 1907, S. 1–84 (zit.: Schloßmann, in FG für Hänel)
Schmidlin, Bruno, Die römischen Rechtsregeln, Versuch einer Typologie, Köln, Wien 1970 (zit.: Schmidlin, Rechtsregeln)
– Regula iuris: Standard, Norm oder Spruchregel? Zum hermeneutischen Problem des Regelverständnisses, in Medicus, Dieter / Seiler, Hans Hermann (Hrsg.), Festschrift für Max Kaser zum 70. Geburtstag, München 1976 (zit.: Schmidlin, in FS für Kaser)
Schott, Clausdieter, „Rechtsgrundsätze" und Gesetzeskorrektur – Ein Beitrag zur Geschichte gesetzlicher Rechtsfindungsregeln, Berlin 1975 (zit.: Schott, Rechtsgrundsätze)
Schulz, Fritz, Einführung in das Studium der Digesten, Tübingen 1916 (zit.: Schulz, Einführung)

– Prinzipien des römischen Rechts, Vorlesungen, Berlin 1954 (zit.: Schulz, Prinzipien)
– Geschichte der Römischen Rechtswissenschaft, Weimar 1961 (zit.: Schulz, Geschichte)
Schwarz, Andreas B., Die justinianische Reform des Pubertätsbeginns und die Beilegung juristischer Kontroversen, in SZ 69 (1952), S. 345–387
Schwarz, Fritz, Die Grundlage der condictio im klassischen Römischen Recht, Münster / Köln 1952 (zit.: Schwarz, Grundlage der condictio)
– Begriffsanwendung und Interessenwertung im klassischen römischen Recht, in AcP 152 (1952/1953), S. 193–215
– Rezension zu Dénoyez, Joseph, Le défendeur à la pétition d`hérédité privée en droit romain, Paris 1953, in TR 24 (1956), S. 328–343
Segre, Gino, Obligatio, obligare, obligari nei testi della giurisprudenza classica e del tempo di Diocleziano, in Studi in onore di Pietro Bonfante nel XL anno d`insegnamento, Volume Terzo, Milano 1930, S. 499–617 (zit.: Segre, in Studi Bonfante III)
Seidl, Erwin, Römische Rechtsgeschichte und Römisches Zivilprozessrecht, 3. Auflage, Köln, et al. 1971 (zit.: Seidl, ReGe)
– Proculus als Schueler Labeos, in Studi in memoria di Guido Donatuti, III, Milano 1973, S. 1227–1235 (zit.: Seidl, in Studi Donatuti III)
Seiler, Hans Hermann, „Utile per inutile non vitiatur – Zur Teilunwirksamkeit von Rechtsgeschäften im Römischen Recht“, in Medicus, Dieter / Seiler, Hans Hermann (Hrsg.) Festschrift für Max Kaser zum 70. Geburtstag, München 1976, S. 127–147 (zit.: Seiler, in FS für Kaser)
Selb, Walter, Formulare Analogien in “actiones utiles” und “actiones in factum” am Beispiel Julians, in Studi in onore di Arnaldo Biscardi III, Milano 1982, S. 315–350 (zit.: Selb, in Studi Biscardi III)
– Formulare Analogien in actiones utiles und actiones in factum vor Julian, in Studi in onore di Cesare Sanfilippo V, Milano 1984, S. 727–759 (zit.: Selb, in Studi Sanfilippo V)
Serangeli, Sandro, Studi sulla revoca del testamento in diritto romano. Contributo allo studio delle forme testamentarie, Milano 1982 (zit.: Serangeli, Studi sulla revoca)
Siber, Heinrich, Beiträge zur Interpolationsforschung, in SZ 45 (1925), S. 146–187
– Römisches Recht in Grundzügen für die Vorlesung, II. Römisches Privatrecht, Berlin 1928 (zit.: Siber, RöRe II)
Silli, Paolo, Mito e realtà dell` ”aequitas christiana”, Contributo alla determinazione del concetto di “aequitas” negli atti degli “scrinia” constantiniani, Milano 1980 (zit.: Silli, aequitas christiana)

Simonius, August, Zur Frage einer einheitlichen „causa condictionis“, in Festschrift Hans Lewald bei Vollendung des 40. Amtsjahres als ordentlicher Professor im Oktober 1953, Basel 1953, S. 161–174 (zit.: Simonius, in FS für Lewald)

Sitzia, Francesco, Il conservatorismo di Nerazio, in Labeo 29 (1983), S. 33–44

Söllner, Alfred, Zur Vorgeschichte und Funktion der actio rei uxoriae, Köln, Wien 1969 (zit.: Söllner, actio rei uxoriae)

Solazzi, Siro, Il concorso dei creditori nel diritto romano 4, Napoli 1943 (zit.: Solazzi, concorso dei creditori 4)

– Il concetto del ius postliminii, in Scritti in onore di Contardo Ferrini pubblicati in occasione della sua beatificazione, Volume secondo, Milano 1947, S. 288–360 (zit.: Solazzi, in Scritti Ferrini II)

– Saggi di critica romanistica, in Bull. 49/50 (1947), S. 338–409

– Requisiti e modi di costituzione delle servitù prediali, Napoli 1947 (zit.: Solazzi, servitù prediali)

– La tutela e il possesso delle servitù prediali, Napoli 1949 (zit.: Solazzi, La tutela)

– "Qui infanti proximi sunt", in Labeo 1 (1955), S. 7–20

– "favor dotis", in SDHI 21 (1955), S. 303–306

Staffhorst, Andreas, Die Teilnichtigkeit von Rechtsgeschäften im klassischen römischen Recht, Berlin 2006 (zit.: Staffhorst, Teilnichtigkeit)

Stagl, Jakob Fortunat, Der Wortlaut als Grenze der Auslegung von Testamenten – Die Andeutungstheorie im Testamentsrecht Deutschlands, Österreichs und der Schweiz, Berlin 2003 (zit.: Stagl, Auslegung von Testamenten)

– Die Ausgleichung von Vorteil und Nachteil als Inhalt klassischer aequitas, in Mantovani, Dario / Schiavone, Aldo, Testi e problemi del giusnaturalismo romano, Pavia 2007, S. 675–713 (zit.: Stagl, in giusnaturalismo)

Starace, Pia, Lo statuliber e l`adempimento fttizio della condizione. Uno studio sul favor libertatis fra tarda Repubblica ed età antonina, Bari 2006 (zit.: Starace, Lo statuliber)

Steinwenter, Artur, Utilitas publica – utilitas singulorum, in Festschrift Paul Koschaker zum 60. Geburtstag, I. Band, Weimar 1939, S. 84–102 (zit.: Steinwenter, in FS für Koschaker I)

– Prolegomena zu einer Geschichte der Analogie II: Das Recht der kaiserlichen Konstitutionen, in Studi in onore di Vincenzo Arangio-Ruiz nel XLV anno del suo insegnamento, Volume II, Napoli 1951, S. 169–186 (zit.: Steinwenter, in Studi Arangio-Ruiz II)

– Prolegomena zu einer Geschichte der Analogie, in Festschrift Fritz Schulz, Zweiter Band, Weimar 1951 (zit.: Steinwenter, in FS für Schulz II)

– Prolegomena zu einer Geschichte der Analogie, in Studi in memoria di Emilio Albertario, Volume Secondo, Milano 1953, S. 103–127 (zit.: Steinwenter, in Studi Albertario II)

Stroux, Johannes, Die griechischen Einflüsse auf die Entwicklung der römischen Rechtswissenschaft, in Römische Rechtswissenschaft und Rhetorik, S. 81–107, Potsdam 1949 (zit.: Stroux, Griechische Einflüsse)

Sturm, Fritz, Das römische Recht in der Sicht von Gottfried Wilhelm Leibniz, Tübingen 1968 (zit.: Sturm, RöRe in der Sicht von Leibniz)

Suman, Antonio, „Favor testamenti" e „voluntas testantium". Studio di diritto romano, Rom 1916 (zit.: Suman, favor testamenti)

Talamanca, Mario, Donazione possesoria e donazione traslativa, in Bull. 64 (1961), S. 249–283

– Rezension zu Peters, Frank, Die Rücktrittsvorbehalte des römischen Kaufrechts, Köln, Wien 1973, in IURA 24 (1973), S. 364–395

– L` "aequitas naturalis" e Celso in Ulp. 26 "ad ed." D. 12, 4, 3, 7, in Bull. 96–97 (1993–1994, publ. 1997), S. 1–81

– Idee vecchie e idee nuove su Cels.-Ulp 26 "Ad ed." D. 12, 4, 3, 7, in Bull. 100 (1997, publ. 2003), S. 567–616

– La bona fides nei giuristi romani: "Leerformeln" e valori dell`ordinamento, in Il ruolo della buona fede oggetiva nellèsperienza giuridica storica e contemporanea, Atti dell Convegno internazionale di studi in onore die Alberto Burdese, Volume IV, Padova 2003, S. 1–312 (zit.: Talamanca, in Il ruolo della buona fede, Vol. IV)

Thomas, Joseph A. C., Accusatio adulterii, in IURA 12 (1961), S. 65–80

Tomulescu, C. St., La clause ex fide bona dans la soidisant Lex Rubria de Gallia Cisalpina, in Bull. 78 (1975), S. 175–191

Tondo, Salvatore, Convalida del pegno e concorso di pegni successivi, Milano 1959 (zit.: Tondo, convalida del pegno)

– Acquisto del possesso da parte del pupillo, in Studi in onore di Emilio Betti, Volume Quarto, Milano 1962, S. 361–399 (zit.: Tondo, in Studi Betti IV)

Tumedei, Cesare, Distinzioni postclassiche riguardo all`età: "infanti proximus" e "pubertati proximus", Bologna 1922 (zit.: Tumedei, distinzioni postclassiche)

Urso, Paolo, Il matrimonio del prigioniero in diritto romano, in SDHI 58 (1992), S. 85–142

Vacca, Letizia, Contributo allo studio del metodo casistico nel diritto romano, Milano 1976 (zit.: Vacca, metodo casistico)

– In tema di bonorum possessio contra tabulas, in Bull. 80 (1977), S. 159–193

– Considerazioni sull`aequitas come elemento del metodo della giurisprudenza romana, in Studi in memoria di Giuliana d`Amelio I, Studi storico-giuridici, Milano 1978, S. 397–424 (zit.: Vacca, in Studi d`Amelio I)

Vanzetti, Maria, Il pegno su parte indivisa e le azioni divisori, in Bull. 73 (1970), S. 289–321

Vassalli, Filippo E., "Dies vel condicio", in Bull. 27 (1914), S. 192–274

Viehweg, Theodor, Topik und Jurisprudenz, 1. Auflage, München 1953, 5. Auflage, München 1974 (zit.: Viehweg, Topik)

Voci, Pasquale, L`errore nel diritto romano, Milano 1937 (zit.: Voci, L`errore)

– Diritto Ereditario Romano, Volume Primo, Introduzione – Parte Generale, 2. Auflage, Milano 1967; Volume Secondo, Parte Speciale – Successione ab intestato, Successione testamentaria, 2. Auflage, Milano 1963 (zit.: Voci, DER)
– "Iusta causa traditionis" e "iusta causa usucapionis", in SDHI 15 (1949), S. 141–185
– Testamento pretorio, in Labeo 13 (1967), S. 319–348
– Le obbligazioni romane (Corso di Pandette), Il contenuto dell`obligatio I, 1, Milano 1969 (zit.: Voci, Le obbligazioni I, 1)
– I garanti del tutore nel pensiero di Papiniano, in IURA 20 (1969), S. 313–333
Voggensperger, René, Der Begriff des „Ius naturale" im Römischen Recht, Basel 1952 (zit.: Voggensperger, Ius naturale)
Volterra, Edoardo, In tema di accusatio adulterii, in Studi in onore di Pietro Bonfante nel XL anno d`insegnamento, Volume Secondo, Milano 1930, S. 109–126 (zit.: Volterra, in Studi Bonfante II)
– Intorno a D. 48, 5, 44 (43), in Studi in onore di Biondo Biondi II, Milano 1965, S. 123–140 (zit.: Volterra, in Studi Biondi II)
– Sulla D. 23, 2, 45, 6, in Bull. 75 (1972), S. 319–332
Vonglis, Bernard, La lettre et l`esprit de la loi dans la jurisprudence classique et la rhétorique, Paris 1968 (zit.: Vonglis, L`esprit de la loi)
Wacke, Andreas, Actio rerum amotarum, Köln, Graz 1963 (zit.: Wacke, actio rerum amotarum)
– Kannte das Edikt eine in integrum restitutio propter dolum?, in SZ 88 (1971), S. 105–135
– Zur causa der Stipulation, in TR 40 (1972), S. 231–261
– Zur Lehre vom pactum tacitum und zur Aushilfsfunktion der exceptio doli. Stillschweigender Verzicht und Verwirkung nach klassischem Recht, in SZ 90 (1973), S. 220–261
– Zum dolus-Begriff der actio de dolo, in RIDA 27 (1980), S. 349–386
– Zum Rechtsschutz Minderjähriger gegen geschäftliche Übervorteilungen – besonders durch die exceptio legis Plaetoriae –, in TR 48 (1980), S. 203–225
– La "exceptio doli" en el derecho romano clásico y la "Verwirkung" en el derecho alemán moderno, in Derecho romano de obligaciones, Homenaje al Profesor José Luis Murga Gener, Madrid 1994, S. 977–997 (zit.: Wacke, in FS Murga Gener)
– Die Konvaleszenz der Verfügung eines Nichtberechtigten – Zur Dogmatik und vergleichenden Geschichte des § 185 Abs. 2 BGB, in SZ 114 (1997), S. 197–232
Walde, Alois / Hofmann, Johann Baptist, Lateinisches etymologisches Wörterbuch, 3. Auflage, Heidelberg 1954 (zit.: Walde / Hofmann, Lat. etym. Wörterbuch)

Waldstein, Wolfgang, Topik und Intuition in der römischen Rechtswissenschaft, in Horak, Franz / Waldstein, Wolfgang (Hrsg.), Festgabe für Arnold Herdlitczka zu seinem 75. Geburtstag, München, Salzburg 1972, S. 237–263 (zit.: Waldstein, in FG für Herdlitczka)
– Rezension zu Sein und Werden im Recht, Festgabe für Ulrich von Lübtow zum 70. Geburtstag am 21. August 1970, Becker, Walter G. / Schnorr von Carolsfeld, Ludwig (Hrsg.), Berlin 1970, in SZ 89 (1972), S. 472–481
– Konsequenz als Argument klassischer Juristen, in SZ 92 (1975), S. 26–68
– Entscheidungsgrundlagen der klassischen römischen Juristen, in ANRW II. 15 (1976), S. 3–100
– Zu Ulpians Definition der Gerechtigkeit (D. 1, 1, 10 pr.), in Ballerstedt, Kurt et al. (Hrsg.), Festschrift für Werner Flume zum 70. Geburtstag, 12. September 1978, Band I, Köln 1978, S. 213–232 (zit.: Waldstein, in FS für Flume I)
– Rezension zu Silli, Paolo, Mito e realtà dell` "aequitas christiana", Contributo alla determinazione del concetto di "aequitas" negli atti degli "scrinia" constantiniani, Milano 1980, in SZ 102 (1985), S. 644–648
– operae libertorum – Untersuchungen zur Dienstpflicht freigelassener Sklaven, Stuttgart 1986 (zit.: Waldstein, operae libertorum)
– Aequitas und summum ius, in Slapnicar, Klaus (Hrsg.), Tradition und Fortentwicklung im Recht: Festschrift zum 90. Geburtstag von Ulrich von Lübtow am 21. August 1990, Berlin 1991, S. 23–33 (zit.: Waldstein, in FS für von Lübtow)
– Zur juristischen Relevanz der Gerechtigkeit bei Aristoteles, Cicero und Ulpian, in Beck-Mannagetta, M. et al. (Hrsg.), Rechtsethik Band 3, Der Gerechtigkeitsanspruch des Rechts, Festschrift für Theo Mayer-Maly zum 65. Geburtstag, Wien, New York 1996, S. 1–71 (zit.: Waldstein, in FS für Mayer-Maly)
– Quelleninterpretation und status des nasciturus, in Knothe, Hans-Georg / Kohler, Jürgen (Hrsg.), Status Familiae, Festschrift für Andreas Wacke zum 65. Geburtstag am 28. April 2001, München 2001, S. 513–529 (zit.: Waldstein, in FS für Wacke)
– Equitá e ragione naturale nel pensiero giuridico del I secolo d.C., in Mantovani, Dario / Schiavone, Aldo, Testi e problemi del giusnaturalismo romano, Pavia 2007, S. 299–322 (zit.: Waldstein, in giusnaturalismo)
Waldstein, Wolfgang / Rainer, Michael, Römische Rechtsgeschichte – Ein Studienbuch, 10. Auflage, München 2005 (zit.: Waldstein/Rainer, ReGe)
Watson, Alan, Contract of mandate in Roman Law, Oxford 1961 (zit.: Watson, Contract of mandate)
– Captivitas and Matrimonium, in TR 29 (1961), S. 243–259
– Change to third person on Javolenus` "libri epistularum", in Synteleia Vincenzo Arangio-Ruiz, Napoli 1964, Band 1, S. 290–292 (zit.: Watson, in Synteleia Arangio-Ruiz I)

– The law of persons in the later Roman Republic, Oxford 1967 (zit.: Watson, Law of persons)
– Sellers` liability for defects: aedilician edict and praetorian law, in IURA 38 (1987), S. 167-175
Wesel, Uwe, Rhetorische Statuslehre und Gesetzesauslegung der römischen Juristen, Köln et al. 1967 (zit.: Wesel, Rhetorische Statuslehre)
– Geschichte des Rechts – Von den Frühformen bis zum Vertrag von Maastricht, 2. Auflage, München 2001 (zit.: Wesel, ReGe)
Wesener, Gunter, Offensive Selbsthilfe im klassischen römischen Recht, in Festschrift Artur Steinwenter zum 70. Geburtstag, Graz, Köln 1958, S. 100–120 (zit.: Wesener, in FS für Steinwenter)
– Actiones ad exemplum, in SZ 75 (1958), S. 220–250
– Die Durchsetzung von Regressansprüchen im Römischen Recht, in Labeo 11 (1965), S. 341–361
– Pendenz, Vorwirkungen und Rückwirkung der aufschiebenden Bedingung im römischen Recht, in Festgabe für Arnold Herdlitczka zu seinem 75. Geburtstag, Horak, Franz / Waldstein, Wolfgang (Hrsg.), München, Salzburg 1972, S. 265–293 (zit.: Wesener, in FG für Herdlitczka)
– Aequitas naturalis, „natürliche Billigkeit", in der privatrechtlichen Dogmen- und Kodifikationsgeschichte, in Beck-Mannagetta, M. et al. (Hrsg.), Rechtsethik Band 3, Der Gerechtigkeitsanspruch des Rechts, Festschrift für Theo Mayer-Maly zum 65. Geburtstag, Wien, New York 1996, S. 81–105 (zit.: Wesener, in FS für Mayer-Maly)
Weyand, Stefan, Kaufverständnis und Verkäuferhaftung im klassischen römischen Recht, in TR 51 (1983), S. 225–269
Wieacker, Franz, Lex commissoria, Erfüllungszwang und Widerruf im römischen Kaufrecht, Berlin 1932 (zit.: Wieacker, Lex commissoria)
– Hausgenossenschaft und Erbeinsetzung – Über die Anfänge des römischen Testaments, in Festschrift der Leipziger Juristenfakultät für Dr. Heinrich Siber zum 10. April 1940, Band I, Leipzig 1941, S. 1–57 (zit.: Wieacker, in FS für Siber I)
– Rezension zu Broggini, Gerardo, Iudex arbiterve, Prolegomena zum Officium des römischen Privatrichters, Köln, Graz 1957, in SZ 76 (1959), S. 582–592
– Textstufen klassischer Juristen, Göttingen 1960 (zit.: Wieacker, Textstufen)
– Rezension zu Lombardi, Luigi, Dalla fides alla bona fides, Milano 1961, in SZ 79 (1962), S. 407–421
– Zur Verpfändung fremder Sachen, in TR 30 (1962), S. 58–76
– Die juristische Sekunde, in Würtenberger, Thomas et al. (Hrsg.), Existenz und Ordnung, Festschrift für Eric Wolf zum 60. Geburtstag, Frankfurt am Main 1962 (zit.: Wieacker, in FS für Wolf)
– Zum Ursprung der bonae fidei iudicia, in SZ 80 (1963), S. 1–41
– Rezension zu Gandolfi, Giuseppe, Studi sull`interpretatione degli atti negoziali nel diritto romano, Milano 1965, in SZ 83 (1966), S. 436–450

– "Bonae fidei iudicia", Rezension zu Carcaterra, Antonio, Intorno ai bonae fidei iudicia, Napoli 1964, in Labeo 12 (1966), S. 250–258
– Rezension zu Bund, Elmar, Untersuchungen zur Methode Julians, Köln, Graz 1965, in TR 36 (1968), S. 137–145
– Zur praktischen Leistung der Rechtsdogmatik, in Bubner, Rüdiger, et al. (Hrsg.), Hermeneutik und Dialektik, Aufsätze II, Sprache und Logik, Theorie der Auslegung und Probleme der Einzelwissenschaften, Hans-Georg Gadamer zum 70. Geburtstag, Tübingen 1970, S. 311–336 (zit.: Wieacker, in FS für Gadamer II)
– Aspetti del diritto romano, in Labeo 17 (1971), S. 57–64
– Zur Topikdiskussion in der zeitgenössischen deutschen Rechtswissenschaft, in Caemmerer, Ernst von, et al. (Hrsg.), Xenion, Festschrift für Pan. J. Zepos anlässlich seines 65. Geburtstages am 1. Dezember 1973, I. Band, Athen, Freiburg, Köln 1973, S. 391–415 (zit.: Wieacker, in FS für Zepos I)
– Offene Wertungen bei den römischen Juristen, in SZ 94 (1977), S. 1–42
– Römische Rechtsgeschichte, Quellenkunde, Rechtsbildung, Jurisprudenz und Rechtsliteratur, Erster Abschnitt: Einleitung, Quellenkunde, Frühzeit und Republik, München 1988, Zweiter Abschnitt: Die Jurisprudenz vom frühen Prinzipat bis zum Ausgang der Antike im weströmischen Reich und die oströmische Rechtswissenschaft bis zur justinianischen Gesetzgebung, Wolf, Josef Georg (Hrsg.), München 2006 (zit.: Wieacker, RG)

Wieling, Hans Josef, Falsa demonstratio, condicio pro non scripta, condicio pro impleta im römischen Testament, in SZ 87 (1970), S. 197–245
– Testamentsauslegung im römischen Recht, München 1972 (zit.: Wieling, Testamentsauslegung)
– Rezension zu Festgabe für Arnold Herdlitczka zu seinem 75. Geburtstag, Horak, Franz / Waldstein, Wolfgang (Hrsg.), München, Salzburg 1972, in SZ 89 (1972), S. 464–471
– Subjektive Reichweite der materiellen Rechtskraft im römischen Recht, in SZ 102 (1985), S. 291–326
– Privilegium exigendi, in TR 56 (1988), S. 279–298

Windscheid, Bernhard / Kipp, Theodor, Lehrbuch des Pandektenrechts, Band 2, 9. Auflage, Frankfurt am Main 1906 (zit.: Windscheid / Kipp, Pandekten)

Winkel, Laurens, Die stoische οικειωσισ-Lehre und Ulpians Definition der Gerechtigkeit, in SZ 105 (1988), S. 669–679

Wlassak, Moriz, Vindikation und Vindikationslegat. Studien zur Erforschung des Sachenrechts der Römer, in SZ 31 (1910), S. 196–321
– Der Judikationsbefehl der römischen Prozesse. Mit Beiträgen zur Scheidung des privaten und öffentlichen Rechtes, Wien 1921 (zit.: Wlassak, Judikationsbefehl)

Woeß, Friedrich von, Das römische Erbrecht und die Erbanwärter. Ein Beitrag zur Kenntnis des römischen Rechtslebens vor und nach der constitutio Antoniniana. Berlin 1911 (zit.: Woeß, röm. Erbrecht)

Wolf, Joseph Georg, Barkauf und Haftung, D. 19, 1, 23, Iul. 13 dig., in TR 45 (1977), S. 1–25

Wolff, Hans Julius, Doctrinal trends in Postclassical Roman Marriage Law, in SZ 67 (1950), S. 261–319

– Rezension zu Cosentini, Cristoforo, Condicio impossibilis, Milano 1952, in IURA 4 (1953), S. 399–406

– Verfügungsmacht und Verfügungswille (zum sog. error in dominio), in Studi in onore di Pietro de Francisci, Volume Terzo, Milano 1956, S. 69–104 (zit.: Wolff, in Studi de Francisci III)

– Julian und die celsinische „Durchgangstheorie“, in Mélanges Philippe Meylan – Recueil de travaux publiés par la Faculté de droit, Volume I: Droit Romain, Lausanne 1963, S. 409–433 (zit.: Wolff, in Mélanges Meylan I)

Wubbe, Felix Bernard Jozef, Res aliena pignori data – de Verpanding van andermans Zaak in het Klassieke Romeinse Recht, Leiden 1961 (zit.: Wubbe, Res aliena)

– Benignus redivivus, in Symbolae iuridicae et historicae Martino David dedicatae, Ankum, J. A. et al. (Hrsg.), Tomus Primus, Ius Romanum, Leiden 1968, S. 237–262 (zit.: Wubbe, in Symbolae David I)

– Richtlijn voor een commissaris in de provincie (Ulp. D. 22, 1, 33 pr.), in Uit het recht, Rechtsgeleerde opstellen aangeboden aan mr. P. J. Verdam, Deventer 1971, S. 219–227 (zit.: Wubbe, in FS für Verdam)

– Benigna interpretatio als Entscheidungskriterium, in Horak, Franz / Waldstein, Wolfgang (Hrsg.), Festgabe für Arnold Herdlitczka zu seinem 75. Geburtstag, München, Salzburg 1972, S. 295–314 (zit.: Wubbe, in FG für Herdlitczka)

– L`humanitas de Justinien, in TR 58 (1990), S. 249–262

Wunner, Sven Erik, Contractus – Sein Wortgebrauch und Willensgehalt im klassischen römischen Recht, Köln, Graz 1964 (zit.: Wunner, Contractus)

Zamboni, Amedeo, L`aequitas in Cicerone, in AG 170 (1966), S. 167–203

Zilletti, Ugo, La dottrina dell´errore nella storia del diritto romano, Milano 1961 (zit.: Zilletti, Dottrina dell´errore)

Zimmermann, Reinhard, The Law of Obligations, Roman Foundations of the Civilian Tradition, Cape Town et al. 1990 (zit.: Zimmermann, Law of Obligations)

Zippelius, Reinhold, Das Wesen des Rechts, Eine Einführung in die Rechtsphilosophie, 5. Auflage 1997 (zit.: Zippelius, Wesen des Rechts)

Zoz, Maria Gabriella, In tema di obbligazioni alimentari, in Bull. 73 (1970), S. 323–355

– Sulla capacita` a ricevere fedecommessi alimentari, in SDHI 40 (1974), S. 303–328

Zülch, Carsten, Der liber singularis responsorum des Ulpius Marcellus, Berlin 2001 (zit.: Zülch, liber singularis)

SACHREGISTER